东北亚矿产资源潜力分析及东北老工业基地矿产资源接续战略研究

毛 健 孙英男 等著

商务印书馆
2010年·北京

图书在版编目(CIP)数据

东北亚矿产资源潜力分析及东北老工业基地矿产资源接续战略研究/毛健,孙英男等著. —北京：商务印书馆,2010
ISBN 978-7-100-06864-2

Ⅰ.东… Ⅱ.①毛…②孙… Ⅲ.①矿产资源-资源利用-研究-东北亚②矿产资源-可持续发展-发展战略-研究-东北地区 Ⅳ.F426.1

中国版本图书馆CIP数据核字(2009)第214216号

所有权利保留。
未经许可,不得以任何方式使用。

东北亚矿产资源潜力分析及东北老工业基地矿产资源接续战略研究
毛健 孙英男 等著

商 务 印 书 馆 出 版
(北京王府井大街36号 邮政编码 100710)
商 务 印 书 馆 发 行
北京瑞古冠中印刷厂印刷
ISBN 978-7-100-06864-2

| 2010年4月第1版 | 开本 787×1092 1/16 |
| 2010年4月北京第1次印刷 | 印张 15 插页 3 |

定价：45.00元

目 录

前言 1
第一章　东北老工业基地振兴与矿产资源约束 1
　　第一节　东北老工业基地产业结构对矿产资源的依赖 1
　　第二节　东北老工业基地振兴对矿产资源更大的需求 14
　　第三节　矿产资源接续与供给是振兴东北老工业基地的重要条件 20
第二章　东北地区矿产资源赋存及开发利用 24
　　第一节　黑龙江省矿产资源概况及开发利用现状 24
　　第二节　辽宁省矿产资源概况及开发利用现状 41
　　第三节　吉林省矿产资源概况及开发利用现状 74
　　第四节　内蒙古东部地区矿产资源概况及开发利用现状 90
第三章　东北地区矿产资源供需形势 92
　　第一节　矿产资源需求 92
　　第二节　矿产资源供给 98
　　第三节　矿产资源供需形势分析与供需预测 107
　　第四节　东北地区重要矿产资源潜力分析 120
第四章　东北亚地区矿产资源潜力分析 127
　　第一节　俄罗斯矿产资源概况 127
　　第二节　蒙古矿产资源概况 130
　　第三节　朝鲜矿产资源概况 131
　　第四节　韩国矿产资源概况 134
　　第五节　日本矿产资源概况 137
　　第六节　东北亚地区重要矿产资源潜力分析 137
第五章　东北地区输入矿产资源可行性分析 157
　　第一节　东北地区与东北亚地缘经济合作现状及新进展 157
　　第二节　东北亚经济体矿产品生产、输出现状及前景 164
　　第三节　东北地区输入东北亚各经济体矿产品的基础和比较优势 184
第六章　东北老工业基地矿产资源接续战略总体构想 188
　　第一节　基本思路 188

第二节　战略目标 ··· 195
　　第三节　战略原则 ··· 197
　　第四节　战略重点 ··· 198

第七章　东北老工业基地矿产资源接续战略的实施措施 ···················· 211
　　第一节　加大区域内矿产资源开发力度 ······································ 211
　　第二节　搞好区域内矿产资源整合与布局 ··································· 214
　　第三节　采取多种合作形式引进东北亚地区的矿产资源 ················· 215
　　第四节　加强对矿产资源的深度开发、综合利用和替代技术的研发 ··· 219
　　第五节　对矿产资源接续给予产业政策上的扶持 ·························· 221
　　第六节　加快矿产资源枯竭矿山和矿城的产业接续与转型 ·············· 224

参考文献 ··· 228
后记 ··· 230
彩图

前　言

　　随着经济社会的发展,我国对矿产资源的需求越来越大。经济增长与矿产资源消耗增长呈正相关关系。近年来,随着我国经济高速增长,矿产资源消耗加大,矿产资源供给与经济增长需求的矛盾日益突出。据预测,在45种主要矿产资源中,我国有25种是严重短缺的。到2010年可以保证国内需求的矿产资源只有21种,到2020年只有9种,其中最短缺的是石油、天然气,其次是铜、铝、铁等。煤炭资源人均占有量只及世界平均水平的55%,只及美国的10%;石油人均可开采储量只有5吨,只及美国年人均消费水平的125%,到2010年缺口将达2亿吨,到2020年缺口将增加到3亿吨;天然气人均可开采储量只有1 074立方米,只及世界人均水平的4%;铜矿资源人均可利用储量只有13.2公斤,相当于世界平均水平的18%;铝土资源人均占有量只有283公斤,相当于世界平均水平的7.3%;铁矿石大多品位低、杂质多,难以直接利用的贫矿占总储量的95%,平均含铁量只有33%,每年所需铁矿石的一半靠进口。

　　东北老工业基地以能源、原材料、装备制造工业为主体,集聚了大量的国有资产和国有大中型企业,为我国建设独立完整的工业体系和国民经济体系作出了重大贡献。但是,对资源的长期开发导致东北老工业基地采掘和原材料工业的优势逐渐消失,传统工业的优势地位逐渐丧失。党中央国务院非常重视东北老工业基地的调整和改造,党的十六大做出了"支持东北地区等老工业基地加快调整和改造"的重大决策。在东北老工业基地由"老"变"新"的进程中,矿产资源的有效供给成为关键的问题。因此,放开眼界,进行东北老工业基地矿产资源接续战略的研究,不仅具有重大的理论意义,更具有重大的经济、社会价值。

一、东北老工业基地振兴与矿产资源接续

　　2002年11月,党的十六大报告明确指出,支持东北地区等老工业基地加快调整和改造,支持以资源开采为主的城市和地区发展接续产业。2003年10月,中共中央、国务院下发了《关于实施东北地区等老工业基地振兴战略的若干意见》,提出了振兴东北老工业基地的指导思想、总体要求、基本思路和主要任务。2003年12月,国务院振兴东北地区等老工业基地领导小组成立,温家宝总理任组长。2007年10月,党的十七大报告再次提出,全面振兴东北地区等老工业基地。前不久,国务院批复了国家发改委、国务院振兴东北办组织编制的《东北地区振兴规划》(以下简称《规划》),并对《规划》的实施提出了明确要求。

　　《东北地区振兴规划》是国家实施振兴东北战略的继续和深化,是一个以科学发展观为指导,勾画建设资源节约型、环境友好型社会宏伟蓝图的地区性发展规划。按照科学发展的战略思想,《规划》提出了东北地区的发展定位、振兴的总体目标和振兴的具体标志。《规划》明确了东北老工业基地的范围,即包括东北三省和内蒙古自治区的呼伦贝尔市、兴安盟、通辽市、赤峰市和锡林郭勒盟,土地面积145万平方公里,总人口1.2亿。《规划》提出,经过10~15年的努力,将东北地区建设成为综合经济发展水平居全国前列、体制机制完善、城乡协调发展的重要经济增长区域,实现全面建设小康社会的目标,形成具有国际竞争力的装备制造业基地、国家新型原材料和能源基地、国家粮食安全和农牧业生产基地、国家重要的技术研发与创新基地、国家生态安全的重要保障区,实现东北地区的全面振兴。

  东北老工业基地是新中国工业的摇篮。建国后,国家在东北地区集中投资建设了具有相当规模的以能源、原材料、装备制造为主的战略产业和骨干企业,形成了重化工业的传统优势。如辽宁省,在装备制造业的178种产品中,有58种位于全国前列;原材料工业中石化工业经济总量居全国第三,原油加工能力居全国第一,冶金工业综合实力居全国第二,PVC型材产量和玻璃幕墙安装能力居全国第一。黑龙江省采掘工业增加值约占全国采掘工业增加值的25%,拥有全国最大的油田、基础雄厚的装备工业。吉林省的汽车、石化产业实力雄厚。而随着改革开放和结构调整的不断推进,老工业基地长期积累的各种深层次矛盾日益集中地显现出来。主要问题是:市场化程度低,经济发展活力不足;所有制结构较为单一,国有经济比重偏高;产业结构调整缓慢,企业设备和技术老化;历史包袱沉重,社会保障和就业压力大;资源型城市主导产业衰退,接续产业亟须发展。

  东北地区以重化工业为主的产业结构,必然形成对矿产资源的严重依赖。长期以来,东北三省经济发展对矿产资源的依存系数远大于1,即矿产资源消耗的增长率大大高于经济增长率。在今后若干年内,无论在全国的产业分工中,还是在世界经济一体化进程中,东北三省的采矿业和矿产品加工业仍占有基础性和主导性地位,国民经济发展对矿产资源的需求强劲。在这一发展阶段,必须依靠矿产资源的大规模供给,来支撑经济的高速发展。

  东北老工业基地的矿产资源开发利用不仅为国民经济建设提供了大量的能源和原材料,而且提供了重要的财政收入来源,解决了大量社会劳动力就业,推动了区域经济的发展,促进了以矿产资源开发为支柱产业的一大批矿业城市的兴起与发展。东北三省依托矿产资源开发建成了36座矿业城市,包括大庆、鸡西、双鸭山、鹤岗、七台河、鞍山、本溪、阜新等,矿业城市总人口3 098.8万人,占东北三省人口的29%;矿业从业人员1 159 468人,占矿业城市总人口的3.74%;矿业城市国内生产总值2 886亿元,占东北三省的27.2%。然而,支撑矿业城市发展的一批老矿山,经过几十年乃至上百年的开采,已进入生产中、晚期,探明储量趋于枯竭,矿山产能下降,有的已闭坑,导致城市经济衰退,并带来一系列社会问题。例如,辽宁省的14座矿业城市中,阜新、北票和南票市属于矿竭城衰型,其中阜新市矿区塌陷面积达100平方公里,职工下岗失业率接近40%。资源枯竭地区的经济发展面临前所未有的困难。

  与此同时,从东北三省老工业基地振兴规划和"十一五"发展规划看,各省又都把以矿产资源为依托的能源和原材料工业作为各自的支柱产业之一,石化、冶金、建材等产业都将继续保持快速发展的态势。按照《规划》,到2010年,上述三个产业的增加值,辽宁省将分别达到

1 200亿元、880亿元、200亿元;吉林省将分别达到400亿元、120亿元、87亿元;黑龙江省将分别达到840亿元、60亿元、80亿元。规划期间三省主要矿产及加工品产量将大幅提高,采矿业和矿产品加工业在各省经济中的地位仍在巩固与提升,以重化工业为主的产业结构会进一步固化。这就决定了东北三省对矿产资源的依赖程度将有增无减,经济发展对矿产资源供给的压力将越来越大。

如何保障矿产资源供给、解决矿产资源接续问题,是摆在我们面前的重大现实课题。目前东北地区矿产资源赋存和供给状况并不乐观,难以满足建设新型工业基地的需要。短缺的矿产资源主要是煤、石油、天然气、铁、铜、铅、镍、钴、钼、菱镁矿、贵金属(金、银)等。从长期来看,煤炭由于煤种较差,资源枯竭,已从调出省变为调入省,特别是辽宁省和吉林省。石油、天然气的储量也在下降,如大庆油田已进入资源衰退期,产量递减。铁矿石虽有一定保有储量,但多数是贫矿,年进口量占一半左右。有色金属矿如铝土矿基本依靠从外调入,镍矿只能再开采5年,够规模的铜矿至今尚未发现。

面对东北老工业基地矿产资源供求日趋紧张的形势,我们在挖掘内部潜力、开发新的资源的同时,迫切需要扩大空间视野,面向东北亚,寻求矿产资源的新来源。

东北亚主要包括蒙古、朝鲜、韩国、日本、中国东北地区和俄罗斯远东地区,总面积936万平方公里,占亚洲面积的21.3%,其中中国东北地区包括吉林省、辽宁省、黑龙江省、内蒙古自治区东部。作为亚太地区重要组成部分的东北亚地区是当今世界经济发展最为活跃的区域之一,矿产资源丰富且开发程度不高。当然,矿产资源的分布也存在很大的差异。

俄罗斯远东地区矿产资源极为丰富,不仅种类多而且储量大,已发现和探明储量具有工业意义的矿产有70多种。蒙古矿产资源也十分丰富,现已探明的煤、铜、钨、萤石、金、银、铝、锡、铁、铅、锌、铀、锰、磷、盐、石油等80多种矿产具有较大的储量。朝鲜的有用矿产资源达200多种,素有"矿物标本室"之称。韩国矿产资源比较贫乏,储量较大的只有铁、锰、石灰石、煤、钨、石墨、铜、铅锌、金、重晶石等。日本的矿产资源非常贫乏,除碘和硫可满足本国需要,煤、铜、锌有一定储量外,绝大部分矿产均依赖进口。客观分析东北亚矿产资源赋存和潜力,并与东北老工业基地矿产资源接续战略相衔接,开辟了解决东北老工业基地振兴中的矿产资源供需矛盾的新路径。

二、矿产资源接续理论综述

矿产资源经济学中关于矿产资源接续问题的相关理论主要包括矿产资源可持续利用理论和产权理论,以霍特林(Hotelling)为代表的可耗竭资源的最优耗竭理论是研究矿产资源可持续利用理论的基础;而产权理论则以科斯定理为基础。

1. 矿产资源可持续利用理论

在经济学意义上的自然资源分类中,矿产资源属于可耗竭性资源中的不可更新资源,即不可再生资源,因此有关可耗竭性资源的经济理论是矿产资源经济学的基本理论。这一理论的奠基人是美国数理经济学家霍特林(Hotelling,1931)。霍特林对如何以有限的矿产资源确保未来持续性消费问题作了探讨,率先提出在完全竞争、开采成本不变的条件下,随着时间的推移租(市场价格-开采成本)的变化方程。霍特林在1931年美国《政治经济学杂志》上发表的"可耗竭资源的经济学"中提出:"在最优的耗竭条件下,资源的价格与开采成本之差(所谓的租)的增长率等于其他资产的利息率。最终,由于租的上涨和开采成本的增加,资源产品的市场价格上升并导致矿产品的需求下降,按照最优耗竭率,资源将在需求下降到零时完全耗尽,生产也就因此完全停止。"霍特林的研究为矿产资源经济学奠定了坚实的基础,开创了可耗竭资源持续利用研究领域,其结论被称为"霍特林定律"。

自霍特林之后长达40多年的时间里,很少有经济学家对此进行深入研究。1976年希尔(Heal)指出霍特林定律(在开采成本不变时,租和价格随时间而增长)在单位开采成本可变时是不成立的。1979年哈森(Hason)发展了霍特林的结论,将假设条件中开采成本拓宽到可变的情况,指出随着单位开采成本的上升,价格增长将放慢,意味着租的绝对量将下降,当成本与价格相等时,租为零,价格增长也将为零。

20世纪70年代末以后,由于世界范围内的能源危机和环境污染问题,许多经济学家开始将注意力重新转向不可再生资源的有效配置上来。达伽(Dasgupta)和希尔研究了存在替代资源情况下的"优先开采成本较低资源"的准则。由于引入了替代资源问题,不可再生资源经济学研究从局部均衡转到一般均衡。

达伽和希尔(Dasgupta and Heal,1979)所创立的有关可耗竭资源最优耗竭率模型是一个非常有效的模型,最优的资源耗竭政策取决于如下几个方面:①资源开发利用量是否是消费品的生产所必需的;②技术进步是否通过发展替代品,使资源成为生产消费品的非必需要素;③对于新资源的发现是否存在不确定性,资源和资本品之间的替代性是否存在不确定性。

在具有技术进步和资本与资源之间具有替代性的前提下,因自然资源过度开采而给经济带来的稀缺性约束可以得到避免。索洛(Solow,1974)论证了如果可耗竭的自然资源可以被同样可复制资本品全部补偿,则这种耗竭率是最优的。同样,利用一个更加特殊的柯布-道格拉斯总量生产函数,施蒂格利茨(Stiglitz,1974)也阐述了技术进步和资本积累可以补偿因可耗竭资源的下降而带来的自然资源投入下降的影响。

另外,1986年索洛(Solow)从理论与方法上对可耗竭资源的最佳配置进行了深入研究。

在探讨自然资源可持续利用时,经济学家们提出了与可持续发展相关的概念,其中较为重要的两个概念是"最低安全标准"和"代际公平"。

美国经济学家西里阿希·旺特卢普(Ciriacy Wantrup)于1952年在《资源保护:经济学与政策》一书中最早提出了最低安全标准这一概念。1989年世界银行资深经济学家H.戴利(H.Daly)将最低安全标准具体规定为三条:"社会使用不可再生资源的速度不得超过可再生资源的更新速度;社会使用不可再生资源的速度,不得超过作为其替代品的、可持续利用的再生资源的开发速度;社会排污染物的速度,不得超过环境对污染物的吸收能力。"

代际公平问题的提出则凸显了可持续发展理论与传统的发展模式的根本区别。代际公平问题是1984年由爱迪·布朗·维丝(Edith Brown Weiss)首先提出的,代际公平中有一个重要的"托管"的概念,认为人类每一代人都是后代人类的受托人,在后代人的委托之下,当代人有责任保护地球环境并将它完好地交给后代人。它可以简单而又广义地叙述如下:假定当前决策的后果将影响好几代人的利益,应该如何在有关各代人之间就上述结果进行公平的分配。起初,绝大多数经济学家从流行于发达国家经济学界的经济人假设出发,否认人类后代有着独立的、不同于当代人的利益,进而认为资源的代内最优配置同时也就意味着资源的代际最优配置,但可持续发展理论认为不仅要实现当代人之间的公平,而且也要实现当代人与未来各代人之间的公平,即代际间公平。人类赖以生产的矿产资源是有限的,当代人不能因为自己的发展与需要而损害人类世世代代满足需要的条件——矿产资源,要给世世代代以公平利用一切资源(包括矿产资源)的权利。为了做到代际公平,欧文·佩基提出了"代际多数原则",即当某项决策涉及若干代人的利益时,应该由这若干代人之中的多数来作出选择,问题是在实际决策时,尚未发生的子孙万代是没有发言权的,正因为如此,佩基希望代际公平能像美国宪法的第一修正案或义务教育那样,成为社会普遍接受的、不取决于特定利益集团的特定决策的伦理标准。至于怎样才能做到代际公平,佩基认为,最重要的是应该"保持资源基础完整无损"。在将可持续性规范具体实用化方面,霍华恩是有贡献的,首先,他指出了能够确保可持续性或代际公平的一种具体形式——代际财产转移,并应用模型定性和定量地估计了代际财产转移的影响;其次,他既指出了效率标准的片面性,又强调了资源有效配置和可持续性或代际公平之间的互补性,且具体探讨了将两者结合起来的方式,定量分析了体现可持续或代际公平的代间财产转移对资源配置的影响。

2. 矿产资源产权理论

由于矿产资源赋存于地表浅层或地下,因此对土地具有依附性。对矿产资源的勘查、开采等生产活动都与土地紧密相关,从而会对土地资源造成一定的影响。矿产资源开发加工时也会对水资源、森林资源、大气、生态环境等造成一定的破坏和污染。从经济学的角度看,这些影响均为外部负的经济影响。西方产权理论对外部效应分析提出了解决外部经济问题的市场化思路。

科斯定理(Coase Theorem,1960)可以概括为只要产权明确,那么在交易成本为零的条件下,无论最初的产权赋予谁,最终结果都是有效率的。其政策的含义是只要明确施加和接受外部成本或利益的当事人双方的产权,就可以通过市场谈判加以解决。此后有数位经济学家对科斯的理论进行了不同的修正。

矿产资源接续基本理论——可持续利用理论和产权理论的总体发展是建立在现代主流西方经济学基础之上的,它以当代人和后代人的整体利益最大化为前提,以资源稀缺且强度增加为逻辑起点。达伽、希尔、霍特林、索洛、H.戴利、西里阿希·旺特卢普等经济学家的研究成果可以归纳为以下几点:

(1) 可耗竭矿产资源的最适耗竭速度是可以界定的;

(2) 矿产资源的开采和利用必须适度,不得超过最低安全标准,需要关注代际公平问题;

(3) 在技术进步的前提下,通过发展替代资源,可以解决矿产资源耗竭问题;

(4) 明晰矿产资源产权权能界限,矿产资源产权交易遵循市场化原则,减少交易成本;

(5) 矿产资源的开发利用存在外部性,政府在解决矿产资源接续问题方面起着重要作用。

国内对矿产资源接续问题的研究滞后于国外,20 世纪 90 年代以后尤其是近 5 年来研究文献较多。我国学者对矿产资源接续理论的研究也集中在可持续利用理论和产权理论两个方面。

关于矿产资源可持续利用的理论 有的学者提出,解决矿产资源可持续发展问题的思路是发展循环经济。循环经济的基本特征是低开采、高利用、低排放。所有的物质和能源要在这个不断进行的经济循环中得到合理和持久的利用,以把经济活动对自然环境的影响降低到尽可能小的程度,所以称它为闭环流动型经济或循环经济。有关文献对循环经济与矿业可持续发展的关系(牟全君,2003;王永生等,2002)、循环经济与矿业开发(谢业文,2003;石学让,2003)、再生资源循环经济的策略(杨履榕,2003)等问题进行了探讨。

有的学者研究了技术进步对解决矿产资源接续问题的作用。技术进步可使人类认知和发现更多的非传统矿产资源。非传统矿产资源是指受目前经济、技术以及环境因素的限制尚未发现和尚未开发利用的矿产资源及尚未被看做矿产、未发现其用途的潜在矿产资源(赵鹏大,2001;隗合明,2001)。技术进步可以提高开采质量,技术进步使矿产资源的开发地域范围变得更深、更广等。

有的学者研究如何进行矿产资源的耗竭补偿实现代际公平。矿产资源具有不可再生性,从而产生了耗竭问题,从可持续发展观来看,必然涉及当代人与未来各代人之间代际资源优化配置问题及公平问题。因而,实行矿产资源耗竭补偿费的实质是对由于当代人的过度开采而对未来消费者造成损失的部分作价值补偿。这种补偿费应以国家为资源所有者身份向资源使用者所征收,因而它包括矿山地租、资源耗竭补偿费和环境补偿费三个部分。征收补偿费国家将之应用于加强地质勘查及资源保护和寻找新的替代资源,以保证资源的可持续利用(王金洲,2002;魏晓平等,2002;吴尚昆等,2004)。

有的学者阐释了矿产资源国际配置理论。矿产资源对各国经济的发展具有极其重要的基础作用,而矿产资源分布的不均衡性必然导致矿产资源的国际间配置,因此矿产资源的国际间配置将是矿产资源可持续利用的一大趋势。在加入 WTO 背景下,我国矿产资源开发利用应走资源节约型的发展道路,坚持立足国内资源,有效利用国外矿产资源和国际矿产品市场,探索开发矿产资源的新领域(张成梅,2002)。我国矿产总量丰富、品种齐全,但随着经济的高速发展,出现资源相对短缺,结构性矛盾突出,因此,必须实施矿产资源进口战略(陈甲斌,2003)。

关于产权理论 顺应我国经济体制改革的市场化方向,有的学者在产权理论研究中关注以矿产资源有偿化使用和资源市场化为方向的制度变迁分析,并基本形成了价值化、资产化和市场化的制度变革取向的主流观点。

矿产资源资产化管理。研究主要围绕矿产资源资产价值理论、矿产资源资产化管理的可行性与操作性、矿产资源资产折旧、国有矿产资源资产流失等问题展开。矿产资源资产化管理要求矿产资源必须纳入国民经济核算体系,近几年,这方面的研究已取得了一定的成果,如王广成等（2002）构建了矿产资源核算的基本框架。

有的学者进行了矿产资源使用制度的研究。矿产资源使用制度，是矿产资源开发利用过程中涉及资源与保护和产权诸方面的经济政策、法律制度和行政管理制度的总和。我国矿产资源使用制度研究主要集中在市场化改革方面。无论从资源配置效率，还是从制度变迁角度进行分析，其结论都表明市场化是我国矿产资源产权制度改革的方向，但目前我国自然资源产权配置的效率是低效的（成金华，2005）。

加强矿产资源产权管理，明晰矿产资源产权制度，已经成为实现我国矿产资源产业可持续发展的基础性管理工作。矿权的转让是市场经济条件下矿业实践的必然结果。我国要实现真正意义上的矿权转让，建立规范化的矿权交易市场，首先要确立采矿业主体；其次要实行矿产资源国家统一所有、具体权能政府分级管理的制度和政策；再次要建立矿产资源探矿权和采矿权有偿出让与转让两级市场，实行两权流转；最后要实行矿产资源资本化、财产化制度，并加快立法，完善矿产资源管理制度（王金洲，2002；吴尚昆等，2004）。

三、矿产资源接续战略研究的基本脉络

东北老工业基地矿产资源接续战略研究是一个全新的课题，特别是结合东北亚矿产资源潜力分析展开研究，更具创新性和探索性。本书在搜集和研究大量资料、广泛深入调研的基础上，系统描述了东北地区矿产资源开发利用现状和供需形势，全面分析了东北亚地区矿产资源潜力，深入研究了东北地区矿产资源供需状况与东北亚地区矿产资源开发利用的密切联系，提出了东北老工业基地矿产资源接续战略的目标、原则、战略重点和对策建议。本书研究的独特视角和取得的重要进展，不仅丰富了地质矿产经济学、发展经济学的理论，而且对于推进东北老工业基地振兴更具指导作用和实践价值。

本书的第一章深入探讨了矿产资源对于东北老工业基地振兴的重要作用。概述东北三省采矿业和矿产品加工业的总体情况，对比分析东北三省石化工业、冶金工业、建材工业在全国的比重，认为东北三省以能源和原材料为主的重化工产业结构，对矿产资源形成了严重依赖。通过对东北三省产业结构固化、产业扩张、大规模基础设施建设、消费结构升级等问题的分析，阐述了东北老工业基地振兴对矿产资源供给的新需求。提出解决矿产资源接续问题是东北老工业基地振兴的必要条件。

第二章在全面搜集资料的基础上，详尽介绍了东北地区的自然地理概况、矿产资源赋存情况和开发利用现状。利用最新的数据分别绘制了各省的矿产资源分布图，分析对比重要矿种在各省的分布情况。通过对各省矿产资源赋存情况和开发利用情况的研究，总结出各省矿产资源的特点，分析了各省矿产资源开发利用存在的问题。

第三章对东北三省主要矿产品进行了需求预测。从东北三省对重要矿产资源的历年消费数据分析入手，探讨了东北三省能源矿产、黑色金属矿产、有色金属矿产和非金属矿产的需求现状。在分析全国矿产资源的分布情况和东北三省主要矿产品的储量、产量等数据的基础上，阐述了东北三省主要矿产品的供给现状。在供需分析的基础上，对东北三省煤、石油、铁、铜、

铅、锌、钼、菱镁矿、硼9种矿产2010年的需求量和供给量进行了定量计算,进而对9种矿产品的供应能力对消费需求的保证程度进行了分析和预测。从成矿地质条件角度,分析了东北地区能源矿产、金属矿产和非金属矿产的资源潜力。

第四章对东北亚地区的矿产资源潜力进行了分析。概述了俄罗斯、蒙古、朝鲜、韩国、日本5个国家主要矿产资源储量及分布状况,介绍了东北亚地区具有重要资源潜力的油田、煤田、铁矿床、贵金属矿床、有色金属矿床。对东北亚地区的能源矿产、金属矿产、非金属矿产的资源潜力进行了分析和评价。

第五章对东北地区输入矿产资源的可行性进行了分析。在分析东北亚地区政治、经济、文化环境的基础上,阐述了东北地区与东北亚区域经贸合作的进展和特点。探讨了俄罗斯、蒙古、朝鲜矿产品生产、消费、输出的现状和前景。着重论述了东北地区输入东北亚各经济体矿产品的基础和比较优势。

第六章在前几章分析论证的基础上,深入研究和全面阐述了东北老工业基地矿产资源接续战略的基本思路、战略目标、战略原则、战略重点。针对东北老工业基地矿产资源特点及开发利用现状,其矿产资源接续战略应采取"双向发展战略",制定了总体目标和分阶段目标,以经济性、高效性、开放性、可持续性为原则,以开源、节流、替代为战略重点。

第七章有针对性地提出了实施东北老工业基地的接续战略的对策建议。主要包括:加大区域内矿产资源开发力度;搞好区域内矿产资源整合与布局;采取多种合作形式引进东北亚矿产资源;加强对矿产资源深度开发、综合利用和替代技术的研发;对矿产资源接续给予产业政策上的扶持;加快矿产资源枯竭矿山和矿城的产业接续与转型;等等。具有很强的可操作性。

第一章　东北老工业基地振兴与矿产资源约束

第一节　东北老工业基地产业结构对矿产资源的依赖

一、东北三省采矿业和矿产品加工业在全国居举足轻重的地位

东北三省现代工业起步较早,而且因矿而兴业、因矿而兴城的特点十分突出。经过半个多世纪的开发和建设,现已经形成了以钢铁、机械、石油、化工、建材、煤炭等重化工业为主体的工业体系,在全国能源和原材料的生产与供给中扮演着极其重要的角色。在过去的50多年中,东北三省为国家累计提供了占全国1/2的原油、1/6的煤炭、1/7的钢铁,至今仍生产着全国近2/5的原油、1/10的煤炭、1/8的钢铁。根据2004年《中国经济普查年鉴》计算,2004年东北三省矿产品及其加工品产量占全国的比重超过8%的有10种,依次为:天然原油占36.6%,铁矿石占21.4%,粗钢占11.5%,生铁占11.3%,锌占10.5%,钢材占10.3%,原煤占8.9%,天然气占8.2%,铁合金占8.1%,焦炭占8%。

采矿业和矿产品加工业位居各工业行业前列。东北三省的7大行业中除交通设备制造业以外,均属于采矿业和矿产品加工业,而交通设备制造业也主要是以采矿业和矿产品加工业为依托,或是其延伸。根据《中国经济普查年鉴》(2004)计算,当年东北三省包括煤炭开采和洗选业、石油和天然气开采业、黑色金属矿采选业、有色金属矿采选业、非金属矿采选业、石油加工和炼焦及核燃料加工业、化学原料及化学制品制造业、非金属矿物制品业、黑色金属冶炼及压延加工业、有色金属冶炼及压延加工业、金属制品业在内的规模以上采矿和矿产品加工企业的产值和利润占各省规模以上工业总产值和利润的比重,辽宁省分别为51.6%和71.4%,吉林省分别为28.9%和44.9%,黑龙江省分别为54.8%和97.7%(表1—1)。

表1—1　2004年东北三省规模以上采矿业和矿产品加工业产值及利润完成情况

项目 省份	工业总产值 (亿元)	占本省规模以上 工业企业总产值 的比重(%)	利润总额 (亿元)	占本省规模以上 工业企业利润总 额的比重(%)
辽宁	4 441	51.6	308	71.4
吉林	967	28.9	83	44.9
黑龙江	2 036	54.8	727	97.7

注:以上数据包括煤炭开采和洗选业、石油和天然气开采业、黑色金属矿采选业、有色金属矿采选业、非金属矿采选业、石油加工和炼焦及核燃料加工业、化学原料及化学制品制造业、非金属矿物制品业、黑色金属冶炼及压延加工业、有色金属冶炼及压延加工业、金属制品业。表1—1~15的资料来源均为《中国经济普查年鉴》(2004)。

东北三省的石化工业在全国具有重要地位。包括石油和天然气开采、石油加工、炼焦及核燃料加工、化学原料及化学制品制造业、化学纤维制造、塑料制品在内的石化工业增加值,占全国的20.38%;其中吉林占2.23%,辽宁占6.05%,黑龙江占12.1%。石化工业占各省工业增加值的比重,吉林为19.68%,辽宁为25.4%,黑龙江为63.67%。

东北三省冶金工业在全国具有一定地位。包括黑色金属矿采选业、有色金属矿采选业、黑色金属冶炼及压延加工业、有色金属冶炼及压延加工业在内的冶金工业增加值,占全国的9.4%,与工业增加值占全国的比重(9.27%)基本相当;其中吉林占1.12%,辽宁占7.84%,黑龙江占0.44%。冶金工业增加值占各省工业增加值的比重,吉林为5.57%,辽宁为18.51%,黑龙江为1.30%。

东北三省建材工业在全国处于劣势地位。建材类非金属矿采选业、非金属矿物制品业增加值,东北三省只占全国的5.76%,大大低于工业增加值占全国的比重(9.27%);其中吉林占1.15%,辽宁占3.72%,黑龙江占0.9%。建材工业增加值占各省工业增加值的比重,吉林为2.69%,辽宁为4.14%,黑龙江为1.26%。东北三省采矿业和矿产品加工业的总体情况见表1—2~15。

表1—2　2004年东北三省矿产品及其加工品产量

项目　品名	产量	占全国的比重(%)
原煤(万吨)	17 708.39	8.9
原油(万吨)	6 430.79	36.6
天然气(亿立方米)	34.08	8.2
铁矿石(万吨)	7 397.61	21.4
生铁(万吨)	3 023.97	11.3
粗钢(万吨)	3 254.42	11.5
钢材(万吨)	3 295.44	10.3
铁合金(万吨)	94.87	8.1
锌(万吨)	28.60	10.5
电解铝(万吨)	26.18	3.9
焦炭(万吨)	1 653.25	8.0
水泥(万吨)	4 978.42	5.1
平板玻璃(万重量箱)	2 537.18	6.7

表1—3 2004年东北三省矿产品及其加工品产量全国排名

品名＼省份	辽宁	吉林	黑龙江
原煤	10	19	6
原油	7	10	1
天然气	9	15	5
铁矿石	2	16	26
生铁	2	19	27
粗钢	2	17	26
钢材	3	19	27
铁合金	11	12	22
锌	3	—	—
电解铝	12		
焦炭	4	20	15
水泥	13	21	25
平板玻璃	7	24	19

表1—4 2004年东北三省规模以上采矿业工业企业主要经济指标

项目＼省份	工业总产值（亿元）	利润总额（亿元）	资产合计（亿元）	从业人数（万人）
辽宁	542.34	85.93	819.23	36.62
吉林	196.50	40.52	382.59	16.47
黑龙江	1 186.16	707.74	1 264.66	37.90
三省合计	1 925.00	834.19	2 466.48	90.99
全国总计	10 788.60	2 358.69	15 404.58	636.78
占全国比重(%)	17.84	35.37	16.00	14.29
占东北工业比重(%)	12.30	61.40	12.10	17.90

表1—5 2004年东北三省规模以上煤炭开采和洗选业工业企业主要经济指标

项目＼省份	工业总产值（亿元）	利润总额（亿元）	资产合计（亿元）
辽宁	135.12	−1.44	263.73
吉林	35.27	0.84	78.38
黑龙江	134.08	3.73	312.39
三省合计	304.47	3.13	654.50
全国总计	4 066.35	349.83	15 404.58
占全国比重(%)	7.50	0.90	4.25

表1—6 2004年东北三省规模以上石油和天然气开采业工业企业主要经济指标

省份 \ 项目	工业总产值（亿元）	利润总额（亿元）	资产合计（亿元）	从业人数（万人）
辽宁	289.16	71.12	429.77	9.35
吉林	137.33	34.70	274.89	5.66
黑龙江	1 034.08	700.50	927.15	9.28
三省合计	1 460.57	806.32	1 631.81	24.29
全国总计	4 601.50	1 744.71	6 033.04	96.12
占全国比重(%)	31.74	46.22	27.00	25.27

表1—7 2004年东北三省规模以上黑色金属矿采选业工业企业主要经济指标

省份 \ 项目	工业总产值（亿元）	利润总额（亿元）	资产合计（亿元）	从业人数（万人）
辽宁	63.41	9.86	50.80	4.35
吉林	14.62	4.22	17.42	1.02
黑龙江	2.90	0.54	5.28	0.20
三省合计	80.93	14.62	73.50	5.57
全国总计	725.36	117.96	840.30	38.81
占全国比重(%)	11.12	12.39	8.75	14.35

表1—8 2004年东北三省规模以上有色金属矿采选业工业企业主要经济指标

省份 \ 项目	工业总产值（亿元）	利润总额（亿元）	资产合计（亿元）	从业人数（万人）
辽宁	39.00	5.81	42.26	2.65
吉林	6.29	0.49	7.83	0.83
黑龙江	6.26	2.77	9.57	0.55
三省合计	51.55	9.07	59.66	4.03
全国总计	801.61	115.70	763.79	39.17
占全国比重(%)	6.43	7.84	7.81	10.29

表1—9　2004年东北三省规模以上非金属矿采选业工业企业主要经济指标

项目 省份	工业总产值 （亿元）	利润总额 （亿元）	资产合计 （亿元）	从业人数 （万人）
辽宁	15.43	0.57	32.40	1.97
吉林	3.01	0.27	4.06	0.44
黑龙江	5.06	0.11	5.27	0.56
三省合计	23.50	0.95	41.73	2.97
全国总计	587.98	30.32	695.35	42.59
占全国比重(%)	4.00	3.00	6.00	7.00

表1—10　2004年东北三省规模以上石油加工、炼焦及核燃料加工业工业企业主要经济指标

项目 省份	工业总产值 （亿元）	利润总额 （亿元）	资产合计 （亿元）	从业人数 （万人）
辽宁	1 329.11	38.18	541.76	5.48
吉林	46.21	−2.62	34.47	0.75
黑龙江	538.80	14.86	338.91	4.54
三省合计	1 914.12	50.42	915.14	10.77
全国总计	8 927.80	284.41	5 118.22	67.97
占全国比重(%)	21.44	17.73	17.88	15.85

表1—11　2004年东北三省规模以上化学原料及化学制品制造业工业企业主要经济指标

项目 省份	工业总产值 （亿元）	利润总额 （亿元）	资产合计 （亿元）	从业人数 （万人）
辽宁	451.91	21.32	615.90	12.56
吉林	398.58	26.17	412.55	7.13
黑龙江	105.99	0.99	184.95	4.75
三省合计	956.48	48.48	1 213.40	24.44
全国总计	12 952.69	883.06	12 744.02	326.35
占全国比重(%)	7.38	5.49	9.52	7.49

表1—12　2004年东北三省规模以上非金属矿物制品业工业企业主要经济指标

省份 项目	工业总产值（亿元）	利润总额（亿元）	资产合计（亿元）	从业人数（万人）
辽宁	267.57	12.97	463.58	16.44
吉林	82.98	5.51	158.99	5.56
黑龙江	60.35	1.14	112.20	5.53
三省合计	410.90	19.62	734.77	27.53
全国总计	7 459.87	418.88	9 375.45	415.32
占全国比重(%)	5.50	4.68	7.84	6.63

表1—13　2004年东北三省规模以上黑色金属冶炼及压延加工业工业企业主要经济指标

省份 项目	工业总产值（亿元）	利润总额（亿元）	资产合计（亿元）	从业人数（万人）
辽宁	1 485.64	140.76	1 186.52	30.79
吉林	178.14	12.56	159.88	3.39
黑龙江	81.74	3.83	108.74	2.88
三省合计	1 745.52	157.15	2 155.14	37.06
全国总计	16 948.86	1 105.86	15 595.00	277.27
占全国比重(%)	10.30	14.20	13.80	13.40

表1—14　2004年东北三省规模以上有色金属冶炼及压延加工业工业企业主要经济指标

省份 项目	工业总产值（亿元）	利润总额（亿元）	资产合计（亿元）	从业人数（万人）
辽宁	211.82	3.41	298.63	5.34
吉林	50.35	0.41	52.65	2.06
黑龙江	22.15	0.41	36.39	1.13
三省合计	284.32	4.23	387.67	8.53
全国总计	5 986.81	305.40	5 412.24	127.33
占全国比重(%)	4.75	1.39	7.16	6.70

表1—15　2004年东北三省规模以上金属制品业工业企业主要经济指标

省份 项目	工业总产值（亿元）	利润总额（亿元）	资产合计（亿元）	从业人数（万人）
辽宁	155.59	5.10	145.20	6.02
吉林	14.59	0.28	20.16	0.83
黑龙江	40.97	−1.62	60.24	2.67
三省合计	211.15	3.76	225.60	9.52
全国总计	5 157.93	234.00	4230.47	213.11
占全国比重(%)	4.00	1.60	5.33	4.47

二、以能源和原材料为主的产业结构决定了重化工业在东北三省的绝对优势

2005年,东北三省工业内部重工业增加值的比重均超过了80%。辽宁省轻重工业增加值之比为18∶82;吉林省轻重工业增加值之比为20∶80;黑龙江省轻重工业增加值之比为12∶88。据国务院东北振兴办统计,2006年东北三省规模以上工业中,石油加工、炼焦及核燃料加工业完成现价总产值2975.7亿元,列全部行业现价总产值第一位,比重占12.2%。石油和天然气开采业、黑色金属冶炼及压延加工业、交通运输设备制造业等重工业比较发达,已成为国民经济的支柱,轻工业不发达,而且呈萎缩趋势。2006年东北三省轻重工业结构与上年比较仍没有大的变化,规模以上轻重工业增加值之比达17∶83,其中黑龙江省达11.7∶88.3(表1—16)。

表1—16 2006年东北三省规模以上轻重工业结构情况　　　　　　单位:亿元

项目 省份	工业 增加值	轻工业 增加值	重工业 增加值	轻重工业 增加值之比
辽宁	3 850.1	697.7	3 152.4	18∶72
吉林	1 395.0	320.0	1 075.0	23∶77
黑龙江	2 554.4	298.0	2 256.4	11.7∶88.3
三省合计	7 799.5	1 315.7	6 483.8	17∶83

资料来源:东北三省2006年统计公报。

在人均GDP从1 000美元到3 000美元的发展过程中,需要在相当长的时间内耗费更多的矿产资源,这是被发达国家的经济发展历程所证明的规律。东北三省以能源和原材料为主的重化工产业结构,对矿产资源依赖度极高。长期以来,东北三省矿产资源消费弹性系数远大于1,即矿产资源消耗的增长率大大高于经济增长率。在今后若干年内,无论是在全国的产业分工中,还是在世界经济一体化进程中,东北三省的采矿业和矿产品加工业仍占有基础性和主导性地位,国民经济发展对矿产资源的需求越来越大,依赖越来越严重。在这一发展阶段,必须依靠矿产资源的大规模供给来支撑经济的高速发展。因此解决矿产资源供给与接续问题,已经成为振兴东北老工业基地的必要条件。

三、区域内矿产资源赋存

东北三省的矿产资源虽历经几十年开采,但仍有一定的剩余储量。国家最近出台的《东北地区振兴规划》,把内蒙古东部地区也纳入进来,该地区矿产资源非常丰富,且尚未大规模开发利用。东北三省所在的东北亚中国地区也是全国矿产资源最富集的地区。这些都是东北三省矿产资源接续的有利条件。

东北三省矿产资源　截至2003年底,已探明矿种有84种,占全国已探明矿种总数的64%,其中拥有大中型矿床的有57种。石油、油页岩、铁、钼、菱镁、金刚石、石墨、硅藻土、膨润土等储量居全国第一位;金、硼等居第二位(表1—17)。

表 1—17　东北地区金属和非金属矿产资源储量及在全国的地位

矿种	统计单位	储量	基础储量	资源量	占全国比重(%)	位次
铁矿	亿吨(矿石)	36.54	66.22	60.43	22.15	1
镍矿	万吨(金属)	9.82	15.29	27.27	5.09	2
铅矿	万吨(金属)	86.21	110.10	115.92	14.16	3
锌矿	万吨(金属)	267.07	368.14	357.75	14.21	5
铜矿	万吨(金属)	144.57	210.56	392.02	21.22	7
金矿	吨(金属)	114.71	165.19	188.48	12.75	3
菱镁矿	亿吨(矿物)	6.94	11.46	18.13	86.10	1
硼矿	万吨(三氧化二硼)	1149.87	2276.70	350.90	39.37	1
石墨	万吨(晶质石墨)	1624.60	2639.40	9113.80	75.69	1

资料来源：李东英等:《东北地区有关水土资源配置、生态与环境保护和可持续发展的若干战略研究》，科学出版社，2007年。

东北三省的矿产资源主要有煤、石油、天然气、油页岩、石煤、泥炭、放射性元素、地热等。煤炭保有地质储量为669.1亿吨，占全国储量的8.7%。煤种有烟煤、无烟煤、焦煤、褐煤等。煤炭分布广泛。从纬向地理分布来看，以吉林辉南—辽宁开原—内蒙古宝国吐一线为界，以北多为烟煤，部分炼焦煤，褐煤极少;从经向地理分布来看，大兴安岭以西基本上是褐煤。石油蕴藏量丰富，已探明的储量占全国石油储量的一半以上。主要分布在大庆油田、吉林油田和辽河油田。从1960年代以来，东北石油产量一直占全国石油总产量的50%以上，是我国最大的石油生产基地。天然气储量约占全国总储量的15%左右，主要分布在大庆油田、辽河油田和吉林油田。油页岩已探明储量211.4亿吨，占全国总储量的65%以上，是我国最大的分布区，主要分布在吉林省的桦甸、汪清、农安、前郭、长岭、梅河口及辽宁省的抚顺、朝阳等地。

东北三省的黑色金属矿产资源主要有铁、锰、铬铁、钛铁等。铁矿保有储量为124.6亿吨，占全国储量的25.1%，其中贫铁矿占98.3%。辽宁省铁矿储量为113亿吨，居全国之首，每年生产占全国1/3左右的铁矿石。吉林省铁矿储量为6.3亿吨，黑龙江省铁矿储量为3.5亿吨。锰主要分布在辽宁省和吉林省，储量占全国储量的11%左右，钛铁矿主要分布在黑龙江。

东北三省已探明的有色金属和贵金属矿产资源有铜、铅、锌、镍、钴、钨、钼、铝土、汞、金、银等。金矿丰富，产地有50多处，储量占全国储量的20%左右。白银储量约占全国储量的5%左右，多与铜共生。铜的储量约占全国储量的7%左右。铅锌矿有70处，大中型矿床有16处，目前已开采20多处。钼矿储量占全国储量的比重较大，以吉林省储量最大，仅大黑山钼矿储量就占全国储量的30%，辽宁省杨家杖子钼矿是我国最大的钼矿之一。

东北三省已探明的稀有金属和稀土分散元素有钽、钶铁矿、锆英石、独居石，以及与有色金属伴生的铀、锗、镓、铟、镉、铼、铊、硒等。

东北三省非金属矿产资源种类多、蕴藏量大。已探明的有冶金辅助原料、化工、建材、特种非金属等几十种,产地有300多处。石灰岩主要分布在辽宁省的大连、辽阳、本溪等地,吉林省的烟筒山和明城等地,黑龙江省的牡丹江、伊春等地。菱镁矿储量约占全国储量的1/3,居全国首位。辽宁大石桥至海城的菱镁矿,矿层厚,含镁40%,成分优良,是世界闻名的最大优质菱镁矿之一。特种非金属主要有金刚石、水晶等。金刚石主要集中在辽宁省,储量约占全国储量的50%左右。化工非金属资源丰富,已探明的有硫铁矿、伴生硫、磷、钾、硼、砷等。硫铁矿储量达6064.5万吨。硼矿储量大,达2537.3万吨,辽宁大胆矿开采量占全国的90%。石墨储量达7479万吨,主要分布在黑龙江省和吉林省。其中黑龙江省石墨储量达6 979万吨,占全国储量的60%以上,居全国第一位。

辽宁省境内共发现各类矿产资源110多种,探明储量的矿产有70种,矿产储量潜在价值超过1万亿元。保有储量在全国居首位的矿产有铁矿、菱镁矿、硼矿、金刚石等7种;居第二位的矿产有玉石等3种;居第三位的矿产有油页岩等3种;居前五位的矿产还有石油、锰、硅灰石等9种。此外,天然气居全国的第七位,钼矿居全国的第八位。黑色金属及冶金辅助原料矿产储量较大,有铁、锰、菱镁矿等10种,其中铁矿储量占全国储量的1/3、菱镁矿储量约占全国储量的80%以上。有色金属、贵金属及稀散元素矿产储量丰富,是全国有色金属的重要产地之一。矿产主要有铜、铅、锌、钼、金、银等。能源矿产主要有石油、天然气、煤、油页岩。化工、建材及其他非金属矿产34种。建国以来,辽宁以矿业为基础,发挥了重化工基地的作用。钢铁产量和石油产量、原油加工能力和有色金属冶炼能力位居全国前列,为我国的经济发展和建设事业作出了重要贡献。辽宁省经济以第二产业和重工业为主导。辽宁省成为全国重工业基地的一个基本前提,在于其长期处于全国矿产资源大省、矿业开发大省、矿产品消费和进出口贸易大省的地位。矿业经济是辽宁省经济的重要组成部分,是工业经济的基础。其石油、煤炭、钢铁、平板玻璃、水泥、黄金等产品的产量,长期位居全国前列。矿物原料开发利用结构决定了辽宁省的基本工业结构,矿业开发带动了全省经济的发展。目前已形成的能源、钢铁、有色、化工、建材等门类齐全的工业体系,均以矿业的高强度开发为基础。以矿兴城、以矿兴县、以矿兴乡已成为矿产资源丰富地区经济发展的重要途径。钢都鞍山、煤都抚顺、煤铁之城本溪、煤电之城阜新、石油之城盘锦等工业城市的发展、壮大,均与矿产资源的高强度开发息息相关。

吉林省已开发矿产86种,其中硅藻土、油页岩、硅石产量居全国首位;镍、硼等产量列居全国第二位;天然碱等位居第三位;金、银、钼、石英、天然气、石墨等矿产产量均位居全国前十位。能源矿产已开发利用的有煤炭、石油、天然气、油页岩4种。石油、天然气开采企业目前有中国石油天然气总公司吉林油田分公司和中国石化集团东北石油局两家大型企业。油页岩分别在桦甸市、汪清县开采,生产规模都很小。已开采铁、铜、铅、锌、钼、镍、镁、锑、金、银等10余种金属矿产。全省有铁矿山45个,产品为铁精粉和富矿粗粉。年产镍矿石39.7万吨,产品为高冰镍。钼矿现有开采矿山6个,最终产品为钼精粉。金矿现有矿山123个,产品为金精矿、成品金。银矿矿山企业3个,产品为精矿。非金属矿产共开发了65种,主要矿种有石灰岩、硅灰石、硅藻土、硼、石膏、石墨等。其中除石灰石最终产品为水泥、硅灰石生产部分超细粉、硅藻土生产部分助滤剂外,其他均生产原矿。采矿业和矿产品加工业在吉林省工业中的地位和作用仅次于汽车工业,是全省第二大支柱产业。2004年,包括煤炭开采和洗选业、石油和天然气开采业、黑色金属矿采选业、有色金属矿采选业、非金属矿采选业、石油加工和炼焦及核燃料加工业、化学原料及化学制品制造业、非金属矿物制品业、黑色金属冶炼及压延加工业、有色金属冶炼及压延加工业、金属制品业在内的规模以上采矿业和矿产品加工业实现的产值和利润,分别占全省规模以上工业的29%和45%。2004年吉林油田生产原油480多万吨,居全国陆上油田第六位;生产铁矿石452万吨,粗钢408万吨,钢材436万吨;水泥1323万吨,平板玻璃270多万重量箱。

　　黑龙江省是矿产资源大省,矿产储量丰厚。在已查明的131种矿产资源中,探明储量的有75种,居全国首位的有石油、石墨等10种;位居全国第二位的有铼、硒等4种;位居全国第三位的有金、水晶等6种,全省64种主要矿产资源保有储量的潜在总价值为1.4万亿元。截至目前,全省共开发了63种矿产,占探明矿产的82%,石油、天然气开采业是黑龙江省最重要的支柱产业。大庆油田自1976年达到5000万吨/年的生产规模以来,已连续稳产、高产达30年,累计生产原油16亿多吨,占全国同期石油总产量的40%以上,一直居全国第一位,天然气产量居全国第五位。煤炭是黑龙江省重要的优势矿产,原煤年产量居全国第六位。金矿有砂金、岩金、伴生金3种类型,由于长期开采,砂金资源几近枯竭。铜是黑龙江省的潜在优势矿产,资源丰富。多宝山大型铜(钼)矿,共伴生有钼、金、银、铂、钯等矿产,综合利用价值较高。铅、锌是黑龙江省具开发潜力的矿产资源。石墨是黑龙江省的优势矿产,已开发利用矿区11处,产品多为未深加工的石墨原矿。采矿业和矿产品加工业在黑龙江省工业中处于绝对支配地位,是全省第一大支柱产业。2004年,包括煤炭开采和洗选业、石油和天然气开采业、黑色金属矿采选业、有色金属矿采选业、非金属矿采选业、石油加工和炼焦及核燃料加工业、化学原料及化学制品制造业、非金属矿物制品业、黑色金属冶炼及压延加工业、有色金属冶炼及压延加工业、金属制品业在内的规模以上采矿业和矿产品加工业实现的产值和利润,分别占全省规模以上工业的55%和98%。

　　内蒙古东部地区矿产资源　内蒙古东部地区包括呼伦贝尔市、通辽市、赤峰市、兴安盟、锡林郭勒盟和满洲里、二连浩特两个自治区计划单列市。内蒙古东部地区矿产资源十分丰富,可采石油储量预测超过10亿吨;煤炭探明储量为909.6亿吨,占全区总储量的40.7%。全国五大露天煤矿中,伊敏、霍林河、元宝山三大露天煤矿处于内蒙古东部地区,仅呼伦贝尔市的煤炭探明储量就是东北三省总和的1.8倍。通辽市天然硅砂储量约为550亿吨,成为我国最大的铸造砂和玻璃生产用砂基地,赤峰市是内蒙古自治区的主要黄金产地,累计探明储量占全区原生金矿储量的80%以上。另外,内蒙古东部地区还有银、铂等贵重金属矿产和铁、铬、锰、铜、铅、锌等金属矿。这些矿产资源为当地发展工业和建立东北能源原材料接续基地提供了后续资源保障。

　　东北亚中国地区矿产资源　东北亚中国地区包括东北三省和内蒙古东部地区,以及北京、天津、河北、山东四省(市),共五省两市一区。该区已发现矿产资源130多种,资源丰富,品种较多,能源矿产、黑色和有色金属矿产和非金属矿产均有一定的探明储量,开发利用时间长、程度高。保有储量占全国50%以上的矿产资源有石油、菱镁矿、金刚石、硼、石墨等9种;保有储量占全国40%以上的有铁矿、金矿两种;保有储量占全国10%～20%的有煤、天然气、铜、铅、锌、钼等7种。铜矿、铝土矿、锰矿、硫铁矿、磷矿、钾盐短缺(表1—18)。

表1—18 东北亚中国地区部分矿产资源状况及占全国的比重

矿种	保有储量	占全国的比重(%)	矿种	保有储量	占全国的比重(%)
煤(亿吨)	1 744.39	17.6	石油(亿吨)	121.54	77.3
天然气(亿立方米)	1 862.61	18.4	铁矿石(亿吨)	236.16	46.9
铜金属(万吨)	689.89	11.1	铅金属(万吨)	314.74	9.0
锌金属(万吨)	1 029.08	11.8	石墨矿石(亿吨)	1.12	65.2
钼(万吨)	123.68	15.5	金金属(万吨)	1 447.30	43.9
硫铁矿(亿吨)	3.10	7.1	菱镁矿(亿吨)	28.80	92.6
金刚石(千克)	4 175.80	97.4	硼矿(万吨)	2 660.20	49.9

资料来源:《全国矿产资源储量表》。

四、区域内矿产资源供给

矿产资源的供给首先应立足于区域内,但东北三省原本丰富的矿产由于半个多世纪的高强度开采和粗放式利用,加之多年来勘探投入减少,除少数矿种外,多数矿种的储量所剩无几,有些矿种已经枯竭,难以满足当前及今后经济发展的需要。传统的资源型产业丧失比较优势,煤炭、黑色金属、石油等资源储量减少,使建立在这些资源基础上的东北三省原材料工业日益陷入困境,这在黑龙江的鸡西、鹤岗等煤炭基地城市尤为突出。目前东北三省除石油和天然气开采业、石油加工业和黑色金属冶炼及加工业这三个行业外,其余行业的市场占有率均在10%以下。如煤、石油、天然气、锌等10种有色金属,已由10年前的优势产品逐渐变成劣势产品。目前除吉林省的钼精矿和原油处于优势扩张外,其他矿产品产量都处于萎缩状态,尤以辽宁省为甚,黑龙江和吉林两省次之。2006年《中国统计年鉴》有关数据显示,截至2005年底,东北三省主要矿产基础储量占全国的比重,除菱镁矿、铁矿、石油超过30%以外,天然气、煤炭、硫铁矿、铜矿、铅锌矿、锰矿等均低于6%。煤、石油、铜、镍、铅、锌、金刚石、硼等大宗矿产采储比连年降低,如大庆油田的可采储量只剩下30%,辽河油田油气开采已动用了探明储量的80%,产量明显下降。作为老工业基地的东北三省,矿产资源短缺的形势极为严峻,不仅严重制约着区域发展,还影响着社会的稳定。辽宁省提出其原材料工业将重点发展石化、钢铁和新型建材三大行业,然而却缺乏对于装备制造业和金属原材料工业不可或缺的有色金属资源。哈大经济带矿产资源供给问题日渐突出,储量不足,经过几十年的强度开采,8个有色金属矿山已有7个矿井停采,有色冶金工业面临生存困境,开工严重不足。许多资源型城市正面临矿竭城衰的危局。例如辽宁省阜新市以煤矿产业为主,经过多年开采,矿藏几近穷竭;鞍山、大孤山等铁矿石主产地也处于开采后期,生产能力逐年下降;黑龙江省鹤岗、鸡西、双鸭山、七台河四大国有煤矿的平均役龄已达70年,33个主要矿井中已有16个进入资源枯竭期并经国务院批准破产,其余矿井也处于煤层越采越深、巷道越开越远、采煤成本越来越高的状态。

从东北三省矿产资源供需现状和发展趋势看,资源危机已悄悄逼近,尤其是一些关系到国计民生的大宗矿产严重短缺,接续问题日益突出。有关数据显示,到2010年,能够满足区域内供给的矿种有菱镁矿、钼矿、贫铁矿、石墨矿、石英砂、石灰石、硅藻土等;不能满足区域内供给的矿种有煤、石油、天然气、富铁矿、铝土矿、铜矿、铅锌矿、钛矿、锰矿、铬矿、铂族金属矿、钾盐矿、磷矿等。

辽宁省 玉石、硼等优势矿产资源剩余可采储量告急;早已由煤炭、石油等主要能源矿产资源的输出大省变为输入大省;黑色金属中富铁、富锰几乎全部靠进口解决,贫铁因开采技术落后,未能充分发挥大型矿床的规模效益,产量逐年下滑;部分煤矿及主要有色金属矿山几乎全部进入枯竭状态。

从辽宁省矿产资源的现状分析,未来矿产资源供需形势严峻,资源危机已悄悄逼近,尤其是一些关系到国计民生的大宗矿产严重短缺的局面,不会在近期发生明显的好转。难以满足经济发展需求的矿产资源铜、铅、锌、金、银、硼、玉石7种矿产,如没有新增资源,现有保有储量到2010年将全部耗竭。能够部分满足经济发展需求的矿产资源受采选产能和品种等因素的限制,如石油、天然气、煤、富铁、锰等矿产资源只能部分满足需求。菱镁矿、贫铁、金刚石、钼及其他大部分非金属矿产资源都能全部满足经济发展的需求。具有潜在优势的矿产受质量、技术条件或市场因素限制,尚不能开发利用。具有一定资源优势的矿产有油页岩、硼、镁、铁矿等。2005年,贫铁矿可自给;石油自给率不足20%;煤炭自给率为53.6%;锰矿自给率为18.2%;铜精矿自给率为3.7%;铅精矿自给率为25%;锌精矿自给率为15.6%。

吉林省 省内煤、石油、铁矿石、铜、铝、硫、磷、钾、铬、锰、铂、钯、钛等矿产基本依靠省外提供和进口。到2010年,主要矿产品缺口很大,煤达65%以上,石油为46%左右,铁矿石为60%;铜、铝、硫、磷、钾、铬、锰、铂、钯、钛几乎全部依靠省外提供和进口解决。

从已开发利用的矿产资源储量对经济建设需要的保证程度分析,可将吉林省的矿产归纳为四大类:第一类是资源丰富,能满足中长期经济发展所需要的矿产资源,如炼镁用白云岩、水泥用灰岩、硅藻土、镍、钼及矿泉水等,这些矿产资源保证程度高,不但可以实现自给,而且可以大量出口。第二类是资源储量中等,能满足近中期经济发展所需要的矿产资源,如金、银、硼等,其中金、银找矿前景较好。第三类是储量不足,影响经济发展的矿产资源,如煤、石油、铁、有色金属等,这些矿产保证程度较低,供需紧张。第四类是省内缺少的矿产资源,如钾盐、钠盐、磷、铬铁矿、铝土矿等,需完全依靠省外提供或进口解决。

黑龙江省 能源矿产方面,石油仍然由国家统筹安排勘查与开发,产量的80%供应全国和出口,大庆油田原油产量自1999年达到5450万吨后已经逐年递减,可基本满足省内供应。煤炭主要供应省内,其次供应邻省(区),以及少量出口。金属矿产方面,2005年消费钢铁510

万吨,除利用废钢铁和部分外进钢材外,有近 80 万吨的钢铁要由铁矿补充,每年需铁精粉 125 万吨,自给率只有 10%,有 90%要从省外调入。省内没有铝土矿资源,全部要由省外提供。铜年产量不足 1 万吨,需求缺口为 5/6。非金属矿产方面,化工非金属矿产如磷矿、钾盐矿等均属短缺矿产,只能靠外省和国外供给。

黑龙江省未来矿产资源供需形势严峻,尤其是某些关系到国计民生的大宗矿产严重短缺的局面,不会在近期发生明显的改善。石油和煤炭等能源矿产仍将在国内居极其重要的地位,石油、煤炭资源能够保证到 2010 年的需求。石墨、铅、锌等,到 2010 年自给有余。不能满足经济发展需求的矿产有铁、锰、铬、铜、铝土矿、砂金、磷矿、钾盐、硫铁矿等,其探明储量严重不足。具有潜在优势,但受采选冶等技术条件限制,目前尚不能开发利用的矿产有铜、铅、锌、钨、钼、铂、钯等。

东北亚中国地区矿产资源供需分析 该区矿产资源虽然丰富,但由于连续几十年的过度开采,目前主要矿产资源赋存已经不多。另一方面,该区国内生产总值几年来一直保持年均 12%以上的高增速,对矿产资源的需求量持续攀升,消费弹性系数高于全国平均水平。从供给能力上看,预计到 2010 年,区域内能够保证需求并有部分调出的矿产资源有菱镁矿、金刚石、金、石墨等;基本能够满足需求的矿产资源有铁、铅、锌等;不能保证需求需要从区外调入或进口的矿产有煤、石油、天然气、锰、铬、铜、硫铁矿、磷等;资源短缺且主要从区外调入或进口的矿产有铝土矿、钾盐等。具体而言,煤、石油、天然气等能源供应缺口较大,到 2010 年煤的缺口可达 1.223 亿吨,原油缺口为 1.1644~1.3644 亿吨,天然气缺口为 157.58~177.58 亿立方米。就黑色金属矿产资源而言,铁矿短缺,大部分富铁矿、锰和铬,需要从外部调入。就有色金属矿产而言,铜、铝、铅、锌的资源储量和产能均不能满足需求,必须从外部调入(表 1—19)。

表 1—19 2010 年东北亚中国地区主要矿产品供需状况预测

矿种 \ 项目	可供利用储量	可供能力	需求量	可比供需差
煤(亿吨)	757.24	3.92	5.14	1.22
石油(亿吨)	119.88	0.40	1.56~1.76	1.16~1.36
天然气(亿立方米)	1 801.20	42.42	200~220	157.58~177.58
铁矿石(亿吨)	157.13	1.61	2.14	0.53(富矿)
铝土矿(万吨)	995.10	53.00	100(金属)	—
磷矿(万吨)	3 505.60	270.00	1 180	910.00
硫铁矿(万吨)	1 400.84	246.50	1 000~1 050	753.50~803.50

资料来源:《全国矿产资源储量表》、《2010 年矿产资源保证程度论证》分报告。

第二节　东北老工业基地振兴对矿产资源更大的需求

一、产业结构固化对矿产资源供给提出的新需求

　　由于历史和现实的原因,东北三省以重化工业为主的产业结构一直没有大的变化,产业演进呈现停滞状态。改革开放以来,东北三省"重的太重,轻的太轻"的产业结构问题不仅没有得到根本改变,反而日益严重。2006年三省规模以上工业中,石油加工、炼焦及核燃料加工业完成现价总产值2975.7亿元,列全部行业现价总产值第一位,比重占12.2%;高耗能、低附加值的企业较多,工业整体效益受影响的制约因素多。2006年三省规模以上工业实现利润1911.2亿元,同比增长22.5%,低于全国增幅8.5个百分点。其中石油和天然气开采业属中央企业,实现利润1428.2亿元,占三省规模以上工业实现利润的74.7%。除石油和天然气开采业、黑色金属冶炼及压延加工业、交通运输设备制造业、电力热力的生产和供应业以外,其他行业赢利较低。

　　除能源和原材料工业在全国居举足轻重地位外,东北三省历来是全国重要的机械装备制造业基地,2004年,东北三省包括通用设备、专用设备、交通运输设备、机械及电气器材、通信设备、计算机及其他电子设备在内的装备制造业发展的基本情况见表1—20。

表1—20　2004年东北三省装备制造业基本情况

	东北三省合计	全国总计	东北三省占全国比重(%)
产值(亿元)	4 053.03	60 879.43	6.66
总资产(亿元)	5 408.16	54 346.44	9.95
总利润(亿元)	133.93	2 859.19	4.68
从业人数(万人)	113.63	1 632.45	6.96

资料来源:《中国经济普查年鉴》(2004),统计口径为规模以上装备制造业工业企业。

　　2005年,辽宁省数控机床产量1.49万台,居全国第一位;造船产量完成279万载重吨,占全国的28%左右,居全国第二位;原油加工量5 234万吨,占全国的18%左右,居全国第一位;钢材产量3 206万吨,占全国的8.5%左右,居全国第三位。全年装备制造业完成工业增加值739.6亿元,占规模以上工业企业增加值的24.6%。在装备制造业中,通用设备制造业、专用设备制造业、交通运输设备制造业分别完成工业增加值189.1亿元、83.2亿元、187.4亿元。随着企业改造力度的加大,技术装备水平进一步提高,设备水平综合指标位居全国第三位。

　　2006年东北三省装备制造业工业总产值同比增长30%以上,超过全国4个百分点,利润增速也远高于同期全国装备制造业利润和东北三省工业的利润增速。辽宁省2006年装备制造业完成工业增加值984亿元,占全省工业增加值的26.6%,比上年增长了24.8%,首次超过石化产业成为该省第一支柱产业,全省新增工业利润的55%来自于装备制造业。以一重、哈

电、齐一、齐二、长客、大船重工、大连机床、大连重工·起重、沈阳机床、沈鼓、沈飞等为代表的骨干装备制造企业发挥自身优势，在大型水电机组、先进火电机组、重型燃机、超高压及特高压输变电装备、电站空冷系统、兆瓦级风电机组、冶金成套装备、石化成套装备、大型加氢反应器、大型铸锻件、VLCC等高档船舶、干线及城市轨道交通、重型数控机床等重大技术装备领域取得了大批自主化成果，重点产品大幅拓展了市场空间。2006年吉林省以交通运输设备制造业为主的规模以上装备制造业完成工业增加值371亿元，占全省规模以上工业企业增加值的26.6%。一汽集团已成为中国最大的汽车研发和生产基地，拥有重、中、轻、轿等六大系列产品的研发和生产能力，年产量突破了100万辆。长春轨道客车股份有限公司是目前亚洲最大的轨道车辆生产基地，生产的铁路客车和地铁车辆分别占全国的50%和85%以上。2006年黑龙江省装备制造业完成工业总产值816亿元，占全省工业增加值的26.5%，比上年增长了16.3%，成为全省发展最快的产业。装备制造业的发展需要消耗大量的黑色金属和有色金属，必须以强大的冶金工业为依托，二者相互促进，互为条件，这也是国家将东北地区列为重要的原材料工业和装备制造业基地的重要原因。

二、产业扩张对矿产资源供给提出的新需求

为加速东北地区振兴，国家发展和改革委员会、国务院振兴东北地区等老工业基地领导小组办公室于2007年8月20日正式出台了《东北地区振兴规划》，确定的振兴目标是经过10到15年的努力，将东北地区建设成为具有国际竞争力的装备制造业基地、国家新型原材料和能源保障基地。一是优化发展能源工业，建设国家能源保障基地。有序开发煤炭资源，建设大型煤电化基地。稳定原油生产能力，扩大天然气生产规模，综合开发吉林油页岩资源，建设俄罗斯边境至我国东北的原油管道，启动东北天然气管网工程建设。2010年，规划煤炭生产规模3亿吨左右，原油生产规模5 700万吨，天然气产量70亿立方米，电力装机容量6 000万千瓦，年发电量3 000亿千瓦时。二是提升基础原材料产业，建设新型石化产业基地。重点建设抚顺石化、大连石化和大连西太平洋炼油等千万吨级原油加工基地，加快实施大庆、吉林石化、抚顺石化等乙烯改扩建工程，形成世界级乙烯生产基地。2010年，炼油能力达到1亿吨/年，乙烯产量达到400万吨/年。有序发展煤化工产业，建设煤化工基地。建设北方精品钢材基地，依托鞍本钢铁集团建设精品板材生产基地，依托东北特钢建设特殊钢和装备制造业用钢生产基地。建设鲅鱼圈钢铁基地，逐步将钢铁工业发展重点由内陆向沿海转移。三是建设先进装备制造业基地。提高重大装备国产化水平和国际竞争力，将东北地区建设成为具有国际竞争力的重型机械和大型成套装备制造业基地、具有国际先进水平的数控机床及工具研发和生产基地、国家发电和输变电设备研发与制造基地、全国重要的汽车整车和零部件制造及出口基地、具有国际先进水平的船舶制造基地、国家轨道交通设备制造基地。装备制造业振兴的重点是数控机床、大型炼油和乙烯成套设备、大型煤化工成套设备、大型冶金设备、大型发电设备、超特高压输变电设备、大型机械成套设备、大型船舶装备、轨道交通设备。

从东北三省老工业基地振兴规划和"十一五"发展规划看，东北三省都把以矿产资源为依

托的能源、原材料工业和装备制造业作为各自的支柱产业,且年均增长速度最低都定在12%以上。仅就严重依赖矿产资源的石化、冶金和建材这三个产业而言,都将继续保持快速发展的态势。到 2010 年,上述三个产业的规模以上增加值,辽宁省将分别达到 1 200 亿元、880 亿元和 200 亿元;吉林省将分别达到 400 亿元、120 亿元和 87 亿元;黑龙江省将分别达到 840 亿元、60 亿元和 80 亿元;三省合计高达 3 867 亿元。规划期间三省主要矿产及加工品产量将大幅提高(表 1—21),采矿业和矿产品加工业在各省经济中的地位仍在巩固和提升,以重化工为主的产业结构会进一步固化。这就决定了东北三省对矿产资源的依赖程度将有增无减,经济发展对矿产资源供给的压力将越来越大。

表 1—21　2010 年东北三省主要矿产及加工品产量预测

单位:万吨(玻璃为万重量箱)

	原煤	油气当量	原油加工量	乙烯	生铁	粗钢	钢材	有色金属	水泥	平板玻璃
辽宁省	5 000	1 200	9 420	400	5 100	5 200	5 500	120	4 000	2 500
吉林省	4 000	800	1 000	110	1 000	1 000	1 400	20	2 350	660
黑龙江省	12 800	4 000	580	120	500	700	620	30	1 700	740
三省合计	21 800	6 000	11 000	630	6 500	6 900	7 520	170	8 050	3 900

资料来源:《东北三省"十一五"规划纲要和专项规划》。

到 2010 年辽宁省全部工业增加值达到 6 100 亿元,年均增长 13%,其中规模以上工业增加值达 5 600 亿元,年均增长 14%左右。规模以上装备制造业工业增加值达 1 890 亿元,年均增长 22%以上。原材料工业增加值达 2 300 亿元,年均增长 12%。到 2010 年石油化工业增加值预期为 670 亿元,年均增长 12%。原油加工能力达 9 420 万吨,乙烯生产能力达 400 万吨,均居全国第一位。子午线轮胎达 1 320 万套,居国内第二位。冶金工业实现年销售收入 3 100 亿元、工业增加值 880 亿元。其中钢铁工业实现年销售收入 2 300 亿元、工业增加值 650 亿元,形成生铁和粗钢各 5 200 万吨、钢材 5 500 万吨的年生产能力;有色金属工业实现年销售收入 450 亿元、工业增加值 116 亿元,10 种有色金属产量 120 万吨以上,其中铜 20 万吨,铝 30 万吨,锌 66 万吨以上,有色金属加工材能力 75 万吨以上。建材产业方面,水泥年生产能力达 3 000 万吨,平板玻璃年生产能力达 2 500 万重量箱,PVC 型材年生产能力达 180 万吨,使辽宁省成为全世界最大的 PVC 型材生产基地。

到 2010 年吉林省石油化工业总产值超过 1 200 亿元,工业增加值达 400 亿元,原油和天然气产量达 800 万吨油气当量,原油一次加工能力达 1 000 万吨,乙烯生产能力达 110 万吨。冶金工业总产值达 520 亿元,增加值 120 亿元,生铁生产规模达 1 000 万吨,粗钢生产规模达 1 000 万吨,钢材生产规模达 1 400 万吨,铁合金生产规模达 80 万吨,碳素制品生产规模达 16 万吨。建材工业总产值 220 亿元,增加值达 87 亿元,水泥产量达 2 350 万吨,平板玻璃产量达 660 万重量箱。

到 2010 年黑龙江省原油产量稳定在 3 500 万吨，油气当量保持在 4 000 万吨以上，石油和天然气开采业增加值达 440 亿元，规模以上石化工业增加值达 400 亿元，原煤产量达 1.28 亿吨。冶金工业总产值和销售收入均达 400 亿元，实现工业增加值 60 亿元，利税 31 亿元。主要产品产量如下：生铁 500 万吨，钢 700 万吨，钢材 620 万吨，焦炭 1 000 万吨，铝材 21 万吨，铜精矿 3.4 万吨。将黑龙江省建成国内一流、特色突出、具有较强国际竞争力的现代化重大装备制造集中地，力争全省规模以上装备制造工业增加值年均增长 20%，销售收入年均增长 20%。

三、大规模基础设施建设对矿产资源供给提出的新需求

根据《东北地区振兴规划》，"十一五"期间东北地区跨区域重大基础设施建设将大大加快。要加强铁路网络、公路网络、港口体系、机场体系和对外通道等交通基础设施建设。重点建设同江至大连、东北东部通道、黑河至北京、绥芬河至满洲里、珲春至阿尔山、丹东至锡林浩特 6 条通道。逐步形成 7 大综合运输系统：新建与改造连接内蒙古东部地区煤炭基地与东北三省主要能源消费区的铁路、公路，形成保障能力强大的煤炭运输系统；加强中俄铁路原油运输系统建设并适时建设油气管线，强化大连等港口的原油接卸和中转功能，形成完备的石油运输系统；积极引导大连、营口矿石码头建设，形成高效矿石运输系统；突出"铁水联运"系统建设，形成高效的粮食运输系统；以大连港为干线港，其他港口为支线或喂给港，强化内陆通关系统建设，建成高效便捷的集装箱运输系统；积极发展重型装备运输系统；建设快速便捷的客运系统。铁路建设方面，建设哈尔滨至大连客运专线，长春市至吉林市城际轨道交通，伊敏至伊尔施、赤峰至大板至白音华、乌兰浩特至霍林河至锡林浩特、阜新至西乌珠穆沁旗铁路，东北东部铁路通道。建设哈尔滨、沈阳、大连集装箱枢纽。改造海拉尔至满洲里、白城至阿尔山、霍林河至通辽、锦州至齐齐哈尔、锦州至承德、沈阳至吉林、沈阳至丹东、叶柏寿至赤峰、长春至图们等线路。高速公路建设方面，建设绥芬河至满洲里、鹤岗至大连、珲春至乌兰浩特、大庆至广州高速公路大庆至通辽至赤峰至承德段、长春至深圳高速公路长春至双辽至阜新至朝阳至承德段、丹东至锡林浩特、通辽至沈阳、吉林至沈阳、吉林至黑河等国家高速公路网规划中重要路段。港口建设方面，完成大连港大窑湾集装箱三期和四期码头、老港区改造、东港区改造，营口港、丹东港、锦州港扩建。机场建设方面，扩建和完善大连、沈阳、长春、哈尔滨机场，新建长白山、吉西北、漠河、大庆、鸡西、伊春、阿尔山和二连浩特等机场。能源基础设施建设主要包括电源建设和电网建设两个方面。电源建设方面，东北地区将新投产发电容量 1 807 万千瓦，总投资近 1 000 亿元，到 2010 年全区装机容量可达 6 020 万千瓦。电网建设方面，总投资 1 070 亿元，重点建设呼伦贝尔至辽宁省中部输电通道，霍林河和赤峰煤电基地至辽宁省负荷中心的 500 千伏交流输电通道，黑、吉两省间 2 回 500 千伏输电线路，吉、辽两省间第 4 回 500 千伏输电通道等。

按照各省的"十一五"基础设施规划，辽宁省在交通基础设施建设上计划投资 1 660 亿元，是"十五"期间的 2.5 倍。其中高速公路建设投资 800 亿元、普通公路建设投资 185 亿元、沿海港口建设投资 643 亿元、客货场建设投资 32 亿元。到"十一五"末，全省高速公路总里程将接

近4 000公里,公路总里程达6.5万公里;港口货物吞吐能力达5.3亿吨,集装箱吞吐量达1 366万标准箱。铁路建设方面,新增铁路客运专线运营里程达1 000公里,电气化铁路达2 065公里。加快干线铁路电气化和提速改造,以及重要繁忙通道实现客货分线运输,到2010年,全省铁路货物发送量将达1.7亿吨,旅客发送量1.4亿人次。公路建设方面,续建、新建高速公路2 090公里,新增普通公路1.2万公里,改善黑色路面2.9万公里,建设滨海公路1 440公里。到"十一五"末期,全省路网的总里程达6.5万公里,二级以上公路达2.1万公里,黑色路面达5.2万公里。港口建设方面,重点建设大连大窑湾三期工程、北良散粮泊位、长兴岛港区开发、营口港四期工程、营口港15万吨级航道、锦州湾25万吨级原油码头和丹东集装箱码头等一批项目。新建泊位150个,新增吞吐能力3亿吨,其中集装和吞吐能力达1 100万标准箱。到2010年沿海港口生产性泊位达470个,货物吞吐能力超过5.3亿吨,其中集装箱吞吐能力超过1 300万标准箱。民航建设方面,启动大连新机场建设,建设规模为年吞吐旅客1 200万人次。扩建沈阳桃仙机场国际机场,新增1 000万人次的吞吐能力。改善丹东、锦州机场基础设施条件。到2010年,全省机场旅客吞吐能力将超过2 500万人次。在电力基础设施的电源建设方面,计划投资约500亿元,新建投产装机容量1 000万千瓦,力争到2010年全省总装机容量达到2 600万千瓦以上。重点建设红沿河核电站、庄河电厂、绥中电厂二期等17个能源项目。预计新增风电装机容量50万千瓦以上,到2010年风电总装机规模突破80万千瓦。电网建设方面,"十一五"期间计划投资580亿元,是"十五"期间的2.15倍。将新增正负500千伏直流线路2 200公里,输电容量600万千瓦;新建500千伏变电站9座,扩建4座,新增变电容量1 250万千伏安;新建220千伏变电站61座,扩建32座,新增变电容量1 938万千伏安。重点建设鞍山—辽阳—营口等220千伏输变电工程,全省县城电网和农网66千伏建设与改造工程。

吉林省交通基础设施计划投资930亿元,是"十五"实际完成额的2倍。铁路建设方面,新建改建铁路1 314公里,竣工里程963.7公里,重点加强以哈大客运专线、长吉城际铁路为代表的通道和干线的新建和扩能改造、支线断头路的贯通,重点建设五项铁路工程。公路建设方面,高速公路投资535亿元,建设高速公路项目14个,竣工项目12个。新增高速公路1 500公里,使全省高速公路通车里程达到2 000公里,省会至市(州)和长白山基本实现高速公路连接,通高速公路的县市达到22个。国省干线公路投资210亿元,新建改建国省干线公路投资1 920公里,全省公路总里程将达到6万公里,二级以上公路达到1.2公里,初步形成"五纵五横"的公路交通框架。机场建设方面,进一步加强和完善长春、延吉机场,启动长白山机场和通化机场建设,着手白城机场规划,形成"一主四辅"的机场格局。电力基础设施的电源建设计划投资500亿元,开工建设火电机组1 017.5万千瓦,其中投产617.5万千瓦;新投产水电装机90万千瓦;新增风力发电能力83万千瓦。到2010年吉林省全口径发电装机容量达1 796.5万千瓦,其中火电1 213.5万千瓦,水电450万千瓦,风电103万千瓦,生物质能发电30万千瓦。电网建设计划投资135亿元,投产220千伏变电容量606万千伏安,220千伏送电线路1 465公里;投产500千伏变电容量800万千伏安,500千伏送电线路1 193公里。

黑龙江省交通基础设施计划投资750亿元,其中重点工程建设总投资406.3亿元,建设里程5 845公里,其中新建高速公路1 164公里,干线公路2 500公里。农村公路投资224亿元,建设里程约8万公里。到2010年实现道路货运周转量翻一番、水运货物周转量翻两番。铁路建设方面,建设地方铁路486公里,新增8条新线路,预计总投资30.17亿元,新增货运量1 350万吨。重点建设客运专线,对繁忙干线进行电气化改造,加强路网技术改造和枢纽建设,形成以哈尔滨枢纽为中心的"一横三纵"主骨架。公路建设方面,重点建设国道绥满公路牡丹江至亚布力段、牡丹江至绥芬河段,建成国道京加公路齐齐哈尔至嫩江段、齐齐哈尔至泰来段、鹤大公路牡丹江至宁安段高速公路等工程。到2010年,等级公路总里程超过7万公里,其中高速公路达到2 000公里,二级以上公路里程达到12 000公里。轨道交通建设方面,加快建设哈尔滨城市轨道交通工程,总里程143公里,计划投资384亿元。港口航运建设方面,加强干流航道、开放港口码头和支持系统建设,使松花江主通道全线达到三级航道标准,重点建设同江、黑河、富锦、抚远等港口,改善港口集疏条件,提高货物通过能力。机场建设方面,确立哈尔滨机场中型门户枢纽机场地位,加强区域中心城市和重点旅游景区的支线机场建设,建成鸡西、伊春等支线机场,加快大庆机场项目前期工作。电力基础设施的电源建设方面,计划投资500亿元,新增发电能力1 000万千瓦,到2010年使全省总发电能力达到2 200万千瓦。加快大型坑口电站和中心城市大型热电联产等电源与调峰电站项目建设,优先建设褐煤煤电一体化工程。电网建设方面,"十一五"期间计划投资202亿元,新建3座、扩建4座500千伏变电站,新增变电容量575万千伏安,新增输电线路2 428公里;新增220千伏变电容量621万千伏安,新增输电线路2 021公里,形成以500千伏电网为省内骨干网架,以220千伏电网为地区主网架的电网线路。

表1—22 东北三省"十一五"交通和电力基础设施建设规划统计

项目		省份	辽宁	吉林	黑龙江	三省合计
交通设施	投资(亿元)		1 660	930	750	3 340
	新建铁路(公里)		3 065	1 314	1 900*	6 279
	新建高速公路(公里)		2 090	1 500	1 164	4 754
	新建高等级公路(公里)		3 000*	1 920	2 500*	7 420
电力设施	投资(亿元)		1 080	635	702	2 417
	新建电源(万千瓦)		1 000	1 190	1 000	3 190
	新建电网	新增220/500千伏变电容量(万千伏安)	3 188	1 406	1 196	5 790
		新增输电线路(公里)	5 200*	2 658	4 449	12 307

资料来源:《东北地区振兴规划》和东北三省"十一五"交通和电力方面的专项规划;带"*"号者为推算数。

交通基础设施建设对钢材、水泥、沥青等材料的需求量十分巨大,这些筑路材料都直接来自于矿产品。铁路建设是钢材和水泥的消耗大户,"十一五"期间东北三省合计新建铁路3 340

公里,将使用钢材1 123万吨、水泥6 408万吨。建设高速公路也需要大量的钢材,主要是螺纹钢、线材、热轧钢板、型钢、镀锌钢管等。以吉林省建设每公里高速公路平均需用钢材278吨、水泥2 114吨、沥青467吨计算,"十一五"期间东北三省合计新建高速公路6 279公里,仅此一项需耗用钢材175万吨、水泥1 327万吨、沥青293万吨。此外,电力工业发展所需的发电机、电动机、变压器、电线和电缆,要消耗大量的钢铁和有色金属材料。以铜为例,电力工业对铜的消耗占铜总消费量的50%以上,其中电线电缆对铜的需求量占电力工业的90%以上。东北三省"十一五"期间新建电力装机容量3 190万千瓦,仅中压交联电缆就需要9.6万公里,用铜量近8万吨。

四、消费结构升级对矿产资源供给提出的新需求

居民消费结构不断升级,对矿产资源的需求越来越大。近年来,随着经济社会发展和人民群众消费水平的提高,对住宅、汽车的消费在持续升温。当前,建筑工程钢材消耗量约占钢材总消耗量的50%以上,水泥占70%以上。在今后若干年内,东北地区将有1 500万以上的农村人口进入城市,而大部分城镇原居民也要求改善现有居住条件,住房建设对钢材、水泥等原材料的消耗将逐年上升。按目前每平方米住宅建筑耗费钢材约55公斤、耗用水泥300公斤计算,东北三省每年合计竣工住宅面积约5 000万平方米,需耗费钢材275万吨、耗用水泥1 500万吨。

汽车工业对钢铁、有色金属、橡胶、玻璃等原材料的消耗更大。以重量计,汽车对原材料的需求以钢铁为主,约占70%;铝、铜等有色金属材料约占8%;塑料、橡胶等非金属材料约占20%。全国汽车工业及汽车的使用每年消费钢材约1亿吨,占总消耗量的15%;铝500万吨,占总消耗量的25%;橡胶900万吨,占总消耗量的60%;塑料1000万吨,占总消耗量的10%。2006年东北三省共生产汽车约120万辆,共计消耗约360万吨金属和非金属材料,包括约288万吨钢材、约12万吨生铁、约16万吨有色金属和约40万吨塑料。到2010年,东北三省规划生产汽车367.5万辆,当年需要消耗约1 080万吨金属和非金属材料,包括约864万吨钢材、约36万吨生铁、约48万吨有色金属和约120万吨塑料。另外汽车的使用还需要消耗大量的汽油、柴油等成品油。目前全国60%左右的原油用于成品油生产,其中75%左右的成品油用于交通运输,且年均增长率为10%。汽车对汽油的消耗占汽油消费总量的95%,交通运输业消耗柴油占柴油总消费量的58%。在未来20年乃至更长时间内,汽车用油将成为石油消耗的最大用户。

第三节 矿产资源接续与供给是振兴东北老工业基地的重要条件

一、经济发展与矿产资源的高依存度将长期存在

从历史上看,早在20世纪50年代中期,东北就已经成为全国性的重工业基地。经过多年

的建设和发展,东北三省形成了以重型机械制造业、汽车工业、石油开采、石油化工、钢铁为主的工业体系。此后虽然几经调整,特别是改革初期大力发展家电等轻型工业,力图改变"畸重"结构,但是东北地区以重化工业为主体的产业结构并未发生实质性的变化。近年来由于重化工业生产经营形势的好转及重化工业投资力度的持续加大,东北地区重化工业为主的工业结构特点仍在加深。按传统发展模式建成的重工业基地,在产业结构上表现为偏重化工业、偏生产型、偏资源消耗型,"三高"产业(高消耗、高能耗、高污染)聚集,资源开发利用粗放,浪费损失严重,导致矿产资源消耗急剧增加;在产品结构上表现为初级产品多、深加工产品少,矿产资源消费少、高附加值的终端消费品的比重偏低。从现实来看,东北三省重化工业偏重的产业结构,在产业升级过程中还会维持原有的运动惯性,保持着一定的路径依赖,产业结构调整困难。东北三省重化工业和原材料工业的资产专用较强,"船大调头难",产业退出和转移需要巨大的费用,无论地方还是国家都担负不起,而且也没有必要进行产业退出和转移。再者,东北老工业基地制造业的产业技术基础雄厚,其装备制造业特别是重大装备制造业,至今在全国仍具有一定的产业优势和产业实力,而且在国际化产业分工过程中,东北三省正承接一些高能耗产业的转移。正是基于此,国家从2003年开始实施了东北老工业基地振兴战略,并在《东北地区振兴规划》中要求东北三省要打造成为全国性的装备制造业、原材料工业和能源工业基地。《东北地区振兴规划》是国家从全国生产力布局和区域发展角度考虑,立足于东北地区矿产资源禀赋和现有产业基础作出的战略决策,对于加快东北地区经济社会发展将起到巨大的促进作用。但由此也带来了两方面的问题:一方面建成国家重要的装备制造业、新型原材料和能源保障基地,会进一步固化东北地区以重化工为主的产业结构,使东北地区产业结构轻型化更加困难;另一方面也会加剧东北地区矿产资源的供需矛盾,扩大矿产资源的供给缺口,并加速矿产资源的枯竭,使东北地区矿产资源的接续与供给上升为振兴的必要条件。

目前,东北三省进入了一个经济加速发展期,同时也进入了一个资源、能源的高消耗期,经济发展主要依靠消耗自然资源,特别是矿产资源的格局在相当长的时期内不会发生根本性变化。重化工业等矿产资源依赖型产业的发展必须首先考虑当地资源禀赋情况,而东北三省的矿产资源经过几十年的采掘,鼎盛期已经过去,储量逐渐减少,可供开发的后备矿产资源不多,开采成本总体上呈不断上升趋势,正由资源输出型区域逐渐变成资源输入型区域。一方面,振兴东北老工业基地、经济社会发展对矿产资源的高依存度将长期持续,必须以矿产资源的扩大供给支撑经济的高速发展;另一方面,面对矿产资源的巨大需求,东北三省自身的矿产资源已难以继续担当保障国民经济持续快速发展的重任。无论从历史轨迹、现实状态,还是从未来发展考虑,东北三省经济社会发展对矿产资源的高度依赖仍将长期存在下去,必须依靠从外部引进才能消除矿产资源的"硬约束"。

二、部分矿产资源严重短缺已成为东北老工业基地振兴的"瓶颈"

当前东北三省都处于工业化过程中的中期阶段,必须依靠矿产资源的大规模供给支撑经济的高速发展。国民经济发展需要的大宗主要矿产,如煤、石油、天然气、铁、锰、铬、铝、铜、铅、锌、钾、硫、磷等需求都很大。但由于对资源的长期开发,导致了东北地区采掘和原材料工业的优势逐渐消失。经过多年掠夺式开采和粗放式利用,东北三省的煤炭、黑色金属、石油等资源储量减少,资源枯竭导致开采成本上升,使建立在这些资源基础上的东北地区的石化、冶金、建材、机械装备等工业的发展受到制约,矿产资源的接续问题已成为当务之急。黑龙江的能源生产以一次能源为主,原油和原煤占一次性能源总产量的97%,能源结构中存在很多问题。就煤炭而言,一是集约化开采水平低,后续项目不足;二是长期以来只注重产量,深加工项目少,综合利用水平低;三是安全欠账多,安全生产隐患大。就石油而言,大庆油田已经进入递减开采阶段。辽宁能源发展面临的主要问题是常规能源储量不足、主要品种资源逐渐萎缩。2005年,全省能源缺口已经达53%。当年全省能源生产总量为6 771万吨标准煤,能源消耗总量为14 684万吨标准煤,能源供需缺口加大,能源对外依赖程度明显增加。另外,作为国家大型装备制造业基地,辽宁对有色金属矿需求很大,而当地4座有色金属矿主要分布在辽西,目前也日趋枯竭。与黑龙江和辽宁相比,吉林省的情况也不容乐观,面临着能源短缺和结构不合理的问题。东北三省的矿产资源缺口如下:

辽宁省矿产资源开发利用程度高且极不均衡。截至目前,已开发的矿产有90余种,有探明储量的矿产地70%以上已得到开发利用。按全省累计消耗储量占累计探明储量比例计算,菱镁矿的利用程度为4.8%,铁矿为11.9%,金刚石为14.9%,煤为24.5%,石油为56.4%,玉石已高达94.7%,有色金属和贵金属均超过50%。未来矿产资源供需形势严峻,尤其是一些关系到国计民生的大宗矿产严重短缺。

吉林省矿产资源储量不足,煤、石油、铁、有色金属矿产资源保证程度较低,供需紧张,需从省外或国外购进以补充不足。预计未来几年原煤、原油、铁矿石3种大宗矿产资源的供给缺口均超过50%,铜、铝、硫、磷、钾、铬、锰、铂、钯、钛等矿产资源几乎全部需要从省外购进。2010年,通化钢铁公司产能将达到1 000万吨,铁矿石缺口高达800多万吨。随着老工业基地振兴步伐的加快、新上项目的投产和经济规模的不断扩大,煤炭供求矛盾愈加突出。目前全省煤炭消费量已超过5 000万吨,自给率不足一半,每年因支付从外省调煤运费一项就增加工业成本将近15亿元。而且从外省调煤存在着相当大的不稳定性,这些问题已直接影响到东北三省的能源安全和经济安全。

黑龙江省的石油产量已经逐年下降。全省铁、铝、铜等大宗矿产保有资源储量呈逐年下降趋势,省内供给缺口逐渐加大。"十五"期间全省铁矿产量仅能满足需求的10%。每年需求铝18万吨,其中氧化铝10万吨,由于没有铝土矿资源,全部由省外提供。铜的消费量每年为5万吨,而铜产量不足1万吨,满足需求尚有较大缺口。磷矿、钾盐矿等均属短缺矿产,靠外省和国外供给。

三、解决矿产资源接续问题是振兴东北老工业基地的必要条件

自2003年实施东北振兴战略以来,东北三省经济社会进入了新一轮的快速发展时期,2004～2006年,东北三省地区的生产总值分别为1.51、1.71和1.97万亿元,同比增长

12.3%、12.0%和13.5%，分别高出全国当年增速2.2个、1.8个和2.8个百分点；东北三省3年来GDP年平均增速为12.6%，比实施振兴战略前3年（2001～2003年）提高了2.6个百分点。2004年、2005年和2006年，东北三省规模以上工业完成增加值分别为4 869.6亿元、6 374.5亿元和7 799.5亿元，同比增长19.7%、16.6%和18.2%，分别高出全国当年增速3个、0.2个和1.6个百分点。从固定资产投资总量上看，2004年、2005年和2006年，东北三省固定资产投资分别完成4 959亿、6 904亿和9 383.6亿元，同比增长33.5%、39.3%和37.4%，高出全国当年增速5.9个、12.1个和12.9个百分点；东北三省固定资产投资占全国的比重由2003年的7.6%，同比分别提高到8.4%、9.2%和10%，每年递增0.8个百分点。从投资结构来看，东北三省固定投资主要集中在6个行业及领域，占东北三省投资的80.5%。其中第一位是制造业，完成投资3 084亿元，同比增长32.6%，占东北三省投资的32.9%；第二位是房地产业，完成1 893亿元，增长35.2%，占东北三省投资的20.2%；第三位是交通运输、仓储和邮政业，完成903.5亿元，增长47.6%，占东北三省投资的9.6%，这三个行业占三省投资的62.7%；其他三个行业中，采矿业完成641.1亿元，增长31.5%，占东北三省投资的6.8%；电力、热力的生产和供应业完成418.4亿元，增长41.9%，占东北三省投资的4.5%。

经济发展程度与矿产品消费之间存在较强的关联性，以能源开发、原材料和装备制造业为主体的东北经济的快速发展，也带来了矿产资源的高消耗。近年来东北三省矿产资源消费弹性系数一直高于全国平均水平，即矿产资源的消费增幅远高于GDP的增幅，其中能源消费弹性系数高达1.5～1.7，而且这种状况还将持续相当长的一段时间。另外，东北三省对其他矿产资源的消费需求也符合"S"形模型，即在经济不发达时期，矿产资源的消费量与GDP增长的关系并不确定；但随着经济发展的重点转向制造业，矿产资源的消耗开始增长，进入工业化和城市化加速发展阶段，经济的高速增长必然带来矿产资源的巨大消耗，当人均GDP达到2 000～3 000美元时，矿产资源需求量就会成倍增加，并在此时达到峰值；待经济发展到达成熟期后，矿产资源消费增长会保持在一定水平，最后呈下降趋势。当前东北三省正处于矿产资源"集中高强度"的消耗旺盛期，而且这种状况会持续相当长的时间，这就对东北地区矿产资源的供给能力提出了更高的要求。东北地区的经济社会发展必须以矿产资源的持续、大量的供给为依托，因此，保证东北地区矿产资源供给的接续，对东北老工业基地的振兴至关重要。

满足东北地区巨大而持续增长的矿产资源需求，一方面，要立足自身，挖掘区域内现有资源的潜力，在保证经济性的前提下努力扩大矿产品产量，提高矿产资源自给率；另一方面，对于短缺矿产，要"走出去"建立稳定的供应渠道，从省外和国外引进。考虑到东北地区绝大部分短缺矿产资源在国内同样短缺，以及运输成本的经济性，应以邻近的东北亚地区为矿产资源接续的重点。

第二章 东北地区矿产资源赋存及开发利用

第一节 黑龙江省矿产资源概况及开发利用现状

一、矿产资源概况

黑龙江省地处我国东北边陲，由中俄最大界河黑龙江而得名，简称"黑"。其北部和东部隔黑龙江、乌苏里江与俄罗斯相望，西部与内蒙古自治区相邻，南部与吉林省接壤。属温带、寒带之间的大陆性季风气候，年平均气温在 $-4\sim4$℃。总面积 45.46 万平方公里，占全国总面积的 4.7%，总人口 3 800 多万人，其中汉族人口占 95%。

黑龙江省拥有 25 个国家一类口岸、3 038 公里的边界线，陆路相通，水路相连。向南是连接东北经济大动脉的重要通道，向北是对俄及其他独联体国家开展经济合作的枢纽，成为无可替代的中俄经贸合作的国际大通道。陆路，绥芬河过境铁路与俄罗斯西伯利亚大铁路相接，直达俄腹地及欧洲大部分国家；水路，沿黑龙江水道出鞑靼海峡，进日本海，通过江海联运，可直达日本、韩国及东南亚各国；陆海联运，通过绥芬河口岸，经俄纳霍德卡港是一条重要的国际陆海联运通道。

黑龙江省拥有丰富、优质的土地资源，总耕地面积和可开发的土地后备资源均占全国1/10以上；有林地面积 1 919 万公顷，森林覆盖率达 41.9%；省内江河湖泊众多，有黑龙江、乌苏里江、松花江、嫩江和绥芬河五大水系，水产资源也非常丰富；动植物资源丰富，野生动物达 500 余种，有经济价值的野生植物资源蕴藏量约 250 万吨。

黑龙江省是国家重要的工农业生产基地之一。农业十分发达，畜牧业占有相当比重；黑龙江是新中国贡献卓著的老工业基地，其中大庆油田是中国最大的石油基地，目前已形成了以石油、煤炭、森林采掘业、重型装备制造业、石油化工、食品工业和医药工业为代表的重化工业体系，在全国工业布局中占有重要地位。

（一）矿产种类

黑龙江省是矿产资源大省，矿产种类较全。截至 2005 年底，全省共发现各类矿产（含亚矿产）132 种，占全国当年已发现 234 种矿产（含亚矿种）的 56.4%。全省已探明资源储量的矿产有 81 种，占全国当年已探明 223 种矿产（含亚矿种）资源储量的 36.3%。在 81 种矿产中，除石油、天然气、地热、铀矿、地下水、矿泉水外，其他 75 种矿产的资源储量均按《固体矿产资源储量分类》标准编入《2005年度黑龙江省矿产资源储量表》中。

已探明的81种矿产按工业用途分为九大类,其中:能源矿产5种,黑色金属矿产3种,有色金属矿产11种,贵金属矿产6种,稀有、稀散元素矿产8种,冶金辅助原料非金属矿产7种,化工原料非金属矿产7种,建材和其他非金属矿产32种,水气矿产2种。已发现尚未探明的各类矿产51种。

黑龙江省已探明矿产资源储量和已发现尚未探明的各类矿产构成见图2—1～3。

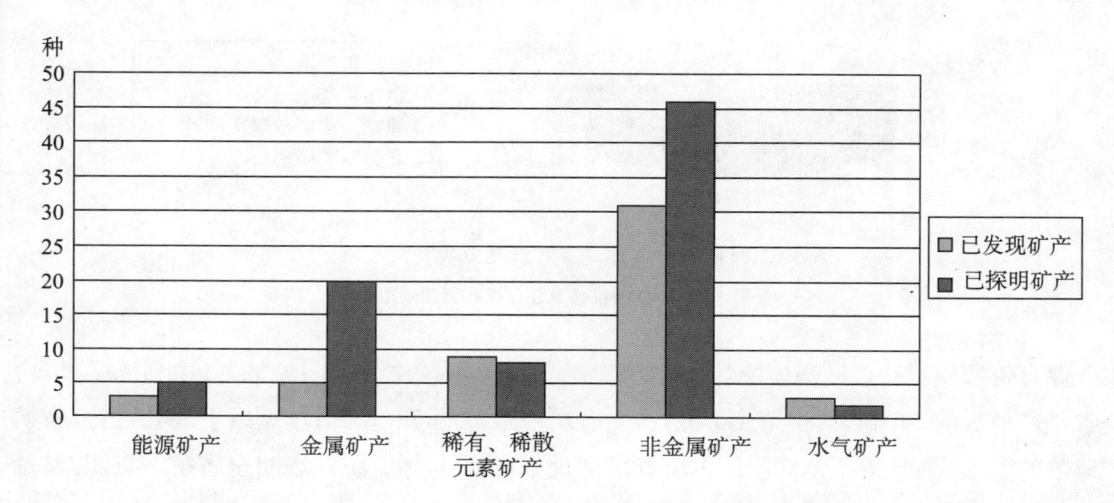

图2—1 黑龙江省已发现尚未探明储量和已探明储量的矿产分类构成

资料来源:2005年度黑龙江省矿产资源年报。

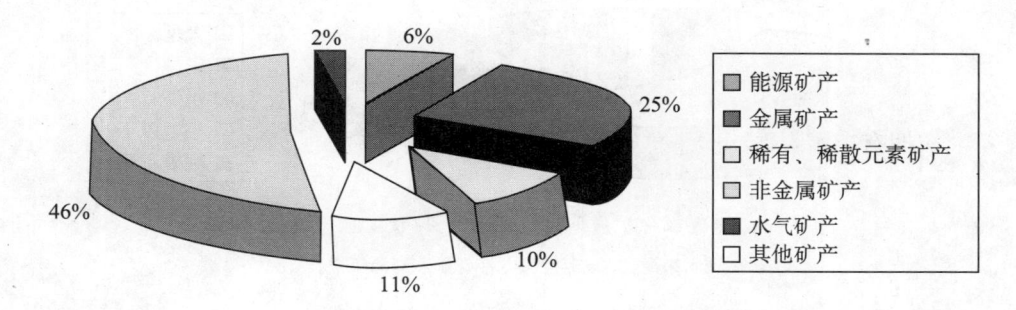

图2—2 黑龙江省已探明矿产分类构成

资料来源:2005年度黑龙江省矿产资源年报。

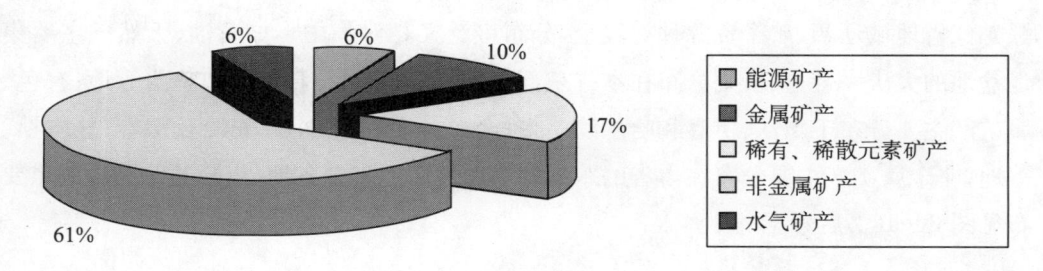

图2—3 黑龙江省已发现尚未探明储量矿产分类构成

资料来源:2005年度黑龙江省矿产资源年报。

（二）矿产地及规模

截至2005年底，黑龙江省矿区矿产地数为806处（未含当年注销煤矿产地数），比上年减少了2处。其中开采矿区为496处（包括基建、停采、闭坑矿区），比上年增加了9处，矿山总数为4 503处，比上年增加了607处。这些矿产地分为以下几类：煤炭矿产地，金属矿产地，稀有、稀散金属矿产地，非金属矿产地（图2—4）。

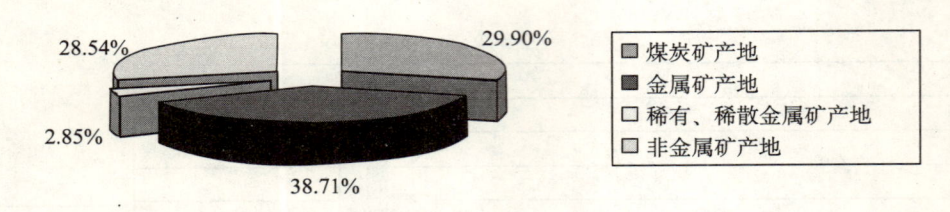

图2—4 黑龙江省矿产地分类构成
资料来源：2005年度黑龙江省矿产资源年报。

保有资源储量按矿区规模统计，大型88处，占全省矿产地数的10.92%；中型197处，占全省矿产地数的24.44%；小型477处，占全省矿产地数的59.18%；小型以下9处，占全省矿产地数的1.12%；规模不清35处，占全省矿产地数的4.34%。统计表明全省矿产资源/储量规模以中、小型为主（图2—5）。

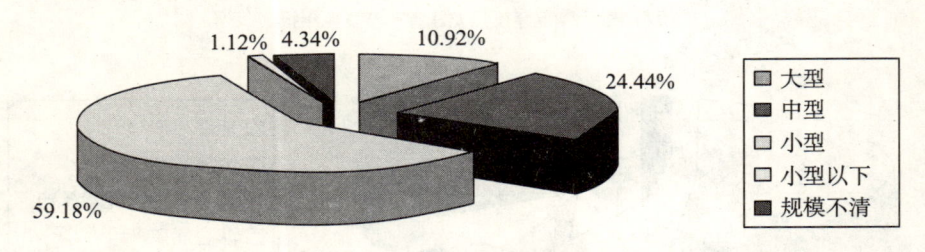

图2—5 黑龙江省矿产地保有资源储量（按矿区规模计）构成
资料来源：2005年度黑龙江省矿产资源年报。

（三）矿产资源分布

黑龙江省地域辽阔，矿产资源种类较全，分布广泛又相对集中。如石油、天然气主要集中在松辽盆地的大庆一带；煤炭则分布在本省东部的鹤岗、双鸭山、七台河和鸡西等地；有色、黑色金属矿产主要分布于嫩江、伊春和哈尔滨一带；金矿分布在大、小兴安岭及伊春、佳木斯、牡丹江等地；非金属矿产主要分布在本省的东部和中部地区。省辖各地（市）、县范围内的重要矿产分布见图2—6（书后彩图）。

（四）主要矿产资源储量及分布

1. 能源矿产

能源矿产在本省矿产中占重要地位,已探明资源储量的矿种有石油、天然气、煤、地热、铀矿5种矿产。其中石油、天然气主要分布在大庆,储量在全国排序第一。

石油、天然气 根据2005年全国矿产资源储量通报,黑龙江省累计探明石油地质储量578 759.83万吨,累计探明可采储量23 9865.77万吨,居全国第一位,当年采出量4 439.44万吨,尚有可采储量53 418.31万吨,占全国同比总量的21.5%。2005年全省油田生产原油4 495万吨,与上一年同比减少了171.5万吨,下降了3.7%。当年采出量约占全国当年采出量的25.7%。全省天然气累计探明地质(气)储量3 941.66亿立方米,累计探明可采储量1 787.09亿立方米,占全国同比总量的5.1%,居全国第五位。当年采出量22.69亿立方米,约占全国同比总量的4.8%,占全省剩余地质可采储量903.8亿立方米的2.5%。

煤炭 截至2005年底,黑龙江省列入矿产资源储量表的煤矿区矿产数为241处,其中大型27处,中型57处,小型149处,小型以下2处,规模不清6处。全省煤种较全,以炼焦用煤为主,煤质多为低硫、低磷煤。全省当年煤炭资源储量220.49亿吨,基础储量77.36亿吨,资源量143.02亿吨。全省煤炭从分布上看,主要集中于双鸭山、鸡西、鹤岗、七台河四大煤城,约占全省煤炭资源储量的92%。其余主要分布在黑河、大兴安岭、牡丹江、哈尔滨等地。另外,全省煤炭资源中有45%是褐煤,目前还未大规模开发利用。煤炭矿产资源储量分布见图2—7。

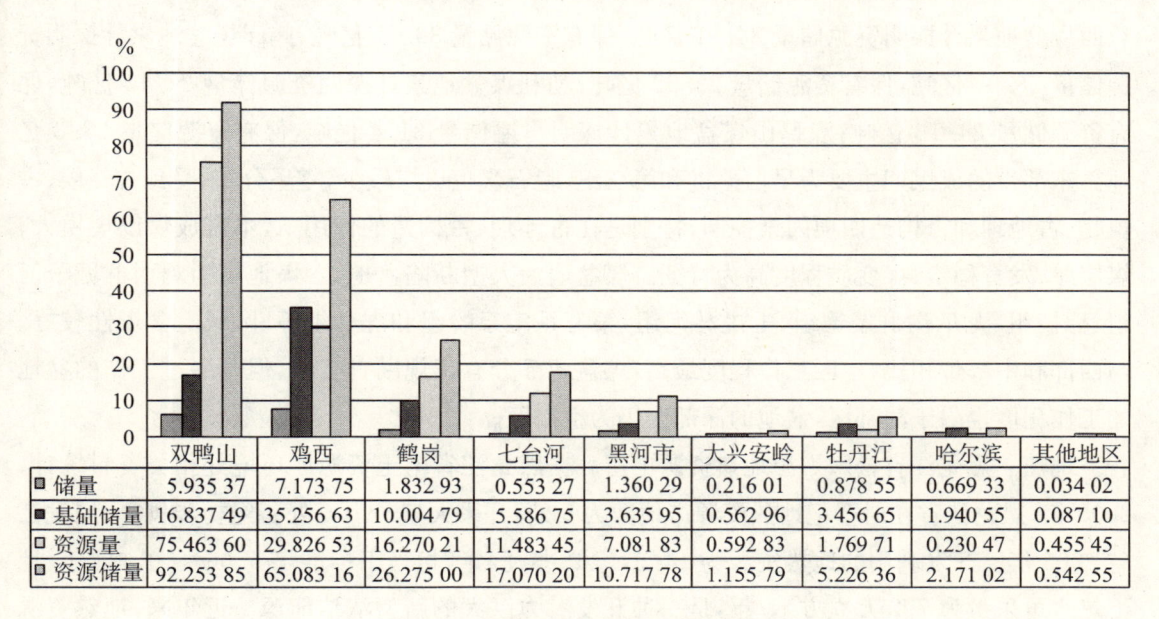

	双鸭山	鸡西	鹤岗	七台河	黑河市	大兴安岭	牡丹江	哈尔滨	其他地区
储量	5.935 37	7.173 75	1.832 93	0.553 27	1.360 29	0.216 01	0.878 55	0.669 33	0.034 02
基础储量	16.837 49	35.256 63	10.004 79	5.586 75	3.635 95	0.562 96	3.456 65	1.940 55	0.087 10
资源量	75.463 60	29.826 53	16.270 21	11.483 45	7.081 83	0.592 83	1.769 71	0.230 47	0.455 45
资源储量	92.253 85	65.083 16	26.275 00	17.070 20	10.717 78	1.155 79	5.226 36	2.171 02	0.542 55

图2—7 黑龙江省煤炭资源储量区域分布

资料来源:2005年度黑龙江省矿产资源年报。

大兴安岭成煤带包括漠河盆地及霍拉盆地等12个煤盆地,已有矿产地的盆地有5个。本带累计探明资源储量 5.04 亿吨,占全省探明储量的 2%;保有资源储量 4.6 亿吨,占全省保有资源储量的 2%。其储量主要集中在木耳气煤盆地和霍拉盆煤盆地。在现有资源储量中绝大部分为长焰煤和褐煤。高变质的贫煤、瘦煤和无烟煤主要在上黑龙江断(坳)陷盆地中,目前资源储量有限。由于本带人口和工业密度均较小,所以其缺煤程度比中部带轻。在本矿带中煤的资源形势总体上是贫乏的,量少而煤种单一,目前尚未发现焦煤和炼焦煤种,在黑龙江省内存在东煤西运的局面。

中部聚煤带包括 27 个煤盆地,目前已知有矿产地的盆地有 9 个。本带累计探明资源储量为 8.73 亿吨,占全省累计探明资源储量的 3.5%;保有资源储量为 8.44 亿吨,占全省保有资源储量的 3.6%。本带的储量主要分布于北部黑河、伊春一带,中南部几乎没有储量分布。本带成煤以规模小、煤层薄、发育不稳定、煤变质程度低为特征。煤盆地为小型火山断陷盆地,含煤地层为七林河组、九峰山组、淘淇河组,其中,淘淇河组和七林河组在区域上含煤性较差,而本区煤盆地含煤层位大部分与淘淇河组和七林河组相当。但与东部和西部带相比,本区工作程度最低,煤盆地中有正规勘查工作的比例较少,开展过工作的盆地其工作程度也限于浅部区,盆地的大部分部位仍为空白区。所以,本带工作潜力巨大。另外,松嫩盆地深部发育有早白垩含煤地层,经物探工作确定,有 23 个隐伏盆地,含煤潜力巨大。

东部聚煤带共计 58 个煤盆地,其中有矿产地的有 30 个。本带累计探明资源储量 237.13 亿吨,占全省累计探明资源储量的 94.51%;保有资源储量为 220.73 亿吨,占全省保有资源储量的 94.42%。本带的储量主要分布于鸡西煤盆地、鹤岗煤盆地、双鸭山煤荒地和勃利煤盆地,其占全省总储量的 47.73%,其次为绥滨—集贤煤盆地、鸡东煤盆地及七星河煤盆地一带。鸡西煤盆地累计探明资源储量 34.91 亿吨,保有资源储量 30.47 亿吨;鹤岗煤盆地累计探明资源储量 26.02 亿吨,保有资源储量 22.52 亿吨;勃利煤盆地累计探明资源储量 27.40 亿吨,保有资源储量 24.15 亿吨;双鸭山煤盆地累计探明自愿储量 31.4 亿吨,保有资源储量 28.3 亿吨。东部带的成煤期主要为早白垩世和第三纪,晚石炭世成煤较少,零星分布,受到古气候、古植物、古地理和古构造四项因素控制,特别是在古地理、古构造的作用下,本带成煤以规模大、煤层厚、发育稳定、煤变质程度高为特征。煤盆地为大型断陷盆地,含煤地层为鸡西群城子河组、穆棱组,龙爪沟群裴德组、七虎林河组,第三系宝泉岭组和虎林组等,区域上含煤性较好。与西部和中部带相比,本区工作程度最高,煤盆地部分有正规勘查工作,但开展过工作的盆地的工作程度也限于浅部区,盆地的深部区仍为空白区。

地热 黑龙江省松嫩平源地热资源丰富。据黑龙江省国土资源厅环境处相关资料统计,2005 年,黑龙江省在册登记地热资源产地数为 5 处,开采大型矿山 4 处。经初步概算,黑龙江省 2005 年已开发利用的地热资源为 14.6×10^8 兆瓦/年,相当于标准煤 5.66×10^4 吨/年,地下热水可采量为 792 万立方米/年,是一种开发潜力巨大的新型清洁能源。近年来,地热资源勘查逐年增加,截至目前,通过人工揭露的地热田有林甸地热田、汤原地热田、铁力地热田。通过研究和预测地热形成条件较好的远景区有杜尔伯特、哈尔滨及其以西、三江、五大连池等地。2003 年已开展的对佳木斯郊区莲花泡、汤源县汤原地热资源的开发,即汤热一井已被政府作为重点开发项目。黑龙江省地下热水资源勘查开发利用程度很低。到目前为止,仅在林甸县城区 183 平方公里范围内做过详查工作,施工探采结合井 2 眼,开采井 3 眼。评价详查区浅层热储地热资源天然储量 7 607.88×10^{12} 千焦耳,可开采资源量 1 141.20×10^{12} 千焦耳;地下热水储存量 12 589.26×10^6 立方米,可开采量为 1 888.38×10^6 立方米。推测深层热储地热资源天然储量 7 162.36×10^{12} 千焦耳,可开采资源量 537.17×10^{12} 千焦耳;地下热水储存量 4 313.5×10^6 立方米,可开采量为 323.51×10^6 立方米。

地下热水主要用于洗浴、取暖、水产养殖、大棚种植、生活用水以及生产矿泉水等。其他一些地区,如大庆、鸡西、铁力郎乡等地热的开发,其工作程度较低,仅为局部利用。

2. 贵金属矿产

黑龙江省探明矿产资源储量的矿产有金(包括岩金、砂金、伴生金)、银、铂族(铂、钯、铱、锇)共 5 种矿产,其中金矿开发利用程度较高。

金 金矿资源有岩金、砂金、伴生金。近几年岩金勘查开发很快,逐渐形成了团结沟、老柞山、大安河、东风山、争光等中大型岩金矿山,伴生金由于受主矿种的限制而部分回收利用。

截至 2005 年底,金矿产地 145 处,按资源储量规模分大型 11 处、中型 35 处、小型 90 处。其中砂金矿产地 116 处,占金矿产地数的 80%;岩金矿产地 24 处,占金矿产地数的 16.5%;伴生金矿产地 5 处,占金矿产地数的 3.5%。

砂金 截至 2005 年底,黑龙江省砂金资源储量 104 911 千克,其中基础储量 36 717 千克,资源量 68 194 千克,主要集中于黑河、大兴安岭地区,资源较多的其他地区有佳木斯、伊春、鹤岗(图 2—8)。

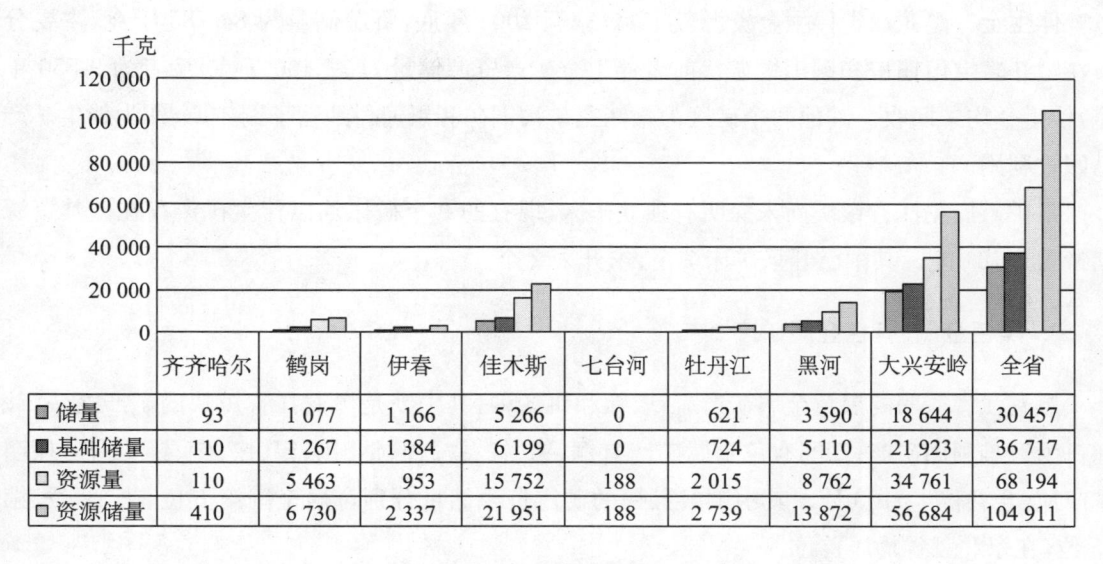

	齐齐哈尔	鹤岗	伊春	佳木斯	七台河	牡丹江	黑河	大兴安岭	全省
储量	93	1 077	1 166	5 266	0	621	3 590	18 644	30 457
基础储量	110	1 267	1 384	6 199	0	724	5 110	21 923	36 717
资源量	110	5 463	953	15 752	188	2 015	8 762	34 761	68 194
资源储量	410	6 730	2 337	21 951	188	2 739	13 872	56 684	104 911

图 2—8 黑龙江省砂金资源储量区域分布

资料来源:2005 年度黑龙江省矿产资源年报。

岩金 截至2005年底,黑龙江省岩金资源储量为78 782千克,主要分布在伊春、黑河、七台河、牡丹江、佳木斯等地。其中伊春最多,其次是黑河、七台河、牡丹江、佳木斯。主要矿山有嘉荫团结沟(资源储量37 012千克)、黑河市争光岩金矿(资源储量9 633千克)、勃利—宝清老柞山(8 297千克)、嘉荫平顶山(6 094千克)、黑河市三道湾子岩金矿(资源储量4 321千克)、东宁县金厂矿区0号矿体(资源储量2 737千克)、东宁县金厂矿区Ⅰ号矿体(资源储量2 709千克),上述矿山保有资源储量总计为70 803千克,占黑龙江省岩金资源储量的89.87%(图2—9)。

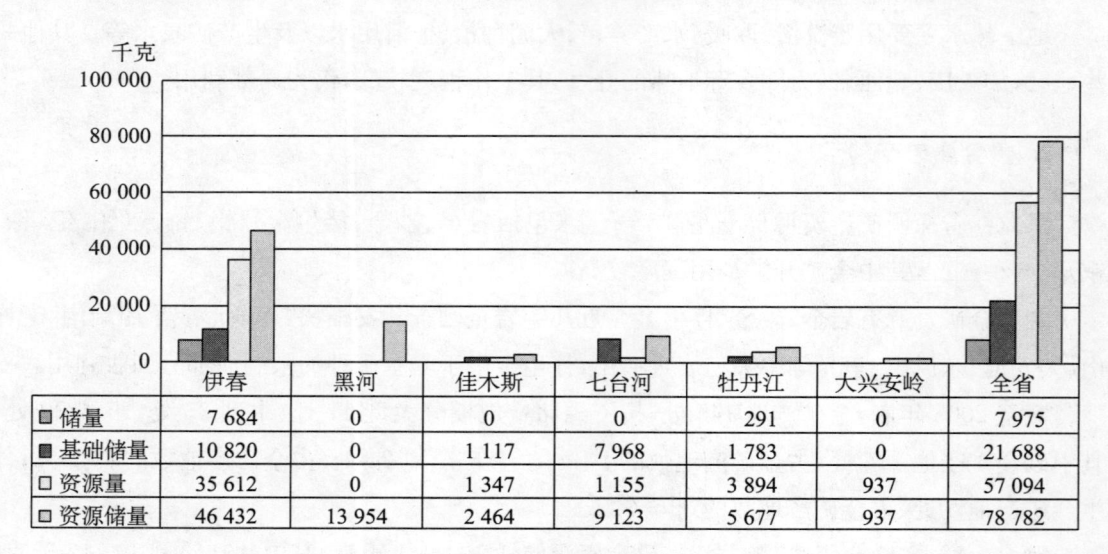

千克	伊春	黑河	佳木斯	七台河	牡丹江	大兴安岭	全省
储量	7 684	0	0	0	291	0	7 975
基础储量	10 820	0	1 117	7 968	1 783	0	21 688
资源量	35 612	0	1 347	1 155	3 894	937	57 094
资源储量	46 432	13 954	2 464	9 123	5 677	937	78 782

图2—9 黑龙江省岩金资源储量区域分布

资料来源:2005年度黑龙江省矿产资源年报。

伴生金 黑龙江省伴生金资源较丰富,截至2005年底,资源储量为84 785千克,主要分布在嫩江多宝山铜矿和铜山铜矿。前者伴生金矿产资源储量为73 400千克,后者为9 550千克,伴生金均未回收。其他两个矿区为嫩江三矿沟铜矿和黑河付地营子铜矿,金作为伴生矿产已回收利用。

银矿 黑龙江省银矿尚未探明有独立矿床,现有的9个矿床均以伴生矿产存在。其资源储量为2 161吨。其中已开采矿床7个,未开采2个。

3. 黑色金属、有色金属矿产

黑龙江省探明的黑色金属矿产有铁、钛和钒3种,其中铁是黑龙江省短缺的矿产之一,钛和钒为暂难利用矿产;探明有色金属矿产有铜、铅、锌、镁、镍、钴、钨、锡、铋、钼、锑11种,探明矿产地(含共伴生)100处。其中铜、铅、锌的矿产资源储量分别位居全国第五位、第16位、第15位,在东北三省均居首位。

铁矿 截至2005年底,黑龙江省探明矿产地47处,铁矿资源储量主要分布在双鸭山和黑河两地(双鸭山铁矿和逊克翠宏山铁多金属矿床);基础储量主要分布在双鸭山、伊春、黑河等地。除上述矿山外,还有铁力二股西山铁多金属矿。黑龙江省铁资源储量不多,仅3.60亿吨,平均品位为33%,开发利用前景不佳,品位大于50%的富铁矿资源总量仅为2 517万吨,主要集中在逊克翠宏山铁多金属矿床中(图2—10)。

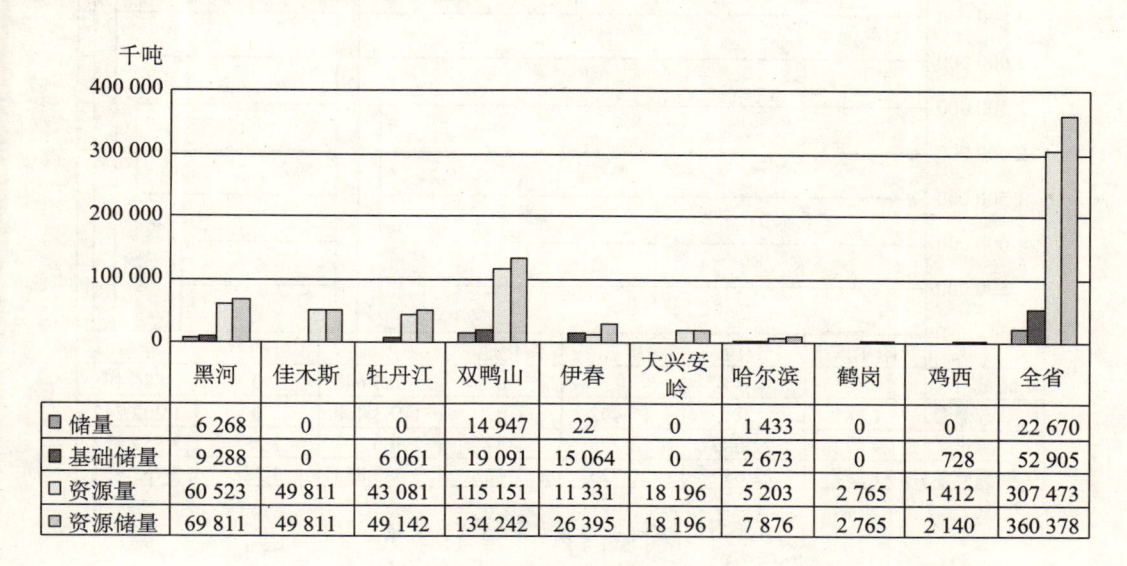

	黑河	佳木斯	牡丹江	双鸭山	伊春	大兴安岭	哈尔滨	鹤岗	鸡西	全省
储量	6 268	0	0	14 947	22	0	1 433	0	0	22 670
基础储量	9 288	0	6 061	19 091	15 064	0	2 673	0	728	52 905
资源量	60 523	49 811	43 081	115 151	11 331	18 196	5 203	2 765	1 412	307 473
资源储量	69 811	49 811	49 142	134 242	26 395	18 196	7 876	2 765	2 140	360 378

图2—10 黑龙江省铁矿资源储量区域分布

资料来源:2005年度黑龙江省矿产资源年报。

目前尚在开采利用的4处矿山分别为阿城市苏家围子铁锌矿、双鸭山市羊鼻山铁矿北段、伊春市大西林铁矿和嫩江县三矿沟铜(伴生铁)矿,4处矿山共占用矿石储量37 649千吨。

黑龙江省铁矿贫矿多、富矿少,难利用的多、可利用的少。目前正在开采的大西林及三矿沟铜矿等即将采完闭坑。阿城市苏家围子铁锌矿能利用到2010年,其资源储量为2 766千吨,平均品位为38.61%,以采锌为主,副产品高硫铁精矿,每年1~2万吨,仅可做炼铁配料,目前正用其开发铁磁产品。如何加快开采利用外国、外省资源为省内钢铁工业开辟新路已成当务之急、重中之重。

钛矿 截至2004年底,黑龙江省共探明2个含钛矿床:一是呼玛县兴隆沟北西里铁矿(伴生钛矿),矿石类型为钛磁铁矿,TiO_2含量8.36%,累计探明矿石储量11 185千吨,含钒(V)、钴(Co),属贫矿,尚未开采;二是密山金银库钛铁砂矿,含钛铁矿52.37千克/立方米,累计探明资源储量钛铁矿矿物17.52万吨。这两个矿床均因难选冶及市场需求不旺等因素而未开采。我国钛矿资源丰富,产量也较大,目前黑龙江省钛原料均从省外调剂利用,可满足需求。

铜矿 截至2005年底,铜矿探明矿产地21处(其中包括伴生铜3处),铜资源主要集中于黑河地区,主要矿床有嫩江县多宝山铜矿、铜山铜钼矿、嫩江县三矿沟铜矿和黑河付地营子铜锌多金属矿,其余的则分布在哈尔滨、伊春、鸡西等地。

黑龙江省铜矿品位较低,平均品位为0.47%,给开发利用带来一定难度。黑龙江省富铜矿(品位>1%)保有资源总量仅22 679吨,不足全省铜资源总量的0.7%,分布在嫩江县三矿沟铜矿、黑河付地营子铜锌多金属矿、宾县弓棚子铜矿、阿城市秋皮沟铜矿(图2—11)。

铅矿 截至2005年底,黑龙江省探明矿产地21处,保有矿产资源储量486 716吨,其中

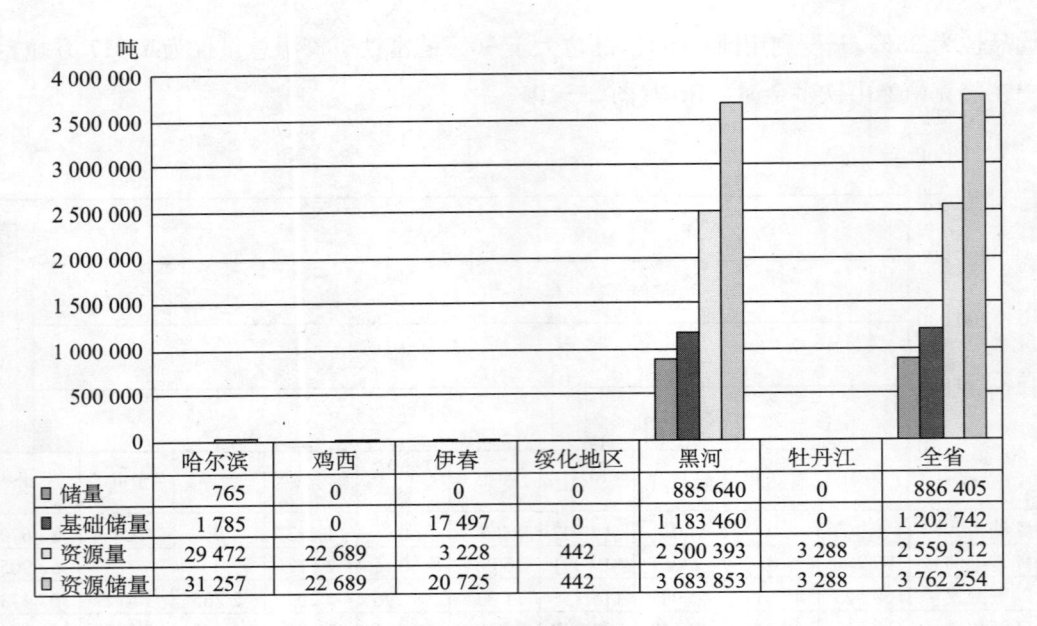

	哈尔滨	鸡西	伊春	绥化地区	黑河	牡丹江	全省
储量	765	0	0	0	885 640	0	886 405
基础储量	1 785	0	17 497	0	1 183 460	0	1 202 742
资源量	29 472	22 689	3 228	442	2 500 393	3 288	2 559 512
资源储量	31 257	22 689	20 725	442	3 683 853	3 288	3 762 254

图 2—11 黑龙江省铜矿资源储量区域分布

资料来源:2005 年度黑龙江省矿产资源年报。

资源量和基础储量分别为 56 959 吨和 429 757 吨。从区域分布看,基础储量仅分布在哈尔滨和伊春地区(即宾县弓棚子铜矿、伊春小西林铅锌矿、伊春昆仑气铅锌矿)。从资源总量看,分布在伊春、黑河地区的资源占全省的约 83%,黑河地区的资源主要分布在逊克翠宏山铁多金属矿床中,其保有资源储量为 19 万吨(图 2—12)。

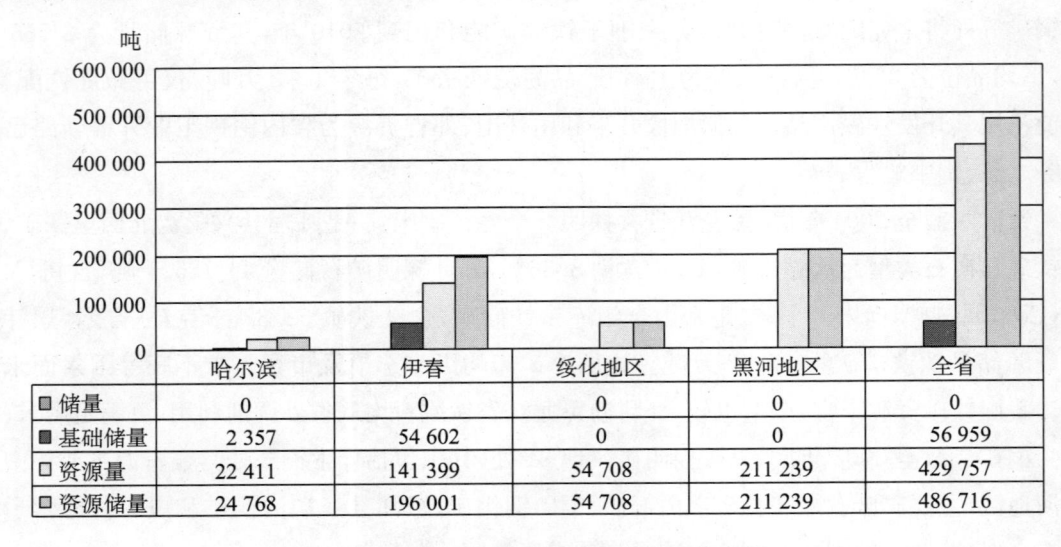

	哈尔滨	伊春	绥化地区	黑河地区	全省
储量	0	0	0	0	0
基础储量	2 357	54 602	0	0	56 959
资源量	22 411	141 399	54 708	211 239	429 757
资源储量	24 768	196 001	54 708	211 239	486 716

图 2—12 黑龙江省铅矿资源储量区域分布

资料来源:2005 年度黑龙江省矿产资源年报。

锌矿 截至 2005 年底,探明矿产地 29 处,资源储量 161 万吨,资源量 139 万吨,基础储量 22 万吨。其分布情形基本与铅资源分布相似(图 2—13)。

	哈尔滨	伊春	绥化	黑河	牡丹江	全省
储量	2 595	0	0	30 914	0	33 509
基础储量	4 426	176 980	0	41 219	0	222 625
资源量	260 665	399 144	107 259	543 702	83 295	1 394 065
资源储量	265 091	576 124	107 259	584 921	83 295	1 616 690

图 2—13 黑龙江省锌矿资源储量区域分布

资料来源：2005年度黑龙江省矿产资源年报。

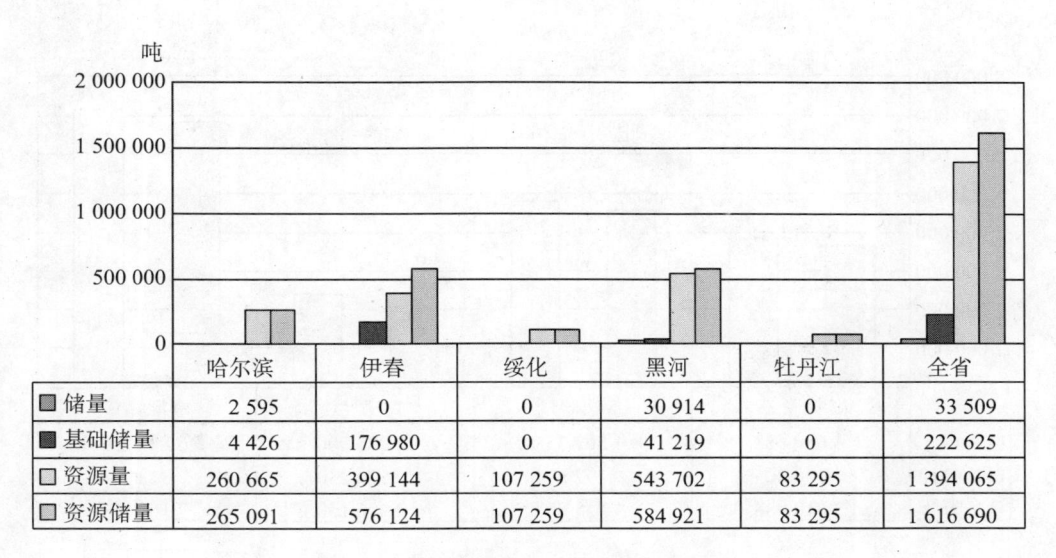

黑龙江省铅锌资源较多，但是品质不佳也是制约规模开发利用的一大障碍，目前全省铅＋锌品位大于8％的矿床很少（一般认为这是现阶段铅锌矿床开采的经济品位），仅有伊春小西林铅锌矿（铅＋锌品位9.32％）、伊春小西林铅锌矿Ⅴ号矿体（铅＋锌品位8.41％）、阿城苏家围子铁锌矿（锌品位8.59％）、伊春五星铅锌矿（铅＋锌品位9.20％），这四个矿床铅矿保有资源储量24 768吨，锌矿保有资源储量100 988吨，分别占全省资源总量的5.08％和6.24％。

4. 冶金辅助原料非金属矿产

黑龙江省已探明矿产资源储量的非金属矿产有矽线石、普通萤石、熔剂用灰岩、冶金用白云岩、铸型用砂、耐火粘土、菱镁矿7种矿产。矽线石为黑龙江省优势矿产，矿产资源储量居全国第一位，但开发利用程度较低。

矽线石 黑龙江省矽线石矿产资源储量在全国排序第一，占全国资源总量的63％，是本省一大特色矿种，探明矿产地4处。主要分布在鸡西和牡丹江两地。其资源储量分布构成见图2—14。

5. 稀有、稀土分散元素矿产

已探明矿产有钽、铍、镓、铟、铼、硒、镉、碲8种矿种。除铍矿是单一矿产外，其余都是伴生矿。受主矿产开发利用程度的影响，该类矿产开发利用程度低。

6. 化工原料非金属矿产

已探明矿产种类不多，主要有硫铁矿、伴生硫、化肥用蛇纹岩、泥炭、砷矿、硼矿、磷矿7种。泥炭资源储量较大（但开发利用极少），其他矿矿种资源储量相对贫乏。截至目前大都是以往

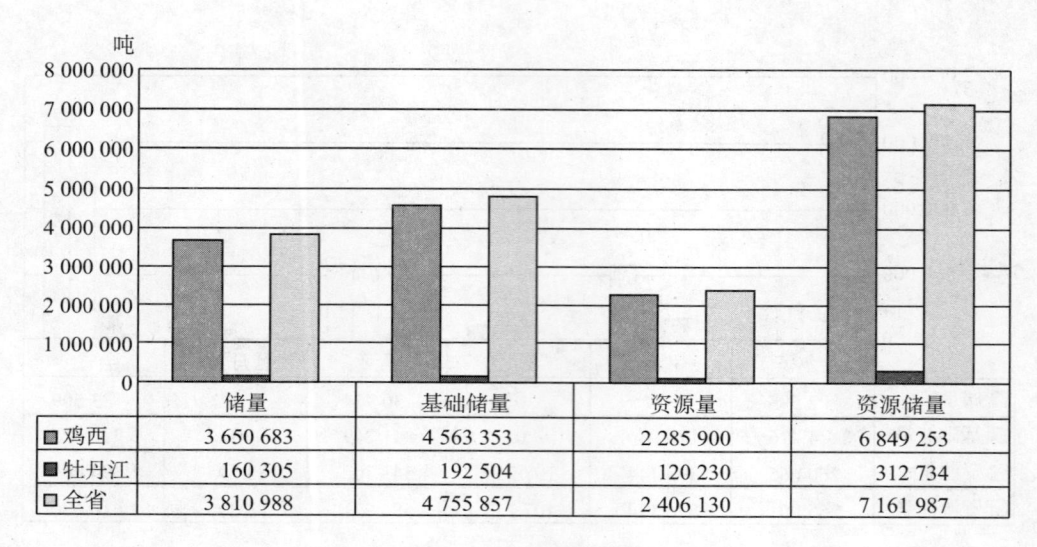

	储量	基础储量	资源量	资源储量
鸡西	3 650 683	4 563 353	2 285 900	6 849 253
牡丹江	160 305	192 504	120 230	312 734
全省	3 810 988	4 755 857	2 406 130	7 161 987

图 2—14　黑龙江省矽线石资源储量区域分布

资料来源：2005年度黑龙江省矿产资源年报。

所做的工作，没有新的发现。

泥炭　黑龙江省的泥炭资源丰富，储量位居全国第三位，保有矿产资源储量 2 877.3 万吨，主要分布在双鸭山（图 2—15）。

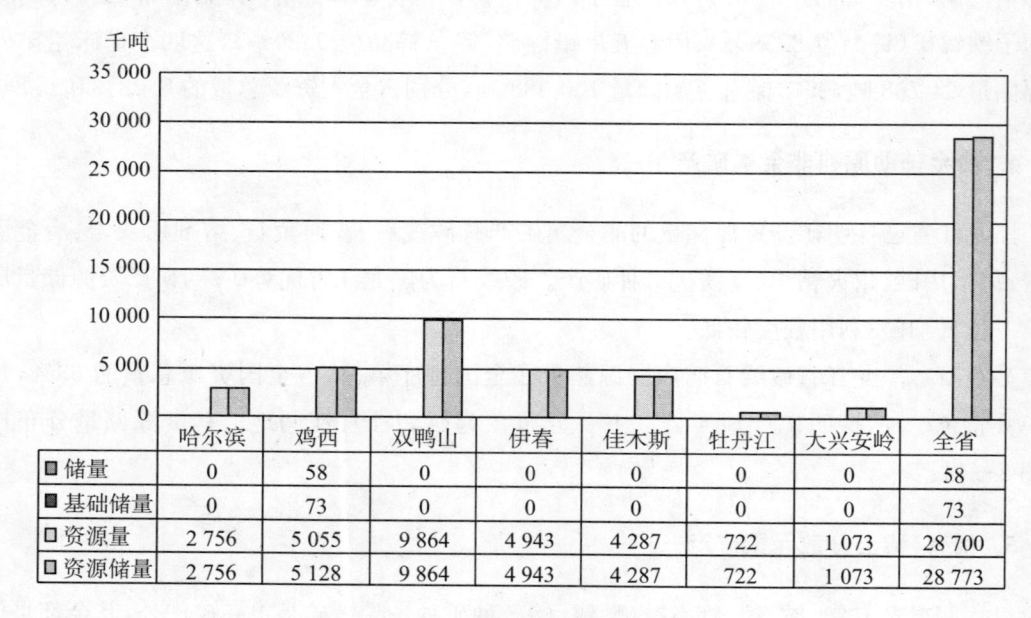

	哈尔滨	鸡西	双鸭山	伊春	佳木斯	牡丹江	大兴安岭	全省
储量	0	58	0	0	0	0	0	58
基础储量	0	73	0	0	0	0	0	73
资源量	2 756	5 055	9 864	4 943	4 287	722	1 073	28 700
资源储量	2 756	5 128	9 864	4 943	4 287	722	1 073	28 773

图 2—15　黑龙江省泥炭资源储量区域分布

资料来源：2005年度黑龙江省矿产资源年报。

7. 建材及其他非金属矿产

黑龙江省探明的矿种为 32 种，石墨、沸石、黄粘土、熔炼水晶、水泥用大理岩等是优势矿产，尤其以石墨最为突出，资源储量、质量居全国首位，其中鸡西柳毛石墨矿质量好、资源储量大,闻名于国内外。

石墨 黑龙江省的石墨资源在全球占有一定地位,大约占全球石墨资源的20%,从分布上看,主要集中在鸡西、鹤岗、七台河等地,著名的石墨矿区为鸡西柳毛、萝北云山、勃利佛岭。主要石墨矿山多数已得到开发利用,由于全球石墨消费量有限,导致黑龙江省的大部分矿山停产或半停产,其资源分布见图2—16。

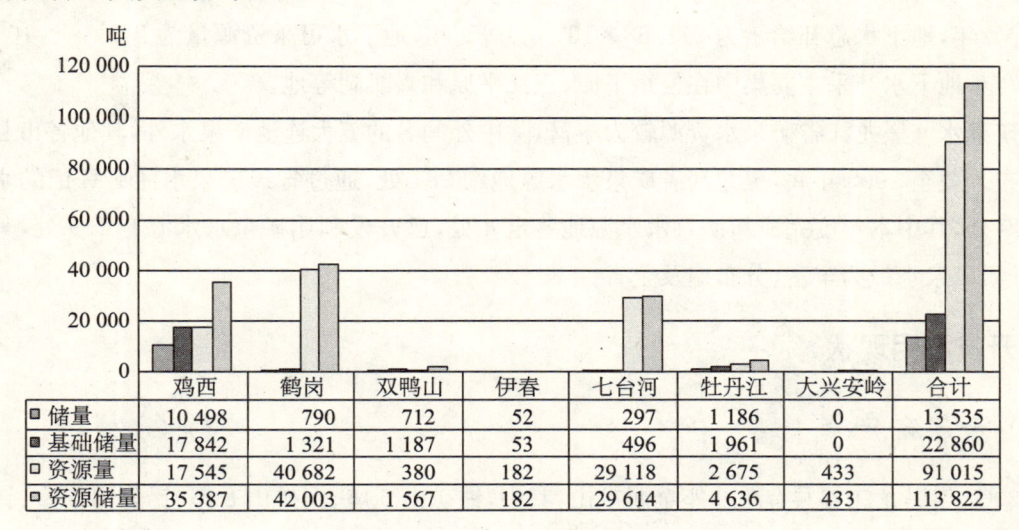

	鸡西	鹤岗	双鸭山	伊春	七台河	牡丹江	大兴安岭	合计
储量	10 498	790	712	52	297	1 186	0	13 535
基础储量	17 842	1 321	1 187	53	496	1 961	0	22 860
资源量	17 545	40 682	380	182	29 118	2 675	433	91 015
资源储量	35 387	42 003	1 567	182	29 614	4 636	433	113 822

图2—16 黑龙江省石墨资源储量区域分布

资料来源:2005年度黑龙江省矿产资源年报。

水泥用大理岩 黑龙江省水泥用大理岩在全国资源储量排序第一(但不是水泥石灰质矿中的排名)。矿产资源储量为19.22亿吨,基础储量为6.00亿吨。区域分布广,主要集中分布在哈尔滨、鸡西、伊春、佳木斯、牡丹江、七台河、黑河等地(图2—17)。

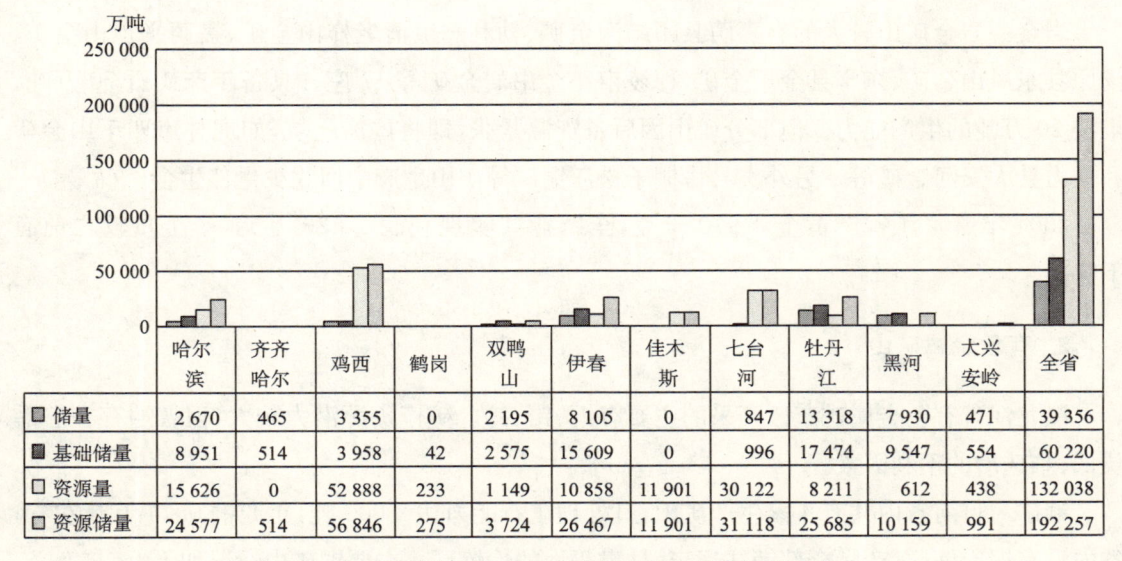

	哈尔滨	齐齐哈尔	鸡西	鹤岗	双鸭山	伊春	佳木斯	七台河	牡丹江	黑河	大兴安岭	全省
储量	2 670	465	3 355	0	2 195	8 105	0	847	13 318	7 930	471	39 356
基础储量	8 951	514	3 958	42	2 575	15 609	0	996	17 474	9 547	554	60 220
资源量	15 626	0	52 888	233	1 149	10 858	11 901	30 122	8 211	612	438	132 038
资源储量	24 577	514	56 846	275	3 724	26 467	11 901	31 118	25 685	10 159	991	192 257

图2—17 黑龙江省水泥用大理岩资源储量区域分布

资料来源:2005年度黑龙江省矿产资源年报。

8. 水气矿产

地下水 黑龙江省地下水水资源丰富,开采潜力大,大多集中在城市开采,造成超采、局部水资源不足。截至2005年底,全省在454 817平方公里计算面积内,水资源总量为760.95×10^8立方米/年,其中地表水供水量为155.49×10^8立方米/年,地下水供水量为103.95×10^8立方米/年,地下水总补给量为271.68×10^8立方米/年,地下水可采资源量为215.14×10^8立方米/年,地下水开采主要集中在松嫩平原、三江平原和兴凯湖等地。

矿泉水 黑龙江省矿泉水资源较为丰富,除中外闻名的五大连池矿泉水外,其他各市县均有分布。截至2005年底,黑龙江省矿泉水水源地约284处,通过省级矿泉水注册登记的水源有139处,其中本年度完成新矿泉水水源地鉴定4处,已开发利用矿泉水水源有139处,其中锶、硅质矿泉水最为丰富,分布遍及全省。

二、开发利用现状

(一) 金属矿产

2004年黑龙江省共有109座金属矿山,其中,铁矿山6座、铜矿山8座、铅矿山5座、锌矿山1座、钼矿山1座、砂金矿山53座、岩金矿山35座。共生产矿石1 027万吨。

1. 贵金属矿山

黑龙江省已开采的贵金属矿产仅金一种,含砂金、岩金和伴生金,目前开采的为后两者。

砂金 因多年的高强度开采,大部分矿山的可采资源已近枯竭,现今省内矿山已全面停采。

岩金 岩金矿山较大的有嘉荫县团结沟金矿、勃利—宝清老柞山金矿、嘉荫平顶山金矿、汤原县东风山金矿、东宁县金厂金矿、穆棱市小金山岩金矿等17座。具备年产矿石70万吨、堆浸20万吨的生产能力。但部分矿山因后备资源紧张,即将停产闭坑,如虎林市四千山金矿和铁力县大安河金矿等。另外宾县弓棚子松江铜矿等矿山生产中回收少量伴生金。

2004年黑龙江省产黄金4 970千克,全行业共实现利润5 426万元,产金量较之前有下降。

2. 有色金属矿山

黑龙江省有色金属矿产已开采的主要有铜、铅、锌。矿产资源潜力较大,但普遍存在着品位低、难选冶的不利因素。

铜矿 目前省内共有4家生产矿山,日处理矿石能力达2 000吨,年产铜0.74万吨左右。省内没有铜冶炼厂,产品全部销往辽宁、甘肃等地的冶炼厂。主要铜矿山情况如下:

宾县弓棚子铜锌钨矿,现有铜资源储量3.7万吨,锌资源储量3.2万吨,铅资源储量1.7

万吨,钨资源储量3.1万吨,钼资源储量705吨。日处理矿石能力达1 200吨,年产铜3 500吨、锌5 000吨,钨、钼尚未开采。矿山处在生产稳定期,尚可开采10余年。

嫩江县三矿沟铜矿,铜资源储量1.52万吨,日处理矿石能力达500吨,年生产铜700吨。矿区进入开采末期,预计"十一五"末期闭坑。

嫩江县铜山铜矿,建有一座年产1 500吨的浸铜厂,氧化铜储量9万吨,年产2 500吨电解铜厂。

黑河市付地营子铜矿,保有铜资源储量1.7万吨、锌1.9万吨,铜平均品位2.22%,属小而富的铜矿。1998年建矿,日处理矿石能力达300吨,年产铜金属700吨。矿山可开采12年。

铅锌矿 目前开采的矿区主要有5处。伊春市昆仑气铅锌矿,占有铅、锌资源储量分别为2 635吨和7 219吨。日处理矿石能力达50吨,年产铅锌500吨。矿山已进入开采末期,"十一五"期间矿山将停产闭坑。

伊春市小西林铅锌矿区,锌资源储量1.3万吨。日处理矿石能力为1 200吨,2004年产铅锌10 648吨。整个矿山企业将进入生产末期,2004年主要开采区红旗坑口仅有可采矿量15万吨,不足6个月的开采量,资源严重不足,"十一五"期间将面临闭坑的局面。

阿城市苏家围子铁锌矿,锌资源储量4.6万吨,日处理矿石能力为300吨。但由于地质工作提交的储量变化大,现已探明锌资源储量明显减少,难以达到设计的生产能力。

铁力市二股西山铁多金属矿占有铅、锌资源储量分别为49 202吨和169 450吨,现已停采。

庆安县徐老九沟铅锌矿占有铅、锌资源储量分别为54 708吨和107 259吨,目前在开采中。

3. 黑色金属矿山

黑龙江省开采的黑色金属矿产主要是铁矿,目前有4家铁矿山在生产,年产铁矿石40万吨,年产铁精矿13万吨,仅占铁精矿需求量的10%左右,远远满足不了省内冶金工业的需要。主要矿山如下:

双鸭山铁矿(北段)矿区 铁矿石资源储量3 125万吨,年产铁矿石15万吨左右,生产铁精矿4万吨。双鸭山铁矿(北段)现有可采矿量不足70万吨,可生产4~5年。该矿属鞍山式铁矿,矿石品位低,平均29.3%。在相当长的一段时间内,铁矿石价格仍然呈上涨趋势,大规模开采更深部的矿石在经济上是合理的。此外,双鸭山铁矿(南段)矿区的资源可作为接续资源。

大西林铁矿区 铁矿石资源储量351万吨。年采矿石约18万吨,已是晚期矿山,正在收尾回采,即将闭坑。保有可采矿量约60万吨,平均品位41.36%。

4. 其他矿产

黑龙江省已探明储量的此类矿种有20余种,分别是贵金属铂、钯、铱、锇,有色金属包括镁、镍、钴、钨、锡、铋、钼和锑,黑色金属钛,稀有、稀散金属包括钽、铍、镓、铟、铼、镉、硒、碲等,这些矿种均未单独建矿正式开采。

(二) 非金属矿产

除建筑用砂石、砖瓦用粘土外,目前已开发利用的矿产有:水泥用大理岩,水泥配料用粘土(页岩)、火山灰,玻璃用石英砂,玻璃用脉石英、陶瓷土、硅灰石、石墨、硅线石,熔剂用灰岩,萤石,铸型用砂、耐火粘土,陶粒用粘土(页岩、板岩),饰面用石材(花岗岩、花岗闪长岩、辉长岩等),岩棉用玄武岩,铸石用玄武岩,沸石、珍珠岩、膨润土、浮石,玻璃用大理岩,制灰用灰岩,颜料用黄粘土、伴生硫,化肥用蛇纹岩、泥炭、石榴子石,冶金用白云岩、熔炼水晶、叶蜡石和宝石等33种,占已探明储量矿种的70%;已利用的矿产地约100余处,占已知矿产地的50%,其中占用率较高的矿种为水泥用大理岩、火山灰,陶粒用粘土(页岩、板岩)、沸石、膨润土、石墨、硅线石,饰面用石材,玻璃用硅质原料矿产、石榴子石等。各类矿山企业总数587家,其中具一定规模的70家,2004年开采固体矿石总量约1 300万吨,建材及非金属矿采选业工业总产值为44 631万元,工业增加值为18 203万元(48个主要企业)。建材及非金属制品工业总产值为438 531万元,工业增加值为131 178万元(258个主要企业),占全省矿业总产值的0.6%,工业增加值的5.1%。

1. 优势非金属矿产资源

水泥用大理岩 全省现有矿山298家,年产矿石量大于20万吨的矿山12家,大于10万吨的矿山20家,最大的年产能力为100万吨左右(阿城市新明大理岩矿)。年产水泥用大理岩约1 000万吨(部分矿石来自民采小矿山),基本满足牡丹江水泥集团、哈尔滨天鹅实业公司、浩良河水泥厂、佳木斯鸿基水泥集团四大龙头企业及鸡西、鹤岗、阿城小岭等地的骨干企业的需要,年产水泥851万吨,另有部分用做复合饲料、轻化工及铸造业。

采矿较集中的地区为阿城市、牡丹江—鸡西一带及佳木斯附近,其中阿城市一带年产矿石近300万吨。开采的主要矿区有以下几处:

阿城市有新明大理岩矿、石发屯大理岩矿、玉泉大理岩矿、交界屯大理岩矿、孟家店大理岩矿、大碇子至马家店工区大理岩矿。

牡丹江—鸡西一带有牡丹江市拉古大理岩矿、宁安县鹿道大理岩矿、宁安县眼泉沟大理岩矿、宁安县黄旗沟大理岩矿、鸡西—林口大云山大理岩矿、林口人盘道大理岩矿。

佳木斯附近有伊春浩良河大理岩矿、参园沟大理岩矿、桦南老秃顶子大理岩矿。

其他开采量较大的有龙江县高家窝棚石灰岩矿、密山市金银库石灰岩矿、伊春市苔青大理岩矿。尚未得到很好开发的有嫩江县关鸟河大理岩矿、勃利县白石碇子大理岩矿。

石墨 开采矿区有鸡西市柳毛石墨矿、永台安山石墨矿、石场石墨矿、岭南石墨矿、三道沟石墨矿、三道沟东段石墨矿、土顶子和平石墨矿、穆棱县光义石墨矿、林口县碾子沟石墨矿、八道沟石墨矿、萝北县云山石墨矿、铁力市神树石墨矿。20世纪80年代末~90年代初,由于企业数量过度膨胀,生产规模急剧扩大(采矿生产能力达到100万吨/年左右),出现了生产过剩局面,加之出口产品价格低、结构不合理(多以初级原料产品为主),以及石墨市场具有典型的周期性,全省大部分石墨矿处于停产或半停产状态。

目前,省内开采的矿区主要为柳毛石墨矿和云山石墨矿,云山石墨矿由萝北县与山东省南墅石墨有限公司合作开采,经粗加工后运至山东。

硅线石　全省硅线石资源储量716.03万吨(硅线石),对鸡西市三道沟硅线石矿、林口县龙爪山硅线石矿进行规模性开采,林口县碾子沟硅线石矿为民间零星开采,资源占用率在99%以上。

鸡西市非金属矿工业公司以三道沟硅线石矿为原料建立了我国第一条硅线石生产线,年生产能力为3 000吨(矽线石)。林口县龙爪山硅线石矿于1992年开采;中国非金属工业林口硅线石矿业公司建成5 000吨/年的生产能力,2004年生产硅线石6 350吨。硅线石精矿Al_2O_3含量55%左右,选矿回收率较低,硅线石制品种类少。

饰面用石材(包括花岗岩、花岗闪长岩、辉长岩)　全省有矿山企业14个,主要集中在林口县楚山地区,其次是穆棱县、阿城市、海林市,开发利用的矿产地主要是林口县楚山花岗岩石材矿、张家湾饰面用花岗岩矿、穆棱县细鳞河东胜村饰面用花岗岩矿、阿城市董家屯饰面用花岗岩矿、海林市人海林林业局南天门花岗岩石材矿、红旗林场石材矿。木兰县境内及伊春市境内的几处石材矿也曾开采,目前多已停采。

牡丹江、林口尚有一些未上储量表的矿也在开采,与以华龙石材集团为龙头企业的矿山企业一起,形成了全省最大的石材生产基地。产品有楚山灰、雪花黑、柳叶黑、条纹黑、黑大王、横道红、柳叶红、天门红、阳光红、牡丹红、黑牡丹11个主要品牌。饰面石、墓碑石、工艺石用花岗石年开采能力为2.7万立方米。另外哈尔滨爱尔爱司有限公司以阿城董家屯饰面用闪长岩矿为基地,年产荒料2 000立方米。

黑龙江省石材矿山企业以生产荒料为主,绝大部分出口日本。2004年出口花岗岩石材及制品0.68万立方米,创汇469.5万美元。

陶粒用页岩　目前开采矿山有9处,其中鹤岗峻德矿开采较早,年开采能力5万吨,穆棱县兴源陶粒页岩矿年开采能力5万吨,宾县永发屯陶粒板岩矿2000年正式开采。

玄武岩　现有铸石用玄武岩矿山181处,年开采量75.7万吨,但绝大部分做建筑碎石用;岩棉用玄武岩矿山1处,开采克东县二克山玄武岩矿,为黑龙江省岩棉厂提供原料,年开采量是1.6万吨左右。

火山灰　火山灰作为水泥原料和轻体材料矿产,开发利用程度较高,上省储量表的3处矿产地,即牡丹江市马鞍山—崴子山火山灰矿、宁安县鹿道火山灰矿、林口县马鞍山火山灰矿,都已开采利用,年开采量16万吨。

2. 部分潜在优势非金属矿产资源

沸石　多数沸石矿已开采,有矿山16处。沸石矿的开发在20世纪八九十年代初,曾对黑龙江省水泥生产起了推动作用,年最大开采量在25万吨左右,用来做水泥活性混合材料。目前由于小水泥厂和落后的生产工艺被淘汰,沸石的用量大幅度下降,年产量在5～6万吨,主要还是用做水泥活性混合材料,少部分用做配合饲料添加剂、微量元素添加剂载体和复合肥。

膨润土 发现的矿产地较多,特别是近年来在煤系地层中发现了储量较大、质量较好的膨润土矿,但多未进行很好的评价。上省储量表的仅3处,拜泉县新生膨润土矿、勃利县团山子沸石膨润土矿、海林市膨润土矿都属钙基土,均已开采。目前有矿山企业12家,主要生产铸型用土和复合肥,另外现在已开始利用黑宝山煤系地层中的膨润土生产活性白土,质量较好。

珍珠岩 发现产地10余处,上省储量表的4处,为穆棱县幸福屯珍珠岩矿、穆棱县太平屯Ⅳ号珍珠岩矿、嫩江县门鲁河珍珠岩矿、逊克县石麻子大岗珍珠岩矿。穆棱县幸福屯珍珠岩开采较早,目前已处于开采晚期;逊克县石麻子大岗珍珠岩矿在20世纪90年代开采,现处于停产状态;穆棱县太平屯Ⅳ号矿开采量较大,穆棱县珍珠岩年产矿石在4万吨左右;而嫩江县门鲁河珍珠岩矿有2～3家开采,年产矿砂几千吨。

颜料用黄粘土 讷河县老莱矿开采始于日伪时期,20世纪60年代到70年代末生产黄土粉,出口日本,每年600吨左右,部分供给齐齐哈尔化工原料公司,1980年后由黑龙江省五矿公司出口,1980～1983年补偿贸易期间,共发往日本的黄土粉(块)为1 965吨,目前年生产黄土粉(块)1 000吨左右,大部分外销。

三、开发利用中存在的主要问题

一是矿产的开发利用缺乏有效的宏观调控。尤其表现在对热点矿种如煤、小型岩金矿等的开采上,主要表现为占地盘、抢资源、无证开采、私下交易,遇有市场波动易发生忽涨忽落、大上大下的现象。

二是矿山规模整体处于小、散、差、乱的状态。经营方式粗放,技术装备落后,集约化生产能力低,资源浪费严重。大矿小采,开采规模过小,如水泥用大理岩开采矿山企业达298家。

三是综合利用水平低。由于政策法规不健全,资金、技术缺乏,多数矿山的资源、尾矿综合利用和特色优势矿产选冶水平不高,效益低,易受市场冲击。黑龙江省既是金属消费大省,又是废金属产生大省,全社会废旧金属资源二次回收利用意识低,机制不配套,导致了在二次资源大量外流的同时又花费大量资金进口金属的现象。

四是对矿产资源开发利用与保护缺乏有效的监督管理。对矿山企业资源的开发与保护缺乏行之有效的约束机制,而承担此项工作的各级地矿行政部门,因管理机制、组织、人员素质及技术管理手段薄弱等因素,尚难于实行有效的执法管理。

五是矿山生态环境问题比较严重。在采选矿过程中,长期忽视生态环境保护与治理,在一定范围内人为地造成了较为严重的水土流失与环境污染、地表植被的破坏。尤其是开采砂金矿造成的砂堆起伏、沟壑纵横,不堪入目,亟待治理整顿。

六是非金属矿的采选业和制品加工业处于滞后状态。主要表现在石墨、硅线石的选矿回收率低、深加工程度低。矿产品以粗加工产品多、精加工产品少,低档产品多、高档产品少,一殷产品多、优质产品少为特点。

七是某些潜在优势矿产开发利用发展缓慢,应用领域窄,加工深度低,如沸石、膨润土、珍珠岩等。

八是受国际市场影响较大的石墨矿,开采能力发展过快,与精深加工脱节,不但造成资源浪费,也不利于对出口优势矿产资源的保护。

第二节 辽宁省矿产资源概况及开发利用现状

一、矿产资源概况

辽宁省位于我国东北地区南部,邻黄海、渤海,处于东北亚中心地带,也是连接华北和东北地区的交通要道,是中国对外开放的门户之一。土地总面积14.8万平方公里,占国土面积的1.5%。海岸线长2 920公里,占全国的9.1%。气候属于温带大陆性季风气候,四季分明,年降水量600~1100毫米。总人口4 210万人,其中有满、蒙古、回、朝鲜和锡伯等43个少数民族人口674万人,占全省总人口的16%。

辽宁具有发展种植业和养殖业的良好条件,辽宁中部和北部平原盛产水稻、玉米等粮食作物,是全国重要的粮食生产基地;林业资源丰富,适宜发展食用菌、中药材等特产生产;辽宁海域面积广阔,浅海水域透明度好,养殖生产条件优越;矿产资源丰富,已发现矿产110余种,其中铁、菱铁、金刚石、玉石等7种矿产储量居全国首位。

辽宁省是我国的重工业基地,装备制造业和原材料工业在全国实力较强。辽宁成为全国重工业基地的一个基本前提,在于其长期处于全国矿产资源大省、矿业开发大省、矿产品消费大省和矿产品进出口贸易大省的地位。建国以来,辽宁省以矿业为基础,发挥重化工基地的作用。钢铁产量长期雄居全国首位(近年已下降为第二位),石油产量稳居全国第三位,原油加工能力位居全国前列,有色金属冶炼能力约占全国的1/7,为我国的经济发展和建设事业作出了重要贡献。2006年,全省国内生产总值为9 251.2亿元,占全国国内生产总值的4.41%,工业总产值达3 489.6亿元,占全国工业总产值的4.6%,分别居全国的第七位和第六位。

矿业经济是辽宁省经济的重要组成部分,是其工业经济的基础。石油、煤炭、钢铁、平板玻璃、水泥、黄金等产品的产量,长期位居全国前列。2005年度辽宁省各类矿山企业现价工业总产值285.23亿元,能源矿山工业总产值126.12亿元,其中煤炭工业总产值126.05亿元,黑色金属矿产工业总产值88.53亿元(其中,铁矿工业总产值86.35亿元),有色金属矿产工业总产值13.34亿元,贵金属矿产工业总产值7.17亿元,冶金辅助原料矿产工业总产值6.90亿元,化工原料矿产工业总产值2.62亿元,建材及其他非金属矿产工业总产值39.91亿元。

截至2005年,辽宁发现矿种110余种,探明储量的97种,产地1 157处,主要开发利用的有34种。在对国民经济有重大影响的45种主要矿产中,辽宁省有36种。辽宁矿产资源丰富、配套性好,开采的矿种有97种,利用矿产地近580处,目前70%以上的探明储量的矿产地已得到开发利用。通过 50 多年的开发利用,辽宁省已经成为我国重要的原材料基地。截至 2005 年,全省已建成各类矿山企业 6 622 家。其中内资企业 6 597 家,港澳台商投资企业 1 家,外商投资企业 24 家。主要矿产的年产量都有了大幅度的增加:煤炭由 1949 年的 600 万吨增加到 2005 年的 5 500 万吨,铁矿由 1949 年的 100 万吨增加到 2005 年的 5 201 万吨,铜铅锌矿由 1949 年的 50 万吨增加到 2005 年的 210 万吨,原油由 1952 年的 23 万吨增加到 2005 年的 1 322 万吨。矿产开发总量达到 2.3 亿吨,矿产开发利用总产值为 3 632 672 万元。目前,辽宁省原油加工能力居全国第一位,生铁、钢产量居全国第二位,原油产量居全国第四位,有色金属冶炼能力约占全国 1/7。矿业开发带动了地区经济的发展,辽宁省形成了钢铁、能源、有色、机械、化工、建材等门类齐全的工业体系,辽宁省矿产资源分布见图 2—18(见书后彩图)。

全省矿产资源具有五个基本特点:

一是矿产资源较丰富,配套性好。平均每万平方公里的面积上有大中型矿产地 36 处,是全国平均密度的两倍多。钢铁工业中所需的主元素矿产和辅助原料矿产、能源矿产基本配套齐全。

二是矿产地集中,便于规模开发。石油、天然气集中在盘锦、沈阳;95%的铁矿分布在鞍山、本溪和辽阳市;菱镁矿主要分布在鞍山和营口;80%的滑石分布在鞍山;98%的硼矿分布在丹东;金刚石分布在大连。

三是共生、伴生矿产多,综合利用价值大。有色金属矿产、硼镁铁矿和磷铁矿等多为共生、伴生矿产,伴有多种有益元素,尤其是伴生有稀散元素矿产。

四是埋藏浅,适宜露天开采。煤、铁矿产中有全国著名的抚顺、阜新、本溪、鞍山等露天采矿山。

五是资源储量不均。截至 2005 年底,煤炭、油页岩的探明资源储量分别为 76.89 亿吨、39.93 亿吨,分别占全国的 0.74%和 12.38%,居全国第 15 位和第三位;石油、天然气的剩余可采储量分别为 17 015.34 万吨、500.53 亿立方米,分别占全国的 6.83%和 1.78%,居全国第五位和第十位;煤层气的累计探明地质储量为 77.3 亿立方米。辽宁省铁矿资源十分丰富,探明资源储量 121.47 亿吨,占全国的 20.45%,居全国首位。铜、铅、锌的保有资源储量分别为 20.08 万吨、30.80 万吨、77.21 万吨,分别占全国的 0.30%、0.78%、0.81%。省内铜铅锌矿资源紧张且后续接续矿山缺乏。钴矿只有一处产地,资源储量约 0.13 万吨。钴矿以往工作不多,但积累了一定的找矿线索,找矿远景较大。钼矿的保有资源储量为 25.11 万吨,占全国的 2.33%,居全国第 11 位。金矿的保有资源储量为 107.54 吨,居全国第 18 位。银矿的保有资源储量为 1 390 吨,居全国第 21 位。硼矿是辽宁省的优势矿产。氧化硼(B_2O_3)的探明资源储量为 2 803.62 万吨,占全国的 40.25%,居全国首位。菱镁矿保有资源储量为 309 263.68 万吨,占全国的 85.89%。

重要矿种储量及分布

1. 石油

作为一种重要的战略资源,石油对整个国民经济的发展具有长期和深远的影响,对一国经济发展战略的实施进程和战略目标的实现程度具有决定性影响。同时能源供需矛盾也是所有资源供需矛盾中最为突出的矛盾。2002年,我国石油探明储量居世界第11位,人均剩余石油可采储量相当于世界同期人均水平的7.8%。过去的15年里,我国原油产出平均增长率为1.8%,而石油消费平均增长速度达到4.9%,成为世界石油消费增长最快的国家。从1993年变为原油净进口国以来,我国石油消费量不断飙升,2002年进口量6941吨,2003年则上升了31%,达到9119吨,对外依存度由1995年的7.6%增加到2003年的36.1%,成为全球第二大石油进口国。据资料预测,到2020年,石油对外依存度将达到60%,在未来几十年的发展中,石油供需矛盾将越来越突出。辽宁省石油可采储量居全国第四位(1999年),原油加工量居全国第一位。在2003年能源消费中,石油占46.9%。据资料分析,石油对外依存度由1999年的57.1%达到2005年的78.5%。

辽宁省有石油产地1处,即辽河油田。截至2005年,辽宁省累计探明石油地质储量22.05亿吨,累计探明资源可采储量4.98亿吨(据2005年全国矿产资源储量通报);剩余资源可采储量1.70亿吨,占累计探明资源可采储量的34.14%(图2—19)。按照2005年产量1 227.61万吨计算,剩余资源可采储量仅可维持13年。

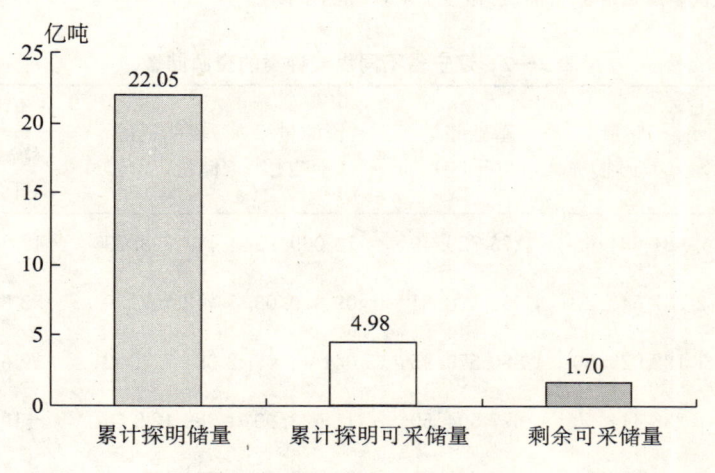

图2—19 2005年辽宁省石油探明资源

资料来源:辽宁省国土资源厅。

2. 煤炭

辽宁省煤炭资源储量占全国的0.7%,而每年消耗总量占全国的10%。在辽宁省能源消费结构中,煤炭超过50%。根据有关资料,辽宁省煤炭的对外依存度从1999年的28%增加到 2005 年的 86.4%。

截至 2005 年底,全省有探明资源储量的矿区 201 处(图 2—20),累计探明资源储量 90.70 亿吨(表 2—1),保有资源储量 70.95 亿吨,占全国总保有资源储量的 0.64%,其中,无烟煤 4.48 亿吨,烟煤 54.12 亿吨(其中,炼焦用煤 23.85 亿吨),褐煤 10.89 亿吨(表 2—2)。2005 年资源储量比上一年勘查减少约 0.12 亿吨,重算增加 1.56 亿吨。矿山主要分布在沈阳、铁岭、阜新、抚顺和辽阳,这些地区煤炭保有储量占全省的 89.3%,此外,锦州、朝阳、本溪等地也有分布。按成煤盆地及成煤时代大致划分为抚顺、阜新、南票、北票、沈阳(包括沈北、沈南)、本溪、铁法等煤田。目前只有沈阳及铁法两大矿区处于发展期,其他矿区煤炭产量正呈逐年下降趋势。

表 2—1　辽宁省煤炭资源储量(201 处矿区)　　　　　　　　　　　　　单位:千吨

级别	截至 2005 年底的资源储量			当年储量变化	
	保有储量	累计探明储量	开采量	损失量	勘查增减量	重算增减量
储量	2 483 282.23	—	41 385.17		−11 749.73	156 380.70
基础储量	5 090 053.04	7 289 715.96	50 999.99	15 676.66	32 116.26	390 536.10
资源量	2 004 751.53	2 180 369.18	2 021.21	161.60	35 689.83	132 007.61
探明资源储量	7 094 804.57	9 070 085.13	53 021.20	15 838.26	67 806.09	52 2543.71

资料来源:辽宁省矿产资源储量简表(截至 2005 年底,下同)。

表 2—2　辽宁省不同煤炭种类的资源储量

种类	矿区数(个)	储量(千吨)	基础储量(千吨)	资源量(千吨)	探明资源储量(千吨)	与上年探明资源储量对比	
						增减量(千吨)	增减百分比(%)
无烟煤	206	81 634.65	276 729.49	171 069.29	447 798.78	−48 218.30	−9.72
烟煤	279	2 257 643.20	4 002 428.31	1 409 979.08	5 412 407.39	52 852.78	0.99
炼焦用煤	193	1 132 029.80	1 880 579.95	5 041 44.07	2 384 724.02	19 608.44	0.83
褐煤	15	238 414.50	677 504.50	411 623.00	1 089 127.50	−1913.00	−0.18
合计	693	3 709 722.15	6 837 242.25	2 496 815.44	9 334 057.69		

资料来源:辽宁省矿产资源储量简表。

3. 铁矿

辽宁省有丰富的铁矿资源,其资源基础储量占全国的 29.93%,居全国首位。矿石原矿量居全国第二位,生铁、钢产量居全国第三位。丰富的铁矿资源对于建设重要的原材料基地具有

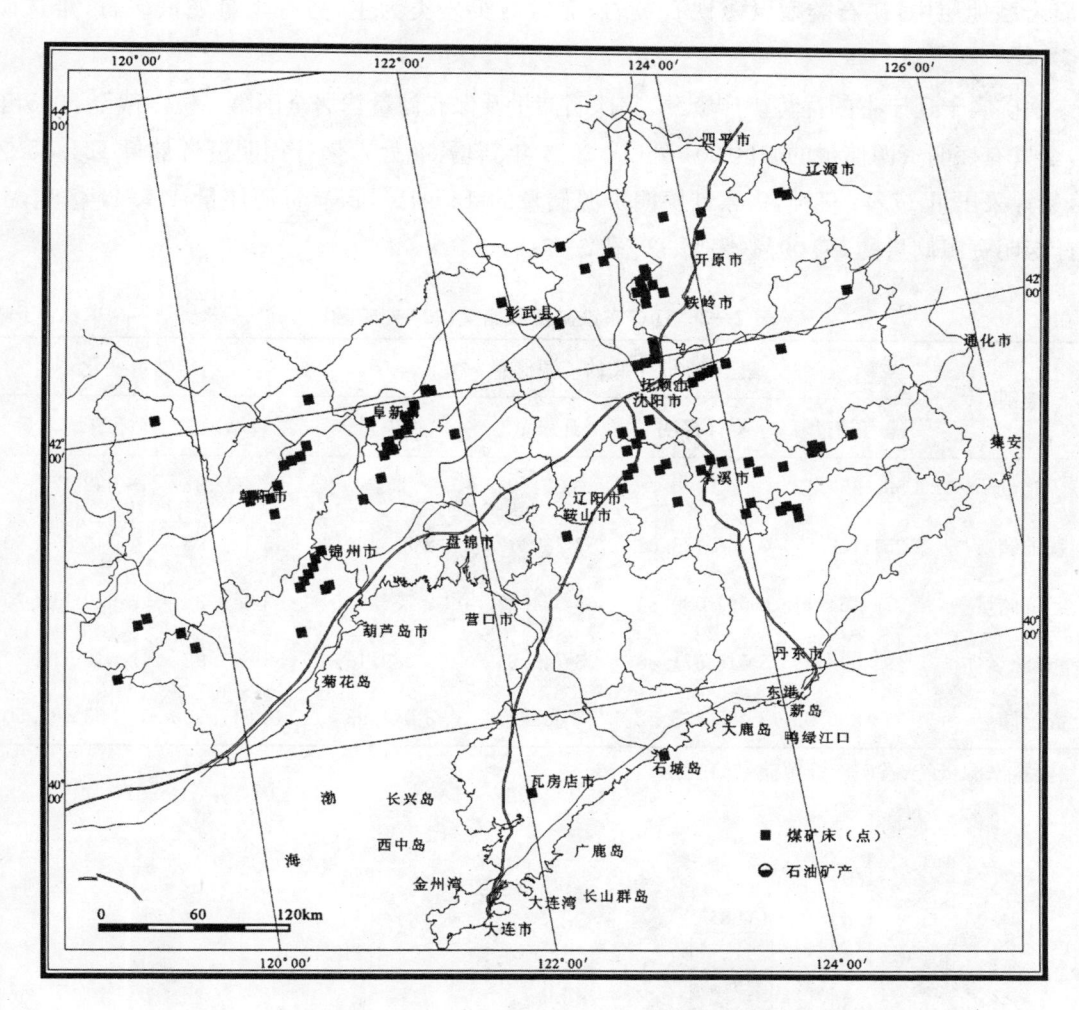

图 2—20 辽宁省煤炭、石油矿产资源分布（据辽宁省地质调查院资料修改）

重要意义。

铁矿的主要矿床类型有沉积变质型、接触交代型、热液型、沉积型、火山岩型、岩浆型和风化淋滤型六大类，我国主要以沉积变质型为主，这一点与国外相同。但是基于资源禀赋关系，我国铁矿资源特点表现为贫矿多、富矿少，中小型矿多、大矿少，伴生矿多、采选难度大、生产成本高，辽宁省的铁矿具有较强的代表性。与国外相比，我国铁矿无论是在矿床类型、单个矿床规模，还是在矿石质量与经济可利用性等方面，都存在着较大差距。实际上，我国铁矿石平均品位仅在30%左右，而且有害杂质的含量是进口矿的好几倍。有资料显示，我国铁矿石品位每5年下降一个百分点。由于矿石品位低、质量差、生产成本高，使得国内铁矿石缺乏市场竞争力。

辽宁省铁矿资源丰富、分布广泛，矿床规模大、矿体厚、产状陡（70°～80°），埋藏较浅，适合大规模露天开采。绝大多数属于"鞍山式"沉积变质型矿床，但矿石品位低（含量多在27%～35%），属低品位贫铁矿石。此类矿床占全省铁矿床总量的99%以上，赋存于前震旦变质岩系地层中,矿石类型以磁铁石英岩、赤铁石英岩类为主,另有少量磁铁矿石,难选矿较多。

铁矿属于辽宁省的优势矿产资源,其探明储量及保有储量均居全国第一位。截至2005年底,全省有探明资源储量的矿区204处(比2004年新增68处),累计探明资源储量134.85亿吨,累计采出量17.41亿吨,占累计探明资源储量的12.91%,保有资源储量117.44亿吨,占累计探明资源储量的87.09%(表2—3、图2—21)。

表2—3　辽宁省铁矿资源储量(204处矿区)　　　　　　　　　　　　单位:千吨

级别	截至2005年底的资源储量				当年储量变化	
	保有储量	累计探明	开采量	损失量	勘查增减量	重算增减量
储量	2 599 257.13		40 051.24		39 469.87	−622 473.60
基础储量	6 251 142.51	7 968 486.64	53 339.17	2 755.80	95 121.98	46 871.30
经济储量	4 974 454.11	6 691 089.64	53 334.57	2 755.80	93 619.98	−629 136.70
资源量	5 492 690.49	5 516 871.88	3 745.94	289.13	53 695.92	16 514.20
资源储量	11 743 832.99	13 485 358.52	57 085.11	3 044.93	148 817.90	63 385.50

资料来源:辽宁省矿产资源储量简表。

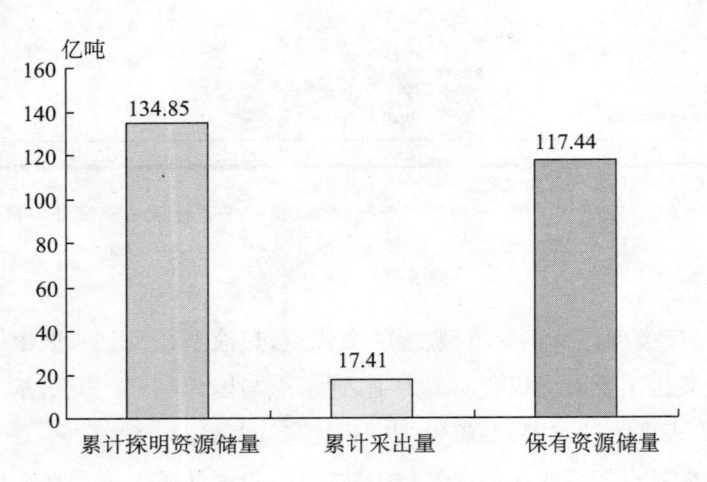

图2—21　2005年辽宁省铁矿探明资源

资料来源:辽宁省矿产资源储量简表。

辽宁省境内铁矿分布较广,其中鞍山、本溪、辽阳一带比较集中(图2—22),占全省总储量的90%以上。此外,朝阳、大连、抚顺、丹东、营口等地均有分布,但这些地区的矿床规模一般较小。截至2005年底,辽宁省主要的生产矿山有:鞍山齐大山南采区、齐大山北采区、眼前山(眼前山区)、东鞍山、大孤山;本溪南芬、歪头山、北台;辽阳弓长岭一、二矿区等。

辽宁省内铁矿资源虽然十分丰富,但由于已探明资源储量的特大型、大型矿床勘探深度较

图 2—22　辽宁省铁矿资源分布（据辽宁省地质调查院资料修改）

大,控制矿体埋深多在600～800米,矿体(矿层)倾角较陡(多在70°～80°),开采难度逐年增大,因此,辽宁省内铁矿资源保有储量虽有117.44亿吨之多,但据估算,实际上可利用的铁矿资源储量仅占保有储量的50%,即不足60亿吨。按2005年的实际开采量5 708.5万吨(不包括未经核实部分,下同)计算,仍可开采近100多年,基本能满足辽宁省本世纪对铁矿的需求。如按辽宁省"十一五"规划纲要中辽宁钢产量至2010年要达到4 300万吨的规划目标,则需要铁矿石1.3亿吨。以此计算,辽宁省省内经济可利用的铁矿石保有量,仍可开采五六十年,高于全国静态保证年限。

4. 铜矿

辽宁省内有21个铜矿区,主要分布于抚顺清原红透山、桓仁县二棚甸子、宽甸万宝地区(图2—23)。

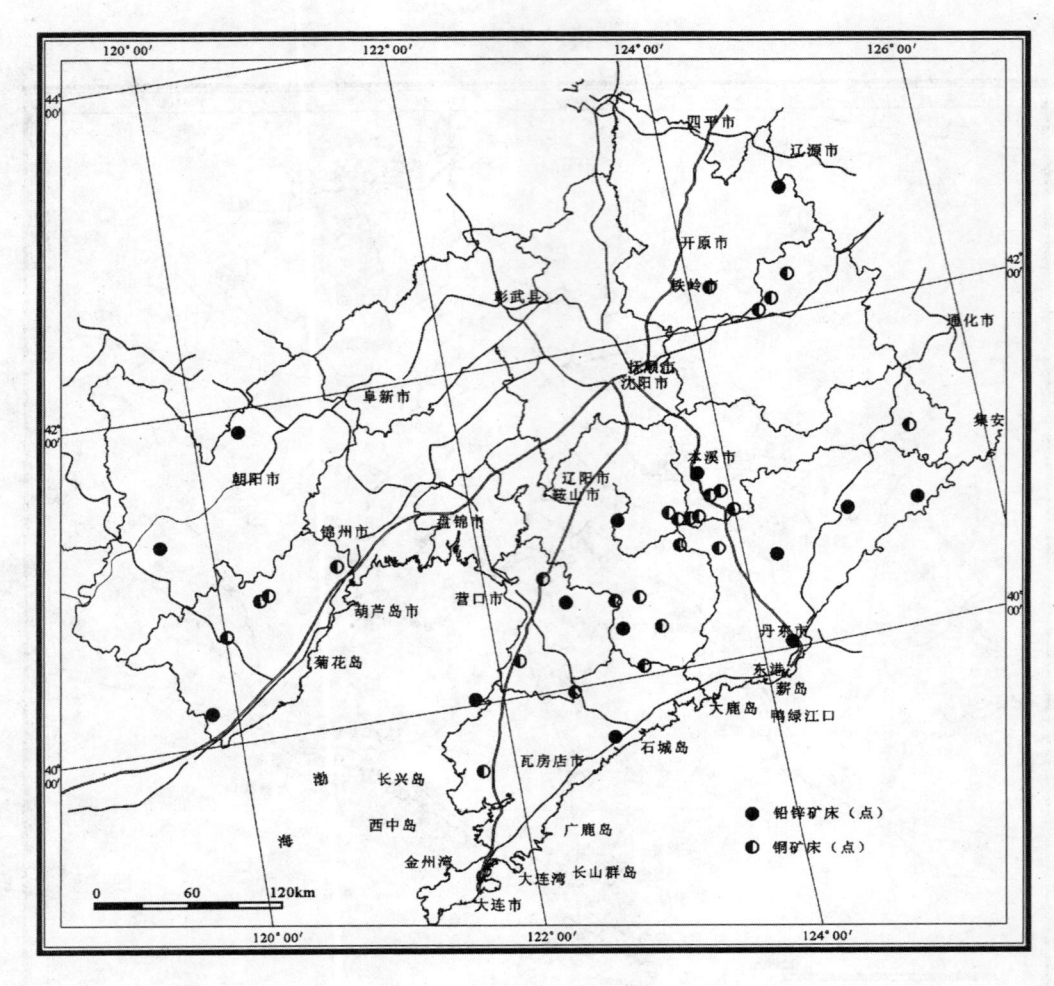

图 2—23 辽宁省铜矿、铅矿、锌矿资源分布（据辽宁省地质调查院资料修改）

截至 2005 年底，辽宁省铜的累计探明资源储量为 79.9 万吨，居全国第 23 位，累计采出量 49.3 万吨，占累计探明资源储量的 61.7%，保有资源储量 22.6 万吨，占累计探明资源储量的 28.3%（表 2—4、图 2—24～25）。

表 2—4 2005 年辽宁省铜矿资源储量　　　　　　　　　　　　　　　　　　　　单位：吨

资源储量类型	截至 2005 年底的资源储量	
	保有资源储量	累计探明资源储量
基础储量	155 739.50	649 096.95
	9 512.24	56 697.15
经济储量	152 965.50	645 912.95
	9 380.24	56 500.15
资源量	70 447.34	150 346.34
	12 227.67	23 403.67
资源储量	226 186.84	799 443.29
	21 739.91	80 100.82

资料来源：辽宁省矿产资源储量简表。

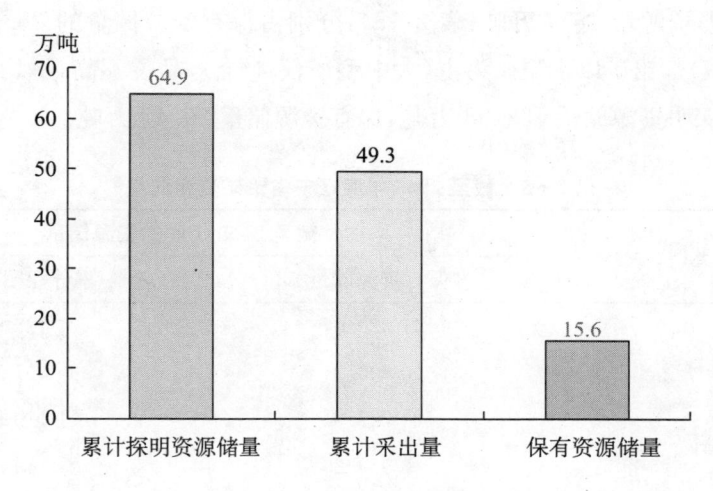

图 2—24 2005 年辽宁省铜矿探明资源

资料来源:辽宁省矿产资源储量简表。

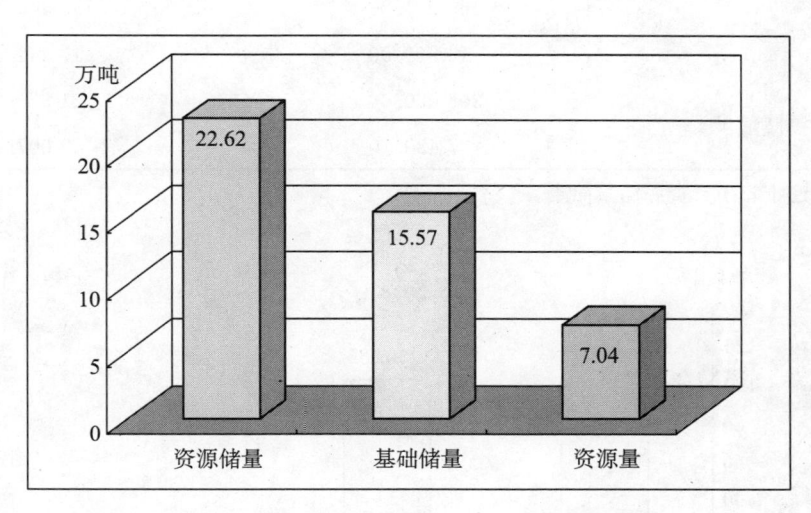

图 2—25 2005 年辽宁省铜矿保有资源储量

资料来源:辽宁省矿产资源储量简表。

辽宁省铜矿主要为太古宙火山碎屑沉积变质块状硫化物矿床,也是世界上最具工业价值的工业类型之一,其次为中生代岩浆侵入岩与古生界寒武系徐庄组、张夏组灰岩接触交代矽卡岩型矿床。铜矿是辽宁省长期需要的大宗矿产资源,长期以来进行过大量的地质勘查工作,但收效不大。铜矿未探明资源量为 20 万吨,重点地区为矿山深部及周边。

5. 铅矿

截至 2005 年底,辽宁省内有铅矿区 27 个,主要分布于辽东凤城市青城子地区以及辽西葫芦岛市建昌八家子地区等(图 2—23)。累计探明资源储量 132.13 万吨,保有资源储量 30.8 万吨,占累计探明资源储量的 23.31%(图 2—26)。保有资源储量中,资源储量 8.19 万吨,基础储量14.1万吨,资源量16.7万吨(表2—5),分别占保有资源储量的26.59%、45.80%和54.22%(图2—27)。铅矿以小型矿为主(大中型矿仅4个),品位不高,平均品位小于4%的矿区20个,累计探明资源储量122.58万吨,保有资源储量29.47万吨。

表2—5 截至2005年底辽宁省铅矿资源储量　　　　　　　　　　单位:吨

资源储量类型	截至2005年底的资源储量	
	保有资源储量	累计探明资源储量
基础储量	141 029.04	1 135 875.33
	10 600.2	51 565.70
经济储量	124 727.04	1 119 573.33
	8 959.20	49 924.70
储量	81 889.80	
	7 001.70	
资源量	166 991.00	185 449.45
	16 829.90	17 441.58
资源储量	308 020.04	1 321 324.78
	27 430.10	69 007.28

资料来源:辽宁省矿产资源储量简表。

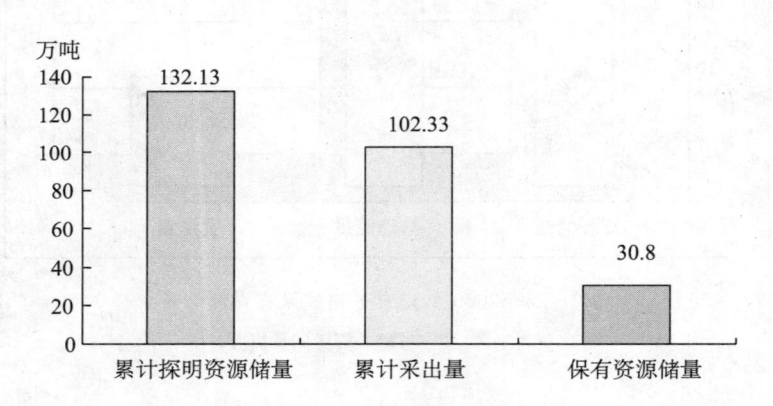

图2—26 2005年辽宁省铅矿探明资源

辽宁省内铅矿资源形势不容乐观。以可利用保有储量30.8万吨,2004年产量1.08万吨铅矿石测算,现有资源储量尚可维持现有产能近30年。

辽宁省铅矿主要分布于辽东凤城市青城子地区、岫岩县北瓦沟地区,主要类型为古元古宙辽河群高家峪组、大石桥组、盖县组层控铅锌矿;此外还分布于辽西地区,如葫芦岛市建昌县中元古宙长城系高于庄组充填交代型铅锌矿床。铅矿是长期需要的大宗矿产资源,目前许多矿山陆续采空闭坑,找矿任务十分紧迫。从地质条件分析,未探明资源量为221万吨,凤城青城子地区及外围、建昌县八家子—吴家屯地区及外围仍有较大的找矿远景。

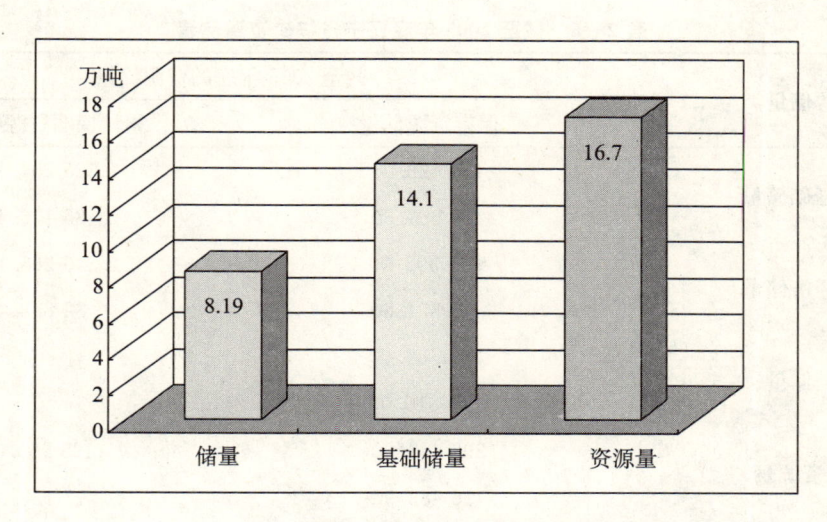

图 2—27 2005 年辽宁省铅矿保有资源储量

6. 锌矿

辽宁省内有 28 个锌矿区,主要分布于辽东凤城市青城子地区,以及辽西如葫芦岛市建昌县八家子地区(图 2—23)。截至 2005 年底,锌的累计探明资源储量为 275.22 万吨,其中累计采出量 194.04 万吨,占累计探明资源总量的 70.5%;保有资源储量 81.19 万吨,占累计探明资源总量的 29.5%(图 2—28)。

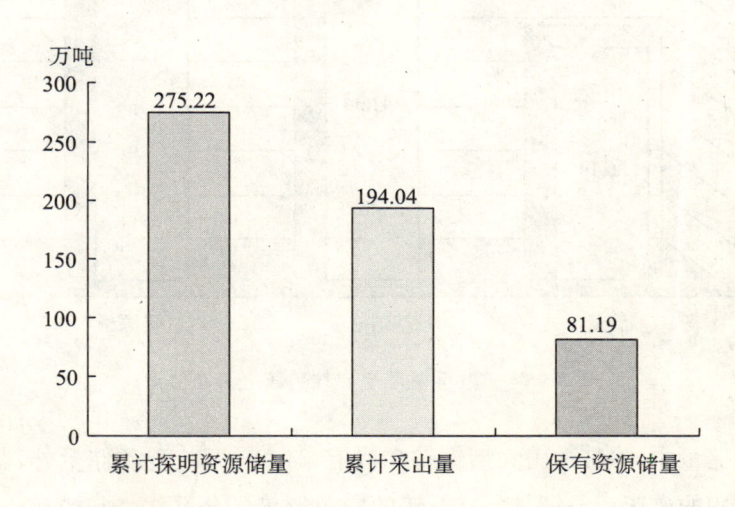

图 2—28 2005 年辽宁省锌矿探明资源

保有资源储量中,储量 26.14 万吨,基础储量 41.34 万吨,资源量 39.85 万吨,分别占保有储量总量的 32.20%、50.92%、49.08%(表 2—6、图 2—29)。

表 2—6　截至 2005 年底辽宁省锌矿资源储量　　　　　　　　　　　　　单位：吨

资源储量类型	截至 2005 年底的资源储量	
	保有资源储量	累计探明资源储量
基础储量	413 422.00	2 325 254.13
	16 554.60	86 116.44
经济储量	335 392.00	2 246 263.13
	13 374.60	82 898.44
储量	26 1351.00	
	10 810.00	
资源量	398 458.00	426 965.00
	16 483.90	17 129.30
资源储量	811 880.00	2 752 219.13
	33 038.50	103 245.74

资料来源：辽宁省矿产资源储量简表。

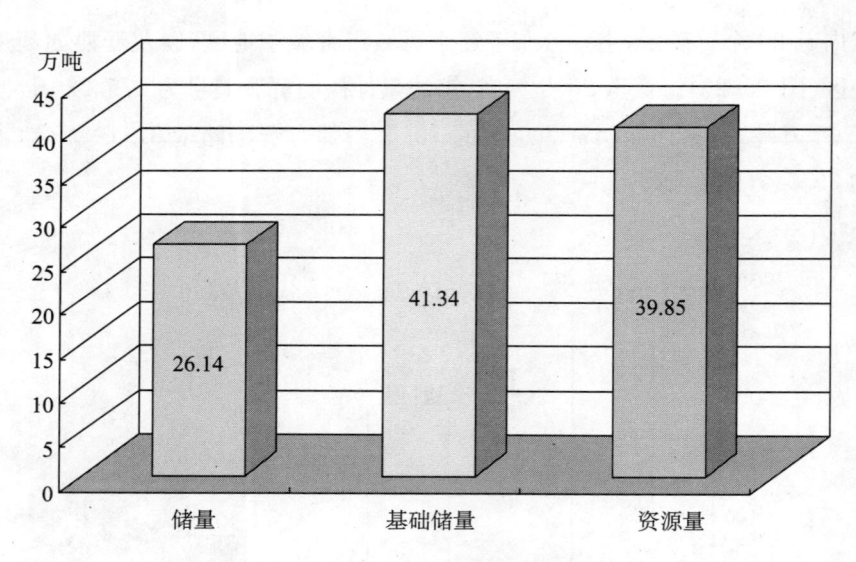

图 2—29　2005 年辽宁省锌矿保有资源储量

在保有资源储量中，除红透山大型铜锌矿尚有 24.85 万吨资源储量外，其余均为小型矿床或难于开采利用的矿床。与铜、铅一样，锌的资源形势十分严峻。与铅矿一样，锌矿主要类型为古元古宙辽河群高家峪组、大石桥组、盖县组层控铅锌矿，以及辽西地区产于中元古宙长城系高于庄组充填交代型铅锌矿床。预测未探明资源量为 484 万吨。从地质条件分析，凤城青城子地区及外围、建昌县八家子—吴家屯地区及外围仍有较大的找矿远景。

7. 钼矿

辽宁省钼矿资源比较丰富，矿床较大，资源较集中，省内钼矿石平均品位较高（平均品位

0.2%左右)。多为矽卡岩型、斑岩型钼矿床。其中,杨家杖子钼矿为矽卡岩型为主的矿床,兰家沟钼矿为斑岩型矿床。

省内钼矿多为原生主产钼矿,矿石类型为单一硫化钼矿石(辉钼矿),矿石质量及可选冶性好。个别与其他副矿共生、伴生,如本溪县黄柏峪铜钼矿为铜钼共生矿床,葫芦岛市老虎洞多金属矿为铅、锌、钼共生矿床,喀左县肖家营子(新华)钼矿为伴生铜矿床,葫芦岛市杨家杖子矿务局钼矿为稀有金属铼(Re)、硒(Se)、碲(Te)伴生矿床。

钼资源曾是辽宁省优势矿产资源,由于钼矿开发利用的早,近年来没有开展过系统的地质勘查工作,致使目前矿山保有资源储量较少,退居至全国第11位。但据省内成矿条件分析,未探明储量非常丰富,钼资源储量潜力巨大。

截至2005年底,辽宁省共有探明资源储量的矿区15处,钼矿资源累计探明钼金属量52.89万吨,矿石量363 633.89万吨,保有资源储量25.11万吨,矿石量173 061.9万吨,分别占探明资源总量的47.47%和47.59%。开采矿区7处,采出钼金属量3 062.7吨。动用资源储量钼50.76万吨,累计开采出金属钼27.72万吨(表2—7)。葫芦岛杨家杖子—钢屯钼矿与河南栾川、陕西金堆城、吉林大黑山钼矿并称中国四大钼矿。2004年,杨家杖子—钢屯钼矿由于开采不规范而停产整顿。

表 2—7 截至 2005 年底辽宁省钼矿资源储量(15 处矿区) 单位:吨

级别	截至 2005 年底的资源储量				2005 年当年储量变化	
	保有储量	累计探明	开采量	损失量	勘查增减量	重算增减量
储量	76 581.00		81.60		450.00	1697.59
	47 130.20		2.72		15.00	1079.50
基础储量	100 514.59	313 003.68	488.24	75.04	563.28	1697.59
	62 660.50	202 452.49	188.27	79.62	267.89	1079.50
经济储量	100 514.59	313 003.68	488.24	75.04	563.28	1 697.59
	62 660.50	202 452.49	188.27	79.62	267.89	1 079.50
资源量	150 614.56	215 867.56	0		0	1 078.66
	110 401.40	161 181.40	60.00		60.00	272.40
资源储量	251 129.15	528 871.24	488.24	75.04	563.28	2 776.25
	173 061.90	363 633.89	248.27	79.62	327.89	1 351.90

资料来源:辽宁省矿产资源储量简表。

自2000年以来,辽宁省钼矿生产的工业指标变动较大,从国家规定的边界品位0.03%、最低工业品位0.06%,变化为边界品位0.1%、最低工业品位0.2%,不仅致使3/4的储量损失掉,而且在市场变化和短期利益的驱使下,采富弃贫现象非常严重,造成资源在短期内枯竭、矿山尾矿品位过高、资源浪费严重。

截至 2005 年底,辽宁省钼矿资源保有储量 25.11 万吨,基础储量 10.05 万吨。作为重要的战略矿产资源,钼矿已被国家列为限采矿种,在《辽宁省矿产资源总体规划》中,"十五"期间对省内钼矿的规划目标是年产钼矿石量 50 万吨,以钼矿石平均品位 0.2% 折算,即钼金属1 000 吨,以此计算,辽宁省内的钼矿资源基础储量,预计尚可供开采近百年。但根据国际国内钼矿市场价格及省内实际情况,预测"十一五"规划期内钼的限采量应为 5 000 吨钼精粉,即钼金属量 2 250 吨,以此计算,辽宁省内钼矿基础储量的保证开采年限为 44 年,与全国的保证年限相当。

8. 金矿

辽宁省金矿矿床工业类型多为石英脉型和构造蚀变岩类,个别为含金硫化物网脉型金矿。成因类型为岩浆后期热液变质型及受韧性剪切带控制的低温火山—变质热液型。矿区分布分散,金矿床规模小,矿体薄,品位中等,金矿资源比较短缺。

截至 2005 年底,辽宁省金矿探明储量 107.54 吨,居全国第 18 位。探明资源储量岩金 80.59 吨(含伴生金),砂金 16.52 吨,伴生金 10.44 吨。辽宁省内有探明资源储量金矿区 115 处,其中,岩金矿 97 处,砂金矿 12 处,此外,尚有 6 处伴生金矿区。

岩金 岩金是辽宁省的主要产金矿种,已开采矿区 97 处。截至 2005 年底累计采出金量 149.19 吨,矿石量 6 405.9 万吨;尚有保有资源储量金 93.12 吨,矿石量 1 457.1 吨,分别占累计探明储量(不含伴生金储量)的 38.42% 和 18.53%(表 2—8)。3 处未开采矿区的资源量,金金属 3.34 吨、矿石量 39 万吨,仅占探明储量的 1.38% 和 0.50%。显然,省内岩金资源储备严重不足。

表 2—8 辽宁省岩金矿资源储量　　　　　　　单位:矿石:千吨/金:千克

级别	截至 2005 年底的资源储量				当年储量变化	
	保有储量	累计探明	开采量	损失量	勘查增减量	重算增减量
储量	19 791.99		1 789.52		0.05	−5 839.35
	5 273.61		516.38		45.89	−84.92
基础储量	33 759.03	162 686.16	2 822.98	247.33	−3 675.47	1 585.98
	16 064.38	78 251.03	818.53	61.54	420.86	8 284.92
经济储量	32 270.56	161 113.68	2 822.98	247.33	−3 735.94	1 585.98
	15 825.12	77 986.77	818.53	61.54	408.60	8 284.92
资源量	46 767.41	68 654.94	169.05	32.10	6 715.50	1 098.53
	8 955.95	11 573.68	105.43	12.91	2 834.44	766.92
资源储量	80 526.44	231 341.09	2 992.03	279.43	3 040.03	2 684.51
	25 020.33	89 824.71	923.96	74.45	3 255.30	9 051.84

资料来源:辽宁省矿产资源储量简表。

辽宁省的岩金矿山相对集中分布于丹东、抚顺、阜新、朝阳等地,这些地区保有储量金 69.95 吨,占全省金矿保有储量的 86.86%,累计探明金资源储量 198.09 吨,占全省金矿探明储量的 85.63%。其他如营口、辽阳、葫芦岛、鞍山、大连、锦州等地也有分布(表 2—9)。目前辽宁省内主要的金矿生产矿山有五龙、四道沟、排山楼、白云、金凤、二道沟、新甸、柏杖子、红透山等。

辽宁省内的岩金矿已面临严重的资源危机,因此,亟须对现有的大中型金矿进行资源潜力调查,寻找接续资源,以期扩增储量和寻找新的岩金产地,缓解省内金矿资源危机。

表2—9 辽宁省金矿分布地及储量(岩金) 单位:矿石:千吨/金:千克

矿区	数量(处)	资源储量				2005年度资源储量变化情况		未上表数
		保有储量	累计探明	开采量	损失量	勘查增减量	重算增减量	
大连	2	116.33	321.24	4		−164.67		
		71.42	42 633.42	10		32.42		
		11.91	42 525.00					1
鞍山	2	428.00	5 070.98	6.49	0	6.49		
		118.00	621.55	9.94	1.10	11.04		
		12.98	6.49	0	6.49			
		13.55	9.94	1.10	11.04			6
抚顺	12	2 839.65	10 773.58	100.58	4.25	513.75	−133.19	
		511.16	1 329.22	26.91	1.75	96.77	1.21	
			33.64	3.64		3.64		
			8.75	2.65		2.65		3
本溪			501.95	10.70	1.65	12.35		
			65.57	3.52	0.63	4.15		3
营口	5	5 864.68	9 048.21	193.20	12.87	1 572.94	−488.88	
		786.54	1 410.28	27.64	1.98	129.08	94.86	
			1 125.73	1 338.76	84.17	8.45	419.20	
			215.17	238.8	11.52	1.18	119.28	2
丹东	29	29 038.82	102 389.31	189.38	0.09	173.86	−776.67	
		4 902.03	15 452.11	115.12	3.00	93.05	231.58	
			54.83	54.83		54.83		
			70.60	70.60		70.60		25
锦州	4	273.00	6 039.37	21.37		21.37	0	10.01
		338.91	1 442.08	22.67		22.67		
			21.37	21.37		21.37		
			13.17	12.67		12.67		2

续表

矿区	数量(处)	资源储量				2005年度资源储量变化情况		未上表数
		保有储量	累计探明	开采量	损失量	勘查增减量	重算增减量	
阜新	2	14 345.08 6 465.13 40.10	27 603.75 9 979.48 0 39.00	1 712.25 503.96 	124.10 35.20 	−1 655.85 2 442.68 0 39.00	−8.50 0.70 	2
辽阳	1	1 049 285.00 21.00 5.08	1 181.00 308.08 11.00 0.28	11.00 0.28 11.00 0.28		11.00 0.28 11.00 0.28		2
朝阳	33	28 650.387 2 940.130 1 470.29 1 909.91	62 032.324 6 620.090 1 713.98 2 020.46	1 521.30 176.59 73.17 25.20	143.63 18.37 2.75 0.91	1 280.83 153.46 512.23 124.22	13 325.49 992.63 1 033.98 1 811.80	4
葫芦岛	8	4 564.44 610.95 98.93 109.33	12 879.27 1 866.93 0 76.65	0 76.65 0 8.52	0 8.52 0 	0 85.17 0 85.17	792.44 121.95 	4

资料来源:辽宁省矿产资源储量简表。

砂金 辽宁省内有探明资源储量的砂金矿区12处,保有资源储量金16.51吨(基础储量3.13吨,储量1.76吨),占辽宁省保有储量金的13.8%(表2—10),主要分布在辽阳、鞍山、朝阳、铁岭等地。辽宁省内砂金矿的品位较低,一般在0.3～0.4克/立方米,辽宁省内砂金矿处于待开发阶段。但因砂金在辽宁省内金资源储量中所占比例较小,且品位低,即使全面开采,也不能解决金资源的危机。

表2—10 辽宁省砂金矿资源储量(12处)　　　　单位:矿石:千吨;金:千克

级别	截至2005年底的资源储量				当年储量变化	
	保有储量	累计探明	开采量	损失量	勘查增减量	重算增减量
储量	1 756.70 6 269.60					
基础储量	3 128.13 10 553.75	3 840 13 923	125 5		125 5	
经济储量	2 530.13 8 617.75	2 761 9 653	125 5		125 5	
资源量	13 386.00 35 941.00	15 211 43 340				

续表

级别	截至2005年底的资源储量				当年储量变化	
	保有储量	累计探明	开采量	损失量	勘查增减量	重算增减量
资源储量	16 514.13 46 494.75	19 051 57 263	125 5		125 5	

资料来源：辽宁省矿产资源储量简表。

伴生金 累计探明资源储量金30.43吨，保有储量10.44吨（基础储量6.59吨，储量5.77吨），占省内总保有储量的8.5%（表2—11），主要分布在抚顺、大连及营口，其中，半数以上的保有储量（6.52吨）集中在抚顺红透山铜矿，另外有2.8吨赋存于瓦房店多金属矿中（该资源尚未动用）。但因伴生金的开采必须以其他矿种的开采为前提，故也不作过多评估。

表2—11　辽宁省伴生金矿资源储量（6处）　　　单位：矿石：千吨／金：千克

级别	截至2005年底的资源储量				当年储量变化	
	保有储量	累计探明	开采量	损失量	勘查增减量	重算增减量
储量	5 773.00 7 344.00		344.00 463.00		−142.00 −91.00	981 931
基础储量	6 585.00 8 352.00	24 870.94 80 380.95	1 174.86 4 3151.00	90.09 75 6135.00	750.94 50 120.35	1 215 1 080
经济储量	6 585.00 8 352.00	24 870.94 80 380.95	1 174.86 4 3151.00	90.09 75 6135.00	750.94 50 120.35	1 215 1 080
资源量	3 859.09 5 322.37	5 556.89 5 807.10				−300 234
资源储量	10 444.09 13 674.37	30 427.83 86 188.05	1 174.86 43 151.00	90.09 7 561.35	750.94 50 120.00	915 1 314

资料来源：辽宁省矿产资源储量简表。

二、开发利用现状

（一）开发利用总体情况

截至2005年底，全省共有各类矿山企业6 622个（不含石油、天然气），其中内资企业6 597个，港澳台商投资矿山1个，外商投资企业24个。全省矿山企业开采的矿种（按《中华人民共和国矿产资源法实施细则》附件《矿产资源分类细目》和新公布3个矿种的230种矿产分类）97种，采掘矿石总量（原矿量）2.42亿吨。

2005年全省各类矿山企业现价工业总产值285.23亿元，能源矿产工业总产值126.12亿元，其中煤炭工业总产值126.05亿元，黑色金属矿产工业总产值88.53亿元中（其中，铁矿工业总产值86.35亿元），有色金属矿产工业总产值13.34亿元，贵金属矿产工业总产值7.17亿元，冶金辅助原料矿产工业总产值6.90亿元，化工原料矿产工业总产值2.62亿元，建材及其他非金属矿产工业总产值39.91亿元,矿泉水工业总产值0.42亿元。

2005年全省各类矿山企业从业人员40.44万人。其中能源矿产开采从业人员16.55万人(煤矿16.50万人),黑色金属矿产开发从业人员5.14万人,有色金属矿产开采从业人员2.10万人,贵金属矿产开采从业人员1.28万人,冶金辅助原料矿产开采从业人员1.55万人,化工原料矿产开采从业人员0.71万人,建材及其他非金属矿产开采从业人员12.76万人,矿泉水开采从业人员0.21万人。

按生产状态划分,全省共有生产矿山5 468个,停产矿山812个,筹建矿山261个,关闭矿山48个,其他矿山33个。

按生产规模划分,全省共有大型矿山63个,中型矿山102个,小型矿山2 618个,小矿3 839个。

(二) 重要矿产资源开发利用现状

1. 石油

辽河油田2003年的生产能力为1 500万吨/年,生产石油1 322万吨,石油产量居全国第四位。油气工业总产值186.9亿元,占全省矿业工业总产值的51.4%,从业人员29 336人,占各类矿山企业人员的6.8%。

辽河油田经过30多年的勘探开发,已经步入中晚期,开发已进入高含水、高动用储量、高采出程度、稠油高吞吐轮次、高开发井密度的"五高"阶段,开发成本呈直线上升,产量持续递减,已经由1995年的1 552万吨,下降到2003年的1 332万吨,8年下降了14.18%,年平均降幅1.77%(图2—30)。

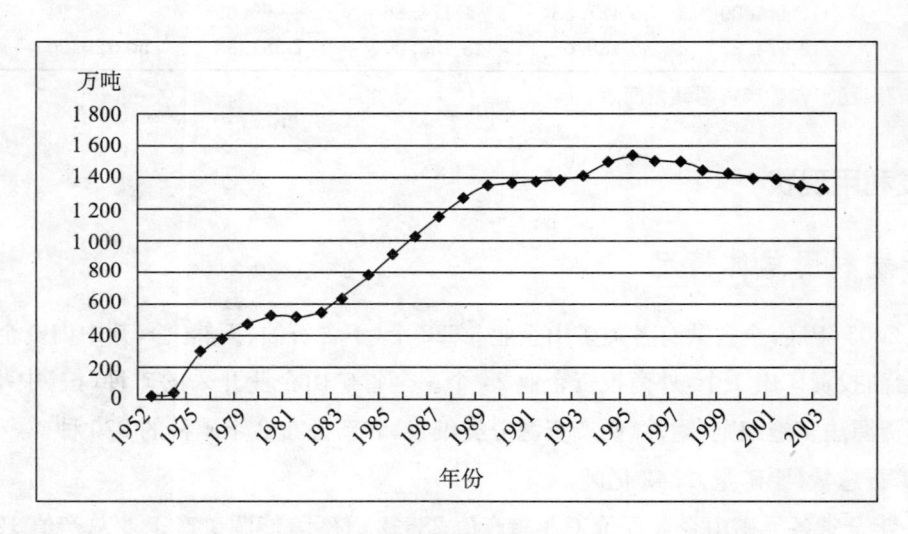

图2—30 辽宁省原油产量变化

资料来源:《辽宁省统计年鉴》(2004)。

由于资源接续不足,老区多次加密调整和持续开采,油田已进入勘探开发的递减期,勘探面积小、勘探程度高、勘探难度增大;新区产能建设难以弥补老区的递减;油田资源品位低,每年生产的稠油、超稠油和高凝油占总产量的70%以上。

2. 煤炭

煤炭矿山企业主要分布沈阳、大连、抚顺、本溪、丹东、锦州、阜新、铁岭、辽阳、朝阳、葫芦岛。截至2005年,全省建成矿山企业968个,其中大型矿山企业15个、中型企业15个、小型企业65个、小矿873个,煤炭行业从业人员164 997人。2005年产矿量6 119.00万吨,实现工业总产值1 260 496.29万元。

目前辽宁省共有5大重点国有煤炭企业:沈阳煤业(集团)有限责任公司、抚顺矿业(集团)有限责任公司、阜新矿业(集团)有限责任公司、铁法煤业(集团)有限责任公司、南票矿务局。2004年5大国有重点煤矿煤炭产量5 020万吨,占全省总产量(6 642万吨)的75.6%,另有新宾、灯塔、凤城、北票、葫芦岛、建昌、蛤蟆山等10个产煤县(市)。国有地方煤矿产量404万吨,乡镇煤矿产量1 218万吨。2004年煤炭工业总产值(981 728.11万元)占辽宁省矿业总产值(2 193 978.81)的44.75%,居全省第一位,煤炭在省内属优势矿产资源。

根据省内2004年现采煤矿井设计生产能力的初步统计,煤矿总产能仅为5 471万吨/年,而根据《辽宁省统计年鉴》,2004年辽宁省原煤生产总量为6 642万吨(占全国煤炭产量的3.3%左右)。这是因为有些大型矿山经过技术改造后的实际生产能力已大于设计生产能力(如铁法煤业集团的各个生产矿井2004年实际产量均已超过原设计生产能力,其中大兴煤矿设计生产能力300万吨/年,核定生产能力390万吨/年,2004年实际产量为405万吨/年;晓南煤矿设计采矿能力150万吨/年,核定生产能力214万吨/年,实际采矿能力2004年达到248万吨)。另外,由于近几年煤炭价格升高,有些小矿也在超生产能力开采。近年来新开工矿井设计生产能力呈增加趋势,由20世纪90年代的几十万吨,增加到2000年之后的上百万吨,直至2003年达498万吨(图2—31)。

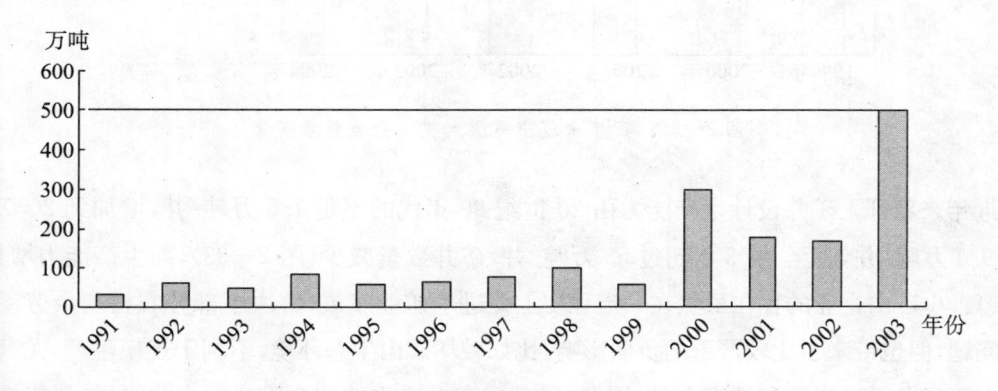

图2—31 辽宁省近年来新建煤矿矿井设计生产能力

资料来源:《辽宁省统计年鉴》(2004)。

"十一五"期间如果加大科技投入、实施技术改造和挖掘生产潜力,辽宁省原煤的产能或许会有所增加,但增长幅度不会太大。因为从 2000 年之后,由于省内现采井田大多已进入开采的中晚期,开采难度增大,长远来看产量呈逐年递减趋势。"十一五"期间如无较大的新增井田投产,则省内原煤产量基本稳定在 6 000~6 500 万吨(包括一些小煤田的产量),仅能满足"十一五"规划期省内需求量的 40% 左右。

从 20 世纪 90 年代起,在"有水快流"思想的指导下,政府鼓励集体和个人投资采矿,辽宁省的小矿山如雨后春笋般地快速发展起来,到 1999 年达到 1 724 个,2000 年后逐年有所减少(表 2—12、图 2—32)。截至 2004 年,全省煤炭矿山企业仍有 1 073 个之多,其中,大型矿山企业 16 个,中型 12 个,小型 140 个,小矿 905 个。从业人员 167 651 人,年产矿石量 6 642 万吨,工业总产值 981 728.11 万元,占全省矿业总产值的 44.75%。中型以上规模的 28 家矿山企业实际生产能力为 4 911 万吨,占全省煤炭企业总产量 73.90%,工业总产值为 780 168.2 万元,占全省煤炭企业总产值的 79.50%。2004 年年设计生产能力 3 万吨以下的小矿实际生产矿石量 758.8 万吨,占全省总产量的 11.40%。由此可见,从数量上看省内现有矿山企业以小型矿山和小矿为主,占矿山企业数的 97% 以上。但从矿石产量和工业产值上看,仍以大中型矿山为主。

表 2—12　近年来辽宁省矿山企业数量变化

	1999 年	2000 年	2001 年	2002 年	2003 年	2004 年
矿山企业(个)	1 724	1 423	1 450	1 277	1 265	1 073

资料来源:辽宁省国土资源厅。

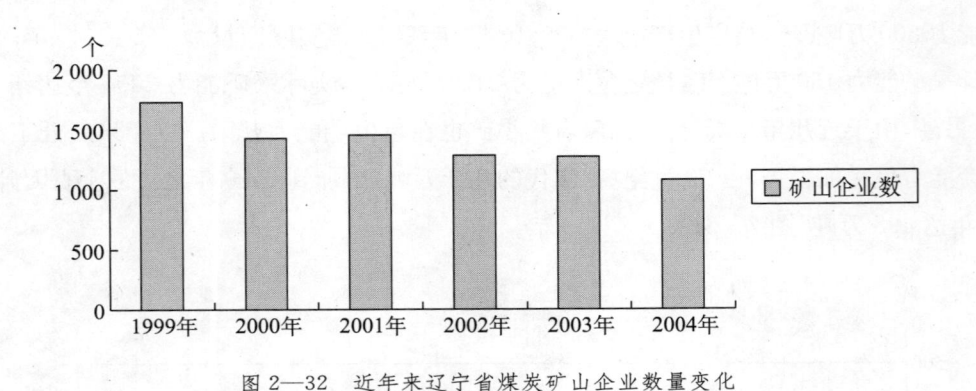

图 2—32　近年来辽宁省煤炭矿山企业数量变化

近年来新开工矿井设计生产能力由 20 世纪 90 年代的不足 1.5 万吨/井,增加到 2000 年之后的 9.4 万吨/井,直至 2003 年超过 55 万吨/井,矿井数量减少(图 2—33),而生产能力增加(表 2—13)。小矿山企业的存在虽然在一定程度上促进了矿业发展,解决了部分农村剩余劳动力的就业问题,但也带来了比较严重的负面影响,比如破坏矿山生态环境、不利于规模生产,尤其是小矿山多不具备采矿资质和技术人员,因此,采矿中存在严重的安全隐患。由此可见,严格控制矿山数量(尤其是小矿山数量)势在必行,相关部门应严格执行有关政策,逐步取缔年产 3 万吨以下的小煤矿,采取关、停、并、转等措施,使煤炭企业逐步向规模化和集约化发展。

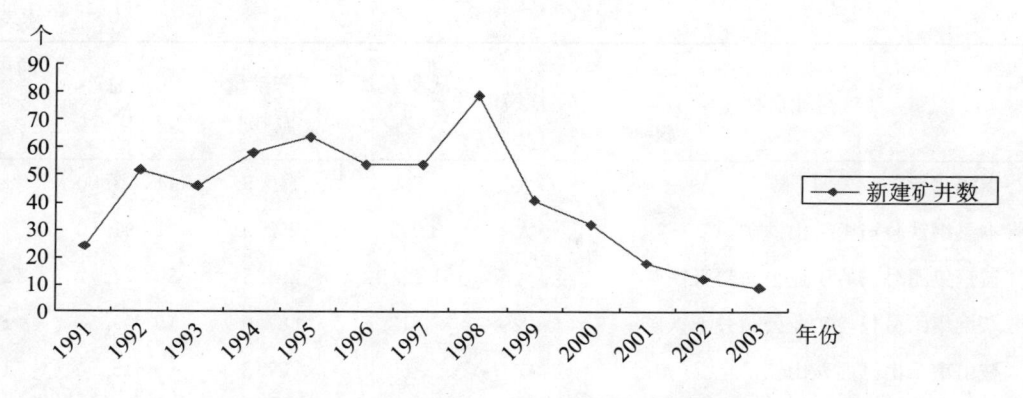

图 2—33　近年来辽宁省煤矿新建矿井数量变化

表 2—13　近年来辽宁省煤炭新开工生产能力及矿井数量变化

	1997 年	1998 年	1999 年	2000 年	2001 年	2002 年	2003 年
新建矿井数(个)	54.00	79.00	41.00	32.00	18.00	12.00	9.00
设计生产能力(万吨)	79.40	101.50	58.19	300.99	176.80	169.40	498.00
平均每口井生产能力(万吨/井)	1.47	1.28	1.42	9.41	9.82	11.12	55.33

资料来源:辽宁省国土资源厅。

3. 铁矿

辽宁省内的铁矿山主要分布于鞍山、本溪、抚顺、辽阳、朝阳、铁岭、营口、阜新、沈阳等地(图 2—34),产量居全国第二。2005 年共有铁矿山企业 347 个,根据对 30 个主要矿山的统计,铁矿石生产能力 14 500 万吨/年,2003 年生产铁矿石 5 201 万吨,从业人员 41 181 人,实现工业产值 49.2 亿吨。

全省铁矿矿山企业中,大中型企业 11 个,占全部企业数的 3.2%,年产矿石量 3 816 万吨(表 2—14),占总量的 73.4%。小型企业 303 个,占全部企业数的 96.8%,年产矿石量 1 385 万吨,占总量的 26.6%。由此看见,大中型矿山企业构成了辽宁省铁矿矿山企业的主体,提供了 70%以上的产量。

表 2—14　2003 年辽宁省大中型铁矿山开发情况

序号	企业名称	规模	从业人数(人)	年产矿量(万吨)	工业总产值(万元)	尚可服务年限(年)
1	鞍钢集团新钢铁有限责任公司齐矿	大	2 722	1 155.6	145 387.78	20
2	鞍钢集团鞍山矿业公司东鞍山铁矿	大	1 552	251.3	17 899.00	9
3	鞍钢集团鞍山矿业公司大孤山铁矿	大	1 921	477.5	35 070.70	12
4	鞍钢集团鞍山矿业公司眼前山铁矿	大	1 391	232.0	15 348.73	16
5	南芬露天铁矿	大	5 252	877.7	28 406.40	40

续表

序号	企业名称	规模	从业人数（人）	年产矿量（万吨）	工业总产值（万元）	尚可服务年限（年）
6	本溪北营矿业公司	大	1 736	140.5	14 493.00	12
7	本溪钢铁公司歪头山铁矿	大	3 995	258.9	21 391.50	15
8	鞍钢集团弓长岭矿业公司露天铁矿	大	1 424	296.5	30 174.72	123
9	鞍钢集团弓长岭矿业公司井下铁矿	大	812	87.0	15 909.50	10
10	鞍山市千山区西鞍山铁矿	中	60	27.3	646.00	10
11	凌钢集团北票保国铁矿有限责任司	中	1 057	2.2	20 680.20	6
	合 计		21 922	3 816.5	345 413.53	

资料来源：辽宁省国土资源厅。

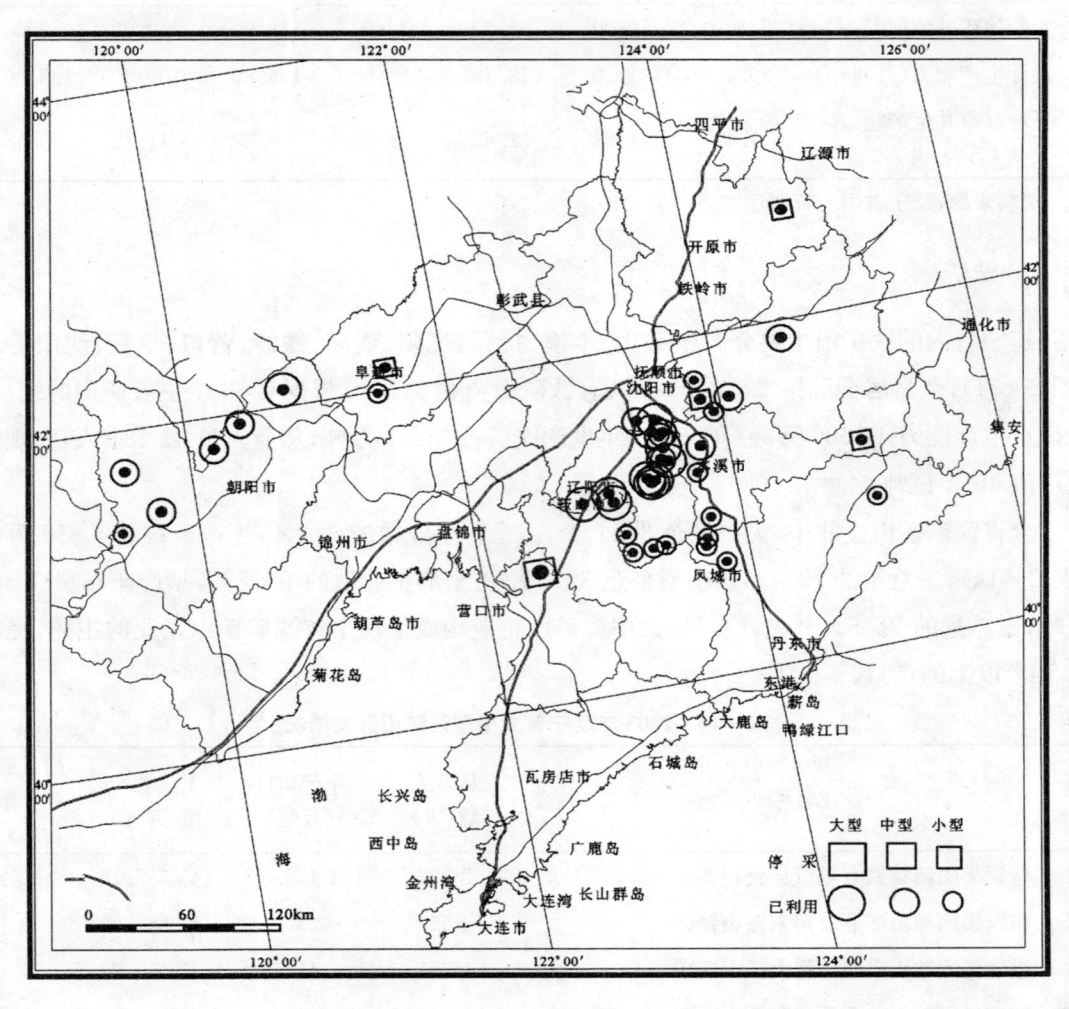

图 2—34 辽宁省铁矿资源开发利用现状（据辽宁省地质调查院资料修改）

2004年辽宁省国土资源厅的统计资料表明,目前全省铁矿山的设计采矿能力为7 950万吨,省内铁矿石产量仅为5 942万吨,因此全省的铁矿尚有一定的生产潜力,而且产能主要集中在大型矿山钢铁企业。以省内最大的铁矿石开采利用基地鞍本集团为例,其中的鞍钢集团拥有鞍山矿业公司(包括东鞍山、眼前山、大孤山3个铁矿山)、弓长岭矿业公司(弓长岭露天矿、弓长岭井下矿)和新钢铁公司齐大山铁矿3个矿山企业,铁矿石年生产能力3 250万吨,铁精矿1 400万吨;拥有辅料矿山5座,提供石灰石、硝石、锰铁和锰矿石。其中,齐大山铁矿是目前国内规模最大、现代化水平最高的铁矿。而本钢集团拥有南芬、歪头山两个大型铁矿山,矿石年生产能力1 500万吨。

鞍本钢铁集团在"十五"规划期末对胡家庙子(红旗)大型铁矿进行整合重组,于"十一五"期内进行投产,预计生产能力大于500万吨/年,其他矿区如北票宝国铁矿,2006年新上采矿设备,其设计生产能力80万吨/年。另外,在铁矿石高价的带动下,有些矿山的实际采矿能力已大于设计能力。因此,虽然省内的一些大中型铁矿山已经进入开采的中晚期阶段,产能有所下降,但在"十一五"期间加大勘查、开采的资金投入,对矿山开采技术设备进行改造,设计产能若全部投产,则基本可保证铁矿石的消费需求。

仅从数字来看,辽宁省铁矿石储量十分可观,资源保证程度高,但是通过对各个矿床的资源量/储量情况的分析可以看出:① 高级储量保有程度不高,保有的129.5亿吨铁矿资源储量中,储量只有35.4亿吨,仅占保有量的27.3%,其中包括了贾家堡子、孟家堡子、小岭子、张家湾等短期内尚难开发利用的矿床储量1亿吨;② 在累计探明的资源储量之中,包括60.72亿吨的资源量,这部分铁矿资源量中,除部分是普查阶段获得的外,其余大多是开采矿床深部工程外推获得,可靠程度不高,埋藏较深,鞍本地区经过勘探的铁矿床勘探深度大多超过600米,有很大一部分资源储量在矿山开采境界深部,利用难度很大;③ 鞍本地区进行过系统的地质勘查工作的43个矿床中,有16个矿床,涉及资源储量44亿吨,由于经济技术条件的限制或者地质勘查程度不高,近期难以大规模开发利用,例如西鞍山铁矿(储量16.19亿吨)由于开采涉及沈大铁路、杨柳河等问题,短时间内不能大规模开发。

20世纪90年代初,国家鼓励集体和个人投资采矿,辽宁省铁矿山,尤其是小矿山数量急剧增多,在一定程度上促进了矿业发展,解决了部分农村剩余劳动力的就业问题,但也带来了较严重的负面影响。如小矿山大多一矿多开、大矿小开,既浪费资源又破坏矿山环境,且多安全隐患。通过治理近年来矿山数量已经有所减少,从20世纪90年代末期的六七百家,减少到2000年之后的300多家,截至2004年,辽宁省铁矿矿山企业数为343个,其中大型10个,中型4个,小型196个,小矿133个,从业人员41 763人,年产矿量5 942.63万吨,实现工业总产值690 464.07万元,占全省矿业总产值的31.47%。综合利用产值20 777.51万元,矿产品销售收入658 200.31万元,利润总额6 924.55万元。中型以上矿山年产矿石量4 322.41万吨,工业总产值471 029.81万元,分别占全省总量的72.70%和68.22%。由此可见,全省铁矿的生产能力和工业总产值仍以大中型矿山为主,但从矿山数量上看,仍以小型矿山和小矿为主,占全部矿山数量的95%以上。与2003年相比,2004年小矿数量有较大的回升势头,原因在于全球铁矿石价格上涨,铁矿开采利润增加,诱发了小矿山生产开发的积极性,致使小矿数量急升。但这些新增的矿区多数属于一矿多开的小矿,生产弊端仍然存在,而且一旦铁矿石价格有较大下滑,其生产势必难以为继。因此,从大局着眼,整合资源合理开发,走集约化道路,是必然的发展趋势。近年来铁矿资源开发利用情况(表 2—15)表明,全省矿山数量大体稳定,从业人数稳中有降,矿石产量及工业总产值有较大幅度的增加,这表明全省铁矿开采工艺和技术设备有所改进,资源利用水平整体有所提高。

表 2—15 近年来辽宁省铁矿资源开发利用情况

	矿山数(个)	从业人数(人)	年产矿石量(万吨)	工业总产值(万元)	综合利用产值(万元)
1999 年	281	46 791	3 800.680	227 629.04	
2000 年	302	43 588	5 238.530	369 403.82	
2001 年	328	42 779	5 183.730	369 174.86	26 814.80
2002 年	309	42 351	4 936.450	363 665.91	20 282.10
2003 年	314	41 181	5 201.336	491 962.43	31 144.00
2004 年	343	41 763	5 942.630	690 464.07	20 777.51
2005 年	347	46 869	7 070.590	863 531.16	2 128.10

资料来源:辽宁省国土资源厅。

1995 年以来,政府在全国范围内开展了大规模的矿山治理整顿,取得了阶段性成果,矿产资源管理秩序趋于好转。但是,一些小矿山尤其是大型矿区周边的一些小矿,仍然存在乱采乱挖、不注意安全、越界开采、采富弃贫、浪费资源、破坏矿山生态环境等现象,辽宁省朝阳等地小铁矿集中的地区这种现象较为严重。随着近年来铁矿石价格一路飙升,有些矿山甚至出现盗抢矿石以及涉黑现象。矿山秩序有待进一步整改。

辽宁省是全国著名的老工业基地,一些老矿区经过数十年高强度的开发,在获取大量矿产资源的同时,其矿山生态环境已被严重破坏,由于多年沉淀,环境历史欠账较多,如东鞍山、西鞍山、弓长岭、南芬等 11 个大型铁矿破坏土地面积就达 82.31 平方公里,铁矿山尾矿弃渣堆存量达 16.17 亿立方米,6 个大型铁尾矿库,堆积尾矿约 5 亿吨,占地 7.3 平方公里。鞍山地区每年的降尘量就达 40 万吨。部分小矿山由于资金和技术水平较低,环境污染也比较严重。

隶属于鞍山钢铁集团公司的弓长岭矿业公司,为国有大型矿山企业,按采矿许可证分为露天和井下两个矿山(井),在本省铁矿山中具有一定的代表性。该矿区位于华北地台胶辽台隆太子河—浑江台陷辽阳—本溪凹陷,属鞍山式沉积变质型铁矿床。矿区面积为 4.0069 平方公里,地理坐标为东经 123°27′25″,北纬 41°08′07″。弓长岭露天铁矿可分两大区域,即老岭—八盘岭区和一矿区,老岭—八盘岭区分为独木、老岭两个采区。老岭采区 1997 年闭坑结束开采,累计采出铁矿石 1 861.1 万吨。独木采区正在生产中,现最大的采矿深度为 −92 米,尚可服务年限为 10 年。高山采区位于一矿区,最大的采矿深度为 −236 米,尚可服务年限为25年。整个露天铁矿目前的保有资源储量为46 097.3万吨，其中保有储量为43 985.6万吨，资源量为2 111.7万吨。弓长岭井下铁矿（二矿区）采用地下开采，竖井开拓，最大的采矿深度为-280米，设计服务年限为25年，尚可服务年限为10年。井下铁矿（二矿区）保有储量为75 320.7万吨。

两个矿山总计保有资源储量为121 418.0万吨，其中保有储量119 306.3万吨，资源量为2 111.7万吨。在累计探明的资源储量之中，经过勘探的铁矿床勘探深度大多超过-700米，埋藏较深。露天矿中有很大一部分资源储量在矿山开采境界深部，利用难度很大。有些资源由于经济技术条件的限制，近期难以大规模开发利用。通过对弓长岭铁矿矿产资源潜力进行调查，初步得出二矿区深部有富矿体存在，三矿区北东侧有隐伏矿体存在。进一步查清二矿区深部矿体的特征、查明富矿体的产出位置及三矿区的隐伏矿体，对延长矿山服务年限、走可持续发展的道路，都起到一定的保障作用。

另据大中型固体矿山矿产资源潜力调查报告，鞍山市齐大山、东鞍山、大孤山铁矿，北票市宝国铁矿等的调查结果表明（表2—16），全省大中型铁矿区多为露天开采，经过多年的开采，矿区的开采深度过大，开采条件逐渐变差，尚可服务年限不多，矿山生产已处于中晚期，已不能满足矿山开采的需要，开采10~25年将消耗殆尽。部分山坡露天矿经长期开采下降至深凹露天矿，有的深凹露天矿开始向坑内开采过渡；井下矿开采矿体形态和矿床构造变化较大，储量逐渐减少消失，开采成本逐年升高，深部难采矿体的开采技术工艺有待进一步提高。

表2—16 辽宁省主要铁矿山生产情况

	辽阳弓长岭井下铁矿（2003年）	鞍山市东鞍山铁矿（2003年）	鞍山齐大山铁矿（2003年）	北票宝国铁矿（2005年）	鞍山市大孤山铁矿（2003年）
保有储量（万吨）	75 320.7	78 927	147 226.6	8 266	19 458
矿山类型	国有大型	国有大型	国有大型	国有中型	国有大型
员工人数（人）	1 681	1 353	2 722	1 470	2 391
开拓方式	竖井	铁路、公路联合运输	铁路汽车联合运输	铁旦山:公路运输 黑山及边家沟:竖井	公路运输
采矿方法	地下	露天	露天	铁旦山:露天 黑山及边家沟:地下	露天
设计采矿能力（万吨/年）	220	700	1 700	115	600
实际采矿能力（万吨/年）	150	251	1 155.56	85	470
开采回采率（%）	87.99	96.51	97.43	铁旦山:96.4 边家沟:85	99.10
采矿贫化率（%）	20.84	10.50	7.72	铁旦山:6.04 边家沟:12.31	10.14

续表

	辽阳弓长岭井下铁矿(2003年)	鞍山市东鞍山铁矿(2003年)	鞍山齐大山铁矿(2003年)	北票宝国铁矿(2005年)	鞍山市大孤山铁矿(2003年)
最大采矿深度(米)	−280	−38	−132	铁旦山:−205 边家沟:−130	−276
采矿损失率(%)	12.01	3.49	2.75	铁旦山:3.6 边家沟:15	0.9
矿种	磁铁矿、赤铁矿	贫铁矿	铁矿石	铁矿石	贫铁矿
设计选矿能力(万吨/年)		587	300		
实际选矿能力(万吨/年)	12.01	486	263.4	131.92	
选矿回收率(%)	84.76	76.1	88.06	89.71	
选矿法	湿式磁选	重—磁—浮选矿	湿式磁选、吸附浮选联合	湿式磁选	湿式磁选
年产金属量(万吨)/品位(%)	87	160(精矿)	338	铁精粉:80 品位69.4	153.82
工业总产值(万元)	1 590.5	17 899	145 387.7	48 234.7	35 076.71
利润总额(万元)	−2 348.8	−12 347	−38 472.5	5 911	−955.06
建矿时间	1949年	1958年	1969年	1972年	1949年
尚可服务年限(年)	10	8	21	铁旦山:露天1~2,井采38 边家沟:7.5	12

4. 铜、铅、锌矿

辽宁省是我国重要的有色金属资源基地,开发程度高,几乎所有的资源储量都被开发利用。目前由于资源枯竭,大部分有色金属矿山已关闭。2003年已建成铜、铅、锌矿矿山企业157个(其中铜矿企业28个、铅矿企业85个、锌矿企业44个),采矿量210万吨,工业总产值5.4亿元。

铜矿山 主要有抚顺红透山铜矿(大型矿山)、桓仁铜矿(中型矿山)(图2—35),生产能力(矿石万吨/年)119万吨(1999年资料),2003年产矿石量132万吨,工业总产值37 703万元。

铅矿山 主要有两个中型矿山,即青城子铅矿和葫芦岛八家子矿(图2—35),设计年生产矿石能力20万吨(1999年资料),2003年生产矿石量70万吨,工业总产值15 636万元。

锌矿山 全部为小型矿山,设计年生产能力16万吨(1999年资料),2003年产矿量仅8万吨,工业总产值1 224万元。

5. 钼矿

截至2004年底辽宁省有钼矿矿山企业58个,其中,中型矿山企业2个,小型矿山企业6

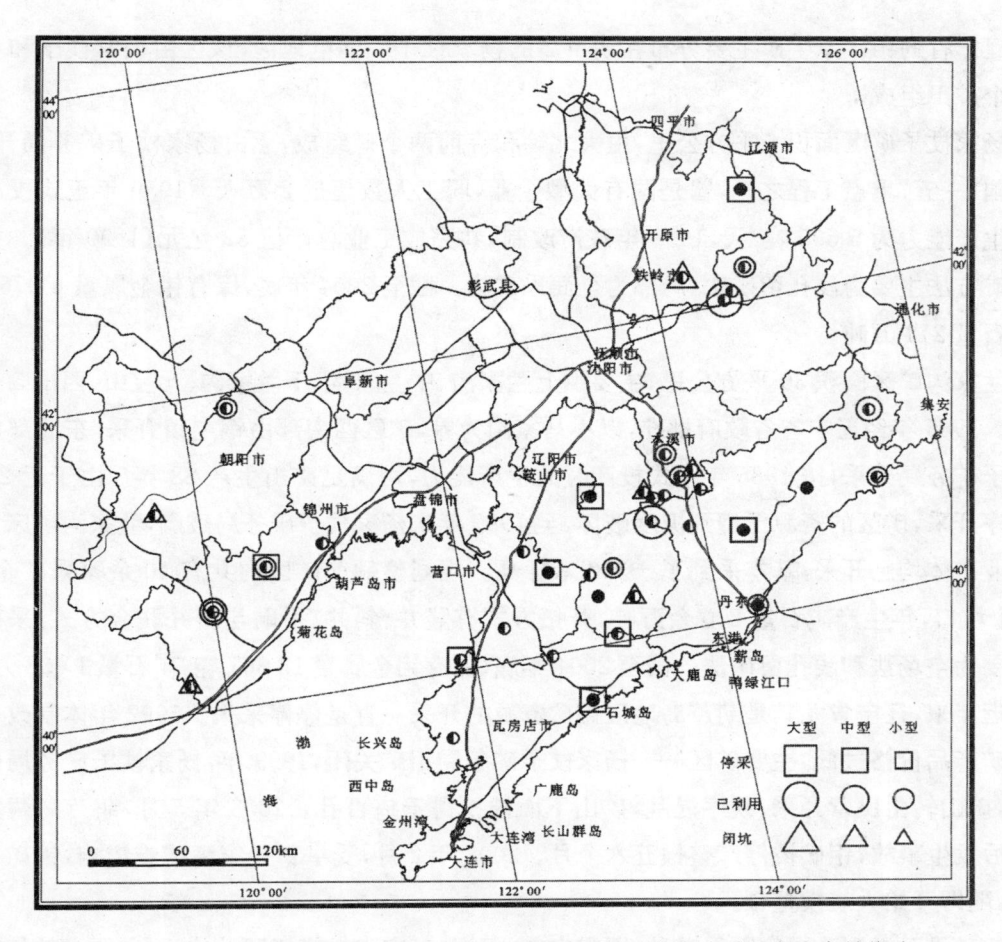

图 2—35 辽宁省铜、铅、锌矿资源开发利用现状（据辽宁省地质调查院资料修改）

个,小矿 50 个。从业人员 10 516 人,年产矿石量 135 万吨,钼金属量 3 063 吨,工业总产值 27 420 万元,占辽宁省矿业总产值的 1.25%。近年来,辽宁省钼矿矿山企业数变化不大(表 2—17),但一个矿山采矿权实际上往往被转包给多人同时开采,甚至层层转包,致使一个矿区由多家共同开采,造成矿区坑口密布、千疮百孔,仅兰家沟矿区内就有 40 多家采矿企业、214 个坑口,井下最多已开采 16 个中段,各生产坑口下掘情况各异。

表 2—17　1999~2005 年辽宁省钼矿山开发利用情况

	矿山企业数(个)	矿石年产量 (万吨)	工业总产值 (万元)	综合利用产值 (万元)
1999 年	59	74.00	16 151.00	
2000 年	56	76.00	15 111.00	
2001 年	57	72.00	11 130.00	
2002 年	49	58.50	8 463.80	264.00
2003 年	50	57.61	9 338.80	264.00
2004 年	58	135.80	27 420.00	3 150.00
2005 年	62	71.30	25 157.20	1 058.00

资料来源:辽宁省国土资源厅。

辽宁省的钼矿原生矿主要分布在葫芦岛的杨家杖子—钢屯地区，该区由杨家杖子和兰家沟2个矿田组成。

杨家杖子矿区面积6平方公里，由大北岭和寺前两个矿组成，原由杨家杖子矿务局开采，是我国"一五"重点工程之一，曾是国有大型企业，职工人数超过2万人。1959年正式投产时设计生产能力为5 500吨/天，1999年破产改制，共完成工业总产值52亿元（1990年）。关闭前采矿方法主要为浅孔留矿法，局部为全面采矿法。截至2004年底，保有钼金属量6 076吨，钼矿石量214万吨。

兰家沟矿区面积30平方公里，主要由上兰家沟、中兰家沟、下兰家沟、元宝山、西山5个矿组成。1985年经辽宁省省政府批准，以小马家沟为界，矿区西南部由钢屯镇开采，东北部由杨家杖子矿务局开采，按1985年正式投产时的生产能力，可满足矿山生产88年。由于近20年的无序开采，矿区的资源已遭到极度破坏，至1999年末杨家杖子矿务局破产，兰家沟矿床大部分工业矿体均已开采，基本采到了-300米标高。规划整顿前矿区内共有40余家采矿企业，214个坑口，年生产矿石量200余万吨，开拓方式有竖井、斜井、平硐与斜井联合方式，采矿方法主要为空场法和浅孔留矿法。截至2004年底，保有钼金属量13 367吨，矿石量1 008万吨。

近年来，辽宁省尤其是葫芦岛地区钼矿资源的开采一直是停停采采。1992年体制改革加之钼矿产品价格过低，主要矿区——杨家杖子矿务局钼矿关闭，1999年，杨家杖子矿务局破产改制，矿山转由民营开采，秩序混乱，矿山下面被挖得千疮百孔。2003年5月，葫芦岛两家钼矿先后发生事故，钼矿被停产整顿五六个月。2005年2月，受阜新孙家湾矿难影响，钼矿再次停产，随即开始大规模整顿。

钼矿虽已被列为国家限采矿种，因需定产，但据《辽宁省矿产资源总体规划》要求的年产钼金属1 000吨，矿石量50万吨，可以看出，2004年的采出量仍然远远超出限采量，宏观调控几乎没有发挥作用。这是由于近年来钼矿产品价格狂涨，个体小矿蜂拥而上，民间开采之风甚盛。

葫芦岛地区钼矿山生产秩序一度极为混乱，一矿多开、采富弃贫、越界开采、掠夺性开采等现象十分严重，不但直接造成资源浪费、水质污染、地下水位下降、废石占用和破坏耕地、地表塌陷及地裂缝等，而且安全事故频发。例如兰家沟矿区内现有尾矿库68个，有些个体小选矿厂随意建尾矿池，有的建在半山腰形成悬库，个别小选矿厂甚至不建尾矿库，尾矿随意堆砌和排放，致使当地一些地下水不能饮用，甚至已经影响到了葫芦岛市的水源地（乌金塘水库）。由于地下采矿需疏干地表水和浅层地下水，导致该地区地下水位急剧下降，造成居民家中水井干枯，缺水严重。由于管理滞后，缺少统一规划、统一设计、统一开采，造成难以形成规模化开采，采矿工程相互制约，安全隐患极大。大矿小开，矿山经过多年开采，多个坑口相互贯通，地下形成立体多层巷道网络，空区成片，沉陷区和地裂缝现象非常普遍。针对这种状况，2004年下半年以来，辽宁省着手对杨家杖子—钢屯钼矿集中区内现采钼矿山进行了整合资源开采整顿，尤其是在矿业秩序和钼矿资源利用方面进行整顿。该区钼矿共规划为7个规划区，限定生产规模为矿石量130万吨，矿业权一律由市场方式收购、转让，大大减少了矿山数量。该地区原有

53家钼矿矿山企业，经整合后已规划缩减至12家。同时，相关部门对矿山环境治理作了总体规划，由新组建的葫芦岛钼业有限公司统一经营管理。但规划后的矿山开采年限普遍较短，最多尚可开采10年，各规划矿区服务年限的延长，均寄希望于对矿区深部及外围勘查所扩大的储量规模。

省内钼矿石主要经过破碎—磨矿—浮选等流程得到钼精矿（含钼量不小于45%），其选矿方法与国际先进国家相比差距不大。钼矿浮选添加剂主要是硅酸钠（俗称水玻璃）、煤油、松节油，尾矿废水是其主要污染物。由于省内钼矿品位高、品质较好，可以不经过浸滤直接焙烧，与国外相比有较强的竞争力。

钼矿的后续加工产品为以钼精矿为原料生产的氧化钼、钼铁、钼酸盐等。这些中端产品大多用于出口，仅少量用于进一步生产加工成金属钼制品。

有资料显示，省内凡是有钼精矿的地方几乎都生产氧化钼，氧化钼可以用于进一步生产钼铁、钼化工产品及用于陶瓷领域。其生产设备主要是焙烧炉，中、小企业多采用反射炉，大型企业多用回转窑。在焙烧过程中二氧化硫不能被有效处理，因此氧化钼生产属高耗能、重污染行业。据了解，目前我国对生成的二氧化硫只有理论上的处理方法，不能解决实际中的污染问题。

钼铁是一种重要的战略性资源，暂无替代品，因其具有热缩冷胀的特点，并耐高温，是一种极好的添加剂，主要用于特种钢冶炼及铸铁等。钼冶炼的最终产品为钼铁，钼铁的产品标准一般为551，即含钼不小于55%，含硅1%。钼铁生产工艺简单，以焙烧好的氧化钼为原料，多采用硅热还原法冶炼，即主要用硅铁（用硅代替炭作为还原剂）与还原氧化钼产生的反应热，达到自热熔炼生成钼铁。这种简单、经济的冶炼方法直接导致了钼产品的生产能力变化快，易形成、易消失。其生产主要取决于国际钼市场价格，自2002年以来，国际市场钼价不断攀升，国内钼精粉价格在5.6~6万元/吨，最高达到20多万元/吨，钼铁国内价格达41万元/吨，国际上最高达到80~85美元/千克，折合人民币近70万元/吨，氧化钼的实际售价为生产成本的五六倍，导致不同规模的钼加工冶炼企业形成蜂拥而上的局势。据中国矿业网统计，全国有钼铁冶炼企业150家，辽宁省有27家（表2—18），多数企业规模小、生产成本高。目前，省内的钼矿加工企业多为私营企业和集体企业，从长远计，辽宁省应发展大型钼产品深加工，利用资源优势和技术优势，组建采、选、冶、销一体的规模化钼业龙头企业，提高在国内尤其是国际钼业市场的竞争力。

表2—18　辽宁省钼铁冶炼企业及生产能力

企业名称	生产能力（吨/年）
沈阳金星钼业有限公司	3 600
沈阳市康平县钼铁厂	200
锦州市太和区女儿河冶炼厂	110
锦州市太和区女儿河福利综合厂	100

续表

企业名称	生产能力(吨/年)
锦州市太和区女儿河冶炼建材厂	200
锦州市经济开发区锦本联营铁合金厂	200
义县星火冶炼厂	1 100
凌海市冶金建材厂	1 080
凌海市铁合金厂	300
凌海市宏业冶炼厂	800
凌海市大有铁合金厂	800
北宁市第二铁合金厂	450
锦州市特种合金厂	500
北票市兴隆台铁合金厂	200
葫芦岛市高桥经济开发区铁合金厂	200
葫芦岛市连山区宏岩化工厂	400
葫芦岛市连山区虹螺钼铁厂	1 000
葫芦岛市铁合金厂	1 500
葫芦岛市连山区高桥铁合金厂	1 000
葫芦岛市连山区锦效铁合金厂	100
葫芦岛市连山区白马石铁合金厂	150
葫芦岛市连山区虹螺蚬福利铁合金厂	850
葫芦岛市龙港区有色金属加工厂	150
绥中县铁合金厂	250
建昌县利达冶化厂	200
二道湾子乡铁合金厂	100
杨家杖子钼业公司	1 000
合计	16 540

资料来源：中国矿业网。

辽宁省葫芦岛地区的钼矿床伴生有稀有矿产铼(Re)、硒(Se)、碲(Te)。其中，铼的探明储量 7 吨、硒 10 吨、碲 3 吨，尚保有铼 4 吨、硒 5 吨、碲 2 吨，这几种伴生元素的经济价值很高，应积极引进先进技术加强这三种稀有元素的选矿回收和综合利用。2004 年全省钼矿的综合利用产值为 3 150 万元，占其工业总产值(27 420 万元)的 11.5%。

经过几十年的开采，省内钼矿山附近堆放了大量的钼矿尾矿，其中，兰家沟矿区内就有尾矿库 68 个，占地面积几万亩。而且其中部分尾矿库中钼品位较高(0.05%~0.3%)，高于国家规定的最低工业品位 0.06%，且具有节约开采成本的优势。建议规划整顿完成后，及时对尾矿库中样品送检化验，对达到回收价值的进行二次浮选、回收利用。另外，目前国内已有低品位辉钼矿堆浸回收技术，应积极引进，给予相应的优惠政策，以便充分回收和综合利用宝贵的钼矿资源。

由于钼在催化剂中脱硫的作用具有其他产品无法比拟的替代性，2005年全球含钼催化剂的需求量达1.15万吨，在未来的几年内，催化剂的含钼量将保持10%～12%的增长速度。近年来，全世界从催化剂中回收的钼，已经占钼总产量的3%左右（表2—19）。目前，国内利用废氢化剂回收钼的技术已经成熟，可引进该技术二次回收利用钼资源。

表2—19　1999～2005年世界回收钼产量　　　　　　　　　　　　　　　单位：千吨

年份	1999	2000	2001	2002	2003	2004	2005
从废催化剂回收	3.4	3.4	4.5	4.7	4.7	4.5	4.54

资料来源：国际钢材市场价格指数（CRU）。

6. 金矿

截至2004年底，辽宁省有金矿矿山企业170个，其中大型企业2个，中型企业2个，小型企业2个，小矿164个。总设计生产能力220.64万吨/年，实际生产能力204.94万吨/年。从业人员13 401人，年产金矿石量189.4万吨，金金属量7.20吨（不包括未探明储量部分）。工业总产值64 763.13万元，占辽宁省矿业总产值的2.95%。利润总额3 264.92万元。处于生产状态的矿山企业有136家，设计生产能力196.69万吨，实际生产能力186.95万吨。省内金矿产地分散，近年来产量变化较大，2000年后较为稳定（表2—20）。矿山企业数量在20世纪90年代末达到高峰，近年来有所减少（表2—21），但小矿数量仍过多，结构不够合理。依据《辽宁省大中型固体矿山资源潜力调查》，结合阜新排山楼金矿及辽宁丹东地区的五龙、金凤、白云三家比较大型的金矿企业进行的调查结果显示，这四家大、中型金矿企业共有从业人员3 198人，年产矿石量120.55万吨，金金属量0.43吨，工业总产值41 869万元，利润总额4 244万元（表2—22）。从数量上看，省内现有矿山企业以小型矿山和小矿为主，但从生产规模及利润看，大中型矿山仍占主导。

表2—20　1993～2005年辽宁省黄金开采量情况

年份	1993	1994	1995	1996	1997	1998	1999
产量（千克）	4 775	5 062.5	5 812.5	5 669	6 625	7 390.19	7 700
年份	2000	2001	2002	2003	2004	2005	
产量（千克）	7 853.13	8 925.56	10 071.9	10 850.79	10 796.39	11 521.7	

资料来源：辽宁省矿产资源年报、中国黄金协会（1998～2005年）。

表2—21　1999～2004年辽宁省黄金矿山企业数量　　　　　　　　　　　　单位：个

年份	1999	2000	2001	2002	2003	2004
岩金矿山企业数	240	187	185	161	173	169
砂金矿山企业数	6	3	2	2	2	1

资料来源：辽宁省矿山企业矿产资源开发利用情况通报。

长期以来,国家在黄金矿业开发过程中一直扮演着投资主体的角色,行政色彩比较浓厚,条块管理导致严重的地方保护和部门垄断行为,在黄金生产上表现为黄金资源被人为地分割、重复建设、大矿小开、一矿多办、小矿连片,缺乏规模经济格局。就辽宁省而言,省内一些地方受利益驱动,群采大量涌入黄金资源区,对没有探清的资源进行大量无序开采,尤其是近几年来的高位金价使黄金开采秩序日趋混乱,乱采滥挖导致资源浪费惊人,既干扰了地勘工作,又破坏了生态和生产环境,安全隐患日益突出。全省金矿山大多为采选结合型矿山,由于矿山规模小,技术力量十分薄弱、技术和管理落后、效率低、效益差、各选矿企业工艺设备参差不齐,尤其是氰法选矿的小金矿,选矿废水多未经过处理直接排放,对环境污染非常严重。全省金矿山企业在矿山环境治理方面普遍欠账较多,但阜新排山楼金矿做得较好,通过尾矿压缩处理等措施,基本达到零污染排放和花园式矿山的标准。

省内金矿分散分布,与全国的形势相似,省金矿山多由个体小矿开采,零星矿居多,一矿多开现象比较严重,矿山开采秩序混乱,大量未探明资源被无序开采,资源浪费严重。在金价低迷的情况下,这些小矿不仅抗风险能力较弱、缺乏国际市场竞争力,而且严重地干扰了正常的黄金生产秩序。

根据大中型固体矿山矿产资源潜力调查报告,省内大中型矿山尚可服务年限最多4.8年。虽然目前均在生产,但矿山深部开采难度加大,矿石品位下降,属于严重资源危机型矿山(表2—22)。如不及时加强地质勘查、增加资源储量,矿山生产前景堪忧。

表2—22 辽宁省主要大中型金矿企业矿山建设及产能

	五龙金矿 (截至2003年)	白云金矿 (截至2005年)	金凤(杨树)金矿 (截至2005年)	阜新排山楼金矿 (截至2004年)
累计查明资源储量	47 871 千克 656.0 万吨	14 501 千克 265.8 万吨	14 593 千克 214.7 万吨	27 055 千克 6 838 万吨
保有储量	4 833 千克 78.3 万吨(2003年)	1 490 千克 38.85 万吨	3 068.4 千克 59.5 万吨	16 162 千克 4 018 万吨
矿山类型	国有大型	中型股份	国有中型	国有大型
员工人数(人)	1 746	661	396	395
开拓方式	竖井	竖井、平巷联合	竖井	竖井
采矿方法	留矿法、全面法	全面法	留矿法、全面法	1997~2004年露采, 2005年地下
设计采矿能力 (万吨/年)	19	9.6	6.12	49.5
实际采矿能力 (万吨/年)	21	15.7	7.12	56.1
开采回采率(%)	94.80	97.50	90.00	93.27

续表

	五龙金矿 （截至2003年）	白云金矿 （截至2005年）	金凤(杨树)金矿 （截至2005年）	阜新排山楼金矿 （截至2004年）
年产矿石量(万吨)	22.8	15.7	19.2	62.85
矿石品位(克/吨)	5.14	3.03	5.16	2.2
选矿法	全泥氰化浸出	吸附浮选、氰化浸出	浮选	全氰炭浆法、渗滤压缩干渣堆放
设计选矿能力（万吨/年）	21.7	9.6	17.9	49.5
实际选矿能力（万吨/年）	25	14.2	18.6	65.45
选矿回收率(%)	89.52	88.00	84.47	88.18
年产金属量(千克)	1 171.91	358.53	986.88	1 820.66
产品类型	成品金(99.95%)	成品金(99.99%)	金精粉41.5克/吨	合质金(99.9%)
工业总产值(万元)	11 396	4 255	6 366	19 852
利润总额(万元)	131	451	1 601	2 061
尚可服务年限(年)	3	2.61	3	4.8

资料来源：辽宁省主要固体矿山矿产资源潜力调查、辽宁省矿产储量简表。

截至2004年，全省85处岩金产地中，有32处含有银(Ag)、铅(Pb)、锌(Zn)、铜(Cu)、砷(As)、铋(Bi)、硫(S)、钼(Mo)等共生、伴生矿物。本省金矿资源中难选冶矿较多，各矿山企业资源综合利用程度各不相同。其中，伴生金矿床中资源综合利用情况较好，如抚顺红透山铜矿、建昌八家子铅锌矿等矿床中的金、银、铅、锌、铜均有不同程度的综合利用。根据《辽宁省矿产资源年报》2004年度统计资料，辽宁省金矿矿山企业工业总产值为64 763.13万元，其中，综合利用产值为2 456.88万元，占总产值的3.79%。辽宁黄金公司下辖的新都黄金公司(位于朝阳市)，是东北地区首家采用焙烧工艺处理含砷原料的黄金生产基地，年产黄金1.7吨、白银5.5吨、电解铜800吨、硫酸18 000吨，资源综合利用程度较高。辽宁省金矿的开采回采率平均达90%以上，平均采矿损失率为5%以下，较大型选矿厂的金矿选矿回收率多在85%以上。但由于选矿厂不必经过国土资源部门批准，由当地工商部门直接发照即可，因此各选矿厂选矿工艺参差不齐，共生、伴生矿物综合利用不足，资源浪费严重，有些个体小矿和个人无照开采后，矿石直接卖给小选矿厂或自行提炼，管理上存在漏洞。

另外，随着近年来黄金价格的一路飙升，省内金店及国有银行多设有黄金回收点，黄金回收业成了热门行业，黄金的二次资源回收利用逐渐增多。

省内金矿产品多数为成品金，少数为金精粉。金矿的开采和选冶历史久远，方法比较简单易行，但污染比较严重。省内选矿一般采用浮选法及氰化浸出法，选出金精粉后经冶炼成为一级、二级成品金，冶炼一般采用高温冶炼和电解法。阜新排山楼金矿近年来采用全氰炭浆法、渗滤压缩干渣堆放法选矿,这一工艺流程居世界先进水平,环保无污染,被评为全国百家选矿单位之一。另外,2003年7月,辽宁天利金业有限公司生物氧化提金厂建成投产,这座生物氧化提金厂是中国自行研制、自行设计、自行建设、日处理100吨难处理金精矿的现代化企业,其技术水平和在菌种的适应性方面达到了国际领先水平。

  黄金的精深加工主要是用于饰品业,其消耗量仅次于货币用量。此外,化工、纺织、建筑、玻璃陶瓷、航天、电子、电器、计算机、通讯、装饰、金章以及官方金币制造等行业也需要一定量的黄金。

三、开发利用中存在的主要问题

  一是矿产资源开发利用基本上仍处于传统的粗放型状态,全省矿山规模结构调整进展缓慢。截至2005年末全省共有固体矿山企业6 622个,大型企业63个,中型企业102个,小型企业2 618个,不达规模的小矿3 839个。经过整顿和规范矿产资源开发秩序排查与清理工作后,虽然关闭了一批越权发证和不具备资质条件的小矿,但大矿小开、一矿多开、采富弃贫、采易弃难现象仍普遍存在。大矿小开、一矿多开形成了对一个矿床的分割式开采,由于矿与矿之间有隔离带,既限制了规模化、集约化开采,又造成了资源损失浪费。

  二是矿产资源开发利用中仍存在优矿劣用现象。所谓优矿劣用包括两个方面,一方面是优质矿石作为碎石开采,如辽阳镜山熔剂灰山岩矿床,经勘探获得熔剂灰山岩储量1.39亿吨,伴生水泥灰岩1.2亿吨。截至2003年底有10家小型矿山共采水泥灰岩,另有39家小型矿山群采该矿用做建筑碎石,严重地浪费了矿产资源。另一方面是矿产品后续加工业设备简陋、加工水平低的现状没有得到根本的改善。如菱镁矿、滑石、硼、硅灰石、水镁石等的生产多以初级产品为主。近两年来菱镁、滑石矿产品加工已经达到了较先进的水平,但矿产品加工的设备、装备数量已老化,能耗高、污染重,初级产品加工量大而高科技含量、高附加值产品所占比例较小。菱镁矿加工过程中向大气中排放二氧化碳问题仍没有得到解决。

  三是矿产品链过短,矿产品结构不合理。辽宁省多年来都存在着重原矿初级产品销售、轻延伸产品的深加工增值的问题。初中级加工产品多,深加工产品少,高科技品牌产品不多。以鞍山市为例,鞍山市菱镁制品一次煅烧镁粉产品占全部产品的61%,二次煅烧镁砂产品占全部产品的37%,深加工捣打料、喷补料和镁砖制品占全部产品的2%;滑石粉体产品中,粗粒粉占66%,微细粒粉占28%,深加工母粒产品占6%。从矿产品结构看,初中级加工产品多,深加工产品少,高科技品牌产品不多。

第三节 吉林省矿产资源概况及开发利用现状

一、矿产资源概况

  吉林省地处我国东北地区中部,全省面积18.74万平方公里。南邻辽宁省,西接内蒙古自治区,北与黑龙江省为邻。吉林省是边疆近海省,处于日本、俄罗斯、朝鲜、韩国、蒙古与中国东北部组成的东北亚的腹心地带,东部与俄罗斯接壤,东南部以图们江、鸭绿江为界,与朝鲜民主主义人民共和国相望,边境线总长1 438.7公里,其中中俄边境线232.7公里,中朝边境线1 206公里。有公路、铁路、水运与俄罗斯、朝鲜和日本相通。京—哈高速公路和铁路纵贯南北,通辽—长春—延吉铁路横跨全省东西。特殊的区位条件为大宗主要矿产的国际、省际互补提供了便利。

吉林省处于工业化过程中的中期初始阶段,工业结构以重化工为主,今后几十年内无论在全国的产业分工中,还是在世界经济一体化进程中,吉林省仍然处于原材料工业和加工工业为主的地位。2006年地区生产总值为4 272.12亿元,其中第一、第二、第三产业生产总值所占比例为7∶19∶17。工业总产值1 659.29亿元。

(一) 矿产种类

截至2005年底,全省已发现矿种137种(亚矿种163种),已探明资源储量的矿产共有87种(亚矿种115种),其中能源矿产5种,金属矿产26种,非金属矿产53种,水气矿产3种。全省矿产资源可划分为五大类:

① 能源矿产5种:煤、石油、天然气、油页岩、地热。

② 金属矿产26种:其中:黑色金属矿产5种,分别为铁、锰、铬、钛、钒;有色金属矿产10种,分别为铜、铅、锌、镁、镍、钴、钨、钼、汞、锑;贵重金属矿产2种,为金、银;稀有、稀土、稀散元素矿产9种,分别为锆、重稀土(氧化物、磷钇矿)、独居石、锗、镓、铟、镉、硒、碲。

③ 非金属矿产53种:其中:冶金辅助原料非金属矿产5种,分别为蓝晶石、红柱石、菱镁矿、萤石、耐火粘土;化工原料非金属矿产7种,分别为硫铁矿、磷、砷、泥炭、硼、明矾石、含钾岩石;建筑材料及其他非金属矿产41种,分别为石墨、(压电、熔炼)水晶、石榴子石、硅灰石、滑石、石棉、云母、长石、透辉石、沸石、石膏、方解石、冰洲石、宝石(橄榄石)、浮石、麦饭石、膨润土、高岭土、硅藻土、陶瓷土、伊利石粘土、霞石正长岩、珍珠岩、泥灰岩、火山渣、(电石用、熔剂用、水泥用、建筑石料、制灰用、饰面用)石灰岩、(冶金用、玻璃用)白云岩、(冶金用、玻璃用)石英岩、(玻璃用、水泥配料用)砂岩、(玻璃用、筑型用、建筑用)石英砂、(冶金用、玻璃用)脉石英、其他粘土(砖瓦用粘土、水泥配料用粘土、水泥配料用粘土)、(陶粒页岩、水泥配料用)页岩、(饰面用、建筑用)玄武岩、饰面用辉长岩、建筑用安山岩、(饰面用、建筑用)闪长岩、(饰面用、建筑用)花岗岩、(饰面用、建筑用)凝灰岩、(饰面用、建筑用、水泥用)大理岩、水泥配料用板岩。

④ 水气矿产3种:地下水、矿泉水、二氧化碳。

⑤ 已发现尚无探明资源储量的矿种50种:煤层气、钍、天然沥青、油砂、铝土矿、锡、铋、铂、钯、铌、钽、镧、铈、镨、钕、钐、铕、钆、钇、铽、镝、钬、铒、铥、镱、镥、铊、铪、铼、金刚石、刚玉、蓝石棉、叶蜡石、透闪石、蛭石、重晶石、绿柱石、蛋白石、玉石、电气石、玛瑙、天然油石、海泡石粘土、蛇纹岩、黑曜岩、松脂岩、粗面岩、凝灰岩、片麻岩、角闪岩、湖盐、芒硝、天然碱。

全省已开发矿产86种,开发利用率74.78%,其中油页岩、炼镁用白云岩、冰洲石、硅灰石、硅藻土、浮石、火山渣、饰面用玄武岩、耐酸碱安山岩、建筑用大理岩10种矿产资源储量居全国首位。另外,储量居全国前五位的还有钼、锗、镍、硅灰石、建筑用玄武岩、伴生磷、隐晶质石墨、宝石、饰面用辉长岩、伊利石粘土、蓝晶石、红柱石、伴生硫、饰面用灰岩、明矾石、石榴子石、制灰用灰岩、玻璃用白云岩、二氧化碳气。有些矿产品质优良,如公主岭市刘房子膨润土,梨树和磐石的硅灰石,长白和临江的硅藻土,磐石镍矿品质享誉中外。有些矿产,如油页岩、金、镍、钼、耐火粘土、硅灰石、硅藻土、膨润土、浮石、火山渣、沸石、饰面石材等,保有资源储量在国内占有较重要位置。吉林省矿产种类虽然齐全,部分矿产储量大,但国民经济发展需要的支柱性矿种如煤、富铁、铜、铅、锌、磷等资源储量明显不足。

(二) 矿产地及规模

截至2005年底,吉林省矿区矿产地数为1 163个,其中:煤炭矿区数546个,占全省总矿区数的47%;油页岩矿区数11个,占全省总矿区数的1%;金属矿产矿区数419个,占全省总矿区数的36%;非金属矿产矿区数187个,占全省总矿区数的16%(图2—36)。

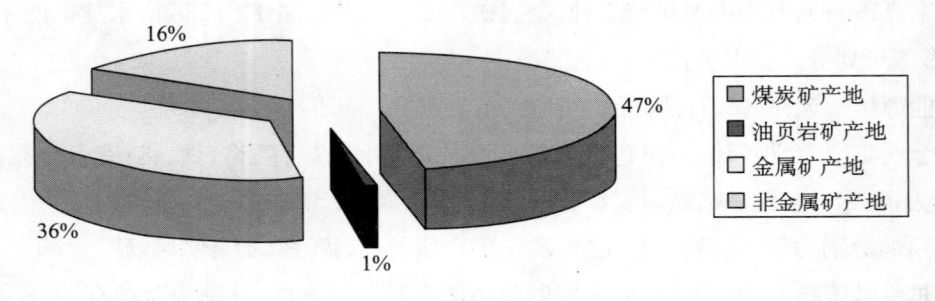

图2—36 吉林省矿产地分类构成
资料来源:吉林省地质勘探局。

(三) 矿产资源分布

全省已探明的矿产资源在省内广泛分布,各类矿产的分布具有明显的地区特色和优势。如石油、天然气、油页岩等能源矿产及地下水主要分布在松辽平原;煤主要分布在山前地带和山间盆地之中;金属、非金属矿产、地热和优质饮用天然矿泉水主要分布在东部山区;钼、镍集中分布在吉林地区;硅藻土集中分布在白山地区;硅灰石集中分布在梨树和磐石地区。2004年全省新增矿产地27处,其中煤矿5处,金属矿20处,非金属矿2处,均为小型矿山(图2—37,见书后彩图)。

(四) 主要矿产资源储量及分布

1. 能源矿产

能源矿产在吉林省矿产中占重要地位,已探明资源储量的矿种有石油、天然气、煤、油页岩、地热、煤层气。

石油、天然气　根据 2005 年全国矿产资源储量通报,吉林省石油累计探明地质储量 116 415.45 万吨,累计探明可采储量 25 891.46 万吨,居全国第七位。2005 年吉林省石油采出量(不包括外围采出量)为 551.11 万吨,剩余可采储量 15 757.84 万吨,占全国同比总量的 6.32%。中石油吉林分公司累计探明地质储量 113 390.12 万吨,累计探明可采储量 25 251.98 万吨,当年采出量 545.33 万吨,剩余可采储量 15 152.55 万吨。吉林省天然气主要分布在松原、白城、长春、四平,累计探明地质储量 702.46 亿立方米,居全国第 16 位。累计探明可采储量 291.99 亿立方米,占全国同比总量的 0.83%。当年采出量为 4.34 亿立方米,占全省剩余可采储量 199.88 亿立方米的 2.17%。

煤炭　截至 2005 年底,吉林省煤炭矿区数为 546 个。全省当年煤炭探明资源储量 26.91 亿吨,基础储量 16.4 亿吨,资源量 10.51 亿吨,储量 9.65 亿吨。吉林省属于煤炭能源匮乏省份,主要煤种为焦煤、烟煤和褐煤,各占 1/3 左右。随着经济快速发展,对化工原料、能源、电力的需求骤增,褐煤开发已纳入了省能源规划中。全省主要煤炭矿区(床)主要分布在延吉、吉林、长春、辽源、四平、通化、白城、白山。2 个大型煤矿分布在延吉,5 个中型煤矿分布在辽源、长春、白山、白城(表 2—23、图 2—38)。

表 2—23　吉林省主要煤炭矿区(床)资源储量情况　　　　　　　　单位:千吨

矿区名称	矿区规模	平均品位(MJ/kg)	储量	基础储量	资源量	探明资源储量
舒兰矿务局大鼻沟井	小型	15	448	2 097	3 861	13 958
舒兰煤田老煤窑勘探区五井	小型	15	4 657	14 623	11 694	36 635
辽源煤田西安竖井	中型	4 650	4 251	7 656.4	0	76 850
图们延边凉水煤矿一井	小型	1 398	18 033	22 781	2 594	29 881
珲春市珲春矿区英安煤矿英安井田	大型	4 500	49 528	80 325	16 826	111 187
珲春市珲春煤田八连城精查区	大型	4 500	139 847	222 533	36 624	259 157
九台市营城煤矿立井	中型	206	2 296	7 490	69 513	86 502
梅河煤矿二井	小型	4 500	11 378	16 059	0	30 941
梅河煤矿三井	小型	4 500	6 713	7 928	0	32 384
白山市浑江煤田道清煤矿北斜井六道江三区	小型	4 050	9 217	14 725	3 025	18 448
江源县松树镇煤矿二井	中型	4 050	29 971	47 304	0	72 305

续表

矿区名称	矿区规模	平均品位(MJ/kg)	储量	基础储量	资源量	探明资源储量
江源县浑江煤田砟子煤矿立井	中型	4 050	34 612	57 198	106	89 796
公主岭市刘房子煤矿一井	小型	4 370	1 776	2 986	0	7 508
洮南市万宝煤矿红旗二井	中型	4 300	19 424	48 975	0	65 876
公主岭市刘房子煤矿二井、三井	小型	17	3 256	4 965	0	8 122
长春市羊草沟煤业股份有限公司一井	小型	18	38 204	50 980.3	2 608	57 962
长春市羊草沟煤业股份有限公司二井	小型	25.46	52 242.1	69 656.5	0	74 661.1

资料来源：吉林省地质勘探局。

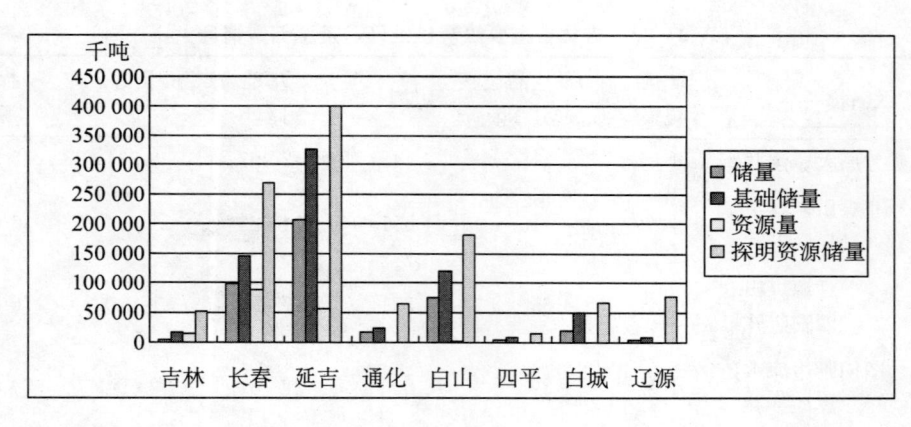

图 2—38　吉林省主要煤炭矿山（区）区域分布

资料来源：吉林省地质勘探局。

油页岩　作为吉林省的优势矿种，预计油页岩的总资源量为 2 992 亿吨。主要分布在农安、前郭、桦甸、汪清等地。其中位于松辽盆地的农安、长岭境内及桦甸盆地等 11 个矿区，探明资源储量 173.88 亿吨，占全国探明资源储量的 53.9%；资源量 170.69 亿吨，占全国资源量的 67%；储量 2.32 亿吨，占全国总储量的 57%。除基础储量外，其余 3 种储量均居全国第一位。吉林省油页岩的含油率多在 6% 左右，桦甸盆地油页岩含油率一般为 8%～16%，最高可达 21%，其低位热值在 1000～1500 卡/公斤之间。

油页岩分布于吉林省 12 个大、中、小型盆地中（表 2—24），已知的油页岩矿床（点）达 32 个（表 2—25），已知超大型矿床 2 个，大型矿床 3 个，中型矿床 2 个，其中已经提交报告的矿床有 12 个，松辽盆地为主要含油页岩盆地。

表 2—24　吉林省含油页岩盆地

盆地名称	盆地时代	油页岩矿(点)数目(个)	含矿地层
松辽盆地	Mz—Kz	10	K_2
桦甸盆地	Mz—Kz	7	E
依兰—伊通地堑盆地	Mz—Kz	2	K_1^2
罗子沟盆地	Mz	1	K_1^2
抚松盆地	Mz	3	K_1
永吉盆地	Mz	2	K_1
敦化盆地	Mz—Kz	1	E
延吉盆地	Mz	2	K_1
通化盆地	Mz	1	K_1
安图盆地	Mz—Kz	1	K_1^2
柳河盆地	Mz—Kz	1	K_1
春化盆地	Mz	1	E

资料来源：吉林省地质勘探局。

表 2—25　吉林省油页岩矿床(点)

序号	矿床(点)	资源储量(万吨)	远景储量(万吨)	矿床规模
1	扶余—长春岭油页岩矿		4 609 600	超大型
2	前郭—农安油页岩矿		2 000 000	超大型
3	农安油页岩矿(含矿区外围)	1 121 644.0		大型
4	长岭太平山油页岩矿		27 000	大型
5	前郭登楼库油页岩矿	531 882.0		大型
6	桦甸公郎头油页岩矿	15 039.9		中型
7	桦甸大城子油页岩矿	6 533.8		中型
8	桦甸庙岭油页岩矿	4 010.7		小型
9	桦甸北台子油页岩矿	8 159.8		中型
10	桦甸东南油页岩矿		61 545	小型
11	桦甸金沟油页岩矿	12.0		小型
12	汪清罗子沟小沟油页岩矿	19 501.0		中型
13	农安小合隆油页岩矿	14 901.0		小型
14	农安永安油页岩矿		7 696	小型
15	农安青山口油页岩矿			小型
16	伊通山咀子及塔子沟油页岩			小型

续表

序号	矿床(点)	资源储量（万吨）	远景储量（万吨）	矿床规模
17	农安八里营子油页岩矿			矿点
18	通化三棵树鞭杆沟油页岩矿			矿点
19	迎春大碇子油页岩矿			矿点
20	靖宇二道沟油页岩矿			矿点
21	靖宇三道沟油页岩矿			矿点
22	四平梨树下三台子油页岩矿			矿点
23	抚松黄泥河油页岩矿			矿点
24	敦化小青沟油页岩矿			矿点
25	怀德公主岭附近小山油页岩矿			矿点
26	极力磐石油页岩矿			矿点
27	延吉七区鹁鸪碇子油页岩矿			矿点
28	安图两江口七区王八脖子油页岩			矿点
29	海龙大湾沟五棵树油页岩			矿点
30	永吉炮手凹子油页岩矿			矿点
31	汪清杜荒子油页岩矿			矿点
32	舒兰镇油页岩矿			矿点
	总　计	1 721 684.2	6 705 841	

资料来源：吉林省地质勘探局。

地热　地热是节能清洁环保型矿产，也是吉林省潜在的优势矿种。吉林省大地构造位置处于新华夏系与阴山—天山构造体系的复合部位。多次的构造作用使吉林省的构造体系形式多样。新华夏系和纬向构造是吉林省的主要构造体系，而华夏式构造和北西向构造又是吉林省最新的构造体系。这些构造体系控制着地热资源的储存。吉林省已发现水温在20℃以上的温泉5处和碳酸泉5处、水温在20℃以上的热水钻孔12眼、水温在14～19℃的热水异常钻孔4眼、具有热异常而水温在15℃的泉1处。吉林省地热资源主要分布在长春市、吉林市桦皮厂、永吉市万昌地区、延边州长白山区。延边州长白山区蕴藏着丰富的地热资源。

2. 黑色金属矿产

铁　吉林省开采的黑色金属主要是铁矿，铁矿是吉林省的重要矿产。截至2005年，铁矿储量1.28亿吨，基础储量1.59亿吨，资源量4.19亿吨，探明资源储量6.63亿吨，占全国1.1%，排第16位。主要分布在白山市（板石沟、大栗子）、桦甸市（老牛沟）、通化市（四方山）、延吉市(和龙)(图2—39)。品位50%以上的富铁资源储量仅有1 025.6万吨,占全省铁资源量约1.55%。

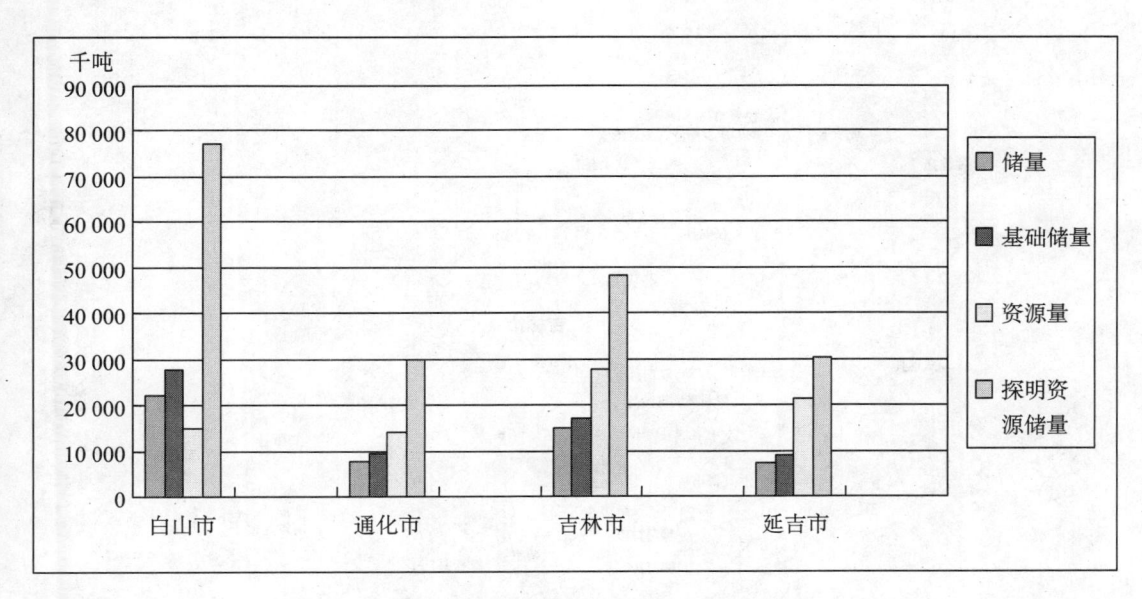

图2—39 吉林省铁矿资源储量区域分布
资料来源:吉林省地质勘探局。

3. 有色金属矿产

铜 截至2005年底,吉林省有铜矿区53处,全省铜的探明资源储量32.64万吨,占全国铜资源储量的0.48%,位居全国第21位;储量7.83万吨,基础储量11.85万吨,资源量20.79万吨。吉林省铜矿品位低,且多以伴生矿存在,主要分布在桦甸市、磐石市、永吉市、集安市等地。

铅、锌矿 截至2005年底,全省铅矿储量1.65万吨,基础储量4.18万吨,资源量13.28万吨,探明资源储量17.46万吨。全省矿区数22个,矿产品为铅精矿。锌矿储量30.03万吨,基础储量53.61万吨,资源量22.33万吨,探明资源储量75.94万吨。铅、锌矿多为共生,也伴生于铜、金、银矿、硫铁矿中。铅、锌主要分布于龙井市、伊通市、桦甸市、集安市、抚松市等地。

镍矿 镍是吉林省优势矿产。截至2005年底,全省镍矿储量7.63万吨,基础储量9.04万吨,资源量11.97万吨,探明资源储量38.09万吨,占全国镍资源储量的4.83%,位居全国第五位。

吉林省镍矿在宏观上呈近东西向展布,较集中地分布在吉林地区的磐石市红旗岭、茶尖岭、三道岗等地。此外,在蛟河市漂河川、通化市赤柏松、四平市山门、安图县石人沟、和龙县柳水坪、长仁县等地也有分布(图2—40、表2—26)。

图 2—40 吉林省镍矿分布

资料来源：吉林省地质勘探局。

表 2—26 吉林省镍矿基本情况

序号	矿区名称	地理坐标	矿床规模	矿石品位(%)	储量	基础储量	资源量	利用情况
1	磐石市红旗岭矿区大岭矿	126°25′10″E 42°53′30″N	中型	0.53	29 913	33 327	1 297	已开采
2	磐石市红旗岭矿区二号岩体	126°24′12″E 42°54′33″N	小型	0.38			3 148	未开采
3	磐石市红旗岭矿区三号岩体	126°25′22″E 42°53′27″N	小型	0.55			1 390	未开采
4	磐石市红旗岭矿区富家矿	126°31′49″E 42°50′42″N	大型	1.97	54 257	89 768		已开采
5	磐石市红旗岭矿区九号岩体	126°26′48″E 42°52′50″N	小型	0.42			1 922	未开采

续表

序号	矿区名称	地理坐标	矿床规模	矿石品位(%)	储量(吨) 储量	储量(吨) 基础储量	储量(吨) 资源量	利用情况
6	磐石市红旗岭矿区新三号岩体	126°17′38″E 42°53′44″N	小型	0.64			1 639	未开采
7	磐石市二道岗镍矿	126°20′45″E 42°51′25″N	小矿	0.62			2 356	已开采
8	磐石市二道岗和平镍矿	126°21′30″E 42°52′20″N	小矿	0.70	2 627	3 780		已开采
9	磐石市细林镍矿	126°21′55″E 42°51′40″N	小矿	0.74			932	已开采
10	磐石市富太镍矿	126°15′50″E 43°01′20″N	小矿	0.77	414	604		已开采
11	蛟河市漂河川四号岩体	127°22′10″E 43°15′50″N	小型	0.83	7 845			已开采
12	蛟河市漂河川五号岩体	127°21′10″E 43°14′55″N	小型	0.65			2 875	未开采
13	桦甸市漂河川115号岩体	127°10′30″E 42°13′20″N	小型	0.85			4 670	未开采
14	四平市山门镍矿	124°28′00″E 43°03′36″N	小型	0.39			4 462	未开采
15	通化县赤柏松铜镍矿	125°42′42″E 41°10′18″N	小型	0.57	56 103	70 138	7 701	已开采
16	通化县金斗铜镍矿	125°40′20″E 41°41′25″N	小型	0.3			9 622	未开采
17	和龙市柳水坪镍矿	128°59′50″E 42°42′55″N	小型	0.43			7 869	未开采
18	和龙市龙门乡长仁镍矿	128°57′11″E 42°49′44″N	中型	0.45			60 104	未开采
19	安图县石人沟铜镍矿	128°02′20″E 42°39′25″N	小型				24	未开采

资料来源:吉林省地质勘探局。

钼矿 吉林省钼矿资源比较丰富,且分布集中,矿石易采、易选,开采条件较好,但钼的品位较低,为贫矿。探明钼矿产地9处,保有资源储量153.78万吨,占全国的3%,居全国第10位。主要分布于永吉市、桦甸市、磐石市。

4. 贵金属矿产

黄金 主要分布于桦甸、安图、集安、珲春、临江等25个市县(区)。保有资源储量199.62

吨,占全国的 4.04%,居全国第 11 位。其中,岩金 194.22 吨,伴生金 5.40 吨。

银　探明矿产地 28 处,保有资源储量 13 916.63 吨,占全国的 1.37%,居全国第 22 位。主要产于四平境内。

5. 非金属矿产

吉林省非金属矿产资源比较丰富,已开发利用 66 种,主要矿种有石灰岩、大理岩、硅灰石、硅藻土、硼、石膏、泥炭、耐火粘土、火山渣、膨润土、浮石、石墨、沸石,产值 15.78 亿元。其中除石灰石最终产品为水泥、硅灰石生产部分超细粉、硅藻土生产部分助滤剂外,其他均生产原矿。矿山企业精加工水平较低。

储量居全国第一位的有硅灰石、硅藻土、饰面用辉长岩、安山岩(三峰岩或称耐酸石)、浮石、火山渣;储量居全国第二位的有冰洲石、方解石、隐晶质石墨、伴生磷、建筑用大理岩;储量居全国第三位的有伴生硫;储量居全国第四位的有蓝晶石、红柱石、透辉石、饰面用灰岩;储量居全国第五位的有石榴子石、玻璃用白云岩、水泥用粘土。探明储量居全国前十位的共有 31 种非金属矿产。

虽然吉林省非金属矿种较为齐全,并有优势矿种,但从人口、资源、环境的配置和需求来看,吉林省经济发展需求的许多主要矿产明显不足,还有许多重要非金属矿产尚未探明储量,需要外购的矿产达 35 种。这些矿产多为工农业生产中需求量大而没有探明的短缺矿产,或是矿石质量不能满足工农业生产需要的矿产;另外,省内尚有一批矿山资源接近枯竭或没有后备基地。

硅藻土　吉林省硅藻土矿产地有 29 处,保有资源储量矿石 217 819 万吨,占全国的 50.12%,居全国第一位。硅藻土矿分布在永吉县三官地,桦甸市小勃吉,海龙县曲家街,靖宇县半砬山,抚松县榆树乡北山,蛟河市南岗、临江市六道沟、错草顶子、西小山,长白县西大坡、马鞍山,郭化市高松树等吉林省东部的广大地区。目前硅藻土生产的主要矿产地为临江市—长白县一带,储藏量大、品级优良。

硅灰石　吉林省硅灰石矿产地有 35 处,保有资源储量矿石 60 074 吨,占全国的 39.70%,居全国第一位。主要分布在吉林市、四平市等地。吉林省硅灰石资源储量大、质量好、易采、易选,是吉林省的优势矿产。吉林省已发现的硅灰石矿绝大多数处在东经 124°～126°30′、北纬 43°～43°20′范围内。从西向东分布于梨树县大顶山—东丰县鹿圈山—磐石县长崴子—磐石县西错草村—桦甸市李大屯一带,矿床呈东西向条带状展布,只有龙井细鳞河硅灰石矿处于北纬 42°40′～43°。

石墨　石墨是一种特殊的非金属材料,兼有金属的优良性能,用途广泛。吉林省石墨有隐晶质石墨和晶质石墨两种类型。晶质石墨矿产地 2 处,保有资源储量 109 万吨,占全国的 12.13%,居全国第二位。晶质石墨矿产地 8 处,保有资源储量 546 万吨,占全国的 0.61%,居全国第 11 位。

膨润土　矿产地 12 处,保有资源储量 6 473.3 万吨,占全国的 2.27%,居全国第 11 位。

以优质钙基土为主,埋藏浅,易于开采。主要分布于九台市、净月区、双阳市、磐石市等地,是吉林省的优势矿产。矿区交通方便,资源潜力大。

硼矿　吉林省硼矿矿产地13处,由于开采消耗,保有资源储量减少至38.9万吨,占全国的0.58%,居全国第七位。仅分布于集安市内,资源潜力有限。

耐火粘土　吉林省耐火粘土分软质和硬质两种类型。全省矿产地10处,保有资源储量12 073万吨,占全国的5.32%,居全国第七位,主要分布在舒兰市、永吉市、江源县、通化市等地。

浮石、火山渣　二者均为火山喷发物,都具多孔、密度小、体轻等特点。浮石分布在安图市、和龙市内,矿产地3处,资源储量887万立方米,居全国第三位;火山渣分布在辉南、靖宇境内,矿产地4处,资源储量4 220万立方米,居全国第一位,开采矿山3个(均为小型矿山),产品是原矿和火山碴砌块。

6. 水气矿产

地下水　吉林省地下水开发利用以农业用水为主,工业用水量次之,生活用水最少。长春市、白城市地下水开发利用程度较高,主要用于城市供水。

地热水　主要分布于抚松县、安图市内。地热水是当地优势矿产资源,水质独特,为钠型和钙镁型,年产量16.2万吨,主要用于温泉疗养院。

矿泉水　主要分布在白山市、通化市、长春市、延边州、吉林市等7个地区。吉林省天然矿泉水的分布具有明显的不均匀性,在全省已通过评价的333处矿泉水产地中,以长春市、白山市和延边州最为集中,其次为吉林市、四平市、通化市和辽源市,而西部的松原市和白城市相对较少(图2—41)。

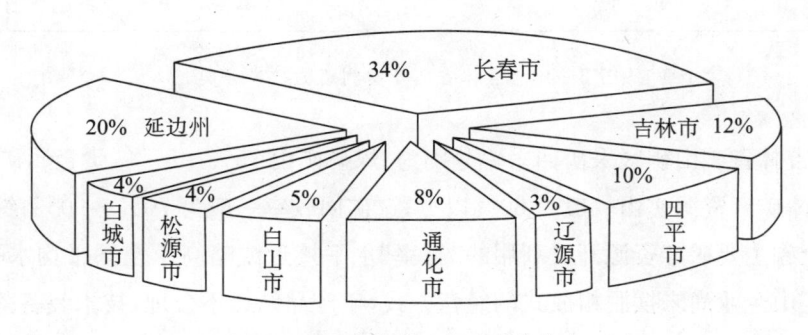

图2—41　吉林省天然矿泉水分布

资料来源:吉林省地质勘探局。

二、开发利用现状

截至2006年末,吉林省已开发矿产84种,固体矿产矿石量10 002.28万吨,各类矿山3 586家,其中大型矿山9家、中型矿山34家、小型矿山及小矿3 543家(图2—42)。能源矿产已开发利用的有煤炭、石油、天然气、油页岩、地热5种,金属矿产已开发利用的有铁、铜、铅、锌、钼、镍、镁、锑、金、银等10余种，非金属矿产共开发利用石灰岩、大理岩、硅灰石、硅藻土等56种，水气矿产现开发利用的有矿泉水、二氧化碳气(图2—43)。

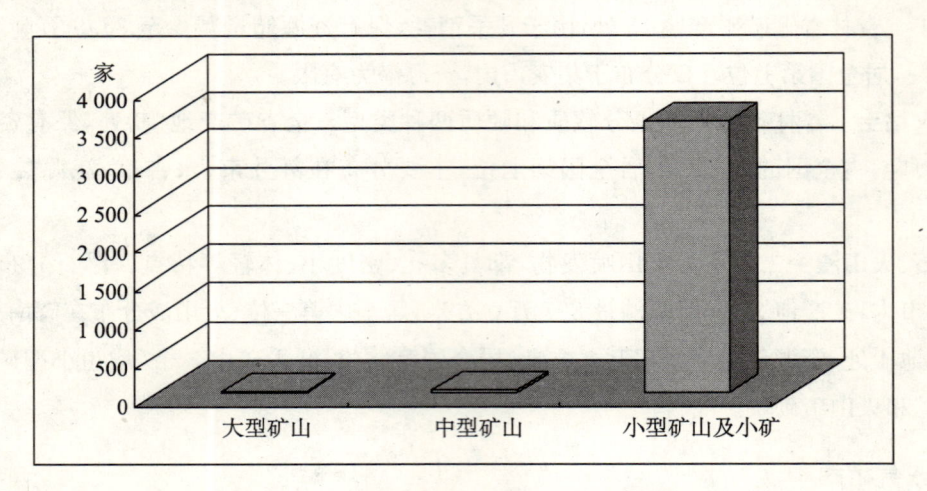

图2—42　吉林省矿山开发利用现状(按规模划分)

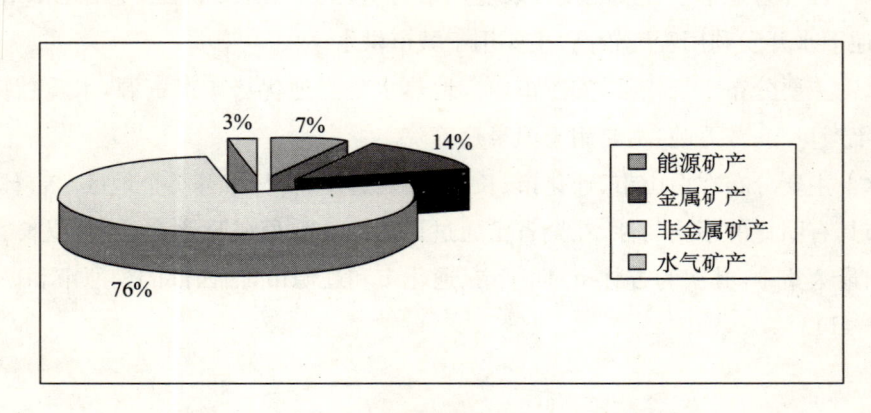

图2—43　吉林省已开发利用的矿产分类

据统计，吉林省矿山矿区采矿回采率分别为：煤矿矿山75%～87%，贵金属矿山为85%～95%，其他固体矿产资源矿山一般为80%以上；选矿回收率一般为70%～90%；综合利用水平普遍较低。全省主要矿产资源开发利用的"三率"水平接近或略高于全国平均水平。目前，吉林省大多数矿山企业尚未摆脱粗放式的经营方式，矿产品结构不合理，技术装备落后，能源、原材料消耗高，资源浪费还比较严重。

1. 能源矿产

煤炭　截至2005年，吉林省的煤炭矿山数483个，其中中型矿山数12个、小型矿山数471个。煤炭总产量为1 950.66万吨，矿山企业平均生产能力为4.1万吨/年。开采品种主要有褐煤、长焰煤、焦煤、气煤、贫煤和少量无烟煤。据2005年全国矿产资源储量通报，吉林省实现矿业产值34.10亿元。煤炭产品中，洗精煤占2.5%，其余均为原煤。主要矿山的回采率水平参差不齐,最高可达90%(舒兰矿务局),最低为60%(四平市刘房子煤矿二井),多数在80%左右。

主要生产矿山集中在辽源矿务局(中型矿山3个)、珲春矿务局(中型矿山2个)、营城矿业有限责任公司(中型矿山1个)、通化矿务局(中型矿山3个)、万宝煤矿(中型矿山1个)、延边凉水煤业有限责任公司(中型矿山1个)和长春市羊草沟煤业有限公司(中型矿山2个)。其中,除珲春矿务局八连城煤矿处在建阶段,其余均正在开采中。主要矿山的开采回采率均集中在75%左右。

石油和天然气 石油天然气开采企业目前有中国石油天然气总公司吉林分公司和中国石化新星公司东北石油局两家大型企业。2005年产原油551.11万吨、天然气4.34亿立方米。

油页岩 截至2005年,吉林省共有油页岩矿山16个,其中中型矿山1个,小型矿山15个。根据2005年吉林省主要矿产开发利用现状表,中型矿山正在筹建中,所以没有产量,产量集中在15个小型矿山上,总产量为25.34万吨,实现矿业产值1 730.3万元。

当前吉林省有关部门正与壳牌石油公司积极合作,准备地下裂解制取页岩油,同时运用地面干馏制取页岩油的生产技术进行油页岩矿的开采。油页岩的生产矿山主要集中在桦甸市,桦甸盆地5个小型矿山总储量约177 858千吨。

地热 地热的生产主要集中在临江市,开采规模很小。

2. 金属矿产

铁矿 截至2005年,全省铁矿山63个(大型1个、中型2个、小型60个)。全年铁矿石产量521.61万吨,生产能力基本得到发挥,实现矿业产值11.30亿元。主要矿山的回采率为85%左右。产品为铁精粉和富矿粗粉。

锌矿 截至2005年,锌矿生产矿山为2个,均是小型矿山,产量为0.5万吨,实现矿业产值35万元,锌矿总体上生产规模较小,经济效益不佳。

铜矿 截至2005年,铜矿生产矿山为6个,均为小型生产矿山,产量为0.5万吨,实现矿业产值150万元。

镍矿 截至2005年,镍矿开采矿山8个,全部为小型。年矿石产量39.75万吨,实现矿业产值13.60亿元。镍矿矿山主要集中在吉林省磐石市和通化市。回采率达90%以上,选矿回收率为80%左右,综合利用率也达到80%以上,产品为高冰镍。

钼矿 现有开采矿山7个(中型1个,其余为小型)。2005年矿石产量72.52万吨,回采率为85%左右。最终产品为钼精粉。

锑矿 开采规模很小,矿山数为2个,均为小型。截至2005年,生产锑矿0.02万吨,实现矿业产值15万元。

金矿 截至2005年,金矿现有矿山130个(大型2个,其余均为小型)。2005年矿石产量237.77万吨,实现矿业产值4.96亿元。回采率90%左右,选矿回收率在85%左右,综合利用率大多集中在80%。产品为金精矿、成品金。金矿山企业总体经济效益不好,年亏损额230.3

万元。

银矿 截至 2005 年,银矿矿山企业 3 个(中型 1 个、小型 2 个)。2005 年矿石产量 13.7 万吨,实现矿业产值 0.26 亿元。银矿生产矿山主要集中在四平市,矿山开采回采率 85%,选矿回收率在 82% 左右,综合利用率达到 80% 以上。产品为精矿。

有色金属、贵重金属共生、伴生组分多,选矿综合回收的仅有 7 种,进行综合回收的矿山占 66.5%。

3. 非金属矿产

全省共开发非金属矿产 56 种,主要矿种有石灰岩、大理岩、硅灰石、硅藻土、硼、石膏、泥炭、耐火粘土、火山渣、膨润土、浮石、石墨、沸石。除石灰岩最终产品为水泥、硅灰石生产部分超细粉、硅藻土生产部分助滤剂外,其他均生产原矿。矿山企业经济效益不好。

硅灰石 截至 2005 年,硅灰石生产矿山 37 个,其中只有一个为中型矿山,其余均为小型矿山,总产量为 10.63 万吨,实现矿业产值 3 199 万元。硅灰石的开采回采率为 99%,选矿回收率为 80%,综合利用率达到 90%。主要生产矿山为吉林省梨树市大顶山硅灰石有限责任公司。

硅藻土 截至 2005 年,硅藻土生产矿山 14 个,均为小型矿山,总产量为 10.08 万吨,实现矿业产值 9 690.2 万元。主要生产矿山开采回采率为 85% 左右,选矿回收率为 60%,综合利用率为 50%,选矿回收率和综合利用率较低,有待于提高。

硼矿 截至 2005 年,硼矿生产矿产为 11 个,均为小型矿山,总产量为 6.1 万吨,实现矿业产值 2 714 万元。主要矿山开采回采率为 70%,选矿回收率为 50%,综合利用率 90%,主要生产矿山集中在集安市。

泥炭 截至 2005 年,泥炭生产矿山 8 个,均为小型矿山,总产量为 2.3 万吨,实现矿业产值 52.2 万元。

耐火粘土 截至 2005 年,耐火粘土生产矿山共 8 个,其中一个为中型矿山,其余均为小型矿山。产量 3.4 万吨(中型矿山产量 2 万吨,小型矿山 1.4 万吨)。中型矿山实现矿业产值为 26 万元。

膨润土 截至 2005 年,膨润土生产矿山 5 个,其中有一个为中型矿山,产量总计为 4 万吨,中型矿山产量 2.1 万吨,小型矿山产量为 1.9 万吨。实现矿业产值 376.1 万元(中型矿山矿业产值 315 万元,小型矿山为 61.1 万元)。膨润土主要生产矿山开采回采率为 90%,选矿回收率为 90%,综合利用率为 95%。主要生产矿山为四平市刘房子矿煤矿二井。

石墨 截至 2005 年,石墨生产矿山 10 个,有一个为中型矿山,产量为 4.6 万吨,其中中型矿山为 1 万吨,小型矿山为 3.6 万吨。实现矿业产值 584 万元,其中中型矿山 360 万元,小型矿山 224 万元。石墨主要生产矿山为吉林市石墨工业公司,开采回采率为 75%,选矿回收率为 90%,综合利用率为 90%。

沸石 截至 2005 年,沸石生产矿山 11 个,均为小型矿山,产量为 11 万吨。实现矿业产值

258.5万元。主要生产矿山开采回采率在70%以上,选矿回收率为96%,综合利用率为100%。

4. 水气矿产

矿泉水 开采企业80家,年产量为100万吨,产值10.3亿元。主要矿泉水生产矿山开采回采率、选矿回收率和综合利用率均为100%。

二氧化碳气 生产企业1家,年产量1 000万立方米,产值750万元。

三、开发利用中存在的主要问题

1. 矿产资源勘查工作不适应经济社会发展的需要

吉林省一些重要矿种的特点是资源量少、品位低,因此要求加大地质矿产勘查工作的力度。如作为国民经济支柱性矿产的煤炭、石油、天然气、铀、铝土、铁、铜、铅、锌、金10种矿产中,吉林省缺少铀、铝土,煤、铁、金则处于资源量少和品位低的状态,铜、铅、锌多为小规模矿床的伴生矿产。煤、铁、金作为吉林省主要矿产资源保证已现危机,吉林省煤炭资源可采储量仅剩9.65亿吨,其中一半以上是灰分高(40%),热值低(12MJ/kg)的褐煤,可供炼焦的优质煤不到1/5。铁资源可采储量1.28亿吨。吉林省四大金矿之首的夹皮沟金矿年生产黄金1吨左右,但目前7个矿井可采金储量不足5吨。若相应的地质矿产勘查工作力度不够,许多矿山将面临资源枯竭的窘境。

2. 质优量大的优势矿产开发规模小、效率低、利用方式粗放

吉林省的硅藻土、硅灰石、火山渣等资源储量列居全国前列的矿产,至今只有小规模的开发利用,缺少统一开发利用规划,开采强度明显不够。许多小型矿山工艺落后,管理水平低,且小规模开采难以实现规模经济效益,破坏资源,回收率低。大部分矿山企业以生产原矿为主,矿产品深加工水平较低,企业效益差。

3. 矿产资源的低档次利用现象时有发生

所谓矿产资源的低档次利用现象是指把较高档次的矿产作为较低档次矿产加以利用。如吉林省优势矿产油页岩中含有大量有用矿物成分,在对油页岩的应用价值未做深入研究的情况下,桦甸开发的油页岩均供热电厂作燃料使用;由于磐石的隐晶质石墨销售不畅,一些矿山将石墨矿作为燃料销售。

4. 矿山的环境破坏问题较为严重

矿产资源的开发对环境造成一定程度的破坏,部分矿山企业的环境破坏问题还比较严重,如通化市鸭园镇头道煤矿地裂缝、砟子煤矿的地面塌陷,珲春市英安煤矿、九台市营城煤矿、辽

源市煤矿等的地面塌陷,磐石市粗榆一带小金矿造成地表水污染等,对人民群众的生命和财产安全造成了比较严重的威胁。此外,局部地区存在大气污染、毁坏良田、占用耕地等现象。

第四节 内蒙古东部地区矿产资源概况及开发利用现状

《东北地区振兴规划》将内蒙古东部地区纳入规划范围。内蒙古东部地区主要位于大兴安岭地区,东接东北三省,南邻河北省,处于"东北经济区"和"东北亚经济圈"之内。拥有中国最大陆路口岸的满洲里,是第一条欧亚大陆桥的必经之地,地缘优势明显。内蒙古东部地区在自然条件、基础设施建设、工业布局和产业结构等方面,与东北三省具有很密切的联系。独特的地域区位优势和基础设施条件,是拥有丰富矿产的大兴安岭具备成为东北老工业基地矿产资源接续基地的最为有利的条件。内蒙古东部地区矿产资源分布见图2—44(见书后彩图)。

内蒙古东部地区的可采石油储量预测超过10亿吨;煤炭探明储量为909.6亿吨,占全区总储量的40.7%;人均占有水资源量3 690立方米,为全国人均占有量的1.6倍。

"十一五"期间,内蒙古东部地区将组建跨地区的煤业集团,加快建设胜利、白音华、扎赉诺尔、霍林河、伊敏等大型煤炭基地。通过新建白音华四号露天煤矿、伊敏河东区第一煤矿等项目,扩建宝日希勒露天煤矿,续建元宝山、霍林河一号煤矿等项目,使内蒙古东部的煤炭生产能力达到全区的45%左右。日前,国家发展和改革委员会对大型煤炭基地建设规划作出正式批复,目前中国最大、煤层最厚的褐煤田——胜利煤田被正式列入国家大型煤炭基地。胜利煤田位于内蒙古自治区锡林郭勒盟政府所在地锡林浩特市北郊8公里处,整个煤田总体呈北东—南西条带状分布,长45公里,平均宽15公里。

按照煤电一体化的发展思路,内蒙古东部继续加强电源点建设,积极发展大型坑口和路口电厂,重点实施呼伦贝尔电站群、霍林河电厂等西电东送项目,发展白音华金山煤矸石电厂等循环经济项目,使电力装机容量达到2 000万千瓦。加快建设面向东北和华北市场的输电通道,重点建设伊敏至沈阳、霍林河至辽宁、乌兰浩特至吉林等输电线路,稳定提高供电能力。

同时,内蒙古东部地区将充分发挥风能和水能的优势,大力发展可再生能源。以呼伦贝尔西部、赤峰北部、通辽南部等地为重点,加快建设赤峰赛罕坝、锡林郭勒灰腾锡勒百万千瓦级风电基地,使风电装机容量达到全区的60%左右。在科学规划的基础上,兴建神指峡、晓奇水电站等水电开发项目,建设一批生物质能发电、制取燃油和燃气的示范项目,提高新兴能源利用率。

兴安盟有色金属矿产丰富,主要矿种有铜、铅、锌、钼等,已探明有色金属矿产地80处,已开发利用的矿区主要有闹牛山、莲花山、孟恩套力盖、布敦化矿区,其保有储量分别是23.35万吨、59.44万吨、37.3万吨、22.2万吨。矿泉水相对丰富,主要分布在归流河流域以北地区,矿泉水目前开发利用得比较充分。

呼伦贝尔市地处祖国北部边疆,全盟森林覆盖率为47%,有林地面积1.75亿亩,活立林蓄积量9.5亿立方米,约占全国的10%。全盟可利用草场1.36亿亩,牧区人均占有草原面积为1 484亩。呼伦贝尔市矿产资源极为丰富,有煤炭、石油、铜等,已探明的煤炭储量306.7亿吨,远景储量1 000亿吨。黄金、白银、铜、铅、锌、铁矿石等储量丰富,而且品位都比较高。

通辽市是蒙古族人口最集中的地区,是东北地区和华北地区的交汇处,初步探明的矿藏有41种,矿床和矿点190多处。全市煤炭、石油、铁、锌、钨、铜等金属矿藏10多处,矿点30多个,天然硅砂的储量居全国之首,被称为"冶炼之宝"的石墨的储量也很可观。

第三章　东北地区矿产资源供需形势

第一节　矿产资源需求

近年来,我国经济持续快速发展,加大了对矿产资源的需求。随着东北老工业基地振兴战略的实施,东北三省的经济增长高于全国的增长速度。2006年辽宁省实现地区生产总值9 251.2亿元,增速13.8%,是1994年以来增长速度最快的一年;吉林省实现地区生产总值4 200亿元,增速14.5%,增速比上年提高2.5个百分点;黑龙江省实现地区生产总值6 216.8亿元,增速12.0%。东北三省连续5年保持两位数增长,是改革开放以来发展最快的时期。根据东北三省"十一五"国民经济和社会发展规划预测,到2010年辽宁省国内生产总值达到12 175.32亿元,吉林省达到6 400亿元,黑龙江达到10 000亿元,三者合计为28 575.32亿元。东北地区的经济增长必将进一步加大对矿产资源的需求。

一、能源矿产

(一) 煤炭

2004年,我国煤炭消费占一次能源构成的67.7%,消费总量达到历史最高水平,达193 596万吨。其中农、林、牧、渔消费2 251.2万吨,占1.16%;工业消费180 135.2万吨,占93.05%;建筑业消费601.5万吨,占0.31%;交通运输消费832.1万吨,占0.43%;生活消费8 173.2万吨,占4.22%;其他消费1 602.8万吨,占0.83%。

和全国一样,东北三省的能源消费一直以煤为主,而且将持续一段时间。随着东北三省经济的发展,对煤炭的需求量将日益增大。

"十五"以来,由于经济社会的快速发展和总量增长,导致煤炭消费大幅度增高,2004年东北三省煤炭总消费量达25 007万吨,占全国总消费量的12.9%,其中辽宁省11 945万吨,占东北三省总量的47.8%;吉林省5 715万吨,占东北三省总量的22.8%;黑龙江省7 347万吨,占东北三省总量的29.4%。

1996~2005年东北三省的煤炭消费总体呈增长趋势。1996~2002年变化幅度不大,消费量基本维持在2亿吨左右;1998年和1999年的消费量有所下降,1999年达最低点,为18 392万吨;从2000年开始消费量逐步攀升,2003年、2004年增幅较大,平均每年增加13%,到2004

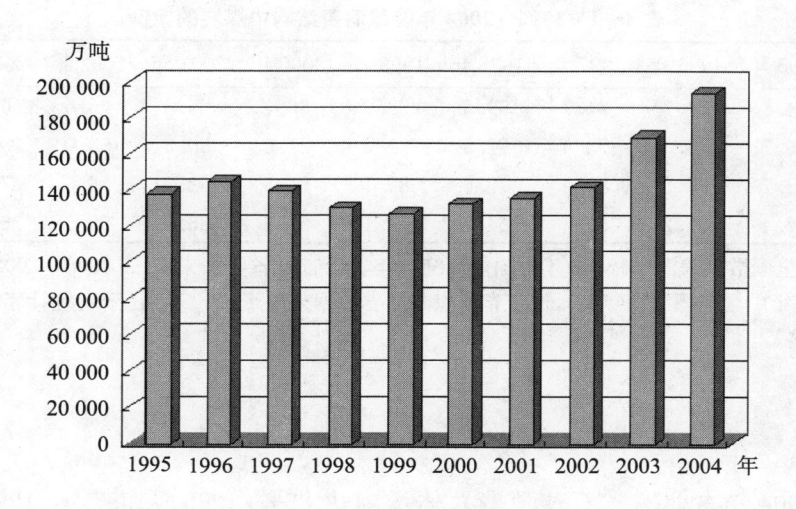

图 3—1　1995~2004 年我国煤炭消费量变化趋势

年东北三省消费量达 25 007 万吨;2005 年消费略有下降,东北三省消费量为 20 959 万吨。其中,辽宁省的消费量最大,10 年来消费总量占东北三省消费总量的 46%,其次是黑龙江省,为 30%,吉林省最小,为 24%;辽宁省的消费增加量最大,而黑龙江省和吉林省的消费水平比较平稳(图 3—2)。

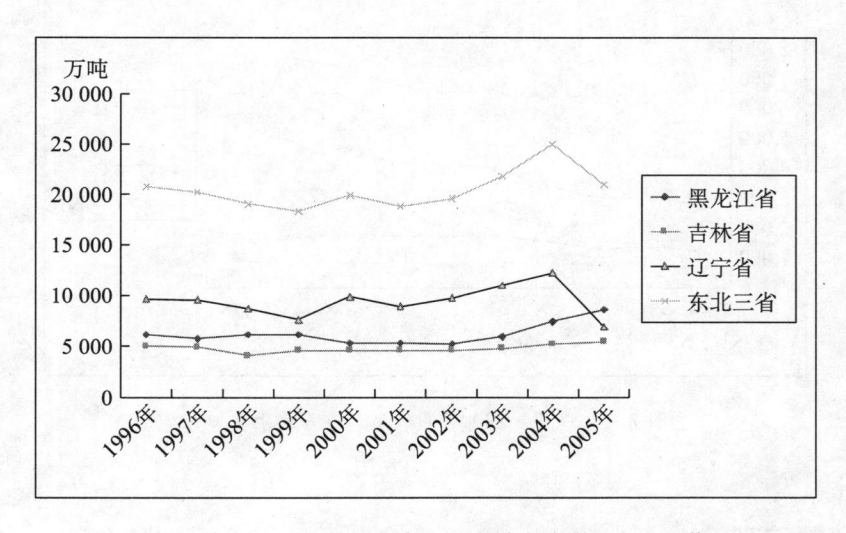

图 3—2　1996~2005 年东北三省煤炭消费量变化趋势

1995~2004 年,煤炭在东北三省能源消费结构中的比例呈下降趋势,其中辽宁省下降幅度最大,吉林省次之,黑龙江省相对比较稳定。2004 年东北三省的比例分别为 51.5%、72.9% 和 65.6%(表 3—1)。

表 3—1　1995～2004 年能源消费结构中煤炭的比例　　　　　单位：%

	1995 年	1996 年	1997 年	1998 年	1999 年	2000 年	2001 年	2002 年	2003 年	2004 年
全国	74.6	74.7	71.7	69.6	68.0	66.1	65.3	65.6	67.6	67.7
辽宁省	76.7	75.3	73.6	72.9	51.7	51.5	50.5	50.0	51.2	51.5
吉林省	83.7	87.9	81.9	79.6	82.1	82.3	82.9	76.5	74.5	72.9
黑龙江省	67.4	67.2	66.5	64.1	62.1	57.8	56.5	59.9	60.2	65.6

资料来源：全国数据来源于《2005 年中国能源统计年鉴》，吉林省数据来源于《2000～2002 年中国能源统计年鉴》、《2005 年中国能源统计年鉴》，辽宁省和黑龙江省数据来源于《2005 年辽宁省统计年鉴》、《2005 年黑龙江省统计年鉴》。

（二）石油

1996～2004 年东北三省石油消费总体增幅达 82%，1996～1997 年、1999～2000 年、2003～2004 年三个时段增长较快，到 2004 年消费量达 7 600 万吨，2005 年由于辽宁省石油消费量的波动，东北三省石油消费总量急剧下降。分省看，辽宁省消费量最大，10 年间消费量 35 605 万吨，占三省总量的 60%，并且增幅较大；其后依次是黑龙江省和吉林省，分别保持在 1 500 万吨和 800 万吨左右，分别占三省总消费量的 26.49% 和 13.52%（图 3—3）。

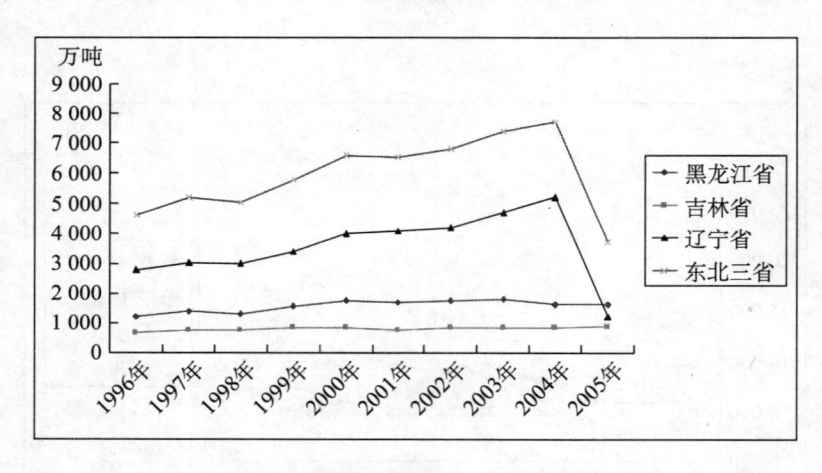

图 3—3　1996～2005 年东北三省石油消费趋势

二、黑色金属矿产

2004 年全球经济复苏带来旺盛的钢铁需求，世界钢铁工业进入一个新的上升期，导致铁矿石需求大幅增加，国际铁矿石市场由买方市场转变为卖方市场，使国际市场铁矿石价格水涨船高。继 2004 年国际市场铁矿石价格较上一年增长了 18.6% 的基础上，2005 年再次暴涨了 71.5%，两年间世界铁矿石价格翻了一番。

2000 年以来我国钢产量年均增长率达到 20.6%，2004 年钢产量达到了 27 245 万吨，比 2003 年的 22 234 万吨增加了 22.5%。2000 年以来我国铁矿石产量年均增长率为 8.6%，

2004年铁矿石产量达到了31 010.5万吨。国内铁矿石产量的增长远远赶不上钢产量增长对铁矿石的需求。自2000年以来,我国铁矿进口量急剧增长,从2000年的6 997万吨增加到2004年的20 799万吨,年均增长率31.3%,2004年我国钢铁工业铁矿石消费对进口的依赖程度已经达到55%。

辽宁省的铁矿主要是贫矿,部分富铁矿石仍需进口。辽宁省2005年生产铁矿石0.45亿吨,消耗铁矿石0.19亿吨。近年来辽宁省对铁矿石的需求量急剧增加,供需已经开始出现缺口,需靠国内外调入解决供需缺口。

铁矿是吉林省开发利用的主要矿种。铁矿主要分布在白山市(板石沟铁矿、大栗子铁矿)、桦甸市(老牛沟铁矿)等地。每年矿产品全部供省内通化钢铁厂和明城钢铁厂使用。全省每年铁精粉缺口约155万吨,粗粉缺口约127万吨。每年从国外进口废钢约30万吨,从澳大利亚、印度进口铁精粉占总需求量的60%;国内自产110万吨,占总需求量的40%。吉林省2005年年产量铁(矿石)0.05亿吨,消费量0.11亿吨,需求远远大于供给。目前吉林省通化钢铁厂和明城钢铁厂每年都从俄罗斯进口部分铁精粉以解决省内资源的不足。

黑龙江省是铁矿资源贫乏的省份,"十一五"期间黑龙江省平均年消费钢铁394.5万吨,黑龙江省2004年生产铁矿(精粉)10万吨,消耗铁矿(精粉)130万吨,供需缺口达90%,2005年平均消费钢铁已达到510万吨,每年需铁矿(精粉)124.8万吨(铁矿产量仅能满足10%的需求)。省内生产消费所需的铁矿石、生铁、钢、钢材均需要从国外进口或国内市场购买,国外进口主要是从俄罗斯进口,国内购买主要来自辽宁省。

三、有色金属矿产

作为中国重要的工业基地,东北三省对有色金属需求强烈,且有色金属的上游产业集中度也十分明显。

(一) 铜

由于世界铜业的复苏,国内铜资源偏紧,铜冶企业成本上升,国内铜价上涨,2004年末和2005年初达到2 900美元/吨,2005年上半年国内铜价一度超过34 000元/吨。东北三省对铜的需求量很大,仍然存在很大的缺口。

辽宁省2004年生产铜金属1.2万吨,年消耗铜金属27万吨;2006年生产铜金属1.22万吨,年消耗铜金属约30万吨;预计2010年生产铜金属1.32万吨,年消耗铜金属42万吨。铜金属产量缺口很大,远不能满足需求。

吉林省铜金属储量98.42万吨,居全国第15位,主要分布在桦甸市、磐石市、永吉市、通化市、集安市等地。品位低,多以伴生矿为主。年矿石产量0.53万吨,镍、钼有色金属矿山和贵金属矿山综合回收利用铜精矿0.38万吨。铜矿资源严重不足,产需矛盾大,远远满足不了全省经济建设的需求。

黑龙江省铜资源量很大,但品位低,开发利用难度较大,因此生产量满足不了消费需求。

2000年黑龙江省产铜精矿含铜6 700吨,而同年消费量是3.29万吨,缺口很大。黑龙江省没有铜冶炼厂,所产铜矿石需要卖往沈阳和甘肃的有色金属冶炼厂,所以黑龙江省消费的铜材和铜制品均需向省外购买。黑龙江省主要从俄罗斯进口废铜,从辽宁购进铜制品。黑龙江省矿业集团、福建紫金矿业集团和西部矿业股份有限公司三方作为战略投资者共同合作开发的嫩江县多宝山铜(钼)矿于2006年开工建设,到"十一五"末,将建成年产5万吨以上规模的采选场,年产10万吨的铜金属冶炼厂,形成年产10万吨电解铜生产能力。因此,预测2010年全省铜矿石的需求量为1 600万吨,2015年全省铜矿石的需求量将达到2 000万吨,2020年全省铜矿石的需求量保持在2 000万吨的水平上。

(二) 铅、锌

铅、锌是国民经济建设的重要原材料之一,用途广泛。目前,铅的冶炼产品及合金共有88种,其中冶炼产品13种、化合物22种、合金53种,主要用于蓄电池、电缆护套和氧化铅生产。锌品种达90余种,其中冶炼产品14种、化合物31种、合金30种、锌材15种。锌主要用于生产镀锌、黄铜、干电池、氧化锌、压铸锌合金和立德粉(锌钡白)等。

东北三省除黑龙江省铅锌矿可以自足外,吉林省和辽宁省的铅锌矿均紧缺。辽宁省的铅矿开发利用程度为76.2%,2003年矿石产量仅满足实际需求量的11%。锌矿开发利用程度为70.6%,2003年矿石产量仅满足实际需求量的0.7%。吉林省铅、锌矿产品主要为铅精矿和锌精矿,锌矿主要销往辽宁省葫芦岛市锌厂。吉林省的铅、锌矿资源比较紧缺,可利用储量少,急需寻找新的矿产资源基地。黑龙江省的铅、锌矿具有较大的开发潜力,2000年黑龙江省铅金属生产量为4 000吨,消费量为1 240吨;锌金属生产量为6 500吨,消费量为1 800吨;约70%的铅、锌金属供应国内市场。

(三) 钼

在冶金工业中,钼可以作为生产各种合金钢的添加剂,或与钨、镍、钴、锆、钛、钒、铼等组成高级合金,以提高合金的高温强度、耐磨性和抗腐性。含钼合金钢用来制造运输装置、机车、工业机械,以及各种仪器。某些含钼4%～5%的不锈钢用于生产精密化工仪表和在海水环境中使用的设备。金属钼大量用做高温电炉的发热材料和结构材料、真空管的大型电极和栅极、半导体及电光源材料。因钼的热中子俘获截面小,具高持久强度,钼还可用做核反应堆的结构材料。在化学工业中,钼主要用于生产润滑剂、催化剂和颜料。

钢铁行业对钼的消耗量占全球钼消耗量的33%左右,其次是化学行业,占20%。由于钢铁产能增加,中国对钼的需求增长率高于全球其他地区。2004年以来,中国对钼的需求持续保持强劲势头。2004年中国对钼的消费量为6 100吨。2004年黑龙江省对钼的消费量为1 200吨,占全国对钼消费量的19.7%;辽宁省对钼的消费量为500吨,占全国钼消费量的8.2%。

四、非金属矿产

本世纪头 20 年是我国全面建设小康社会、加快推进社会主义现代化的重要历史阶段,经济社会的快速增长和人民住、行水平的提高,为建材行业提供了广阔的市场前景和发展机遇。石墨、水泥用大理岩、玻璃用硅质原料、饰面用石材等非金属矿产,是建材行业实现可持续发展的重要的基础。因此,在可预见的未来,东北三省对非金属矿产的需求量将大幅上升。

(一) 石墨

黑龙江省的石墨属于绝对优势矿种,黑龙江省石墨资源储量占全球储量的 21%,石墨生产能力严重过剩,除满足本身需求外,主要用于供应国内其他省市的需求及出口国外。吉林省是石墨产品大省,石墨资源虽品种齐全,但晶质石墨一直未开发利用,石墨一直由省外调入。2000 年全省石墨及碳素制品产量 8.59 万吨,其中石墨原料全部由省外调入。吉林碳素厂是我国碳素行业的龙头企业,年需石墨 5 万吨左右,全部由省外调入。

(二) 水泥用大理岩

2005 年黑龙江省生产水泥 1 200 万吨,消费水泥用大理岩 1 500 万吨。吉林省 2000 年生产水泥 758.9 万吨,消耗水泥用大理岩 1 061 万吨。吉林省水泥用灰岩资源丰富,找矿潜力大,资源保证程度较高。

(三) 硅灰石

吉林省硅灰石储量大。2000 年吉林省硅灰石产量为 8.96 万吨,产品的 70% 用于出口。但由于硅灰石加工水平较低,多数矿山以生产矿块为主,近年来吉林省硅灰石呈现为供过于求。随着深加工水平的提高,全省硅灰石的需求量大幅度提高,2005 年达到 30 万吨。

(四) 菱镁矿

世界镁砂需求已趋于饱和,一般不会有大的增长,今后将向高档及合成方向发展。从世界范围看,菱镁矿有关产品的消费与钢铁工业密切相关,东北地区也不例外。辽宁省是我国菱镁矿储量最集中的地区,辽宁省镁质材料行业共有生产企业 600 多家,固定资产 76 亿多元,从业人员 16 万人;年开采菱镁矿石 1 200 万吨,生产 7 大系列数百种的镁质材料 700 万吨,产品供应 90% 的国内市场和 60% 的国际市场。

(五) 硼酸盐

辽宁省的硼矿资源居全国首位,占全国可开采资源的 86%。产地有 19 处,氧化硼(B_2O_3)保有储量为 2 611 万吨。其中工业储量 1 569 万吨。主要矿石类型为硼镁石及硼镁铁矿,年开采量 8.1 万吨。经过多年开发,辽宁的硼镁矿(白矿)已面临枯竭,而大量赋存的硼铁矿(黑矿)

资源则因硼铁分离难度大而一直未能经济有效地利用。无论在国内市场，还是在国际市场，硼矿资源在传统领域里的需求稳定、增长缓慢。但玻璃业、陶瓷业对硼的需求将会有所增加。

第二节 矿产资源供给

一、我国矿产资源的种类及分布

矿产资源是一种重要的自然资源，是社会和经济发展的重要物质基础。它既是人们生活资料的重要来源，又是极其重要的社会生产资料。据统计，当今我国95%以上的能源和80%以上的工业原料都取自于矿产资源。

新中国成立50多年来，我国的矿产勘查工作取得了辉煌的成就，为国家探明了大批矿产资源，基本上保证了国民经济建设的需要。我国已经成为世界上矿产资源总量丰富、矿种比较齐全的少数几个资源大国之一。我国已探明有储量的矿产155种，其中能源矿产8种，金属矿产54种，非金属矿产90种，水气矿产3种，总量约占世界的12%，仅次于美国和俄罗斯，居世界第三位。与此同时，我国矿产开发利用也成绩斐然，目前已成为世界矿业大国之一，全国年矿石总产量为50亿吨，其中国有生产矿山开发利用的矿种数为150种，年产矿石量约为20亿吨（不含石油、天然气）；非国有小型矿山开发利用的（亚）矿种数为179种，年产矿石量约30亿吨；原油产量为1.67亿吨。我国原油、煤炭、水泥、粗钢、磷矿、硫铁矿等10种有色金属产量已跃居世界前列。我国固体矿产开发的总规模已居世界第二位。

（一）能源矿产

能源矿产是我国矿产资源的重要组成部分。我国能源矿产资源种类齐全、资源丰富，分布广泛。已知探明储量的能源矿产有煤、石油、天然气、油页岩、石煤、铀、钍、地热。

1. 煤

我国煤炭资源相当丰富，总量达50 592亿吨。截至2005年底，探明储量的矿区有7 010处，保有储量总量10 429.57亿吨。而且煤炭资源的分布相当广泛，除上海市和香港特别行政区外，其他各省（区、市）均有分布，新疆、内蒙古、山西、陕西等省（区）的资源最为丰富，贵州、云南、宁夏、安徽、山东、河南、河北等省（区）次之，台湾省也有煤炭资源。从探明储量看，则以山西、内蒙古、陕西为最，新疆、贵州次之。

2. 石油

我国是石油资源较为丰富的国家之一，我国石油的分布比较广泛，32个油区探明地质储量有181.4亿吨，其中塔里木、松辽、准噶尔、珠江口、东海、渤海湾、鄂尔多斯、柴达木、四川、二连、银根—额济纳旗、中扬子海、莺歌海13个盆地，预测石油资源量为707.88亿吨。

3. 天然气

天然气（包括沼气）是重要的能源矿产资源之一，也是国内外很有发展前景的一种清洁能源。我国天然气资源的分布也相当广泛，在石油盆地和煤盆地中均有不同程度的产出。资源量也比较丰富，专家预测我国天然气资源量约有70万亿立方米，主要分布在四川盆地、塔里木盆地、鄂尔多斯盆地、松辽盆地和华北盆地。

（二）金属矿产

中国的金属矿产资源品种齐全，储备丰富，分布广泛，其中钨、钼、锡、锑、汞、钒、铁、稀土、铅、锌、铜等最为丰富。

1. 铁矿

我国是铁矿资源总量丰富、矿石含铁品位较低的一个国家。目前已探明储量的矿区有1 834处，总保有储量矿石463亿吨，居世界第五位。除上海市、香港特别行政区外，全国各地均有铁矿分布，以东北、华北地区资源为最丰富，西南、中南地区次之。就省（区）而言，辽宁位居探明储量的榜首，河北、四川、山西、安徽、云南、内蒙古次之。

2. 钼矿

我国钼矿资源丰富，总保有储量钼840万吨，居世界第二位。探明储量的矿区有222处，分布于28个省（区、市）。河南的钼矿资源为最丰富，钼储量占全国总储量的30.1%，陕西、吉林次之，以上3省的钼储量占全国的56.5%以上。

3. 铜矿

中国是世界上铜矿较多的国家之一，总保有储量铜6 243万吨，居世界第七位。探明储量中富铜矿占35%。铜矿分布广泛，除天津、香港特别行政区外，包括上海、重庆、台湾省在内的全国其他各省（市、区）皆有产出。已探明储量的矿区有910处。江西铜储量位居全国榜首，占全国总量的20.8%；西藏次之，占15%；再次为云南、甘肃、安徽、内蒙古、山西、湖北等省（区）。

4. 锌矿

全国锌矿储量以云南为最，占全国总储量的21.8%；内蒙古次之，占13.5%；其他如甘肃、广东、广西、湖南等省（区）的锌矿资源也较丰富，储量均在600万吨以上。

5. 铅矿

我国铅矿资源比较丰富，除上海、天津、香港特别行政区外，其他省（市、区）均有铅矿产出，保有铅总储量3 572万吨，居世界第四位。从省际比较来看，云南铅储量占全国总储量的

17%，位居全国榜首；广东、内蒙古、甘肃、江西、湖南、四川次之，探明储量均在200万吨以上。

6. 钴矿

我国钴矿资源不多，独立钴矿床尤少，主要作为伴生矿产与铁、镍、铜等其他矿产一道产出。已知钴矿产地150处，分布于24个省（区），甘肃储量最多，约占全国总储量的30%。全国总保有储量47万吨。

7. 金矿

我国金矿资源比较丰富。总保有储量金4 265吨，居世界第七位。除上海市、香港特别行政区外，在全国各个省（区、市）都有金矿产出。已探明储量的矿区有1 265处。就省（区）论，山东独立金矿床最多，金矿储量占全国总储量14.37%；江西伴生金矿最多，占全国总储量12.6%；黑龙江、河南、湖北、陕西、四川等省金矿资源也较丰富。

8. 银矿

我国是银矿资源中等丰度的国家，总保有储量银11.65万吨，居世界第六位。我国银矿分布较广，在全国绝大多数省（区）均有产出，探明储量的矿区有569处，江西省银储量最多，占全国的15.5%；云南、内蒙古、广西、湖北、甘肃等省（区）银矿资源也较丰富。

（三）非金属矿产

我国目前已探明储量的非金属矿产有90种，产品种类多，资源丰富，分布广泛。金刚石、石墨、硫铁矿、滑石、石棉、芒硝、石膏、重晶石、菱镁矿、萤石、硅藻土、页岩、高岭土、耐火粘土、膨润土、花岗岩、大理岩、盐矿、钾盐、硼矿、磷矿是我国的主要非金属矿种。

1. 菱镁矿

我国是世界上菱镁矿资源最为丰富的国家。总保有储量矿石30亿吨，居世界第一位。我国菱镁矿的重要特点是地区分布不广、储量相对集中、大型矿床多。探明储量的矿区27处，分布于9个省（区），辽宁储量最为丰富，占全国总储量的85.6%；山东、西藏、新疆、甘肃等省（区）次之。

2. 硼矿

我国硼矿资源比较丰富。全国14个省（区）有硼矿产出。探明储量的矿区有63处，总保有储量氧化硼4 670万吨，居世界第五位。就省（区）而言，辽宁储量最多，占全国总储量的57%；其次为青海，占24.7%。

二、东北三省矿产资源供给

(一) 能源矿产

东北三省是我国重要的工业生产基地,煤炭、石油、天然气等能源矿产的储藏量大小对于该地区的经济发展速度有着重要的影响。煤炭储量占全国总储量的3.6%,其中的51.6%分布在黑龙江省。石油剩余可采储量占全国的38.2%,黑龙江省、辽宁省和吉林省分别居全国第一位、第四位、第六位。天然气剩余可采储量占全国的3.9%,黑龙江省居全国第八位。油页岩储量占全国的62.2%,吉林省和辽宁省分别居全国第一位和第三位。

石油　1996~2005年东北三省的石油产量总体小幅下降,但产量还是比较平稳,从1996年的7 480.9万吨下降到2005年的6 345.6万吨。黑龙江的石油产量最高,10年产量合计为51 390.53万吨,占东北三省总产量的72.53%。辽宁省10年产量合计为14 056.28万吨,占东北三省总产量的19.84%,产量略有下降,但比较平稳。吉林产量最低,占东北三省总产量的7.63%,产量呈上升趋势,但是幅度不大,到2005年产量为550万吨(图3—4)。

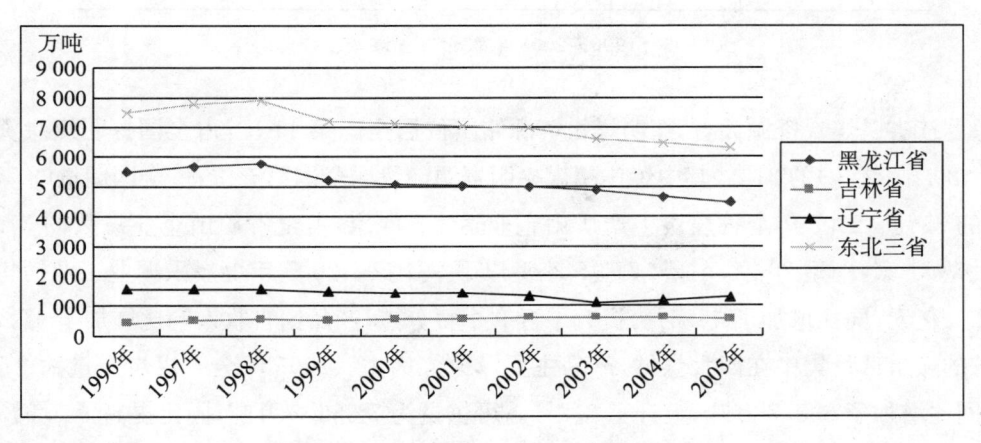

图3—4　1996~2005年东北三省石油生产趋势

2005年黑龙江省原油人均生产量为1.18吨,同比下降3.3%,原煤人均生产量1.90吨,同比上升1.6%。由于本年度石油产量同比下降了3.7%,煤炭的需求量在能源结构中有所上升。

黑龙江省石油原料和相关制品产地以大庆为主体,2005年黑龙江省石油、天然气开采企业达24家。2005年原油产量为4 495.0万吨,同比减少了171.5吨,下降了3.7%;但可供量同比提高了12.5%,进口量同比增加了171%;相反,出口量同比减少了196.9万吨,下降了77.3%。年初年末库存差额仅有2.2万吨。消费量仅占产量36.5%,余量很大,能满足供给本省。近年来,虽然黑龙江省油气勘探储量有所增加,但随着资源开发耗竭,资源供给不容乐观。由于受资源条件等多种因素制约,自1990年以来黑龙江省的天然气开发产量和消费量仍保持在一定的基点上。

煤炭 1996～2005年东北三省的煤炭生产总体小幅下降,但是波动较大。从1997年的17 078.84万吨减少到2000年的11 065.96万吨,2000年以后开始逐年增加,到2004年增加了近60%的产量,2005年由于辽宁省各煤矿煤炭生产量普遍减少,东北三省煤炭总产量下降了23%。黑龙江省的煤炭生产量最高,10年来产量占东北三省总产量的51%;辽宁次之,占34%;吉林省最少,占15%。但是黑龙江省和辽宁省的产量波动较大,而吉林省相对平稳(图3—5)。

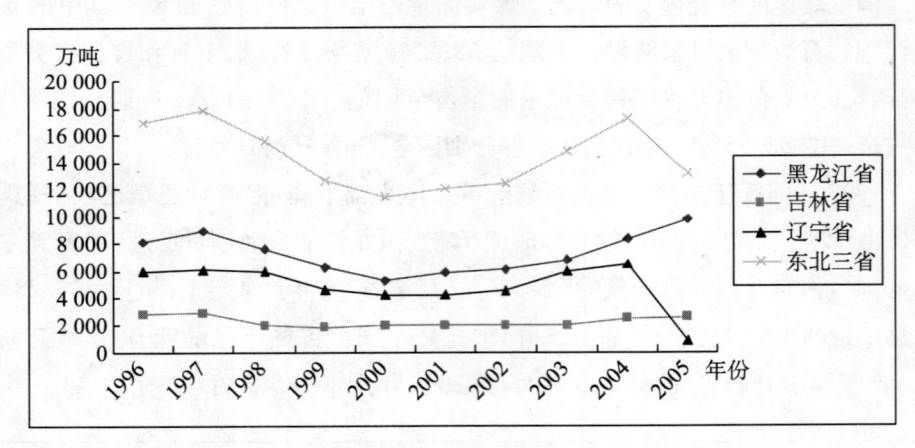

图3—5　1996～2005年东北三省煤炭生产趋势

黑龙江省是煤炭资源大省,探明煤炭资源储量位居全国第11位,占全国探明煤炭资源储量(10 429.57亿吨)的21%,其中炼焦用煤探明资源储量居全国第五位,占全国储量(2 778.17亿吨)的35%。2005年全省煤炭生产矿山企业达1 606家,占全省矿山企业总数的37.7%。其中大型21家,中型20家,小型571家,小型以下994家。2005年煤炭采掘业工业销售产值达192.9亿元,同比增加了48.5%,提升了近9个百分点,产品销售收入同比增加了47%。黑龙江省的煤炭产量集中在四大煤城,产品主要以原煤为主。2005年全省煤炭产量为9 736.7万吨,同比增加了368.7万吨,上升了3.9%。可供量为7 686.2万吨,同比提高了5.9%。

油页岩 与黑龙江省和辽宁省相比,吉林省煤炭、石油的储藏量少,但油页岩的储量很大,居全国首位。目前吉林省已探明油页岩储量为174亿吨,约占全国总量的55.5%,预测资源总量接近3 000亿吨。含油率最高可达22%,平均为5%～6%,按平均含油率5%计算,可开采石油8.7亿吨。为了进一步扩大和发挥吉林省油页岩资源丰富的优势,2005年吉林省与壳牌公司签订了相关协议,计划采用壳牌公司已经开发并继续完善的ICP专利技术及其他现有技术,在建立一个商业上可行的合作公司的基础上,实现最终的商业开发。根据壳牌公司在北美ICP技术的研发及对当地油页岩资源的勘查情况,预计该技术将于2006年进入商业示范阶段,合资公司经过两三年时间的示范,2010年后即可开始全面商业运行,预计年产1 400万吨轻油,总投资200亿美元。

(二) 金属矿产

东北地区属国家老工业基地,主要以重工业为主,对于金属矿产的需求量很大。铁矿储量占全国的29.7%,其中,95%分布于辽宁省,居全国首位。锰矿保有储量占全国的5.8%,辽宁省居全国第五位。金矿储量占全国的9.4%,吉林省和黑龙江省分别居全国第八位和第十位,两省分别占东北地区总量的47.4%和32.4%。铜矿储量占全国的6.8%,黑龙江省居全国第七位。镁矿储量占全国的10.8%,其中,91.2%分布在吉林省。钼矿储量占全国的21.1%,吉林省、辽宁省分别居全国第三位和第五位,其中,73.5%分布在吉林省。镍矿占全国的4.4%,吉林省居全国第二位(表3—2)。

表3—2　2005年东北三省主要金属矿产储量

矿产名称	省份	矿区数(个)	资源储量单位	储量	基础储量	资源量	资源储量
铁	辽宁	204	矿石千吨	328 900.00	646 500.00	562 800.00	1 214 700.00
	黑龙江	47		22 670.00	52 905.00	307 473.00	360 378.00
	吉林	111		127 836.49	159 476.17	419 383.65	663 153.06
	总量	362		479 406.00	858 881.00	1 289 657.00	2 238 231.00
铜	辽宁	21	铜吨	114 600.00	136 400.00	64 400.00	200 800.00
	黑龙江	18		886 405.00	1 202 742.00	2 551 748.00	3 754 490.00
	吉林	62		78 317.21	118 530.75	207 946.64	645 325.64
	总量	101		1 079 322.00	1 457 673.00	2 824 095.00	4 600 616.00
铅	辽宁	25	铅吨	81 900.00	141 000.00	167 000.00	308 000.00
	黑龙江	21		0	56 959.00	429 757.00	486 716.00
	吉林	28		16 527.00	41 827.00	132 802.82	360 562.92
	总量	74		98 427.00	239 786.00	729 560.00	1 155 279.00
锌	辽宁	28	锌吨	232 200.00	380 300.00	391 800.00	772 100.00
	黑龙江	29		33 509.00	222 625.00	1 394 065.00	1 616 690.00
	吉林	25		300 339.00	536 086.00	223 313.00	1 313 072.57
	总量	82		566 048.00	1 139 011.00	2 009 178.00	3 701 863.00
钼	辽宁	15	钼吨	76 600.00	100 500.00	150 600.00	251 100.00
	黑龙江	10		20 137.00	32 071.00	246 724.00	278 795.00
	吉林	9		274 360.10	1 089 449.67	432 889.00	1 537 812.20
	总量	34		371 097.00	1 222 021.00	830 213.00	2 067 707.00
镍	黑龙江	1	镍吨	0	0	5.00	5.00
	吉林	13		60.45	86.50	303.26	738.05
	总量	36		12 170.00	24 712.00	3 719.00	28 779.00

资料来源:2005年全国矿产资源储量通报。

目前东北三省的铁矿石生产量远远不能满足钢铁工业发展的需要。铜矿则是长期短缺,进口量不断增加。锌矿的缺口随着全球库存的萎缩而继续扩大。钼矿的消耗量不大,产量除了可以满足本地区的需求外,还可以有部分出口,主要出口到美国。随着中国白银市场的开放,银矿产量的增长速度远超过消费量的增长速度,出口逐年增多。铅矿的供求基本平衡,但是钴矿和金矿则供不应求。

黑色金属 2005年东北三省生产铁矿石5 200万吨,其中吉林省2005年铁矿石产量为500万吨;黑龙江省铁矿石产量为203.77万吨;辽宁省铁矿石产量为4 500万吨,占东北三省总产量的86.5%。

黑龙江省的钢铁工业资源主要是铁矿,现有的部分生产矿山因资源问题正处于停采和半停采阶段,前景不容乐观。而铁矿资源分布分散、品位低、可供开采的资源储量不足,铁的原料供给缺口很大。当年,全省生产的矿山有大型企业2家、中型企业1家、小型企业5家、小型以下14家,矿山年从业人员达2 580人,年产铁矿石203.77万吨。矿产品销售收入25 362.69万元,完成利润总额1 944.05万元。实现工业产值27 000.06万元。

有色金属 东北三省有色金属矿产资源丰富,主要以铜、铅、锌、钼开采为主,其他矿产大部分为伴生、共生矿。东北三省铜、铅、锌、钼矿2005年开采矿山分别为101处、74处、82处、34处。

2005年黑龙江省有开采铜矿山中型企业2家、小型企业3家、小型以下2家,从业人员达2 855人,年产铜矿石2.45万吨。2005年铜矿产品销售收入5 854.34万余,完成利润999万元,实现工业产值9 415.49万元。黑龙江省最大的矿山——多宝山铜矿由于受到矿石质量和工作程度低的影响,近期难以开发利用,使资源潜力难以向现实转化。现有的生产矿山,由于受到开采能力和资源综合利用的限制,扩大生产量有困难,在原料供给上仍有一定缺口,又因黑龙江省没有冶炼加工厂,因此每年靠外省供给或进口大量铜材和深加工产品。就铅、锌资源而言,没有大的资源接续开采矿山。现有生产矿山11家,目前都是小型或小型以下的生产矿山企业,年产铅矿石7.11万吨,锌矿石4.5万吨。铅、锌当年矿产品销售收入分别为2 993.5万元和4 660万元,完成利润总额74.4万元和121万元,实现工业产值2 068.5万元和4 536万元。随着开采矿山储量的耗减,铅、锌产量逐年下降。但其产量基本上能满足自给,因黑龙江省没有铅、锌冶炼厂,生产的原矿都销往辽宁省和甘肃省,需求的矿产品则从辽宁省购进,并有少量出口。

吉林省的有色金属矿产资源种类丰富、储藏量大,但是探明资源量不足,与市场需求不适应,所以需要在有色金属资源勘查和寻找新类型及隐伏矿体等方面实现突破。

辽宁省金属矿产资源丰富,铁矿是省内的优势矿产资源,但绝大多数是贫铁矿石。根据资料,辽宁省200多个铁矿山的生产能力为1.45亿吨/年,而2005年辽宁省铁矿石产量仅为4 500万吨,因此辽宁省的铁矿山尚有较大生产潜力。此外,辽宁省每年进口富铁矿石约200万吨,折算为贫铁矿约450万吨。另据有关资料统计,辽宁省内平均每年回收废旧钢铁50万吨,折成贫矿石为150万吨。据此预测至2010年,省内钢产量将达到4 300万吨,需要铁矿石13 670万吨。预测到2010年储量经济承载力不足,资源储量经济承载力及资源潜在经济承载力很大。因此,"十一五"期间重点要增加可采储量。铜矿的开发利用程度达70.8%,2005年的矿石产量仅满足实际需求量的3%。预测到2010年现有资源的经济承载力和潜在经济承载力严重不足。本省增加资源储量的空间有限,应立足于提高资源利用效率,重点寻找新的接续资源。铅矿的开发利用程度为76.2%,2005年矿石产量仅满足实际需求量的22%。预测到2010年,其经济承载力和潜在经济承载力不足。因此需要在加强省内找矿工作的同时,重点寻找新的接续资源。锌矿的开发利用程度达70.6%,2005年矿石产量仅满足实际需求量的22%。预测到2010年,其经济承载力和潜在经济承载力均严重不足。

(三) 非金属矿产

近年来,由于技术进步和材料结构的多元化,非金属矿产的开发利用不断增强,非金属矿工业在我国国民经济中的地位不断提高。我国非金属资源分布广泛,东北地区的非金属矿产资源十分丰富(表3—3),鳞片石墨、菱镁矿、硼矿、隐晶质石墨、石棉矿等大量集中于东北地区。

表3—3 2005年东北三省非金属矿产储量

矿产名称	省份	矿区数(个)	资源储量单位	储量	基础储量	资源量	资源储量
菱镁矿	辽宁	15	矿石千吨	720 657.00	1 460 777.00	1 631 859.00	3 092 637.00
	黑龙江	1		0	0	1 165.00	1 165.00
	吉林	0		0	0	0	0
	总量	16		720 657.00	1 460 777.00	1 633 024.00	3 093 802.00
硼	辽宁	22	氧化硼千吨	12 110.00	24 625.00	3 411.00	28 036.00
	黑龙江	1		0	0	5.00	5.00
	吉林	13		60.45	86.50	303.26	738.05
	总量	36		12 170.45	24 712.50	3 719.26	28 779.05

资料来源:2005年全国矿产资源储量通报。

全国矽线石皆分布在黑龙江省。东北三省菱镁矿储量占全国的87.7%,全部分布在辽宁省,居全国第一位。硼矿(B_2O_3)储量占全国的69.8%,其中,99.5%分布在辽宁省,居全国第一位。硅灰石储量占全国的72.8%,其中,92.3%分布在吉林省,居全国第一位。硅藻土和宝石储量分别占全国的53.5%和93.2%,均居全国首位,皆分布在吉林省。石墨(晶质)储量占全国的45.4%,其中,97.4%分布在黑龙江省,位居全国第一位。红柱石储量占全国的8.1%,皆分布在吉林省,居全国第三位。金刚石储量占全国的28.9%,皆分布在辽宁省,居全国第二位。滑石储量占全国的24%,其中,96.6%分布在辽宁省,居全国第二位。饰面用花岗岩储量占全国的10.2%,其中,60.8%分布在吉林省,居全国第三位。

截至2003年底,黑龙江省已发现非金属矿产77种,占我国已发现非金属矿产(95种)的

81.05%；已探明储量的非金属矿产有44种，占全国已探明储量非金属矿产(88种)的50%；其中有19种保有储量居全国前五位，29种居全国前十位。在黑龙江省各市、县境内几乎都有不同种类、不同数量的非金属矿产分布，且分布地域相对集中，尤其是主要优势矿产更是如此。如石墨主要分布在鸡西、鹤岗、七台河等地；矽线石主要产于在鸡西、牡丹江一带；颜料黄粘土则主要集中在讷河、嫩江两地。这些非金属优势矿产，大部分以单一矿种形式产出，产出地质条件一般比较优越，矿石质量较好，埋藏较浅，工程地质和水文地质条件简单，具一定露天开采的条件。而且多分布在交通方便的地方，开发利用的外部条件十分有利。近年来，黑龙江省非金属矿产资源的开发利用发展迅速，大部分矿产资源在满足本省的需求外，都可以大量供给其他省份和出口。

吉林省非金属矿产资源丰富，目前已探明储量的非金属矿有40多种，可供开发利用的矿点700余处，有远景的矿点还要多得多。非金属矿产在吉林省矿产资源中比重较大，其中硅灰石、硅藻土和膨润土具有优势。

硅灰石是吉林省有发展的矿种之一。已探明储量2 000万吨，预测储量4 000万吨，占全国储量的97%。矿石质量较好，有害杂质含量低。主要分布在磐石县长崴子、梨树县大顶山、龙井县大灰沟。

硅藻土是吉林省地质储量很大的矿产，预测储量3亿吨，居全国第一位。矿石质量好，名列世界前列，属国内优势矿产，在国际市场有很强的竞争能力。主要分布于长白县马鞍山，敦化县秋梨沟、高松树等地。

吉林省的膨润土已探明储量4 041.9万吨，预测储量大，居全国第一位。近年内发现的钠基膨润土矿已开始应用于钢铁工业，具有用途广、需求量大的特点。主要分布于九台县和公主岭市。储量较大的是公主岭市刘房子膨润土矿和九台县银矿山膨润土矿。长春市郊区的石碑岭煤矿、羊草沟煤矿也勘探出膨润土，储量也很大。

除此之外，吉林省还有许多非金属矿产储量居于全国前列。如沸石矿、石墨矿、滑石矿、大理岩矿、石灰岩矿、硼矿、石榴石矿、耐火粘土矿、水泥粘土矿、火山渣矿和浮石矿，等等。

辽宁省非金属矿产资源丰富，已发现非金属矿产20余种，有菱镁矿、硅灰石、石灰石、沸石、珍珠岩、花岗岩、高岭岩、黑耀岩、玄武岩、硅石、膨润土、瓷土、水刷石、建筑石、制砖粘土、建筑沙矿和优质矿泉水等。

菱镁矿是辽宁省的优势矿产资源，长期以来一直是世界氧化镁的主要供应地，菱镁矿矿产品产量占全球产量的一半左右。由于短期内尚没有比菱镁矿更为经济的镁矿矿产品替代资源，因此菱镁矿的长期对外供给将会给辽宁省带来长期的经济收益。

虽然东北地区矿产资源丰富，分布广泛，有很多优势矿产，但经过几十年乃至上百年的开采，多数矿山已进入生产中、晚期，探明储量趋于枯竭，矿山产能下降，甚至倒闭。有关部门对东北三省13个主要矿种(铬铁矿、金矿、镁矿、锰矿、钼矿、镍矿、铅矿、砂金、锑矿、铁矿、铜矿、锌矿、银矿)1 019座矿山资料的初步统计研究表明，东北三省共有危机矿山935座，占总量的91.76%。其中严重危机矿山696座，占矿山总数的68.30%；中度危机矿山有125座，占矿山总数的 12.27%;潜在危机矿山 34 座,占矿山总数的 3.33%(其他为情况不明矿山)。

从某种程度上讲,实施老工业基地振兴、保障东北老工业基地的顺利转型,关键取决于矿产资源的可持续供给。实施东北老工业基地振兴,无论采取经济转型、体制改革还是结构调整,都离不开作为老工业基地支柱产业的资源型产业的良性发展。2004 年东北三省共有矿山企业 13 781 家,占全国矿山企业总数的 11.03%,其中大中型矿山企业 298 家,占全国总量的 7.19%;矿业从业人员 107 万人,占全国矿业从业人员的 13.19%;开采的固、液体矿产 4.98 亿吨,气体矿产 34.61 亿立方米,分别占全国的 6.78% 和 8.63%;完成工业总产值 1 741.54 亿元,占全国矿业总产值的 21.31%;实现矿产品销售收入 1 714.29 亿元,占全国矿产品销售总收入 20.24%;矿业利润总额为 816.75 亿元,占全国矿业利润总额 39.41%。由此可见,东北地区矿业经济在全国矿业经济中具有举足轻重的地位,东北地区矿业经济的兴衰直接影响到该区乃至全国的经济发展和社会稳定。

第三节　矿产资源供需形势分析与供需预测

一、世界主要矿产资源供需形势

世界矿产资源供求相对比较稳定,20 世纪 70 年代初期以来,发达国家陆续完成工业化进程,主要矿产品消费量呈下降或稳定趋势。同时,除中国和印度之外的大多数发展中国家尚未进入大规模工业化快速发展的矿产资源高度消费阶段,全球矿产资源供应整体上受买方市场的驱动。但是今后 20 年,随着印度、东南亚、南美等众多发展中国家以及中国在内的近 30 亿人口的全球新一轮工业化高潮的到来,矿产资源的需求将会又一次高涨。新一轮工业化国家涉及的人口是上一轮工业化国家人口总和的 4 倍,对资源消费的速度和数量将会比 20 世纪六七十年代更为猛烈。

石油　石油一直是人们关注的焦点,到 2004 年全球石油剩余探明储量为 1 750 亿吨,主要集中在中东,占全球储量的 57%。从国家分布来说,依次为沙特阿拉伯(355.3 亿吨)、加拿大(244.9 亿吨)、伊朗(172.3 亿吨)、伊拉克(157.5 亿吨)、科威特(135.6 亿吨)、阿联酋(134 亿吨)、委内瑞拉(105.8 亿吨)、俄罗斯(82.2 亿吨)、利比亚(53.4 亿吨)、尼日利亚(48.3 亿吨)、美国(30 亿吨)、中国(25 亿吨)。2004 年世界石油产量 35.5 亿吨,其中俄罗斯居第一位,生产了 4.5 亿吨;其后依次是沙特阿拉伯(4.4 亿吨)、美国(2.7 亿吨)、伊朗(1.97 亿吨)、中国(1.75 亿吨)、墨西哥(1.7 亿吨)、挪威(1.5 亿吨)。2003 年世界消费石油 36.36 亿吨,消费量超过亿吨的国家分别是:美国(9.14 亿吨)、中国(2.75 亿吨)、日本(2.49 亿吨)、德国(1.25 亿吨)、俄罗斯(1.25 亿吨)、印度(1.13 亿吨)、韩国(1.06 亿吨)。消费量接近亿吨的国家有:加拿大(0.96 亿吨)、法国(0.94 亿吨)、意大利(0.92 亿吨)、巴西(0.84 亿吨)、墨西哥(0.83 亿吨)。2003 年世界石油原油的贸易量为 22.61 亿吨,其中近一半来自中东(9.39 亿吨),进口量最多的是美国(6.05 亿吨)和欧洲(5.93 亿吨),其次是日本(2.63 亿吨)和中国(0.91 亿吨)。

煤炭 世界煤资源数量巨大,2004年探明可采储量为9 437亿吨,主要资源大国为:美国(2 466亿吨)、俄罗斯(1 570亿吨)、中国(1 145亿吨)、印度(924亿吨)和澳大利亚(785亿吨),这几个国家的探明可采储量合计占世界储量的73%。2004年全世界共产煤59.17亿吨,其中中国位于首位,产量为19.56亿吨,美国居第二位,产量为10.43亿吨,其后依次为印度(3.97亿吨)、澳大利亚(3.52亿吨)、俄罗斯(2.53亿吨)。2004年全世界共消费煤27.78亿吨油当量,中国是最大的消费国,消费了9.57亿吨油当量,其后依次是美国(5.82亿吨油当量)、印度(2.05亿吨油当量)、日本(1.21亿吨油当量)、俄罗斯(1.06亿吨油当量)。2004年世界煤的贸易量为7.26亿吨,主要出口国为澳大利亚(2.25亿吨)、印度尼西亚(1.02亿吨)、中国(0.87亿吨)、南非(0.69亿万吨)。主要进口国家和地区为日本(1.74亿吨)、韩国(0.77亿吨)和中国台湾(0.54亿吨)。

铁矿 世界铁矿资源丰富,2004年铁矿石的金属储量达800亿吨,其中储量最大的为俄罗斯(140亿吨)、巴西(140亿吨),其后依次是澳大利亚(110亿吨)、中国(70亿吨)、印度(42亿吨)。2003年世界铁矿石产量为12.30亿吨,其中中国生产了2.61亿吨、巴西生产了2.46亿吨、澳大利亚生产了2.13亿吨、印度生产了1.06亿吨、俄罗斯生产了0.91亿吨。2003年世界铁矿石贸易量近6亿吨,出口最多的是澳大利亚(1.86亿吨)、巴西(1.84亿吨)、印度(5 500万吨)、加拿大(2 713万吨)、南非(2 408万吨),而进口最多的是中国(1.48亿吨)、日本(1.32亿吨)、韩国(4 125万吨)、德国(3 388万吨)。

铜矿 世界铜储量广泛分布在各个国家和地区,2004年世界铜储量为4.7亿吨,其中储量最多的国家为智利为1.4亿吨,其次是美国(3 500万吨)、印度尼西亚(3 500万吨)、秘鲁(3 000万吨)、波兰(3 000万吨)、墨西哥(2 700万吨)、中国(2 600万吨)、澳大利亚(2 400万吨)、俄罗斯(2 000万吨)、赞比亚(1 900万吨)和哈萨克斯坦(1 400万吨)。2003年全世界铜矿山铜产量为1 365.7万吨,产量最多的国家是智利(490.4万吨)、美国(112.0万吨)、印度尼西亚(100.3万吨)和秘鲁(84.28万吨),其次是澳大利亚(83.0万吨)、俄罗斯(66.5万吨)、中国(60.44万吨)、加拿大(65.8万吨)、波兰(50.3万吨)、哈萨克斯坦(48.5万吨)、墨西哥(35.6万吨)、赞比亚(34.5万吨)。2003年全世界共消费铜1 530.4万吨,消费量最大的国家是中国(302.0万吨)、美国(229.0万吨)、日本(120.2万吨)、德国(101.0万吨)和韩国(90.1万吨)。2003年世界铜精矿的贸易量为394万吨,主要出口铜精矿的国家分别为:智利(155.27万吨)、印度尼西亚(71.89万吨)、秘鲁(37.08万吨)、澳大利亚(28.97万吨)、加拿大(28.30万吨)、阿根廷(18.11万吨)、蒙古(13.52万吨),铜精矿的主要进口国分别为:日本(106.32万吨)、中国(51.64万吨)、韩国(21.97万吨)、西班牙(26.43万吨)、德国(25.93万吨)、美国(22.61万吨)。

铅矿 2004年世界已探明的铅储量为6 700万吨,主要集中在澳大利亚(1 500万吨)、中国(1 100万吨)、美国(810万吨)、哈萨克斯坦(500万吨)。2003年矿山铅产量为312.37万吨,生产大国分别为:中国(95.46万吨)、澳大利亚(68.80万吨)、美国(43.52万吨)、秘鲁(30.78万吨)、墨西哥(13.54万吨)。2003年世界精炼铅的消费量达699.73万吨,消费大国是:美国(149.40万吨)、中国(128.63万吨)、德国(38.41万吨)、韩国(34.38万吨)、日本

(31.07万吨)、英国(30.83万吨)、墨西哥(30.67万吨)、意大利(25.80万吨)、西班牙(21.02万吨)、法国(18.91万吨)。2003年世界精炼铅的贸易量为180万吨,主要出口国有：中国(43.79万吨)、澳大利亚(26.74万吨)、加拿大(15.22万吨)、比利时(10.48万吨)、哈萨克斯坦(10.16万吨)、美国(9.61万吨)、秘鲁(9.1万吨),主要进口国或地区是：美国(18.38万吨)、韩国(15.28万吨)、德国12.07(万吨)、西班牙(11.94万吨)、法国(9.84万吨)和中国台湾(9.78万吨)。

锌矿 2004年世界已探明的锌储量为2.2亿吨,锌储量较多的国家为：澳大利亚(3 300万吨)、中国(3 300万吨)、哈萨克斯坦(3 000万吨)和美国(3 000万吨)。2003年世界矿山锌的产量为946.6万吨,主要生产大国为：中国(202.91万吨)、澳大利亚(148万吨)、秘鲁(136.86万吨)、加拿大(78.81万吨)、美国(76.72万吨)、墨西哥(42.68万吨)、爱尔兰(41.90万吨)、哈萨克斯坦(39.32万吨)。2003年世界精炼锌的消费量为983万吨,主要消费大国有：中国(321.82万吨)、美国(112.93万吨)、日本(61.94万吨)、德国(55.84万吨)、韩国(43.75万吨)和意大利(35.46万吨)等。2003年世界锌的贸易量为393万吨,主要出口国是：加拿大(59.06万吨)、中国(45.10万吨)、韩国(31.78万吨)、澳大利亚(30.52万吨),主要进口国或地区为：美国(86.26万吨)、中国台湾(33.17万吨)、德国(25.39万吨)、比利时(24.41万吨)、意大利(22.62万吨)。

以上世界重要大宗矿产的详情见表3—4。

二、对国外矿产资源的利用方式与措施

(一) 利用方式

工业化国家主要通过贸易和投资方式获取海外矿产资源。贸易是最传统的方式,投资可以通过矿业资本运作,并购矿山生产企业或购买矿业公司股份；也可以申请或竞标资源国的探矿权,进行风险勘查,获得相应的权益。此外,矿业公司还可通过对外承包工程、租赁设备、技术支持、合作研究等服务形式,获得信息,建立关系,为贸易和投资做准备。

矿产品贸易方式直接受市场影响,价格上涨就可能会引起供应短缺,特别是对大宗的、缺口大的矿产不适于采用短期贸易方式。为提高贸易的安全性,降低双方风险,国际上对大宗矿产普遍采用签订长期供货合同的方式。

随着经济全球化走势强劲,通过矿业资本市场运营,取得资源国矿产资源控制权已成为一种普遍的矿产资源利用方式。这种方式资源风险小,时间短,比较容易进入资源国,经营企业可以获取利润,也可以进行产品分成。

投资风险勘查无论是从草根勘探开始,还是购买高级勘查阶段的探矿权或直接购买采矿权,都是风险高、收益高,世界主要跨国矿业公司对其十分重视。这种方式取得的矿产品,在不同的国家说法不同,日本等国称之为自主开发进口的矿产品,欧洲等国称之为分成矿。在具体

表3—4 世界重要大宗矿产的储量、产量、消费量和贸易量

矿种	储量 数量	储量 主要国家或地区及其占百分比	产量 数量	产量 主要国家或地区及其占百分比	消费量 数量	消费量 主要国家或地区及其占百分比	贸易量 数量	贸易量 主要出口国家或地区及其占百分比	贸易量 主要进口国家或地区及其占百分比
石油（亿吨）	1 750.0	沙特阿拉伯（20%）、加拿大（14%）、伊朗（10%）、伊拉克（9%）、科威特（8%）、阿联酋（8%）	35.5	沙特阿拉伯（12.4%）、俄罗斯（12.7%）、美国（7.6%）、伊朗（5.5%）、中国（5%）、墨西哥（4.8%）、挪威（4.2%）	36.36	美国（25.1%）、中国（9.6%）、日本（3.4%）、德国（3.4%）、俄罗斯（3.4%）、印度（3.1%）	22.61	中东（41.5%）	美国（26.8%）、欧洲（26%）、日本（11.6%）、中国（4%）
煤炭（亿吨）	9 437.0	美国（26%）、俄罗斯（17%）、中国（12%）、印度（10%）、澳大利亚（8.3%）	59.17	美国（33%）、中国（17.6%）、印度（6.7%）、澳大利亚（5.9%）、俄罗斯（4.3%）	27.78	中国（34%）、美国（21%）、印度（7.4%）、日本（4.3%）、俄罗斯（3.8%）	7.26	澳大利亚（31%）、印度尼西亚（14%）、中国（12%）、南非（9.5%）	日本（24%）、韩国（10.6%）、中国台湾（7.4%）
铁矿（亿吨）	800.0	俄罗斯（17.5%）、巴西（14%）、澳大利亚（9%）、印度（5%）	11.30	中国（21%）、巴西（20%）、澳大利亚（17.3%）、印度（7.4%）		中国、日本、俄罗斯、美国、巴西、德国	6	澳大利亚（31%）、巴西（31%）、印度（9%）、加拿大（5%）、南非（4%）	中国（24.7%）、日本（22%）、韩国（7%）、德国（5.6%）
铜矿（万吨）	47 000.0	智利（30%）、印度尼西亚（7%）、美国（7%）、秘鲁（6%）、波兰（6%）	1 365.7	智利（36%）、印度尼西亚（8.2%）、美国（7.3%）、秘鲁（6.2%）、澳大利亚（6.1%）	1 350.4	中国（22.4%）、美国（17%）、日本（8.9%）、德国（7.5%）、韩国（6.7%）	394	智利、印度尼西亚、加拿大、澳大利亚、印度、蒙古	日本、中国、西班牙、德国
铝矿（万吨）	6 700.0	澳大利亚（22.4%）、中国（16.4%）、美国（12.1%）、哈萨克斯坦（7.5%）	312.4	中国（31%）、澳大利亚（22%）、美国（14%）、秘鲁（10%）、墨西哥（4.3%）	699.7	美国（21%）、德国（18%）、韩国（5.5%）、日本（5%）、英国（4.4%）	180	中国（24%）、澳大利亚（15%）、加拿大（9%）、哈萨克斯坦（5.6%）	美国（10%）、德国（7%）、西班牙（7%）、法国（6%）
锌矿（亿吨）	2.2	澳大利亚（15%）、中国（15%）、哈萨克斯坦（13.6%）、美国（13.6%）	946.6	中国（21%）、澳大利亚（15.6%）、秘鲁（14.5%）、加拿大（8.3%）、美国（8%）	983	中国（24%）、美国（11.5%）、日本（6.3%）、德国（6%）、韩国（4.5%）	393	加拿大（22%）、中国（11.5%）、澳大利亚（8%）、秘鲁（7.8%）	美国（22%）、中国台湾（8.4%）、德国（7%）、比利时（6%）

资料来源：世界矿产资源年评（2003~2004年）。煤的数据均为2004年数据，其中消费量为折合后的油当量；铁矿储量为含铁量，其他为矿石量。

经营中,有独资勘查和开发,也有联合风险勘查经营,也可只提供服务;利益分配有产品分成协议,也有利润分成协议。

目前,我国主要是以贸易方式利用国外资源,以投资方式取得的分成矿或矿产品包销数量正逐渐增加,主要涉及石油、铁、铜等矿产。

(二)利用措施:政府和企业分工合作,取得竞争上的优势

大型跨国矿业公司是开发利用海外矿产资源的操作主体,西方工业化国家为鼓励本国企业开发利用海外矿产资源,都不同程度地在信息、技术、法制、财政、税收、金融以及外交上给予支持,促进企业在矿业贸易、对外投资上取得竞争优势。企业和政府在利用海外矿产资源舞台上扮演不同的角色,既有分工,也有合作。

对政府而言,需要首先在规划上明确相应支持部门的职能和发展方向。日本通产省为稳定国内对海外矿产品的需求,制定了十年规划,1995年的十年规划中对非能源矿产部分的三个目标是:①提高国内冶金行业在国际市场上的竞争力;②鼓励和支持日本贸易与矿业公司参与世界矿产勘查开发利用;③鼓励和支持日本贸易与矿业公司在海外投资。通产省下的金属矿开采部的目标是:①协助企业海外勘查;②加强草根勘探和区域多样化;③为海外勘查提供财政支持;④促进金属的回收利用。

政府通过开展海外地质调查,为企业提供有关信息,如基础地质信息、矿业法规、卫片解析、环境发展要求等。在日本,政府有一个官方发展援助项目计划,通过通产省金属矿开采部和日本国际合作部为海外勘查提供财政和技术支持,20世纪90年代以来,这个计划已在50多个国家为149个项目提供了援助,其中包括日本金属矿业事业团和日本国国际协力事业团与我国合作的研究项目"中国扬子地台西缘(东川—元江)地区铜矿资源遥感地质联合调查"。1999年与蒙古签订在蒙古北部2万平方公里的区域内勘查铜、金矿,1999年分别与哈萨克斯坦和吉尔吉斯斯坦签订为期3年的铜、金、铅、银、铬等矿的联合勘查协议。

关于开发利用海外矿产资源的专门法律不多,但其基本内容常常明确地体现在相关的法律规章中,特别是相关的组织法和商法中。专门法律有日本1963年制定的《金属矿业事业团法》、1967年制定的《石油公团法》,韩国1967年制定的《大韩矿业振兴公社法》、1977年制定的《海外矿产资源调查事业规定》(1989年修订)、1978年制定的《海外资源开发事业法》(1997年修订)、1979年制定的《韩国海外矿产资源开发基金运用和管理规定》(1992年修订),美国1980年制定的《物资和矿物原料国家政策、调查和开采法案》等。《韩国海外矿产资源调查事业规定》(1989年修订版),就对海外项目的信息管理、运作、费用支持、验收进行了具体规定。

政府的支持主要体现在财政、税收、金融等方面。一些国家设立海外风险勘查基金,如日本、德国、韩国、法国、英国等,资助海外的勘查项目,日本还设立了海外投资亏损准备金(investment loss reserve fund);也有些国家提供财政补贴,如美国、日本的耗竭补贴(depletion allowance);还有些国家通过课税扣除、海外纳税制度,避免双重纳税,如加拿大专门有"海外勘查投入"(FEE)扣税条款等。对海外经营的矿产勘查企业给予长期优惠稳定的贷款,贷款来

源多样,有专项基金,有通过国家政策性银行贷款及矿业证券市场融资等。总的来看,政府的财政支持主要在风险勘查和高级勘查阶段,金融支持主要在可行性研究及建设矿山阶段,税收支持主要在采矿运营阶段。

三、东北三省主要矿产资源供需形势分析

(一) 主要矿产资源的国内价格分析

1. 能源矿产

石油 2004年国内石油价格大幅增长(表3—5),原因主要有以下几点:①全球经济增长带动的原油需求增加是导致油价上升的基本原因。②地缘政治起了推波助澜的作用。尤其是伊拉克局势不稳定,石油设施不断遭到破坏。③市场投机因素(主要是期货炒作)也对油价上涨起到重要作用。由于美元持续疲软,大量投机基金由资金和外汇市场转向石油期货市场。在全球原油需求增长而生产能力增长滞后的情况下,市场投机活动更加活跃。

表3—5　2001~2004年我国主要原油现货平均价格　　　　单位:美元/桶

年(月)	大庆	胜利
1999年	17.90	16.80
2000年	28.97	28.88
2001年	24.02	22.22
2002年	25.50	23.78
2002年1月	18.62	16.02
2002年2月	18.82	17.06
2002年3月	22.67	20.79
2002年4月	25.73	23.89
2002年5月	25.55	23.95
2002年6月	24.77	23.54
2002年7月	25.58	24.79
2002年8月	26.14	25.00
2002年9月	27.77	26.27
2002年10月	29.16	26.65
2002年11月	27.71	25.28
2002年12月	32.23	30.40
2003年	29.50	27.47
2003年1月	32.34	30.68
2003年2月	32.26	31.38
2003年3月	30.52	29.13
2003年4月	29.64	26.16
2003年5月	28.77	26.81
2003年6月	27.02	25.54

续表

年(月)	大庆	胜利
2003年7月	27.00	25.32
2003年8月	28.44	26.56
2003年9月	26.78	24.55
2003年10月	29.48	26.75
2003年11月	30.14	27.67
2003年12月	31.90	29.01
2004年1月	30.34	28.47
2004年2月	29.74	27.74
2004年3月	32.44	28.43
2004年4月	32.35	28.94
2004年5月	37.49	33.90
2004年6月	36.19	29.87

资料来源：路透社电讯普氏报价。

煤炭 由于我国汽车、建筑、制造业等行业快速发展，带动钢铁、水泥、电力需求增长，煤炭价格继续上涨。2005年，随着宏观调控措施效应的显现，我国煤炭市场改变了前两年严重供不应求的状态，进入了供求相对均衡的时期，煤炭价格上升势头减弱。全年原煤价格同比增幅为10.74%，低于2004年4.11个百分点。

2. 金属矿产

铁 2004年我国从巴西进口铁矿石的离岸价约为32美元/吨，按71.5%的涨幅计算，2005年涨至55美元/吨。2005年国际市场铁矿石价格大涨的原因主要有：①世界铁矿石市场供求关系严重失衡，世界对铁矿石的需求出现了大幅度增长，铁矿供货商趁机提价。②世界钢铁工业发展增速，对铁矿石需求大幅增长。③国际市场铁矿石供应高度垄断。④2005年3月国内铁矿平均价格840元/吨，这也是进口铁矿石价格疯涨的一个重要诱因。从2003年起，我国已经超过日本成为世界最大的铁矿石进口国，我国铁矿石进口量占世界铁矿石贸易量的比重从2000年的14.4%，迅速上升到2004年的1/3，世界铁矿石的需求增长大部分来自中国。⑤美元大幅度贬值导致澳大利亚、巴西等国以美元计价的铁矿石价格在过去的两年内上涨幅度较小，从而影响了企业赢利的增长。由于人民币对美元的汇率不断下降，美元贬值进一步增加中国的实际进口成本。

铅 2007年以来，铅价已经上涨了70%，却仍没有停步的迹象，尤其是近几天来，上涨幅度更是加快，有些冶炼企业出厂价以1 000为单位向上涨，不断刷新出厂价。铅价上升趋势未变，升幅加快。这一轮铅价的上涨源于基本面的供不应求。精矿的短缺及需求的快速增长使供应的增长小于需求的增长。而中国政府对于铅冶炼行业的环保要求的整顿，使得不少不符合环保要求的中小企业关门停产。随着精矿不断进口，铅冶炼行业面临全行业亏损，企业纷纷减产应对成本的增加。

锌 2003年我国锌精矿生产成本平均为2 240元/吨,比2002年增长了4.97%;电解锌生产成本6 615元/吨,比2002年增长了10.27%;精锌生产成本6 384(6 200)元/吨,比2002年增长了2.97%。

3. 非金属矿产

菱镁矿 我国的镁质材料消耗量居世界第一,大约为600万吨,占我国年产量的60%。这表明我国不仅是世界上最大的生产国,也是最大的消耗国、出口国,年出口量为370万吨(包括镁质材料和其他耐火材料)。2003年我国氧化镁矿产品出口平均价格为135.67美元/吨,比上年(121.43美元/吨)增长11.7%(表3—6)。

表3—6 世界氧化镁价格　　　　　　　　　　　单位:美元/吨,欧洲CIF价

产品	品级	2000年5月	2001年5月	2002年5月	2003年5月
僵烧	一级品	200～300	180～220	180～220	225～250
	中国产 MgO 94%～95%	130～150	115～135	115～135	130～145
	中国产 MgO 90%～92%	120～130	105～120	110～120	105～120
苛性	农业级	300～375	180～220	180～240	180～240
		110～140	100～120	110～130	110～130
电熔	一级品(澳大利亚、加拿大)	600～800	700～800	600～800	550～750
	中国产 MgO 97%～98%	350～500	320～350	320～350	350～400
	中国产 MgO 95%～96%	270～330	290～320	290～320	300～350

资料来源:Mining Annual Review. 2003.

硼 目前国际市场硼矿产品价格比较稳定。与2001年相比,价格没有大的波动。1997～2002年国际市场硼砂价格见表3—7。

表3—7 1997～2002年硼砂价格　　　　　　　　　　　单位:美元/吨

年份	99%无水硼砂价格
1997	819
1998	819
1999	819
2000	859
2001	859
2002	905

资料来源:《2005年世界矿产品概要》。

(二)东北三省主要矿产资源的供需形势

1. 能源矿产

煤炭 1995～2004年,东北三省的煤炭供需缺口总体上增大,其中1996～2000年逐年增

大,2000年供需缺口达到8 544万吨,之后稍有缓和,到2004年为7 298万吨(图3—6)。分省看,黑龙江省供大于求,只在2000年出现了供小于求的情况,缺口为840万吨。而辽宁省和吉林省为供不应求,且缺口呈增大的趋势,其中吉林省相对比较稳定,而辽宁省的供需矛盾比较突出。从依存度来看,东北三省的总体依存度为30%左右,辽宁省为45%左右,而吉林省为55%左右。

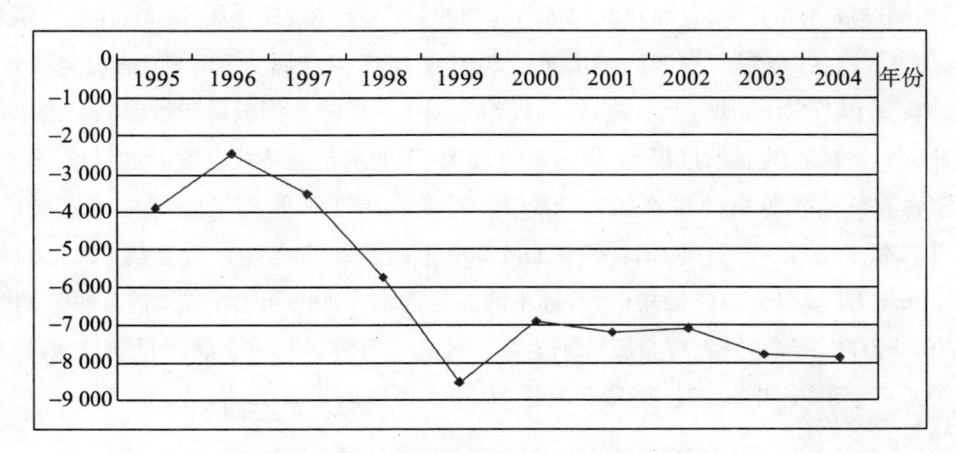

图3—6 1995~2004年东北三省煤炭供需缺口变化趋势

石油 1996~2002年东北三省的石油年产量大于消费量,但是从1996年的7 480万吨下降到2002年的6 857.5万吨。2003年产量小于消费量,缺口为400万吨,2004年缺口逐渐增大到1 200万吨(图3—7)。分省看,辽宁省和吉林省产量一直小于消费量,10年来省外依存度分别为60%和40%,其中辽宁省的缺口增加较快,从1995年的960万吨增加到2004年的2 200万吨,吉林省比较稳定,基本保持在700万吨左右。黑龙江省的石油产量一直大于消费量,但是对外供给能力逐年下降。

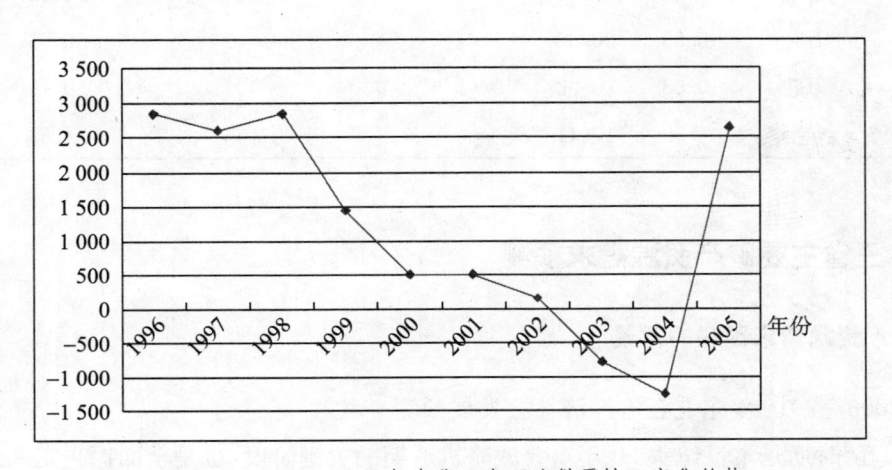

图3—7 1996~2005年东北三省石油供需缺口变化趋势

2. 金属矿产

东北三省能够满足区域内需求的金属矿产有铁、钼;难以满足经济发展需求的有锰、铜、铅、锌、铝、金（表3—8）。

黑龙江省现有矿山多数保有储量不足，尤其是一些关系国计民生的大宗矿产，保有资源储量正逐年下降，供给缺口较大，金属矿产多数矿种不能满足经济社会发展的需要。2005年生产铁矿石200万吨，消耗铁矿石1 400万吨，金属量缺口达86%。2004年生产铜金属0.7万吨，年消耗铜金属3.5万吨，金属量缺口80%。2004年生产铅、锌金属13 350吨，年消耗铅锌金属2 900吨，铅、锌金属产量能满足需求。2004年生产钼金属2 829吨，消费金属量1 200吨；2010年预计年产钼金属3 700吨，年消耗钼金属1 500吨。钼金属产量能满足需求。

吉林省对铁矿石的需求量很大，供需缺口较大，不能满足经济社会发展的需求。

辽宁省有色金属等重要矿产供需形势严峻，多数矿产不能满足经济社会发展的需求。2005年生产铁矿石4 500万吨，消耗铁矿石1 900万吨。2005年生产铜金属0.28万吨，年消耗铜金属9.4万吨，铜金属产量缺口大，远不能满足需求。2005年生产铅、锌金属分别为0.66万吨和1.32万吨，年消耗铅、锌金属分别为3万吨和5万吨，铅、锌金属产量缺口大，不能满足需求。2005年产钼金属800吨，消费金属量300吨，可以满足需求。

表3—8　东北三省2005年金属矿产供需情况

矿产名称	单位	辽宁省 产量	辽宁省 消费量	吉林省 产量	吉林省 消费量	黑龙江省 产量	黑龙江省 消费量	东北三省 产量	东北三省 消费量
铁（矿石）	亿吨	0.45	0.19	0.05	0.11	0.02	0.14	0.52	0.44
锰（矿石）	万吨	15.34	33.51					15.34	33.51
铜（金属）	万吨	0.28	9.40			2.45		2.73	9.40
铅（金属）	万吨	0.66	3.03	0.40	0.40	7.11	7.11	8.17	10.54
锌（金属）	万吨	1.32	6.16	0.40	0.40	4.50	4.50	6.22	11.06
铝（金属）	万吨	0.83	20.36					0.83	20.36
钼（金属）	万吨	0.08	0.03	0.11				0.19	0.03
金（金属）	吨	4.39	10.44					4.39	10.44

四、东北三省主要矿产资源需求预测

1. 矿产资源需求预测的背景

（1）2006～2010年东北三省经济社会发展预测

"十一五"时期是本世纪头20年重要战略机遇期的关键阶段，也是全面振兴东北老工业基地的关键阶段。

2006～2010年东北三省将继续实行改革开放的政策，社会主义市场经济体制逐步完善，农业劳动力不断向非农产业转移，对外开放不断扩大，经济发展完全有可能继续保持较高的增长速度。

（2）2006～2010年东北三省仍然处于经济高速增长期

2006～2010年东北三省仍然处于工业社会前半周期。世界历史经验表明，这一阶段是社会经济高速增长的时期，这一时期最为突出的特点是空间资源的区位条件再度显现优势。工业生产的目的是产品商业出售，商品的买卖行为发生在市场，距离有形市场的远近对生产者最为重要。另一个特征是自然资源、空间资源的贡献在前半周期的末端都将达到历史最高点，而空间资源的贡献又高于自然资源。同时，这一时期也是科学技术进步最快的时期，并且科学技术直接面向经济社会活动，推动经济不断增长。

（3）2006～2010年产业结构的调整与布局趋势

结构转变是经济增长的一个重要源泉和动力。东北三省第二产业所占比重持续下降的这种逆工业化现象，并不是说东北三省已经完成了工业化。根据国际经验，一个国家和地区要完成工业化、进入逆工业化阶段，大都是在人均收入超过10 000美元以后才开始出现的。目前东北三省还远没有达到这一阶段。目前出现逆工业化现象主要是由于东北老工业基地产业发展的初衷是为国民经济工业化提供技术装备而优先发展重工业，在工业化进程中排斥了对农业的升级改造和第三产业的相应发展。结果是工业尤其是重工业走出了一条自我发展的道路，第二产业在产业结构上缺乏产业间有效协同，不能有效带动和提高农业及第三产业的生产能力，三次产业间呈现出很强的非均衡发展模式。

（4）科学技术的发展对于资源可供性发挥重要影响

科学技术活动一方面推动了以大规模的生产消耗为特征的社会化大生产的发展，加速了资源的开发利用；另一方面又不断地扩大人类对资源的认识并极大提高了人类对资源利用的效益。这两个并行发展的过程强调资源供需预测不能忽视或低估了科学技术的积极影响。

2. 矿产品需求预测的方法

需求预测方法主要有定性预测、定量预测以及定性预测与定量预测结合的方法。

定性预测一般较为简便易行，但包含的主观因素较多，有一定的主观片面性。但定性预测需要的数据资料少，对缺少历史资料和不定因素较多的问题也能作出判断，是一种非常灵活、适用性很强的预测方法。本次需求预测所采用的定性预测法主要有市场调查预测法、部门分析法、专家意见预测法、主观概率法等。

定量预测通过建立数学模型来完成，预测结果较为科学、可靠，客观性强，受主观因素的影响小。但不能考虑一些无法定量的经济因素的影响。当经济条件和影响因素发生突然变动时，定量预测的结果就会出现较大的偏差。本次论证所采用的定量预测方法有时间序列预测法、回归分析预测法、投入产出预测法、经济计量模型预测法、弹性系数预测法、灰色系统预测法等。

采用定性预测和定量预测结合的方法，既可克服定性预测的主观片面性因素，又可以提高预测的质量和效果，使预测完整化、具体化。本次需求预测主要采用定性预测和定量预测相结合的方法，或几种方法综合进行，同时借鉴前人已有的预测结果，加以权衡，最后确定预测数据。对不同矿产分别确定需求预测方法和预测参数。

3. 不同矿产品需求量预测方法及预测结果

石油 应用弹性系数预测法、灰色系统预测法、新经济与能耗总量关系和东北三省能源消费结构的调控政策等进行预测。

煤炭 采用主要耗能部门分析法、生产总值单位能耗法、人均能源消耗法和弹性系数法。2006~2010年,辽宁省煤炭消费年均增长速度与国民经济增长速度之比即煤炭需求弹性系数。

铁 2006~2010年东北三省钢的消费与经济增长之间的关系,仍与改革开放后经济高速增长的20年相似。预计到2010年后,全社会基本建设已处于平稳的高强度状态,年度钢的消费总量仍将保持高数值;但消费强度将有所下降,钢消费量上升速度大大减缓。

为了保障钢材供应的安全性,保持辽宁省钢的自给率在90%左右是完全有必要的,即2010年东北三省钢产量为0.69亿吨。据此来预测2010年铁矿石的需求量。

铜 主要采用弹性系数法和使用强度法预测。预计2006~2010年东北三省铜需求量增长较快,其消费弹性系数与2001~2005年间相同或稍低。

铅锌 采用部门消费法和回归分析法预测模型。

菱镁矿 世界镁砂需求已趋于饱和,一般不会有大的增长,今后将向高档及合成方向发展。从世界范围看,菱镁矿有关产品的消费与钢铁工业密切相关,东北三省的菱镁矿需求以辽宁省为主。综合考虑辽宁省钢铁工业规划及需求预测等数据,以2001~2005年的年平均需求数据为基数,2006~2010年东北三省菱镁矿需求年均增长率按5%计算,到2010年时的需求量将达到1 394.5万吨。

硼 硼酸盐在传统领域里的需求稳定、增长缓慢。国内市场与国际市场相似,但玻璃、陶瓷业对硼的需求将会有所增加。以2001~2005年的消费量平均数为基数,按3%的年增长率预测硼的需求量。

东北三省主要矿产品需求量预测结果见表3—9。

表3—9 东北三省主要矿产品国内需求预测

序号	矿产名称	单位	基数年 2005年	预测年需求量 2010年
1	煤炭	亿吨	2.10	2.23
2	石油	亿吨	0.37	0.47
3	铁(矿石)	亿吨	0.44	0.73
4	铜(金属)	万吨	9.40	33.60
5	铅(金属)	万吨	3.03	7.17
6	锌(金属)	万吨	6.16	15.50
7	钼(金属)	万吨	0.03	0.13
8	菱镁矿	万吨	36.54	59.51
9	硼(B_2O_3)	万吨	0.93	5.25

龙江省 178.5 亿吨、内蒙古东部 300 亿吨。

① 黑龙江省有含煤盆地 97 个,煤炭潜在资源量 178.5 亿吨。石炭纪含煤(地层)盆地零星分布在黑龙江省东部的富锦县、宝清县和密山市。侏罗纪含煤(地层)盆地分布在黑龙江省西部的嘉荫—大庆一线以西地区。早白垩纪含煤(地层)盆地分布广泛,自西向东均有分布,但东部含煤盆地较多,含煤层丰富,为最佳聚煤期。第三纪含煤(地层)盆地主要分布在黑龙江省中东部的佳伊地堑断裂带、敦密断裂带中段及其中间广大地区,愈向东盆地规模愈大、愈多;中西部主要为松辽盆地西部、黑龙江沿岸,早第三纪含煤性好于晚第三纪。煤炭资源区域分布以含煤盆地众多,但分布上以东部多、中西部少为特点。西部和北部因地处边远,交通不便,勘探、开发程度均较低。而东部勘探开发时间长,勘探、开发程度均较高。黑龙江省的炼焦煤和气煤区包括三江—穆棱河含煤区的鸡西、勃利(七台河)、双鸭山、集贤、鹤岗等煤田;褐煤区包括黑河的东方红、西岗子、宋集屯和呼玛县、黑宝山等煤田,基本上都是褐煤。个别地方如呼玛、黑宝山煤矿因煤变质程度稍高,其煤种为长焰煤。

② 吉林省含煤层位较多,石炭系、二叠系、三叠系、侏罗系、白垩系及第三系都是含煤层位。含煤区、煤田或煤产地主要分布于白山、通化、辽源、梅河、舒兰、蛟河、珲春、和龙、九台、白城等 33 个市、县(区)。长焰煤主要分布在蛟河、营城、和龙、羊草沟煤田以及同老第三系含煤地层的梅河煤田和珲春煤田的部分井田。褐煤主要分布在舒兰煤田、珲春煤田的部分井田、刘房子煤田等。气煤主要分布在辽源煤田、浑江煤田上侏罗系石人组。炼焦煤主要分布在浑江煤田、万红煤田杉松岗煤田。无烟煤有零星分布,面积小、储量少,在浑江煤田松树镇一井、万红煤田的团结井、双阳县八面石产煤点,长白县沿江产煤点、抚松县大安产煤点等有分布。

③ 辽宁省成煤时期主要为晚古生代石炭—二叠纪、中生代侏罗纪、新生代第三纪。含煤区、煤田或煤产地主要分布于抚顺、沈阳、阜新、铁法、灯塔、北票、本溪等地。辽宁省煤种比较齐全,有褐煤、长焰煤、气煤、肥煤、焦煤、瘦煤、贫煤、无烟煤、弱粘结煤等。长焰煤主要分布在阜新煤田、铁达煤田、康平煤田、南票煤田、北票煤圈西南部和八道壕煤田。肥煤、焦煤、瘦煤主要分布在红阳煤田北部、本溪煤田、北票煤田东北部和抚顺马架子矿区及凤城赛马矿区。贫煤、气煤主要分布在抚顺煤田和铁法煤田西南部、北票煤田西南部。无烟煤主要分布在红阳煤田南部、本溪煤田东部和烟台煤田。弱粘结煤主要分布在南票煤田。褐煤主要分布在沈北煤田。阜新煤田、铁法煤田、康平三台子煤田、北票煤田、沈北煤田、红阳煤田、本溪煤田等主要煤田可采煤层灰分以中灰煤为主。抚顺煤田煤层灰分最低,为低灰煤,南票煤田煤层灰分最高,为高灰煤。煤中含硫量因含煤地层时代不同有所差异,其中古生代石炭二叠纪煤层一般为中硫煤,中生代侏罗纪煤层一般为低硫煤。而新生代第三纪煤层一般为特低硫煤。

④ 内蒙古东部地区含煤区、煤田或煤产地主要分布于中—新生代盆地,成矿区有海拉尔盆地的扎赉诺尔、大雁、伊敏和赤峰盆地的元宝山、平庄等地区,煤矿资源储量为大、中型。

大兴安岭含煤区 位于内蒙古东部地区及黑龙江省西北部,分为北、中、南三段。北段为黑河—嫩江间的西岗子、多宝山、大杨树 3 个煤产地,含煤面积 460 平方公里;中段位于大兴安岭东坡的乌兰浩特—林西煤产地,西起霍林郭勒—林西一线,东依松辽盆地西缘,含煤面积

580平方公里；南段为平庄—天宝山煤田，含煤面积290平方公里，共6个煤田/煤产地，约有29个预测区。

海拉尔含煤区 位于于内蒙古呼伦贝尔盟境内，东界大兴安岭图里河—牙克石一线，西南分别为国界，北至拉布达林。自北向南东为海拉尔北、扎赉诺尔、大雁—陈旗、伊敏、扎赉诺尔等煤区，含煤面积12 400平方公里，有近30个预测区。

多伦煤区 位于河北北部，包括内蒙古东部南端的部分地区，南界为河北赤城—隆化—平泉一线，北抵内蒙古正蓝旗与河北围场，东至承德、赤峰，西至河北康保、依北。区内有河北沽源（榆苏鲁滩）及内蒙古正蓝旗（黑城子、北大仓）两个煤产地，含煤面积470平方公里，约有8个预测区。

（二）煤层气

东北地区煤层气资源相当丰富，开采条件较好，煤层厚度大，变质程度适中，储层渗透率较高。煤层气主要分布在辽宁的阜新、铁法、抚顺，黑龙江省东部的鹤岗、绥滨—双鸭山、勃利—七台河、鸡西—鸡东等煤田。初步预测煤层气资源总量1 996亿立方米，其中黑龙江省预测煤层气资源总量1 523亿立方米，辽宁省预测煤层气资源量473亿立方米。

① 黑龙江省煤层气聚气带为三江—穆棱河聚气带，以下白垩统含煤地层为主，含气性好，包括鹤岗、集贤—绥滨、鸡西、勃利、双鸭山几个目标区。

鹤岗煤盆地煤层气 鹤岗煤田煤层主要赋存在石头河子组，地层厚530~1 370米，含煤40余层，其中可采、局部可采36层，多为中厚和厚煤层，个别为特厚煤层，其中主要可采层为3、11、15、17、18、21、22、30、33等9个煤层，煤层可采厚度一般在45.0~79.70米，煤种以气煤和焦煤为主，南部以气煤为主，北部以焦煤为主，个别地层见有无烟煤。煤层渗透率偏低，储层压力梯度基本属正常，储层压力略为欠压。地应力属于高应力地区。根据HE-1井等温吸附试验结果，17煤吸附量为5~4.6立方米/吨，在1~5.5Mpa区间内随压力增大吸附量呈大幅度增加，由5.34立方米/吨增到18.63立方米/吨，有利于煤层气的储存开采，但临界解吸压力低，一般在0.2Mpa以下，实测含气量平均小于1立方米/吨，远远低于理论含气量值。各层临界应力均很低，平均在9.18~0.21之间，17煤、21煤、22煤等层吸附性好，属有利于煤层气储气层。气饱和度一般都很低，为0.672%~13.573%。煤层含气量和气成分HE-1井为0.15~7.19立方米/吨，HE-2井为0.14~8.30立方米/吨（中联公司施工）。兴安、南山新一区钻孔实测含气量为0.31~1.44立方米/吨（井下测量）。通过南山矿、新一矿瓦斯相对涌出量、绝对涌出量，计算为4.8~10.5立方米/吨，为较高甲烷带。兴山矿瓦斯涌出量为中等程度中甲烷带，大陆矿以南地区属低甲烷带，含气量小于2立方米/吨。

绥滨—双鸭山煤层气 该区拥有5个大型煤矿产地和3个中型煤矿产地，资源储量约50亿吨，以往没有开展煤层气资源的调查工作，因此在该地区开展勘查工作是必要的。

勃利—七台河煤层气 该区是我国三大主焦煤生产基地之一，拥有大、中、小型煤矿产地30多处，煤炭资源储量约40亿吨，以往没有开展煤层气资源的调查工作，但对开采矿井瓦斯含量的监测显示,该区煤层气仍有一定的含量。

鸡西—鸡东煤层气 鸡西煤田城子河组含煤可达56层,其中可采2~7层,可采累厚为4.88~17.23米。穆棱组含煤20余层,可采与局部可采1~8层,可采累厚0.70~4.57米,一般为1.0~3.0米。城子河组煤种以气煤、焦煤为主,弱粘煤、长焰煤次之,有少量肥煤和瘦煤。从鸡西盆地煤层气的孔隙性、渗透性来看,城子河组属于相对较差煤层,本区进行煤层气勘探开发必须采用水力压裂等工艺手段提高煤层渗透性。只是在滴道矿、大通沟矿、城子河矿测试过煤层瓦斯压力,可近似等于储层压力,经计算鸡西煤田平均瓦斯压力梯度为0.57MPa/100米,属低压储层,但不同地区瓦斯压力差别较大,这是煤层气开发的较有利条件。煤层的含气性、含气量与煤种分布特征相一致,穆棱组的甲烷浓度为67.96%~83.06%,平均浓度为76.55%。城子河组甲烷浓度为66.07%~94.84%,平均浓度为87.39%,属氮气—甲烷带和甲烷带;含气饱和度据荣华瓦斯实测为4.86立方米/吨,按等温吸附计算为7.40立方米/吨,经计算含气饱和度为66%,为欠饱和煤层气藏。

② 辽宁省煤层气聚气带为松辽—辽西聚气带,涵盖松辽盆地东含煤区、辽西含煤区和敦化—抚顺含煤区南半段,以下白垩统和第三系煤为主,包括铁法、阜新、抚顺、沈北4个煤层气目标区,含气性较好,该聚气带中石炭—二叠系煤层由于含气量低而未作煤层气资源评价。辽宁省煤层气赋存特征如下:

铁法煤层气 位于铁法煤田,地处铁法市,适合地面开发最佳位置在大兴井田。预测煤层气资源量187亿立方米,煤层最厚90米,平均50米,渗透率0.1~1.5md,本区于1997年完成的DT3已获成功,平均日产气6 000立方米,是我国目前最好的煤层气开发区。1998年因经费压缩停止勘探。铁法地区煤层气开发向沈阳供气项目的可行性报告已完成,并经专家评审通过,供气规模为5 000万~1亿立方米/年,单井日产气量可达3 000立方米以上。

阜新煤层气 位于阜新煤田,地处阜新市内,地面开发的最佳位置在刘家、王营子、东梁区。面积20平方公里,煤炭保有储量6.36亿吨,预测煤层气资源量86.6亿立方米,煤层最大厚度100米,平均厚度42米,渗透率为0.2~0.3md。刘家区已完成8口煤层气井,各井单井日产气3 000立方米以上,并于2003年向市内送气进行商业性开发。相邻的王营子、东梁区具有相同地质条件,同样具有开发前景。该区煤层气开发对辽宁省能源结构调整及阜新市煤矿城市转型具有重要的现实意义。该区煤气层开发项目的可行性报告已完成,并经专家评审通过。规划产气规模为3 000~5 000万立方米/年。

抚顺煤层气 位于抚顺煤田,地处抚顺市内。工作区面积9平方公里,煤炭保有储量2.39亿吨,预测煤层气资源量89亿立方米,其煤炭储量大部分集中在城下压煤区。开发利用城下压煤区的煤层气资源具有特殊意义,对抚顺市这一煤矿城市的转型也具有重要意义。抚顺向沈阳供气项目的可行性报告已完成,规划年送气1亿立方米。抚顺煤田煤层最大厚度近百米,平均厚度50米,为巨厚煤层,渗透率极高,为4md,煤层气含量高达27立方米/吨。有抚顺市、沈阳市的广阔市场,开发潜力极大。

沈北煤层气 地处沈阳市新城子区,位于沈北煤田,煤炭保有储量8.4亿吨,为褐煤,预测煤层气储量40亿立方米,是国家重点研究褐煤开发煤层气的目标区,面积100平方公里,该区具有低含气量、高渗透性、解吸率高的特点。沈阳至新城子煤气管线从矿区通过,开发条件极为便利。

红阳煤层气 位于红阳煤田,地处沈阳市南30公里,煤田面积120平方公里,现有4个生产矿井均为高瓦斯矿井,保有煤炭储量5.4亿吨,预测煤层气储量71.9亿立方米,渗透率较低,含气量20立方米/吨,开发条件优越。

③ 吉林省煤层气聚气带为浑江—红阳聚气带,以石炭—二叠系煤层为主,包括红阳和浑江两个目标区,含气性相对较好。

(三) 油页岩

东北地区油页岩矿产资源分布极为广泛,辽宁省、吉林省、黑龙江省及内蒙古自治区东部地区均有分布,尤以吉林省油页岩资源分布最广。东北地区油页岩主要分布于松辽、松嫩平原及断陷带的山间盆地内,含油页岩盆地均形成于中、新生代,其中以早白垩纪晚期和第三纪为油页岩矿主要成矿期。全区可划分出4个一级油页岩成矿带,即松嫩成矿带、伊舒—依兰成矿带、抚顺—密山成矿带和三江成矿带,预测油页岩资源储量9 000亿吨。

二、金属矿产

东北地区地处欧亚大陆东部边缘,位于西伯利亚古陆与华北古陆之间的复合造山区内,属古亚洲洋构造域东段与滨太平洋构造域交汇部位。东北地区矿产资源丰富,成矿条件优越,矿床类型多,资源潜力大。全区可划分3个二级成矿区,分别为辽吉成矿区、吉黑东部成矿区和大兴安岭成矿区。

(一) 辽吉成矿区

辽吉成矿区以赤峰—开原断裂为界,南侧为中朝准地台区,北侧为内蒙古—大兴安岭褶皱系和吉黑褶皱系,是华北陆块北部边缘和内蒙古—兴安—吉黑褶皱系两个不同构造单元的邻接部位。区域成矿条件优越,矿产资源丰富。根据区域大地构造背景和已知矿床(点)的分布及其形成的地质构造条件,成矿区可分为2个三级成矿带,分别为辽东吉南多金属成矿带、辽西喜峰口前寒武纪—印支期—燕山期金银铜铅锌成矿带。

辽东吉南金属成矿带为重要的贵金属、黑色金属、有色金属矿田或矿化集中区,分布有鞍本—吉南铁矿田、青城子铅锌金银多金属矿田、红透山铜(锌)金矿田、夹皮沟金矿田、大松树—大横路铜金多金属矿田等。矿床类型有与太古代变质结晶基底有关的层控型铁、铜、锌、金、镍、黄铁矿矿床;与早元古代沉积变质有关的铅、锌、铜、金、银、钴、镍、铁、黄铁矿、硼、菱镁矿、滑石、磷、石墨矿床;与中元古代—三叠纪稳定盖层有关的层控型铁、锰、菱镁矿、铅锌矿、大理岩、铝土矿、膏盐矿床;与古生代—中生代基性—超基性岩有关的岩浆分异型铜镍矿床;与中—新生代构造岩浆活动有关的金、银、铜、铅、锌、钼、黄铁矿、多金属、萤石、石棉矿床。

辽西喜峰口前寒武纪—印支期—燕山期金银铜铅锌成矿带已发现百余处矿床及矿点,以金、铁、铅锌、钼矿床为主,目前已发现排山楼、王蛮沟、大樱桃沟等 30 余处金矿床及矿点,成因类型均属与剪切作用有关的变质热液型及与燕山期侵入岩有关的岩浆热液型金矿床。铁矿成因类型均为受变质火山—沉积型。杨家杖子钼矿、兰家沟钼矿床、八家子铅锌矿、水泉金矿、温杖子金银矿等大中型矿床均分布于此带,还有数十个矿点遍布整个成矿带。矿床成因类型主要为斑岩型、夕卡岩—热液充填、交代型及次火山热液或隐爆角砾岩型。

综合分析各远景区成矿潜力,辽吉成矿区预测未探明资源总量为:铁 250 亿吨,金 1 500 吨,铅锌 500 万吨。

(二) 吉黑东部成矿区

吉黑东部成矿区属古亚洲成矿域东南端的成矿单元之一,并与中生代环太平洋成矿域相叠加,具有独特的构造和成矿演化历史。吉黑东部成矿区金属矿产资源丰富,矿床类型复杂,成矿期次多。已发现有色及贵金属大、中型矿床几十处,小型矿床上百处,矿(化)点近千处。矿床成因类型有岩浆型、斑岩型、接触交代型、海相火山喷气型、陆相火山喷气型、热液型、受变质型及其他成因类型。典型矿床有红旗岭铜镍矿床、小西南岔金铜矿床、团结沟金矿床、翠宏山钨铜多金属矿床、大黑山铜矿床、放牛沟金矿、刺猬沟金矿、小西林铅锌银矿、海沟金矿、羊鼻山铁钨石墨矿床、东风山铁金矿床及三门银(铅锌)矿床等。由于受地表覆盖的影响,该区的地质和矿产工作程度相对较低。

根据区域大地构造背景和已知矿床(点)的分布及其形成的地质构造条件,吉黑东部成矿区可划分为 6 个三级成矿带,分别为小兴安岭—松嫩盆缘华力西晚期—燕山中期铜钼铅锌钨铀金成矿带,伊春—延寿加里东期—印支晚期—燕山期铅锌钨铜钼锡金银铀成矿带,佳木斯吕梁期—华力西晚期—燕山期金钨铂族铜铅锌银钼锡铀成矿带,完达山印支晚期—燕山期贵金属有色金属成矿带,密山—珲春太古代—晚古生代—中生代金铜钼铅锌银成矿带,四平—永吉多金属成矿带。

通过对该区成矿背景、成矿条件和成矿信息的综合分析,预测吉黑东部地区未探明矿产资源总量为:铜 500 万吨,铅锌 800 万吨,金 700 吨,银 5 000 吨。

(三) 大兴安岭成矿区

大兴安岭成矿区横跨北部的西伯利亚板块和南部的华北板块,经历了太古宙—中(新)生代漫长的演化历史。大兴安岭地区有色金属矿产资源丰富,成矿条件优越。已发现有色金属及贵金属大型矿床 10 余处,中型矿床 20 余处,小型矿床 50 余处,矿(化)点近千处。这些矿床(点)主要集中于满洲里—额尔古纳地区、多宝山地区、大兴安岭中南段巴林右旗—乌兰浩特地区和翁牛特旗—赤峰地区,构成多个有色金属矿床集中区。

根据区域大地构造背景和已知矿床(点)的分布及其形成的地质构造条件,该区可划分为 4 个三级成矿带,分别为得尔布干银铅锌铜钼金成矿带,东乌旗—梨子山—鄂伦春铜金银多金属成矿带,乌兰浩特—巴林右旗银铅锌铜多金属成矿带,多伦—赤峰铅锌铀钼金铜多金属成矿带。

通过对该区区域成矿背景、成矿条件的综合分析,预测大兴安岭地区未探明矿产资源总量为:铜500万吨,铅锌1 000万吨,银10 000吨。

三、非金属矿产

(一)硼矿

硼矿在东北地区主要集中在辽宁省,主要分布在辽东—吉南沉积变质再造型硼矿成矿带。沉积变质再造型硼矿床全部产在新太古界宽甸群中。共、伴生矿物多,储量丰富,矿石品位较低。硼矿在黑龙江省只有零星分布,不具工业规模。吉林省硼矿均产于早元古宙集安群蚂蚁河组。含矿岩石为基性—中酸性火山岩、镁质大理岩。吉林省含硼岩系分布局限,资源潜力不大。

(二)菱镁矿

菱镁矿在东北地区主要集中在辽宁省。辽宁省有12个菱镁矿区,基本为镁质碳酸盐地层中层控晶质菱镁矿,矿床规模大,质量优良,具有重大的工业价值。菱镁矿产出的地层时代较多,主要有太古宙、元古宙、泥盆纪和三叠纪,其中又以元古宙的菱镁矿最为重要。辽宁省营口大石桥至海城一带,含镁碳酸盐岩建造东西向延长50公里,厚度稳定,最厚约3 000米,为菱镁矿的形成奠定了丰富的物质基础。区域地质构造,尤其是褶皱构造控制了矿床的分布和规模。区域变质作用和岩浆作用有利于菱镁矿成矿作用的进行,如胶辽台隆元古宙发生了绿片岩相至角闪岩相区域变质作用,同时产生了近东西向的复向斜和走向断裂,以及出现混合岩化作用和花岗岩侵位,这为菱镁矿矿床的形成创造了有利条件。

2004年吉林省菱镁矿储量仅有1.1万吨,仅有1个矿区,分布局限,资源潜力不大。黑龙江也只有零星分布。不具工业规模。

四、老矿山深部与外围资源潜力分析

对东北地区的79个大、中型矿山进行资源潜力调查,结果表明,这些老矿山中有20座矿山的深部和外围均存在不同程度的资源潜力(占总数的25.3%)。通过实施接续资源找矿工作,预计新增大型铁矿1个、中型金矿5个、中型硼矿3个、中型煤矿2个、中型钼矿1个、中型镍矿1个、小型煤矿2个、小型铜矿2个、小型铅锌矿2个。

第四章 东北亚地区矿产资源潜力分析

第一节 俄罗斯矿产资源概况

俄罗斯幅员广阔,国土面积为1 707.54万平方公里。俄罗斯是个多民族国家,100多个民族中,以俄罗斯族为主。

俄罗斯通常以叶尼塞河为界分为东西两个部分。东部以高原和山地为主;西部大部分是平原,包括东欧平原和西西伯利亚平原,两个平原之间为乌拉尔山脉。

2007年俄罗斯国内生产总值为11 400亿美元。据计算,俄罗斯矿产勘探和开采部门提供的产值约占国内生产总值的10%。如果考虑到热能、核能和矿物原料初加工产品,其产值几乎占国内生产总值的20%。

俄罗斯具有相当大的自然资源潜力。据估算,其国家财富人均为40万美元,其中自然资源综合潜力为16万美元,占国家财富人均值的40%,这比美国和加拿大相应指标的总和还要高9倍。因此,俄罗斯坚持走"资源强国"的道路。

俄罗斯是矿产资源大国,丰富的矿产资源保证了国家经济的稳定、发展及国家安全。据俄联邦自然资源部最详细、可信的资料,按现今世界市场价格计算,俄罗斯探明和估算的矿产储量的总价值约28.56万亿美元,其中主要矿产探明和估算的储量已获取的价值超过19万亿美元。如果考虑1999～2000年世界市场价格,在俄罗斯地下资源总价值中,燃料和能源占72.4%,黑色金属占6.8%,有色金属占6.3%。

由图4—1和图4—2可以看出,俄罗斯矿产主要集中在下列地区:西西伯利亚(石油、天然气、煤、锰矿)、东西伯利亚(钴、铌、铜、铅、镍、铂族金属、钨、锌、铁矿、石油、天然气、煤、金刚石)、远东(金、铅、银、锡、钨、锌)、乌拉尔(铝土矿、钴、铜、铅、镍、锌、铁、钾盐)、科拉半岛(钴、铌、铜、镍、稀土金属、钽、磷酸盐)、北高加索(石油、天然气、铜、铅、钼、钨和锌)。

虽然俄罗斯的矿产资源丰富,但矿物原料基地的发展却受到一些问题的困扰,例如俄罗斯的自然条件对于矿产资源的开发利用十分不利。据统计,有2/3以上的矿床,包括油气区及规模最大的铜镍矿区、磷灰石矿区位于气候非常寒冷的地带。今后加强地质勘探工作与重点开发的东西伯利亚和远东地区,不仅气候条件相当恶劣,而且地形起伏大,通行困难。

虽然俄罗斯矿产种类比较齐全,但是多数矿产品品位低。一般来说,铅、锌、钨、铜、钼、钛、锡等矿床的金属平均品位只及国外同类矿床品位的35%～50%,铁矿床只及国外同类矿床铁品位的50%。据俄罗斯矿业联合会估算，就俄罗斯矿床质量和产地、矿山基础设施和其他条件来说，已知储量中大约有 2/5 可以赢利。

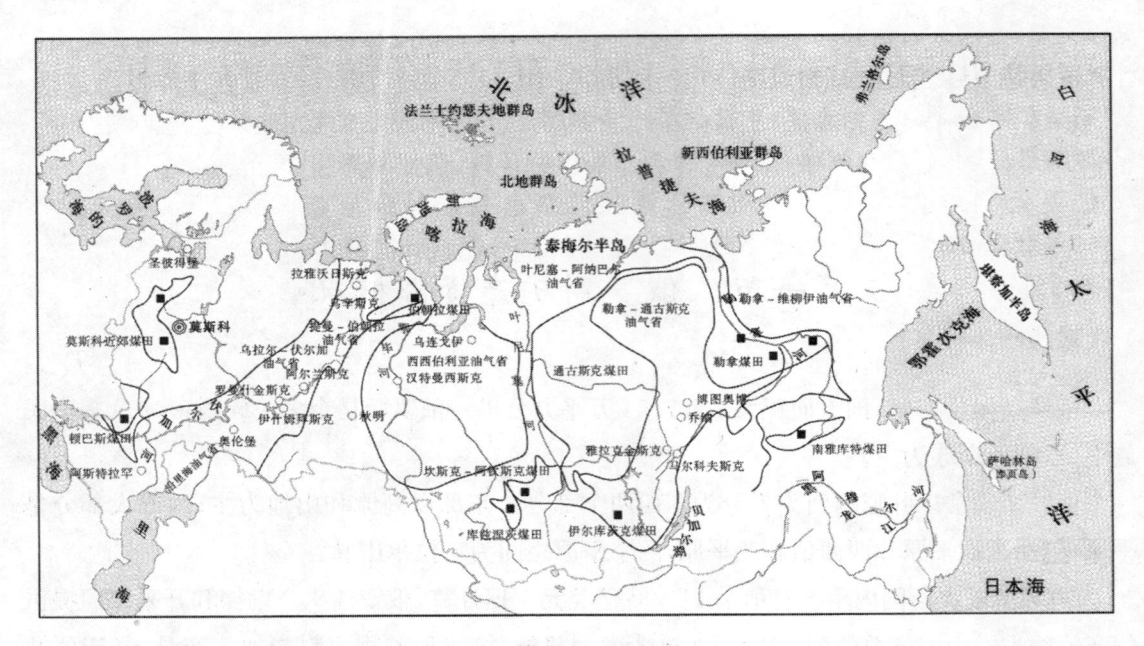

图 4—1 俄罗斯主要能源矿产分布

（引自史崇周、刘燕平，1997，经修改补充。）

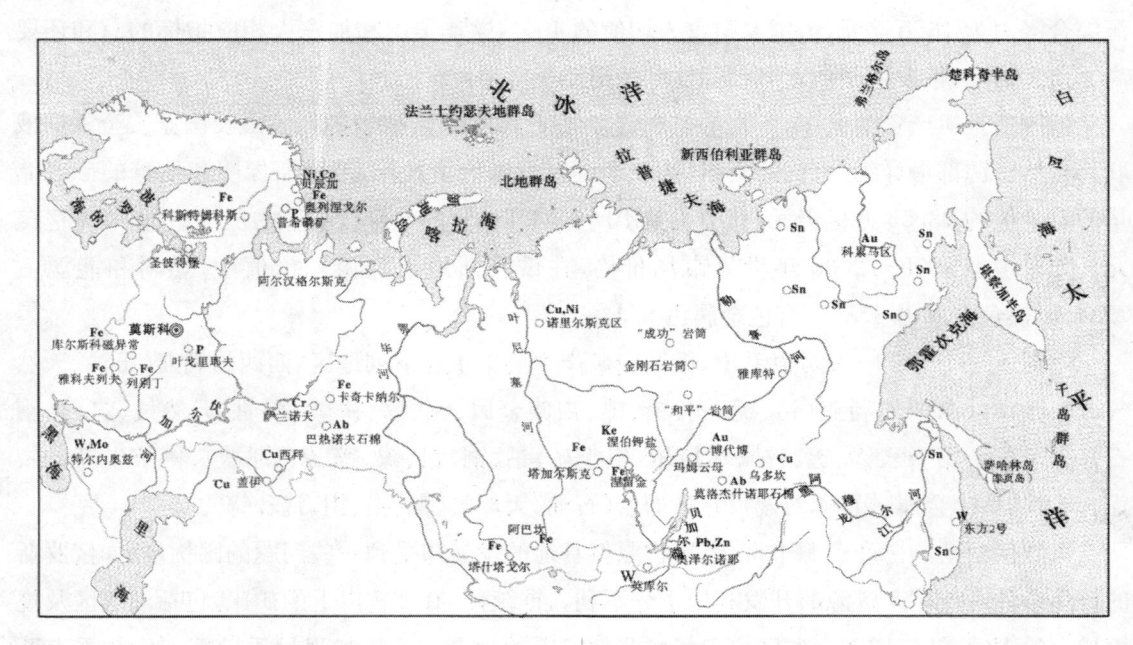

图 4—2 俄罗斯主要金属和非金属矿产分布

（引自史崇周、刘燕平，1997，经修改补充。）

许多矿产储量增长速度低于开采消耗速度。与1991年相比,2003年初许多矿种的探明储量都在减少,如镍减少了7.5%、铜减少了6.2%、铝土矿减少了2%、钨减少了4.5%、钼减少了4%、锑减少了16.3%、铂族金属减少了7.5%、金刚石减少了7.8%、钾盐减少了3.8%。

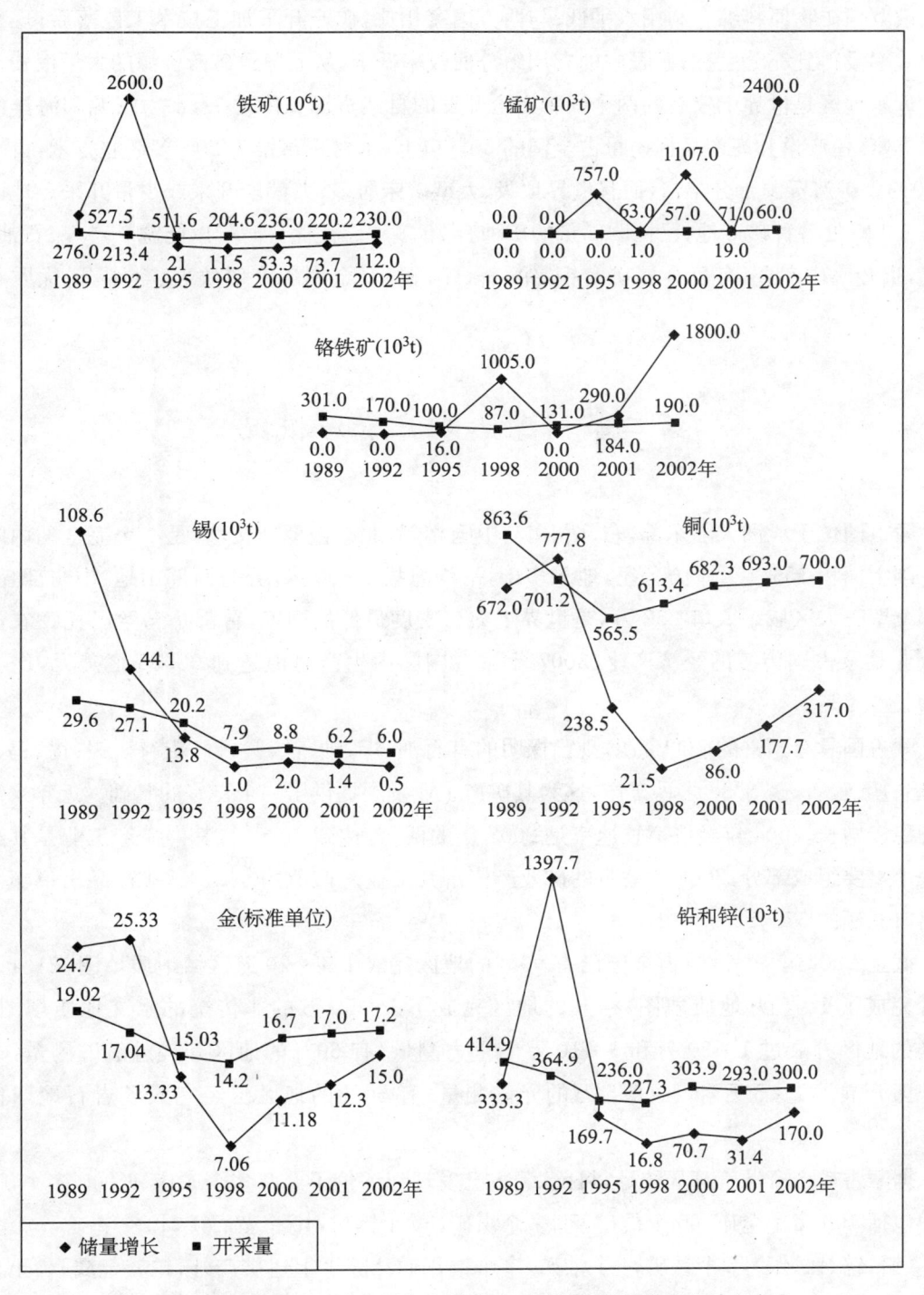

图4—3 1989~2002年俄罗斯主要矿种开采量和储量增长的动态变化

(引自 Б. К. Михайлов, 2003。)

图4—3表现了几种主要矿产近10年来开采量和储量增长的动态变化。从图中可以看出,在铁、锰、铬铁、锡、铜、金、铅和锌8种重要金属矿产中,只有锰矿和铬铁矿的探明储量增长速度高于开采消耗速度,其余6种金属矿产的探明储量增长速度均低于开采消耗速度。

俄罗斯矿物原料综合利用水平低;与西方国家相比,矿产开采加工技术工艺落后;现有设备的效率没得到充分发挥;矿石中的有用组分回收率低下,从而导致矿产资源的大量浪费。

远东地区是世界上仅有的两个尚未完全开发的自然资源宝库之一,水力资源和海洋生物资源丰富,鱼产量和海产品捕捞量占全国的50%以上;木材积蓄量为200多亿立方米,占全国的30%。矿产资源十分丰富,而且世界顶级、大型矿床居多,大都未开采或少量开采。地区总计有1 100处各种矿产地,已探明储量的矿种有70多种。其优势矿产以能源矿产煤、石油、天然气,贵金属矿产金,有色金属矿产铜、铅、锌、钼、锡,非金属矿产磷块岩、金刚石、优质石材为主。

第二节 蒙古矿产资源概况

蒙古国位于亚洲大陆东部,东、西、南与中国相邻,北与俄罗斯接壤,是一个完全的内陆国家。国土面积156.7万平方公里,地势多山,平均海拔1 600米,分为西部山地、中东部丘陵、南部戈壁三大区域。人口262万,是世界上人口密度最低的国家,首都是乌兰巴托。农业和畜牧业是蒙古国传统的经济产业,2007年蒙古国国内生产总值达到28.35亿美元,比上一年增长9.9%。

蒙古国具有丰富的矿产资源,现已探明的有石油、煤、铀、铁、锰、铜、铅、锌、钼、锡、钨、金、银、铝、盐、萤石、磷等80多种矿产,这为其矿产工业发展提供了一个良好的基础。近年来蒙古经济稳步增长,2004年经济增长速率是2003年的两倍,达到10.6%,其中矿产工业是其经济的一个重要组成部分,2004年蒙古的矿业产值占其工业总产值的64.7%,矿产品出口额占蒙古出口总额的57.5%。

截至2004年9月,蒙古全国已有99%的地区完成了1∶20万区域地质填图,21.1%的地区完成了1∶5万地质填图,84%的地区完成了1∶50万的非传统的水文地质填图,有17%的地区开展过1∶20万和1∶10万的重力测量,有60%的地区开展过航磁测量,32%的地区开展了1∶5万和1∶2.5万的光谱测量,有60%的地区已经完成了岩石地球化学采样。

据蒙古矿产资源管理局统计,目前,蒙古已发现和评价了800多个矿床、6 000多个矿点,其中包括100多个金矿,60个盐矿,50多个煤矿,50个锡矿,40个萤石矿,10个钨矿,7个多金属矿(铅、锌、铋、银),7个铁矿,4个铀矿,多个铜钼矿。除了上述矿产外,铂族金属、稀土、镁、镍、石棉、石膏、磷块岩、滑石、石墨、沸石、金刚石、宝石、石灰岩、粘土、砂砾、硅石以及石油也具有一定的储量。

从图 4—4 可以看出,煤矿主要分布在蒙古东部和南部,有色金属和稀有金属主要分布在北部和东部,稀土主要分布在南部和西部,萤石分布在东部和中部,金矿遍布全国各地。

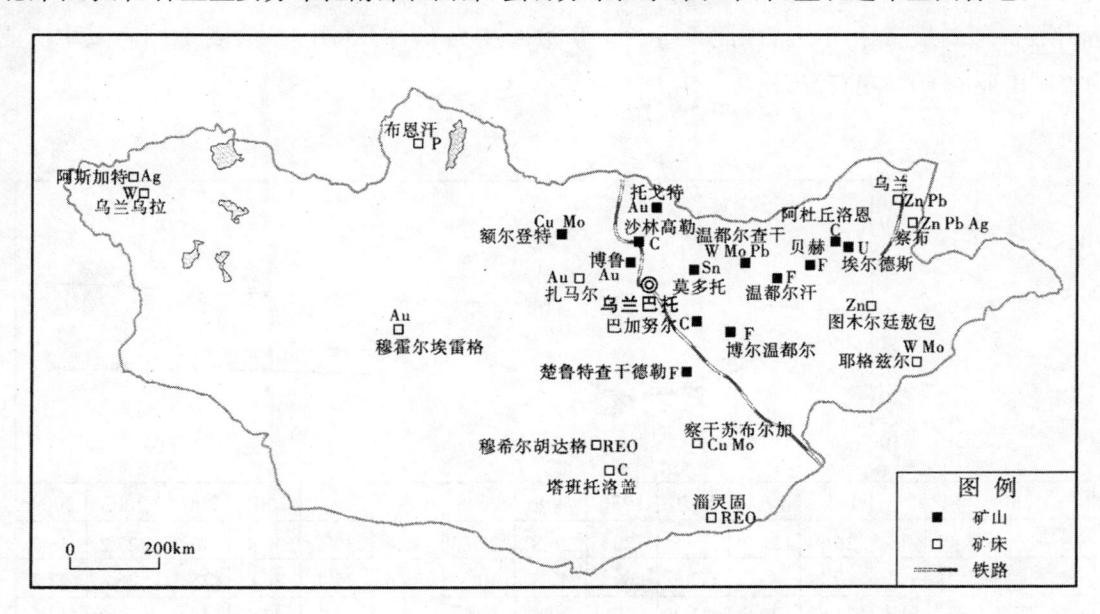

图 4—4 蒙古矿床分布

(引自 A. B. Dergunov, R. E. Sorkina et al., 2001。)

第三节 朝鲜矿产资源概况

朝鲜民主主义人民共和国(以下简称朝鲜)位于亚洲大陆东部朝鲜半岛的北半部,其面积为 122 762 平方公里,人口为 2 222 万。

朝鲜北部以鸭绿江、图们江与中国大陆及俄罗斯交界,南部以军事分界线与韩国相接壤,东、西南部环海,东为日本海,西南为黄海。山地及丘陵约占领土的 80%,平均海拔 440 米。

2004 年朝鲜的国民生产总值是 208 亿美元,人均国民生产总值是 914 美元,经济增长率由 2000 年的 1.3% 上升到 2004 年的 2.2%。

朝鲜蕴藏有丰富的地下资源,已探明矿产多达 360 余种,其中有开采价值的矿产 200 多种,储量较丰富且具经济价值的矿产有石灰石、高岭土、硅砂、耐火粘土、铁矿、菱镁矿和煤炭(储量为 147×10^8 吨)。此外,钨、钼、石墨、重晶石及萤石的储量,也居世界前十位。金、银、铜、铅、锌等有色金属矿的储量也相当可观。

朝鲜已同 100 多个国家和地区建立了贸易关系。主要出口钢铁、有色金属、人参、纺织品和水产品等,进口产品主要有石油、机械设备、电子产品、纺织产品等。2004 年的贸易总额为 28.6 亿美元,其中出口额为 10.2 亿美元,进口额为 18.4 亿美元,贸易赤字较大。主要贸易对象为中国、韩国、日本、俄罗斯、德国及东南亚国家等。

朝鲜丰富的地下资源使得本国以战略矿产及煤矿为中心的矿工业(包括矿业和制造业)得到了很大的发展。20世纪70年代朝鲜的矿工业生产占全部产业的一半以上,而到了1980年达到了60%的最高峰,但之后则逐年下降,到2004年为27.2%(图4—5、表4—1),其中矿业约占矿工业的30%左右。

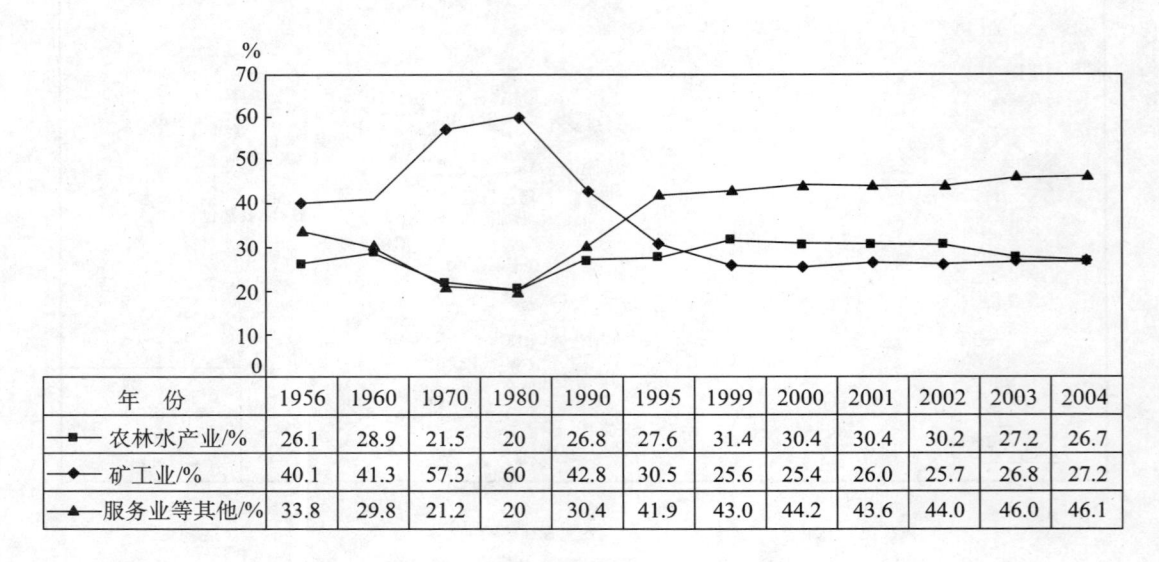

年 份	1956	1960	1970	1980	1990	1995	1999	2000	2001	2002	2003	2004
农林水产业/%	26.1	28.9	21.5	20	26.8	27.6	31.4	30.4	30.4	30.2	27.2	26.7
矿工业/%	40.1	41.3	57.3	60	42.8	30.5	25.6	25.4	26.0	25.7	26.8	27.2
服务业等其他/%	33.8	29.8	21.2	20	30.4	41.9	43.0	44.2	43.6	44.0	46.0	46.1

图4—5 朝鲜历年产业结构变化情况

(引自韩国贸易投资振兴公社(KOTRA),2005。)

表4—1　1999～2004年朝鲜产业结构变化情况　　　　　　　　　　　单位:%

产业类别	1999年	2000年	2001年	2002年	2003年	2004年
农林渔业	31.4	30.4	30.4	30.2	27.2	26.7
矿工业	25.6	25.4	26.1	25.8	26.8	27.2
其中:						
矿业	7.3	7.7	8.0	7.8	8.3	8.7
制造业	18.3	17.7	18.1	18.0	18.5	18.5
电、气、水	4.5	4.8	4.8	4.4	4.5	4.4
建设业	6.1	6.9	7.0	8.0	8.7	9.3
服务业	32.4	32.5	31.8	31.6	32.8	32.3

资料来源:韩国贸易投资振兴公社(KOTRA),2005。

煤、铁、铅、锌以及菱镁矿在朝鲜矿业中占很大比重。煤是朝鲜最主要的能源,在全国所有主要能源消耗中占70%以上,最近几年由于自然灾害,煤消耗自1988年的最高点开始逐年下降。2002年朝鲜煤的总储量是$147×10^8$吨,其中可采储量约有$79×10^8$吨。无烟煤分布在平安南道[①](以下简称平南)顺川、德川等西海岸地带,而褐煤则分布在咸境北道(以下简称咸

---

① 朝鲜共分为9个省(道),分别是咸境北道、咸境南道、两江道、慈江道、平安北道、平安南道、黄海北道、黄海南道和江原道。

北)恩德地区和咸境南道(以下简称咸南)金野地区。1989年煤产量为 8 500×10⁴ 吨,1993年为 10 710×10⁴ 吨,之后因新煤田开发不振、开采的深度加大、设备的老化等原因,产量逐年下降,到了1998年下降为 1 860×10⁴ 吨,2001年又升至 2 310×10⁴ 吨,2002年稍降至 2 190×10⁴ 吨。铁矿石储量主要集中在利原、茂山、殷栗和载宁、价川等20多个矿山中,其中茂山是朝鲜最大的铁矿山,也是具世界规模的露天矿山。随着矿山持续不断的开发和扩建,到了20世纪70年代后其产量每年以2%的速度增长。但目前,新矿山的勘探和开发变得一蹶不振,而且原有矿山也由于开发设备的老化等造成其产量急剧下降,1989年产量为 900×10⁴ 吨,1998年下降到了 289×10⁴ 吨,2001年又升至 421×10⁴ 吨。金矿多产在云山和大榆洞。铅锌等有色金属矿主要产在检德矿山(国内最大的铅锌矿山),而钨则产在万年矿山,菱镁矿集中在咸南、咸北以及两江道,其中典型的菱镁矿矿山——龙阳矿山的资源量大约为 36×10⁸ 吨,2001年有色金属产量总计 9.2×10⁴ 吨。朝鲜的石油和天然气资源有限,但在朝鲜海湾和北部地区可能含有相当储量的碳氢化合物。在端川—罗津地区1/3海岸区初步估算约有 280×10⁸ 立方米的天然气资源和 5 000 万桶的轻原油。

煤炭是朝鲜最重要的能源资源,目前有 147.4×10⁸ 吨的储量,其中无烟煤有 117.4×10⁸ 吨,褐煤有 30×10⁸ 吨。无烟煤主要分布在平南顺川、德川、价川等平南北部煤田,该区的储量和产量占全国的2/3。而平壤周边的大东、江东、江西等大同江沿岸的平南南部煤田占全国总储量的2/5,总产量的1/10。90%的褐煤则分布在平南安州地区和咸北的会宁到阿吾地的豆满江沿岸以及咸北南部煤田的吉川、明川、恩德、清津等地区。

铁矿石主要集中在以茂山郡为中心的地区,其次分布在黄海南道(以下简称黄南)殷栗和载宁一带,咸南虚川、利原、北青地区以及江原道昌道郡等,其中茂山既是朝鲜最大的铁矿山又是具世界规模的露天矿山。目前已发现的铁矿约有200余处,其中一半以上具有工业价值,储量为 20×10⁸~40×10⁸ 吨。

朝鲜金矿资源丰富,多分布在平安北道、平安南道、黄海北道、江原道,其中以黄海北道遂安郡和延山郡境界区的彦真山(海拔1 120米)向东到大角山(海拔1 127米)的遂安—芬洞地区、平安北道(以下简称平北)东仓郡和云山郡以及平南桧仓郡等地区分布最为集中。据统计,全国共有大小金矿床、矿点140处。

朝鲜是个铜矿资源丰富的国家。著名的大中型铜矿如甲山、云兴、惠山等均分布于北部地区的两江道,在咸境南道有上农、虚川、满德、富润,咸境北道有稳城,慈江道有中江、和坪,黄海南道有康翎,还有翁津、三海、板桥的铜镍矿、德岘铜铁矿等。

朝鲜的铅锌矿床比较著名,全国有20个中型以上矿床。朝鲜中部有80个铅锌矿床,但大部分为中小型,以慈江道及咸境南道分布最多,其中规模最大的层状矿床为检德矿床。图4—6表现了朝鲜主要矿产的大致分布。

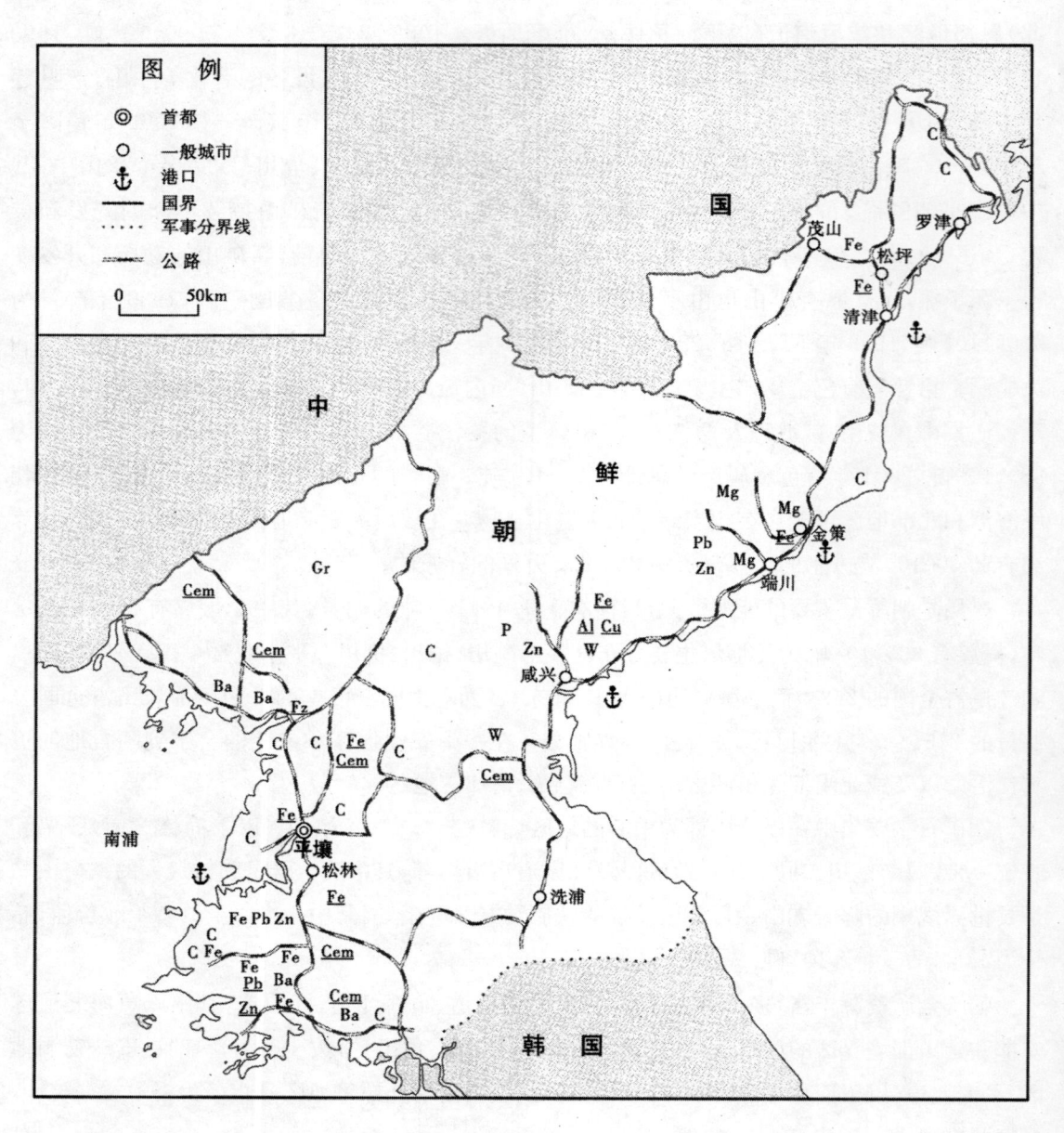

图 4—6 朝鲜矿产资源分布

（引自 U. S. Geological Survey, 2002, 2003。）

注：<u>Al</u>:铝冶炼厂；Ba:重晶石；C:煤；<u>Cem</u>:水泥厂；<u>Cu</u>:铜冶炼厂；Fe:铁；<u>Fe</u>:钢铁厂；<u>Fz</u>:肥料厂；Gr:石墨；Mg:镁；P:磷酸盐；Pb:铅；<u>Pb</u>:铅冶炼厂；W:钨；Zn:锌；<u>Zn</u>:锌冶炼厂。

第四节 韩国矿产资源概况

韩国位于朝鲜半岛南部，面积为 99 600 平方公里，占全半岛面积的 45%。北接朝鲜，西濒黄海，东临日本海，东南隔朝鲜海峡与日本列岛相望。人口约为 4 882 万。

韩国的地形具有东北高、西南低的特点。东北部是从朝鲜延入境内的太白山脉和庆尚山脉,呈北西—南东向延伸。高山海拔均在2 000米以下,最高的山脉是济州岛的汉拿山(1 950米)。在韩国西部、西南部和南部是丘陵平原。西部、西南部、南部分布众多岛屿,最大的是济州岛。主要河流有汉江、洛东江、锦江和临津江等,水利资源较丰富。

韩国有1个特别市(首尔)、5个直辖市(仁川、釜山、大邱、光川、大田)、9个道[京畿道、江原道、忠清北道(简称忠北)、忠清南道(简称忠南)、全罗北道(简称全北)、全罗南道(简称全南)、庆尚北道(简称庆北)、庆尚南道(简称庆南)和济州道]。

据报道,2007年韩国国内生产总值达7 463.59亿美元,人均国内生产总值达到15 527美元,经济增长速度为4.5%左右。出口贸易总额为2 542亿美元,同比增长31.2%;进口贸易总额为2 245亿美元,同比增长25.5%。2004年韩国矿业产值占国内生产总值的0.29%。

韩国矿业在朝鲜战争后的早期曾对国家经济增长作出过很大贡献。之后,韩国矿业的真正发展始于1962年,即韩国第一个五年经济发展计划开始实施后。在社会主义国家开放其矿产市场前,韩国上东钨矿山曾是世界钨矿最大生产矿山之一,矿山的大部分产品供出口。矿业为奠定韩国经济发展基础作出了贡献。1965年以后,由于其他工业的快速增长使矿业在GDP中占的比例逐年下降,从1965年的1.6%下降到1974年的1.0%,1998年只有0.34%,2004年又下降为0.29%(表4—2)。

表4—2 韩国矿业在GDP中所占比例

	1985年		1991年		1998年		2003年		2004年	
	总额(亿韩元)	比值(%)	总额(亿韩元)	比值(%)	总额(亿韩元)	比值(%)	总额(亿韩元)	比值(%)	总额(亿韩元)	比值(%)
GDP	820 332.00	100.0	2 256 597.00	100.00	4 762 454.00	100.00	7 254 203.00	100.00	7 811 742.00	100.00
矿业产值	10 424.14	1.3	21 807.28	0.97	16 119.22	0.34	21 465.19	0.30	22 481.56	0.29

资料来源:http://www.nso.go.kr/newnso/main.html。

20世纪70年代石油危机后,韩国政府成立了能源资源部和韩国矿业振兴公社(KMPC,现为KORES),以促进矿业发展和保持海外能源的稳定供应。一些大的私营公司纷纷建立自己的队伍,专门研究海外石油、煤和其他矿产。能源资源部和韩国矿业振兴公社扩大了其职能,关注海外资源开发项目,为私营公司提供低息贷款。

在中国和俄罗斯实行开放政策以后,国际矿产资源秩序的新变化大大加速了韩国矿业的衰退。韩国最大的钨矿(上东钨矿)和大多数有色金属矿山不得不陆续关闭。

面对矿业的衰退,韩国地质采矿材料研究所(KIGAM)成立了海外资源研究组,以促进海外矿产资源调查和开发。韩国地质采矿材料研究所还继续研究朝鲜半岛地质,以发现隐伏矿供将来使用。

目前采矿活动比较活跃的只是一些小矿山或采石场,它们主要是开发建筑石材和砂石材料,以及石灰岩和萤石等非金属矿。

煤(主要是无烟煤)产量占矿业总产量的大部分。由于国内生产的煤的价格已经无法与进口煤竞争，目前大多数私营煤矿已经关闭。若干国有煤矿，例如大韩煤矿公司生产的煤只供发电和家庭取暖，钢铁业所需的煤只能靠进口供应。

韩国矿业的现状与过去大不相同。目前，韩国经济和社会发展所需的大多数矿产只能依靠进口。根据韩国统计部统计，韩国矿业企业从2000年的674个减少到2004年的610个，而矿工人数从2000年的18 053人下降到2004年的16 406人，下降幅度为9.1%。

韩国已知矿产有330种，其中66种在韩国矿业法中有具体规定，包括金、银、铂、铜、铅、锌、铋、锡、锑、汞、铁、铬铁矿、钛铁矿、硫化铁、锰、镍、钴、钨、钼、砷、磷、硼、铝土矿、菱镁矿、煤、石墨、金刚石、石油（包括天然气、沥青和可燃性天然气）、云母（包括绢云母和蛭石）、石棉、硫

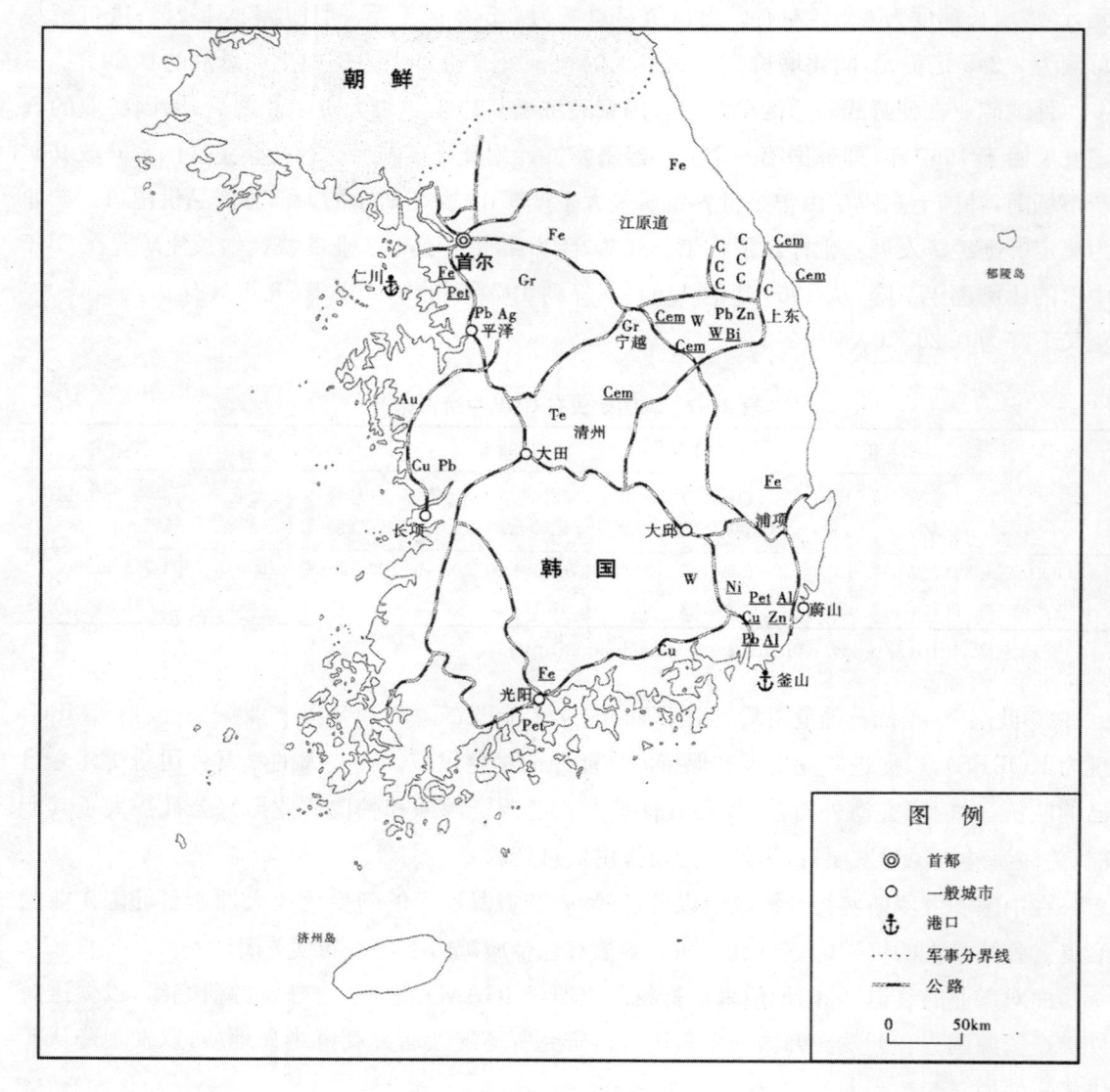

图4—7 韩国矿产资源分布

（引自 U. S. Ceological Survey, 2004。）

注：Ag：银；Al：铝冶炼厂；Au：金；Bi：铋；C：煤；Cem：水泥厂；Cu：铜；Cu：铜冶炼厂；Fe：铁；Fe：钢铁厂；Gr：石墨；Ni：镍冶炼厂；Pet：炼油厂；Pb：铅；Pb：铅冶炼厂；Te：碲；W：钨，Zn：锌；Zn：锌冶炼厂。

磺、石膏、叶蜡石、滑石、蓝晶石、红柱石(包括矽线石)、萤石、明矾石、重晶石、霞石、硅藻土、长石、沸石、蛇纹石、硅灰石、水晶、软玉、高岭土、石灰石(包括白云石和贝壳石灰石)、砂金、砂铁、砂锡、硅石、硅砂、铀、锂、钾、铯、钛、铍、钽、铌、钡和含其他稀有元素的矿石(图4—7)。

第五节 日本矿产资源概况

日本位于太平洋西岸亚洲东部,是一个由东北向西南延伸的弧形岛国。西隔东海、黄海、朝鲜海峡、日本海与中国、朝鲜、韩国、俄罗斯相望。日本国土总面积为377 800平方公里,由北海道、本州岛、四国岛、九州岛四个大岛和约3 900个小岛组成,海岸线长约30 000公里。山地约占国土总面积的76%,平原约占24%。日本位于太平洋火山地震带上,火山活动频繁,为世界上有名的地震区。富士山是全国的最高峰,海拔3 776米,是一座活火山。平原多散布在大河的下游和沿海地区,最大的平原是东京附近的关东平原,其次是名古屋附近的浓尾平原。与火山活动有关的温泉遍布全国,共有1 200处。水温90℃以上的近百处,地热资源丰富。境内河流流程短,最长的信浓川长约367公里。最大的湖泊是琵琶湖,面积672.8平方公里。由于地处海洋的包围之中,属温带海洋性季风气候,终年温和湿润,冬无严寒,夏无酷暑。全国人口12 765万(截至2004年10月),日本是世界上第二经济大国。2007年日本GDP达52 581亿美元,年增长2.4%。

作为一个岛国,日本虽然经济高度发达,但矿产资源却极其贫乏。据日本经济省资源厅数据,日本有储量的矿种只有12种,主要为煤、铜、铅、锌、金、银、碘、白云石、石灰石、高岭土、叶蜡石、硅砂。日本北鹿地区含铜量在200万吨以上,含铅锌量在600万吨以上。20世纪80年代发现的鹿儿岛的菱刈金矿是日本最大的金矿,储量有120吨,品位比较高。另外,石灰岩、叶蜡石、硅砂3种矿产的储量较大,其他矿产的储量均极少,经济发展所需要的大部分矿产均需进口。主要资源的进口依赖程度为:煤95.2%、石油99.7%、天然气96.4%、铁矿石100%、铜99.8%、铝矾土100%、铅矿石94.9%、镍矿石100%、磷矿石100%、锌矿石85.2%。

第六节 东北亚地区重要矿产资源潜力分析

一、能源矿产

(一)石油和天然气

俄罗斯是我国周边国家中油气最丰富的国家,是世界上最大的天然气出口国、第二大石油出口国、第二大能源消费国。石油储量居世界第七位,约为95亿吨,占世界石油储量的6%;天然气储量居世界第一位,约为47万亿立方米,占世界天然气储量的26.7%。

俄罗斯油气资源分布在陆上和大陆架,陆上油气资源量占俄罗斯油气总量的74.1%,大陆架上占25.9%。陆上石油资源占87.6%,大陆架石油资源占12.4%;67.9%的游离气分布在陆上,32.1%分布在大陆架;84.3%的溶解气分布在陆上,大陆架中的溶解气仅占15.7%。俄罗斯的8大主要油气区分布在以下区域:西西伯利亚、乌拉尔—伏尔加河中上游流域、蒂曼—伯朝拉、北高加索、东西伯利亚、远东、滨里海和北极海大陆架。其中最主要的有以下3个:

① 伏尔加—乌拉尔含油气区,面积为78万平方公里,1970年最高年产油达2亿吨。该区最大的罗马什金油田,含油面积4 000平方公里,1970年最高年产油达8 150万吨。

② 西西伯利亚大油气区,面积为350万平方公里,1988年最高年产油为4.1亿吨,2000年产天然气5 000亿立方米。该油区最大油田为石萨马特洛尔油田,1980年产油1.54亿吨,单井日产油2 000吨;该区最大的乌林戈伊气田,可采储量为8万亿立方米,为世界上最大气田。

③ 东西伯利亚大油气区,面积为400万平方公里,预测石油资源量为115亿吨,天然气资源量为44万亿立方米,目前只探明很小一部分,尚未正式投入开发。该区最大的尤罗布钦油气田面积为1.4万平方公里,石油地质储量为30亿吨,天然气储量为1万亿立方米。

俄罗斯不仅探明油气储量十分丰富,而且资源潜力巨大,未探明的石油资源量储量占世界领先地位。其初始总资源量的勘探程度只有40%,而未探明的可采资源量估计有数十亿吨,分别分布在西西伯利亚(53.4%)、东西伯利亚和俄罗斯远东(18.2%)、俄罗斯陆架区(约20%)。初始潜在天然气资源量估计为235.6万亿立方米,资源的勘探程度为24.5%,未探明的天然气资源量估计为164.8万亿立方米。俄罗斯拥有世界上最广阔的陆架,面积约为600万平方公里,相当于世界大洋大陆架面积的20%左右。陆架天然气初始潜在资源量估计为52.5万亿立方米,目前俄罗斯海洋油气资源的勘探程度不到2%,而大陆架远景地区经过普查勘探的地区不到1%。

2000年9月29日,俄罗斯宣布开发东西伯利亚气田,在东部建立宏大的天然气工业基础油气田,即科维克塔气田、恰扬达气田、上乔纳气田、索巴气田、尤鲁布琴—托霍莫气田、中搏图奥比亚气田。

远东地区面积620万平方公里,占俄联邦国土面积的36.4%。该地区自然资源极为丰富,在俄罗斯的比重占35%,仅次于占40%的西伯利亚地区,大大高于位居第三的乌拉尔地区(占25%),其中就包括石油和天然气资源。远东所有行政区均拥有石油和天然气资源,含油气区域的面积约160万平方公里,约占该地区总面积的25%。宏观上看,该地区共有3个大油气区:北极东部海洋(拉普捷夫海、东西伯利亚海和楚科奇海)大陆架油气区、远东海洋(白令海、鄂霍次克海和萨哈林州东北邻海)大陆架油气区和萨哈(雅库特)共和国大型油气区。这3个主要油气区各种碳氢化合物的潜在储量分别为197亿吨(占全区总预测储量的41%)、176亿吨(占全区预测总储量的38%)、100亿吨(占全区预测总储量的21%)。也就是说,整个远东地区石油和天然气等碳氢化合物的潜在总储量高达473亿吨。

关于远东地区邻海大陆架油气资源的布局和储量,我们在这里主要介绍一下萨哈林东北部的情况。20世纪末,萨哈林州陆地和临海大陆架已探明石油储量3.88亿吨,天然气8 770亿立方米,其中80%分布在该州东北海洋大陆架。石油和天然气远景储量分别为9.97亿吨和41 570亿立方米。

现有的材料表明,萨哈林州邻海大陆架共发现了8个油气田,其中7个在该州东北部海域,即已经列入萨哈林1~6号油气开发项目的地区。

萨哈林1号项目包括奥多普图海湾油气田、阿尔库图—边吉油气田和恰伊沃油气田。石油天然气评估储量分别为2亿吨和2 930亿立方米,潜在储量分别为2.49亿吨和3 530亿立方米。

萨哈林2号项目包括皮利通—阿斯托赫和隆斯克两个油气田。石油评估储量1.25亿吨,潜在储量1.54亿吨;天然气评估储量4 490亿立方米,潜在储量5 340亿立方米。

萨哈林3号项目包括东奥多普图、阿亚升和基灵斯克3个油气田。石油和天然气评估储量分别为1.37亿吨和1 450亿立方米。地质勘探资料表明,这一海域仅南基灵斯克海域石油储量就高达4.5亿吨,天然气储量高达7 200亿立方米。

萨哈林4号项目包括乌兹洛耶、阿斯特拉哈诺夫卡油气区,涅克拉索夫卡和科连杜湾油气田。这一海域石油评估和潜在储量分别为1.05亿吨和1.15亿吨,天然气的这两项指标则分别为4 400亿立方米和4 500亿立方米。

萨哈林5号项目包括奥哈、埃哈比和东埃哈比油气田,石油和天然气前景储量分别为1.15亿吨和4 500亿立方米。

萨哈林6号项目包括奥克鲁日诺耶油气区,石油和天然气前景储量分别为1.5亿吨和2 000亿立方米。

远东地区陆地天然气资源主要分布在萨哈共和国、勒拿—通古斯流域、哈坦加—维柳伊河流域、萨哈林州北部、阿穆尔河中下游、阿纳得尔河流域、堪察加北部和乌苏里斯山地等地区。

萨哈共和国是远东地区油气资源最富集的陆地地区。据2001年俄方公布的资料,萨哈共和国西南部蕴藏着大量的石油和天然气。已探明可供工业开发的天然气储量为2万亿立方米,预测储量高达16亿立方米。石油预测储量29.16亿吨,凝析气储量3.88亿立方米。此外,萨哈林州陆地油气资源也相当可观,储量分别为1.5亿吨和2 600亿立方米。

上述资料表明,远东地区油气资源分布范围广、储量丰富、开采前景广阔,无论是按照俄罗斯油气开采现有能力,还是按照其今后每年不断提高的油气生产能力,该地区蕴藏的大量石油和天然气也足够开采很多年。

远东地区经济开发历史短,又远离经济较为发达的俄罗斯欧洲部分和较为发达的欧洲国家,因此,受技术、资金和国家规划限制,诸如石油和天然气这样重要的战略资源长期以来一直沉睡在海底和地下,而不能投入到经济运行中去,这与勘探作业起步晚、规模小及探明程度低有着直接关系。

根据俄罗斯石油天然气专家的分析,该地区石油天然气的探明程度很低,分别为5%和

6.5%,而西方国家的评估数字更低,只有4%和6%。石油和天然气储量程度高的当数萨哈林州,分别为46.3%和28.1%;其次是萨哈共和国,上述两项指标分别为8.7%和12.8%。

远东邻海大陆架石油勘探始于20世纪50年代末期,首先是对鄂霍次克海北部和鞑靼海峡进行了勘探,掌握了第一批海底地质资料。从20世纪70年代中期起苏联党和政府曾试图开发和利用远东地区的油气资源,加大了油气资源勘探规模。首次勘探作业是在萨哈林州临海大陆架约2万平方公里的海域进行的,探明的石油和天然气储量分别为10亿吨和1.2万亿立方米。从1974年起,苏联采用地震波探测方法,对40万延长公里的海域进行了油气资源勘探,重点是萨哈林海洋大陆架21万延长公里的范围。这次探查的重要成果是在阿纳得尔湾探明了17个有开发前景的矿区。1977~1992年的海上勘探工作取得了较大进展,在萨哈林州邻海大陆架共发现了8个大油气区:恰伊沃、隆斯克科耶、皮利通—阿斯托赫斯科耶、阿尔库通—达吉等,其中6个为大型油气田,此后均列入萨哈林1~6号油气开发项目中。

截至2000年,海上勘探工作已经涉及了该地区所有海洋大陆架。共钻深井74个,除2个在马加丹州邻海,其余均在萨哈林州海域。该地区陆地石油天然气勘探工作开展得很不均衡,重点是在萨哈共和国和萨哈林州。迄今为止共钻出普查井和勘探井2 500个,其中90%在萨哈林州,另外在马加丹州境内有100个,楚科奇半岛有70个。在萨哈共和国共发现了10多个油田和油气田,石油和天然气前期可采储量分别为2.54亿吨和2万亿立方米。还发现6个大型天然气田,探明储量1 000亿立方米,但与潜在储量相比,探明率依然很低,石油占13%,天然气还不到9%。此外,在堪察加半岛、楚科奇自治区和哈巴罗夫斯克边疆区还发现了一些规模不大的油气田。由于勘探工作的重点是萨哈林州周围的海洋大陆架和萨哈共和国的陆地油气资源,并在上述区域发现了大批大型油气田,因此,萨哈林州和萨哈共和国不仅油气资源开发规模较大,而且也是外国投资合作的热点地区。

1941年在蒙古发现了朱温巴彦油田,之后通过地质—地球物理调查又发现了干埃尔斯油田,1993年蒙古国家石油公司与美国Nescor Energy公司签署了开发这两个油田的协议。近年来对塔木察格盆地进行了钻探,根据资料初步分析,该盆地拥有大约15亿桶石油。

(二)煤炭

俄罗斯已探明的煤炭储量为2 000亿吨,预测资源量达44 500亿吨。东西伯利亚和远东地区的煤炭资源较为丰富。煤是这两个地区特别是远东地区的主要动力燃料。有关东西伯利亚和远东地区煤炭的探明储量和开采量见表4—3。

蒙古的煤炭资源主要由褐煤和硬煤组成。主要分布在蒙古西南部、南部、北部和东部。西南部阿尔泰山区为石炭纪煤系,煤含硫量低,单个煤层厚度很大,例如Khartarvatai矿床,煤层厚达40~50米,该煤系储量不大。南部为二叠纪煤系,煤质好,具焦煤特性,硫含量通常为0.6%~1.4%,作为代表的南戈壁省的塔班托洛盖(Tavan Tolgoi)煤矿,查明有$35×10^8$吨褐煤。较大的侏罗纪煤系覆盖了蒙古北部大片地区,一直延伸到俄罗斯,较重要的煤田为色楞格省的沙林高勒(Sharyngol)煤田,其煤的发热量为16MJ/kg,硫含量低。然而,蒙古最主要的煤资源还是白垩纪煤系,五大煤盆地占据了东部的1/3地域,中央省的巴加努尔(Baganuur)煤田是白垩纪煤田的典型代表,也是蒙古最大的一个煤矿,煤的发热量为16MJ/kg,硫含量为1%。

表4—3 东西伯利亚和远东地区几个重要联邦主体煤炭的探明储量和开采量

联邦主体	储量(A+B+C₁)级 数量(10⁶吨)	所占比例(%)	开采量 数量(10⁶吨)	所占比例(%)
全俄罗斯	199 467	100.0	270.0	100.0
克拉斯诺亚尔斯克边疆区	47 652	23.9	38.7	14.3
萨哈(雅库特)共和国	9 606	5.8	9.7	3.6
伊尔库茨克州	8 194	4.1	15.3	5.7
赤塔州	3 163	1.6	14.3	5.3
滨海边疆区	2 541	1.3	9.0	3.3

资料来源:И. С. Ротфельълилр.,2003。
注:数据截止到2002年1月1日。

朝鲜工业原料和燃料的70%由国内自给自足,但是目前尚未发现石油。朝鲜煤炭大体分为无烟煤和烟煤,无烟煤产地主要在平安南、北道,烟煤主要分布在咸境南、北道。目前,朝鲜中央级的煤矿共100余个,其中无烟煤矿70多个,烟煤矿30多个,地方级的中小煤矿有500多个。朝鲜煤炭的探明储量为147.4亿吨,其中无烟煤储量117.4亿吨,褐煤储量30亿吨,现有技术条件下的可开采储量约为79亿吨(据韩国统一部统计)。受技术和设备的限制,朝鲜煤炭产量自20世纪80年代末开始逐年下降,2002年产量为2 190万吨。

二、金属矿产

(一)铁矿

俄罗斯东西伯利亚的铁矿可采储量为53亿吨,占全俄的9.5%。俄铁矿储量占世界的26%,可采储量为556亿吨,价值近2万亿美元。铁矿资源是由褐铁矿、赤铁矿、磁铁矿等构成。俄富铁矿含铁50%～69%,而贫铁矿含铁25%～40%。铁矿可采储量的79%蕴藏在俄欧洲部分和乌拉尔地区。东西伯利亚伊尔库茨克州探明并准备工业开发的铁矿(B+C₁)储量为18.96亿吨;预测资源储量(C₂)为135.85亿吨。该州有11个铁矿区,大型铁矿床有科尔舒诺夫斯基和鲁德诺戈尔斯克,属易选矿并可露天开采。在克拉斯诺亚尔斯克边疆区,最大型的铁矿床是下安加尔斯克和伊希姆斯科耶,平均含铁达40%。在赤塔州有别列佐夫等一些大型铁矿床。

俄罗斯远东地区铁矿资源探明储量44亿多吨,可采储量占全俄的8%,铁矿保障率为593吨/平方公里。铁矿储量为发展该地区本身的冶金基地创造了前提条件,但目前尚未进行正式开采。在哈巴罗夫斯克边疆区南部、阿穆尔州、滨海边疆区、萨哈(雅库特)共和国都有铁矿储量。其中萨哈共和国约占远东铁矿储量的79%、犹太自治州占16%、阿穆尔州占5%。

远东大型铁矿床是南雅库特的阿尔丹和恰罗—托金斯克。这里的铁矿为含铁41%～53%的磁铁矿和含铁28%的易选含铁石英岩,基本可露天开采。其中阿尔丹铁矿产地探明可采储量15～18亿吨,预测储量100亿吨;铁矿石含铁46%～48%;探明储量可保障年开采量2 500万吨。并且,阿尔丹铁矿区距大型炼焦煤产地(南雅库特煤田)60～100公里。在哈巴罗夫斯克边疆区蕴藏有大量铁矿,预测储量为150～200亿吨。一系列铁矿产地可露天开采,露天矿场年生产能力为2 000～3 500万吨。

蒙古的铁矿分布在3个地区,其中最主要的是色楞格省和中央省的巴彦洪戈尔铁矿带,其次是杭爱和肯特山的杭爱—肯特铁锰矿区,第三是中蒙古东部的戈壁—克鲁伦铁矿带。

巴彦洪戈尔铁矿带长300～500公里。宽30～60公里。西南起始于塔米尔河口,东北直达蒙俄边界。属矿化多金属矽卡岩—磁铁矿型,赋存在前寒武纪陆源—碳酸盐岩地层中,成矿作用主要与寒武纪和泥盆纪的中生代花岗岩类侵入作用有关。矿床以图木尔泰铁矿最大,矿石储量为13 690万吨,平均含铁50%～54%。其次为巴彦戈尔铁矿,矿石储量11 000万吨,平均含铁52%。托木尔—托洛戈依铁矿,矿石储量不大,平均品位为52%～57%。

杭爱—肯特铁锰矿区以前寒武纪—早寒武世的变质铁锰矿为主,其中如塔米尔戈尔矿床,矿石地质储量为1.5～2亿吨,平均含铁48%,含锰1.18%～5.86%。

戈壁—克鲁伦铁矿带有两种矿石类型:含铁石英岩型和矽卡岩型。前者以额伦矿床为代表,6个矿体,合计矿石储量1.58×10^8吨,平均含铁33%～39%。后者以昌德曼山矿床为代表,矿石地质储量$1 300 \times 10^4$吨,含铁52%,含磷4.16%,含铜和锌分别为0.06%和0.19%～0.54%。

朝鲜铁矿主要是以茂山铁矿为首的20多个矿山,其中茂山铁矿埋藏量约10亿吨,年生产能力达800多万吨,是世界性的露天矿山。

具有重要资源潜力的铁矿床(田):

库尔斯克磁异常铁矿盆地 该铁矿盆地是世界上最大的铁矿盆地之一。在20世纪30年代就对该盆地开展了全面系统的地质勘探工作并投入了开采。今后该铁矿盆地仍是俄罗斯钢铁工业的基础。

库尔斯克磁异常盆地产在东欧地台基底构造的沃罗涅日台背斜的西部。在该盆地范围内,结晶基底是由太古宙和古元古代的变质岩和岩浆岩组成的。结晶基底上面覆盖的是近水平产出的沉积岩层,主要是松散含水的以中生代—新生代为主的岩石。沉积盖层厚度在台背斜顶部为35～200米,在其南侧则增大为400～800米。根据库尔斯克磁异常区铁矿床的分布特点(图4—8),可将该异常区分成4个矿区:别尔哥罗德矿区、米哈依洛夫矿区、奥斯科尔矿区和奥尔洛夫矿区。

在库尔斯克磁异常盆地中发育了两种工业类型的矿石:铁石英岩和富铁矿。铁石英岩矿层为厚200～500米的层状体,呈单斜或复杂褶皱的形式产出,其倾角陡到几乎直立。不同矿床的平衡表内矿石的全铁平均含量在31.2%～38.86%变化。富铁矿产在铁石英岩的风化壳

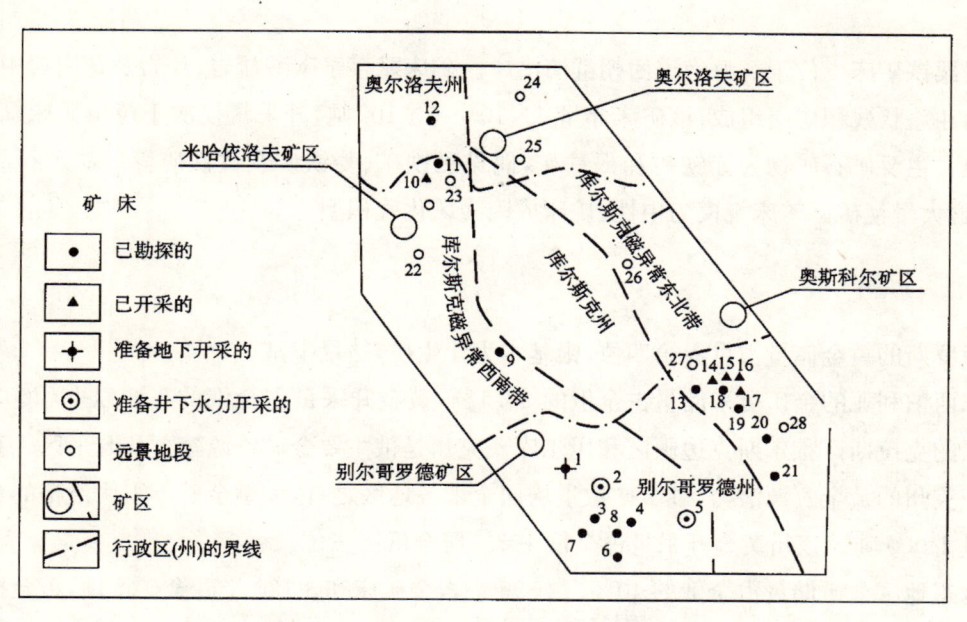

图 4—8 俄罗斯库尔斯克磁异常盆地的铁矿床和远景地段

(引自 В. А. Дунаев，2004。)

注：图中数字为铁矿床和远景地段编号，具体地名从略。

中。矿体形态呈层状，产状近水平。在线状—面型风化壳中产有复杂的楔状分支，从基底表面向下延深500～600米。铁矿盆地各个矿床富矿体的平均厚度在奥斯科尔和米哈依洛夫矿区为10～20米，到别尔哥罗德矿区则变为50～125米。富矿石铁的平均含量为52.9%～63.3%，硫0.05%～0.16%，磷0.02%～0.03%。截至2001年1月1日，库尔斯克磁异常区铁矿石的平衡表内储量为$661.7×10^8$吨（A＋B＋C_1＋C_2级），其中铁石英岩$368.2×10^8$吨（占55.6%），富铁矿$293.5×10^8$吨（44.4%）。所有类型矿石探明储量的78%集中在别尔哥罗德州。别尔哥罗德州富矿石的平衡表内储量为$286.3×10^8$吨。其中工业级（A＋B＋C_1级）的储量约$65.5×10^8$吨。库尔斯克州的储量占铁矿盆地整个平衡表内储量的21.8%，而奥尔洛夫州只占0.2%。

库尔斯克磁异常区铁矿的预测资源量估计为$1\,236×10^8$吨，其主体部分处在别尔哥罗德州，占该区总储量的60%；其次是库尔斯克州，占23%；奥尔洛夫州只占17%。该铁矿盆地预测资源量占俄罗斯铁矿总预测资源量的82.2%。

茂山铁矿床 位于咸境北道茂山，是朝鲜开采规模最大的铁矿山。矿区中部和西南部有两层主要含铁石英岩，断续延伸10公里。厚一般为100米，最厚可达250～300米。矿床成因属沉积变质型。含铁石英岩中的铁矿石多为磁铁矿，也有少量赤铁矿。含铁石英岩铁品位为25%～60%，平均品位为38%～39%。露出地表的矿体长达243米，具有便于矿石开采和运输的地理条件。该矿床探明储量为$20×10^8$吨，占朝鲜铁矿储量的70%，设计生产能力达$1\,000×10^4$吨/年（精矿），而且将会继续扩大。该矿于1916年被发现，但正式开发是在

1935年。

殷栗铁矿床 位于黄海南道西朝鲜湾沿岸。矿床赋存于碳酸盐岩、片岩及花岗岩中，矿体一般由斗篷状残积矿层组成，该矿床储量 $4×10^8$~$5×10^8$ 吨，开采量仅次于茂山矿床，居朝鲜第二位。主要矿石矿物为赤铁矿和褐铁矿，偶见磁铁矿、菱铁矿及黄铁矿等。铁矿石品位达70%，含大量锰矿。矿床规模为中性，矿床成因为风化残积型。

（二）贵金属矿

俄罗斯的黄金储量占世界第四位，银基本为伴生矿，储量丰富。

东西伯利亚的金矿可采储量占全俄的 38.1%，黄金开采量占全俄的 1/3 以上（2002 年）。该地区的克拉斯诺雅尔斯克边疆区和伊尔库茨克州是俄主要金矿资源蕴藏和开采区。其中伊尔库茨克州的黄金资源潜力、砂金矿数量均居全俄各地区之首，大型金矿苏霍伊洛格的资源储量超过 1 000 吨。该州黄金开采量占全俄 10%，居全俄第三位。

远东地区金矿储量占全俄的 40%。有 95 个岩金矿床和 3 130 个砂金矿产地，黄金探明储量为 2 000 多吨。预测黄金资源储量为 7 000~10 000 吨。马加丹州、萨哈（雅库特）共和国、哈巴罗夫斯克边疆区和阿穆尔州是俄主要金矿蕴藏和开采区。仅在萨哈共和国就有 400 多个黄金产地，金矿资源储量占远东地区的 44%；马加丹州占 17%；哈巴罗夫斯克边疆区占 14%；阿穆尔州占 8%。金矿的品位为：原生矿石 4.5~9.5 克/吨，砂金矿 0.7~10 克/立方米。最近几年远东黄金开采业的不景气状况逐渐得到缓解，2002 年黄金开采量 84 002 公斤，几乎占全俄的一半。其中马加丹州黄金开采量名列全俄之首。2003 年远东采金业生产同比增长 10%以上。远东黄金开采部门将进一步增加开采量，为此需加大投资力度，更新工艺和设备，扩大原料基地。目前寻找新矿床成为远东黄金开采企业的重要任务，地质工作者在远东境内已经勘探出了新的可利用金矿产地。俄专家认为，在近 10~15 年远东主要开采量将出自砂金矿。该地区砂金矿预测资源约为 650 吨。

远东地区银矿储量很大，为 48 000 吨，占全俄总储量的 21%，预测储量（P_1 类）估计为 70 000 吨，基本上与其他矿伴生。在远东已发现 80 多个银矿、金银矿和伴生银矿产地。银矿储量主要集中在马加丹州，占远东储量的 57%；哈巴罗夫斯克边疆区占 24%。远东地区每年生产白银 300 吨左右。

蒙古金矿分布十分广泛（图 4—9），但储量最为集中、开发条件最好的是北肯特带。该带集中了蒙古已探明金矿储量的 95%，矿化类型有 3 种：脉状矿化、浸染状矿化和砂矿。著名的博鲁（Boroo）金矿位于中央省，金矿脉产于一个长 2.5 公里、宽 800 米的矿化带中，脉的深度达 300 米，金储量达 40 吨，品位通常为 3~4 克/吨，砂矿可达 10 克/吨。在博鲁金矿南面的扎马尔（Zaamar）金矿，查明有 150 条金矿脉，储量约有 17 吨，金品位为 10~20 克/吨。近年来在布尔干省查明的 Tavt 金矿，资源量估计为 100~130 吨，它也是一个脉型矿床。另外，在戈壁阿尔泰省发现塔林金矿化带，产有塔林梅特斯乌尤（Talin Mettes Uul）大型热液型金矿，金品位为 1.27~10.55 克/吨。矿床距中蒙边境北约 4 公里。

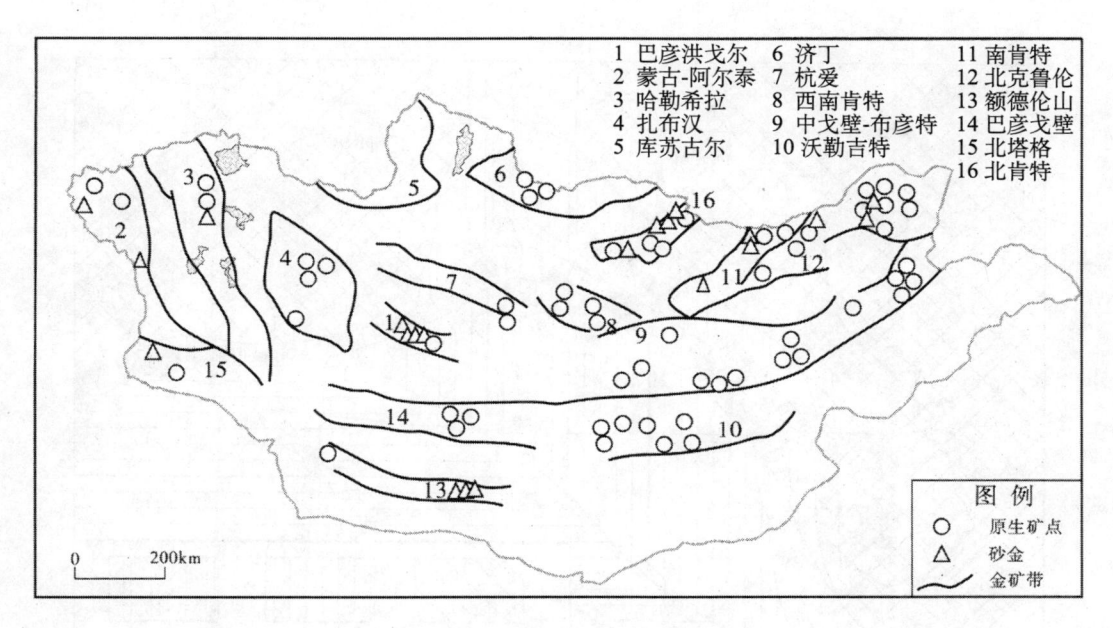

图4—9　蒙古金矿分布
(引自 A. B. Dergunov, R E Sorkina et al., 2001。)

银矿资源主要集中在蒙古西北部的巴彦马列盖省,著名的阿斯加特银矿是1976年发现的,有11条银—贱金属矿带,矿化含在石英—菱铁矿脉、角砾岩和网脉中,单个带长1.5～12公里,宽5～80米,深400～500米。矿石中含银100～450克/吨,铋0.03%～0.09%,锑0.04%～0.7%,铜0.2%～1.7%,估计银资源量约有8 000吨。在乌兰巴托西北310公里处的蒙根温都尔(Mongon Onder)贱金属矿,也含有银,平均品位为70克/吨左右。另外,铅锌矿中也伴生有不少银。

在辽宁省东沟—丹东—宽甸一线以东的朝鲜平安北道地区,集中分布着140多处金、银矿床,其中大型、超大型金矿10多个,据朝方介绍,该区已探明金储量在2 000吨以上。

具有重要资源潜力的金矿床:

苏霍伊洛格金铂矿床　位于伊尔库茨克州的博代博地区,处在贝加尔—帕托姆山原范围内。它是20世纪70年代被发现的,经过长期普查勘探,探明金储量1 037吨。最近由于探明该矿床还含铂、钯和铑,因此其价值陡增。矿石中金的平均品位为2.79克/吨;铂为1.45克/吨,最富矿石铂的平均品位达到2.42克/吨。

从区域构造上看,苏霍伊洛格矿床位于西伯利亚地台南部博代博复向斜范围内。该复向斜为一内部凹陷,在形成贝加尔—帕托姆褶皱系的元古宙褶皱构造中,它是最晚(中里菲代—文德纪)产生的。该矿产的地质构造位置见图4—10。

苏霍伊洛格矿床所在的贝加尔—帕托姆山原是由中、晚里菲代的陆源和陆源—碳酸盐沉积变质岩组成的。这些岩石是在近南北向陆内裂谷体系所产生的克拉通边缘盆地中堆积下来的。

矿体具层状性质为含金和含铂石英—黄铁矿矿化和石英—碳酸盐—黄铁矿矿化程度不同

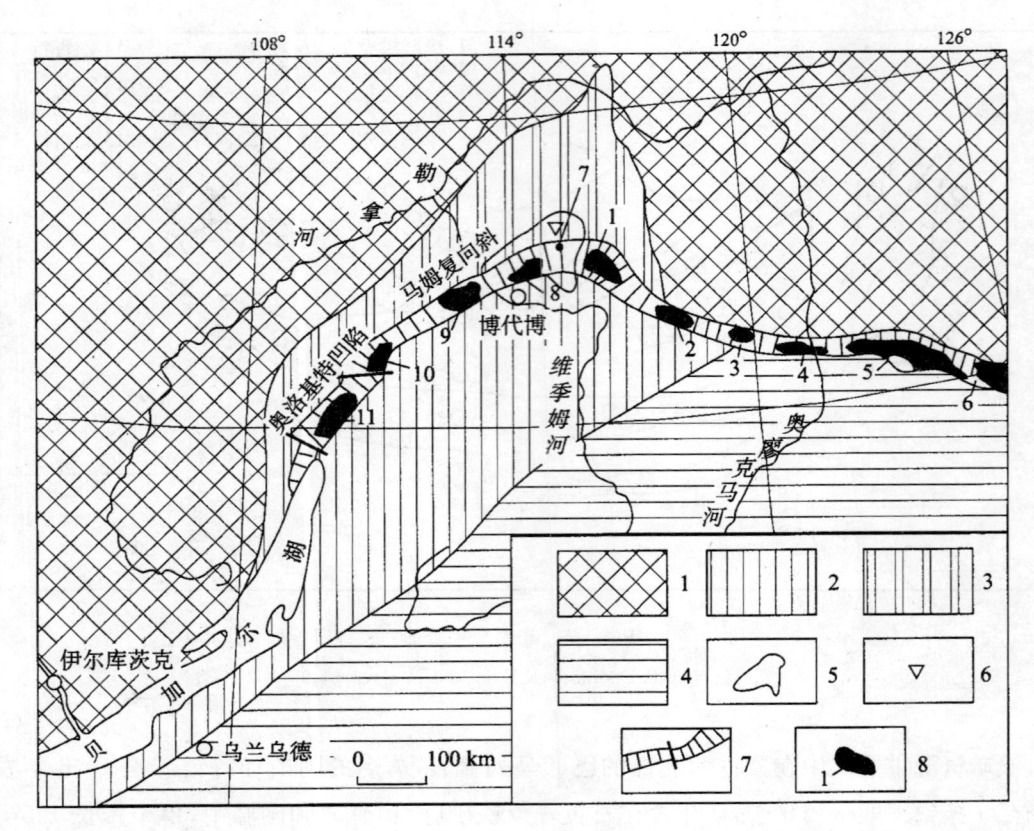

图 4—10 俄罗斯东西伯利亚的主要地质构造及苏霍伊洛格矿床的位置

(引自 Э. Н. Лишневский и др.，2004。)

注：1：西伯利亚地台；2、3：萨彦—贝加尔褶皱区，在其组成中包括贝加尔—帕托姆褶皱系；4：色楞格—斯塔诺夫褶皱区；5：博代博复向斜；6：苏霍伊洛格矿床；7：西伯利亚地台南部基性—超基性岩边缘带（由南西伯利亚偏高的重力场显示出来）；8：南西伯利亚偏高重力场带内部的局部 Δg 最高值（数字代表最高值出现地点，具体地名从略）。

的带。矿化作用发生在晚里菲代霍莫尔霍组碳酸盐化和绿泥石化的含石英炭质绢云母岩石中，常见矿物包括自然金以及铁—镍—硫（Fe-Ni-S）和镍—钴—铁—砷—硫（Ni-Co-Fe-As-S）系统的矿物。自然金是矿石重要的工业组分，但未形成大的聚集体，经常与黄铁矿、磁黄铁矿、方铅矿、闪锌矿、黄铜矿、针镍矿、黝铜矿、绿泥石、电气石、石英、碳酸盐连生；金的成色通常为 850～900。值得注意的是，矿床中的铂矿化一部分与含金量最高的层段重合，一部分则超出金含量最高的层段范围。

奥尤陶勒盖(Oyu Tolgoi)铜金矿 是蒙古近年来新发现的大型矿床，引起了世界的广泛关注。奥尤陶勒盖斑岩铜金矿勘查区中心位置位于东经106°51′、北纬43°附近，在蒙古乌兰巴托近正南方向，位于中蒙边界北约80公里处，是加拿大艾芬豪公司拥有100%矿权益投资勘查的。截至2004年底，勘查区内发现 Hugo Dummett（北部和南部）、中奥尤、南奥尤和西奥尤四个矿床，在空间分布上如同一个"品"字状，矿化范围分别为2 000米×1 200米（Hugo Dummett）、1 300米×60米（中奥尤）、600米×300米（南奥尤）和1 500米×400米（西南奥尤）。据加拿大 AMEC 公司推测，该矿床拥有确定和推定资源量 10.6×10^8 吨，其中铜含量为

0.25%~3.58%，平均值为 0.47%；金含量为 $(0.23~1.6)\times10^{-6}$，平均值为 0.36×10^{-6}。目前，艾芬豪公司正在进行开发前的可行性研究，2005 年 9 月公布了露采和坑采的总体开发计划（IDP）。

奥尤陶勒盖勘查区地处西伯利亚地台南缘近东西向和北东向深大断裂所挟持的古生代岛弧带内，区内出露的地层主要为志留纪和泥盆纪泥岩、砂砾岩、玄武质熔岩、安山岩和凝灰岩，局部地段见有奥陶纪—石炭纪中酸性火山岩和沉积岩。侵入岩有闪长玢岩、斜长花岗斑岩、石英二长闪长岩、正长花岗岩和碱性花岗斑岩岩株或岩脉群，其中闪长玢岩和斜长花岗斑岩与铜金矿床具有密切的空间分布关系（图 4—11）。近东西向弧形深大断裂是中蒙边境地区的主体构造形迹，受其多期次活动的影响，矿田范围内北西向、近东西向和北东向断裂分布广泛，其中北东向与北西向断层交汇处常常产出具有工业价值的铜金矿体。

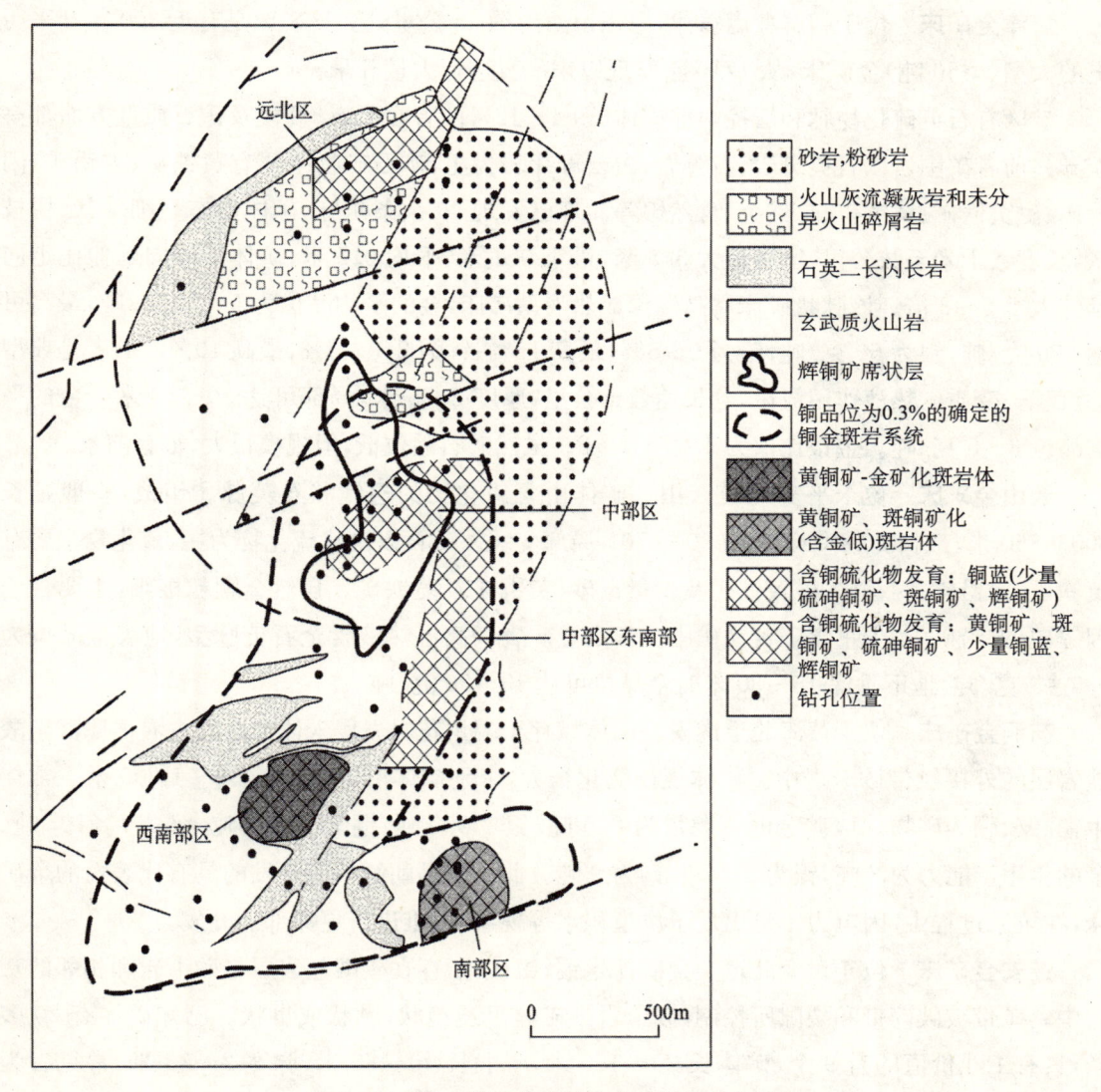

图 4—11 奥尤陶勒盖斑岩铜金矿床地质与矿化

（引自刘益康等，2003。）

受多次热液活动的影响，近矿体围岩蚀变以强度大、类型复杂和面积大为特点，自矿体中心向外依次为硅化—钾长石化、黑云母化、石英—绢云母化、泥化和青磐岩化，其中钾硅酸盐蚀变与铜金矿体空间分布关系密切。铜金矿石大体可划分为氧化型、混合型和原生型3种，其中氧化型矿石主要由辉铜矿、斑铜矿、铜蓝、自然铜、明矾石、伊利石、叶蜡石、迪开石、氟氯黄晶、高岭石和石英所构成；混合型矿石由辉铜矿、铜蓝、斑铜矿、砷黝铜矿、硫砷铜矿、硫钒铜矿、黄铜矿、闪锌矿、磁黄铁矿、锡石、石英、绢云母、电气石和绿柱石组成。

奥尤陶勒盖铜金矿床容矿围岩（安山岩）的黑云母和铜金矿石中原生明矾石 K-Ar 年龄值分别为 (411 ± 3) Ma 和 (320 ± 3) Ma，成矿期后正长岩脉的黑云母 K-Ar 年龄值为 (307 ± 4) Ma。相比之下，次生氧化富集带内与辉铜矿共生的明矾石的 K-Ar 年龄值分别为 (117 ± 1) Ma 和 (93 ± 1) Ma。

翁津金矿床 位于朝鲜黄南翁津，海州市西南约45公里处。该矿床是有近300年开采历史的大型（>50吨）金矿床，从1710年发现以来一直进行大量开采。

矿区有石英硫化物脉和层控两种矿体（图4—12），两者在形态、规模及矿石质量方面都有差异。前者矿围岩以石英斑岩、石英岩、白云母片岩为主，矿石矿物主要有黄铁矿、方铅矿、闪锌矿、磁黄铁矿、黄铜矿、自然金、自然银等。现已发现40余条矿脉，矿体形态呈细脉状、树枝状，长度数十米至数公里，厚度最大3.5米，最小0.1米，平均0.5米，矿体沿倾向延伸比走向延伸大1.5～2倍。该脉状矿床属高温深成热液型矿床，金的平均品位为5～10克/吨，最高可达670克/吨；银为50克/吨；铅为0～5%，最高15%；锌为2%～3%，最高10%。后者是典型的沉积—变质—热液作用成矿，延长达数十公里，厚度2～5米，局部可达30～50米。金的平均品位3～5克/吨。金银比值为1：1～1：2。虽然矿石品位低，但规模很大，很有前景。

云山金矿床 位于平安北道云山。矿体由含硫化物的透镜状石英脉所组成，一般延长300～850米，最长2 000米，倾角50°～70°，局部变缓。矿石以块状硫化物为主，硫化物主要有黄铁矿、方铅矿、闪锌矿、磁黄铁矿及少量毒砂、黄铜矿及菱铁矿。自然金颗粒极细，主要含于闪锌矿、方铅矿中，少量含于黄铁矿中。云山金矿属于高温热液含金石英脉型，地表金品位为0.5～1克/吨，地下垂深15～30米时金品位可达15～20克/吨。

芴洞金矿床 位于黄海北道遂安。矿体赋存于端川花岗岩侵入体与新元古界祥原群碳酸盐岩层的外接触带矽卡岩中。矿体规模变化很大，个别矿体沿走向延长30～1 200米。常伴生铜、铋、硼等矿物。该矿金的资源量为845吨、银2 000吨、铜 67×10^4 吨、铋 2.7×10^4 吨。金的年生产能力为2吨，银为2.5吨，铜为9吨。此矿山是朝鲜早期开发的具有代表性的金矿床，在坑采过程中，因电力不足出现了坑道积水等现象，很难进行更深部的开发。

遂安金矿床 位于黄海北道。金矿伴生铜、银矿，赋存在碳酸盐岩层与矽卡岩和相邻的灰岩中。矿带被破碎带和裂隙所控制，矽卡岩中矿体呈透镜状，脉状或巢状。已知矿体有20多条，具有工业价值的有9个，矿体长20～160米，一般长40～80米，脉宽2～33米，常见者为10～15米。矿石矿物为黄铜矿、黄铁矿、辉钼矿、硫砷铁矿，偶尔有方铅矿、磁铁矿、斑铜矿及磁黄铁矿。金矿主要呈细脉状，该矿床矿石中可回收金、铜、银等。

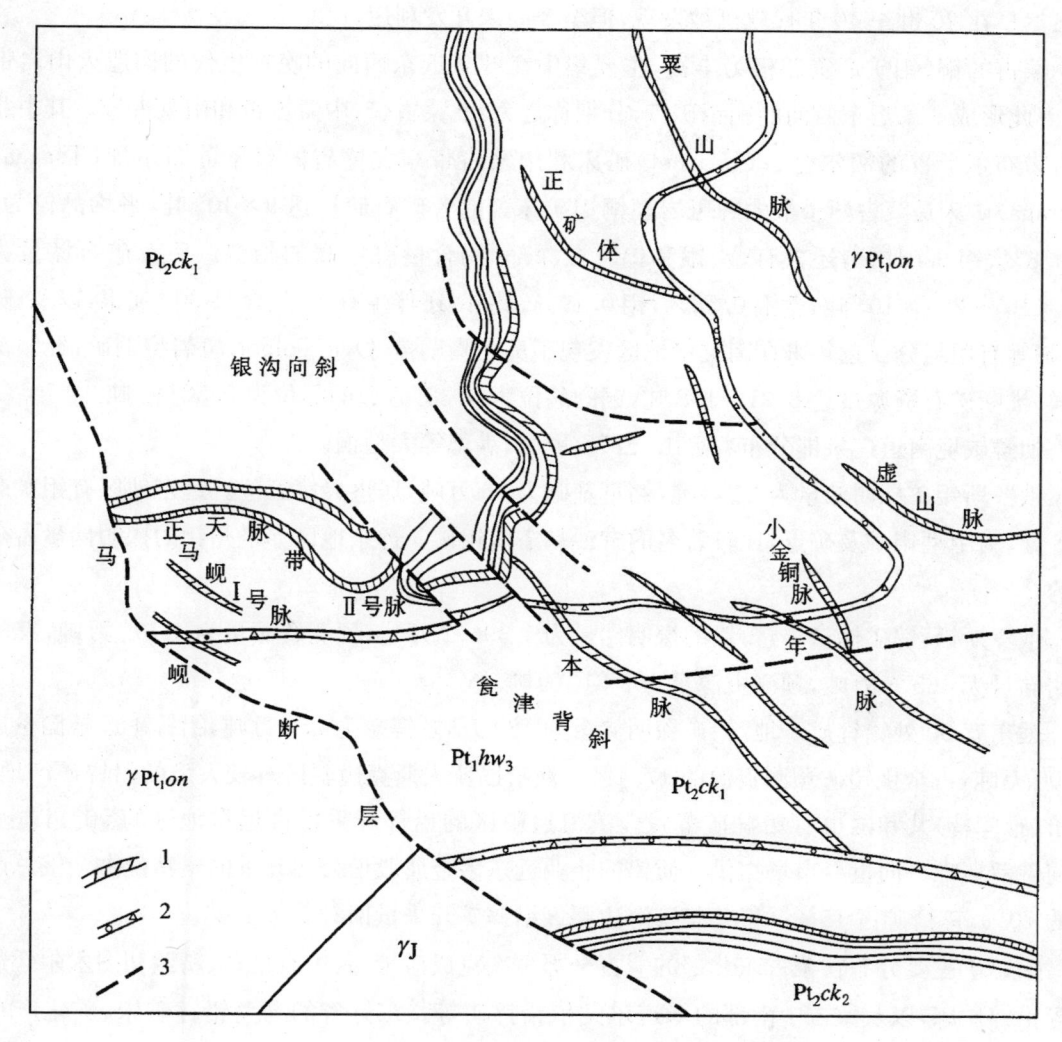

图 4—12　朝鲜瓮津金矿床矿体分布

(引自洪京柱,1993。)

注：Pt_1hw_3：古元古界黄海群上部(石英斑岩层)；Pt_2ck_1：新元古界祥原群直岘组石英岩层(长峰层)；Pt_2ck_2：新元古界祥原群直岘组片岩层(五峰里层)；γPt_1on：古代瓮津杂岩花岗岩；γJ：中生代端川杂岩花岗岩；1：金矿体；2：破碎带；3：断层。

(三) 有色金属矿

俄罗斯铜的储量居世界第八位。截至 2003 年底，铜的探明储量为 3 000 多万吨，预测资源量为 3 700 万吨。

东西伯利亚的铜矿可采储量占全俄的 70.3%，铜矿资源主要集中在克拉斯诺亚尔斯克边疆区，储量占全俄的 60%。边疆区北部的诺里尔斯克是全俄最大的镍铜矿区，铜矿储量占世界的 9.7%，镍矿储量占世界的 35.8%，保障全俄 70% 以上的铜和 75% 的镍需求量。诺里尔斯克还拥有世界 14.5% 的钴矿和大部分的钯矿资源。在远东地区的赤塔州有乌多坎大型铜矿床，矿石品位高、储量大并可进行露天开采，但矿区自然条件差，开发有一定难度。因而，此矿虽然早在20世纪40年代就已被发现,但至今尚未开发利用。

蒙古的铜、钼矿产资源极为丰富,主要集中在3条近东西向的晚古生代的构造火山岩带中,由此形成3条近东西向的铜钼矿带,分别称之为:北蒙古带、中蒙古带和南蒙古带。其中北蒙古带布尔干省的额尔登特(Erdenet)矿床和南蒙古带东戈壁省的察干苏布尔加(Tsagaan Suvraga)矿床是蒙古两个最大的斑岩型铜钼矿床。前者矿石储量达 9×10^8 吨,平均品位为:铜0.8%、钼0.018%,还含有金、银和钨。在深部,钨含量有增高的趋势。后者矿石储量为 $2.2\times10^8\sim2.4\times10^8$ 吨,含铜0.52%、钼0.19%,此外,还伴生有26吨金、1 800吨银,以及铼、硒、碲等有用组分。近年来在南戈壁地区发现了奥尤陶勒盖(Oyu Tolgoi)斑岩型铜矿,经钻探取样,推断矿石资源量达 8.21×10^8 吨,铜的品位为0.38%,金的品位为0.52克/吨。

朝鲜咸境南道广泉郡分布着惠山、云兴、甲山、满德等大型铜矿。

俄罗斯钼矿探明储量为24万吨,储量基础为36万吨,居世界第五位。远东地区有钼矿产地8处,为中型钼矿及矿点,比较著名的有沙赫塔明钼矿。远东地区赤塔州钼的探明储量占全俄的27%。

俄罗斯铅、锌矿储量丰富,铅的探明储量为1 396.2万吨,预测资源量为1 295万吨;锌的探明储量为465.3万吨,预测资源量为3 810万吨。

远东有30处铅锌矿产地,铅矿探明储量为180万吨、锌矿为250万吨,铅锌矿远景储量达1 500万吨,占全俄铅矿预测资源的17.4%。在哈巴罗夫斯克边疆区有较大型的铅锌矿产地,萨哈(雅库特)共和国也有铅锌矿蕴藏。滨海边疆区的铅锌开采量占远东地区的90%以上。目前俄罗斯唯一向世界市场提供优质铅的企业远东多金属股份公司开采的铅精矿占全俄总产量的70%,锌精矿占15%。近几年滨海边疆区铅锌矿开采量回升。

铅锌矿主要分布在蒙古东北部的蒙古—鄂霍次克成矿带,其中有察布、乌兰和图木尔廷敖包等铅锌矿床,以及蒙古中南部的卡道尔戈依铅锌矿等。东方省的乌兰铅锌矿床,矿化产在角砾岩中,矿石储量为 $6\,800\times10^4$ 吨,矿石品位低,含锌2.0%、铅1.2%、银53克/吨、金0.21克/吨,即含有铅锌 217×10^4 吨。察布、卡道尔戈依和图木尔廷敖包铅锌矿床铅锌储量分别大于 150×10^4 吨、325×10^4 吨和 88×10^4 吨。据朝方介绍,朝鲜咸境南道广泉郡检德铅锌矿的矿床规模是世界上最大的,估计铅锌金属量在3 000万吨以上。

具有重要资源潜力的有色金属矿床:

诺里尔斯克铜镍矿区 位于克拉斯诺亚尔斯克边疆区的北端,是全球闻名的特大型铜镍矿床。矿区铜储量为 913×10^4 吨,铜品位为4.12%,另有各级铜资源 $2\,500\times10^4$ 吨,铜品位1.11%~1.91%;镍储量为 534×10^4 吨,镍品位2.41%,还有各级镍资源 $1\,260\times10^4$ 吨,镍品位0.57%~0.93%;还含有大量铂族金属,以铂、钯为主,铂族金属品位为5~11克/吨。

矿区由3个主要矿床组成,包括诺里尔斯克Ⅰ号矿床、塔尔纳赫矿床和"十月"矿床。

矿区的主要矿石类型有:①块状矿石,铜含量很高,通常产在含矿侵入体下接触带下方或该接触带上;②浸染状矿石,产在构成侵入体下部苦橄辉长粒玄岩和斑杂状辉长粒玄岩中;③浸染状铜矿石,在块状矿石周围构成一层外壳;④上部铜矿石,占据角砾岩带,通常产在侵入体上接触带中。

诺里尔斯克矿区位于西伯利亚地台的西北缘,其铜镍矿床与2.5亿年前高原玄武岩岩浆活动幕,特别是与西伯利亚和地台最西北角的构造活动相伴生。构造活动使得该区集中产出了暗色岩建造以及与其相关的铜镍硫化物矿床(塔尔纳赫和诺里尔斯克矿床)。借助钻探揭示出二叠纪—三叠纪暗色岩建造厚达2公里以上的剖面。剖面组成情况如下:至1 300米的深度范围内,包括莫库拉耶夫组和莫龙戈夫组,为比较均质的粒玄岩,其特征是镍(70~134克/吨)、铜(76~151克/吨)、锌(92~115克/吨)、铬(100~216克/吨)含量非常高,沿剖面向下其含量明显下降;在1 300~1 700m深度范围内,产有纳杰日达组分异程度明显不同的玄武岩,镍和铜含量明显降低(镍为15~54克/吨,铜为27~115克/吨),铬含量变化大(38~244克/吨),该组富铬层为富橄榄石的玄武岩。纳杰日达组之下为与其明显不同的古德奇哈组(1 700~1 850米深度),其上部为苦橄玄武岩,明显富镍(126~775克/吨)、铜(64~139克/吨)、锌(81~145克/吨)和铬(322~850克/吨)。再下产出的是瑟韦尔马组(深度范围1 850~2 000米),其镍(42~76克/吨)、铜(21~62克/吨)和铬含量大大下降。暗色岩建造剖面底部是伊瓦金组(深度范围2 000~2 200米),产有次碱性玄武岩,镍(16~36克/吨)、铜(20~39克/吨)和铬(30~92克/吨)含量极低,而锌(150~173克/吨)、锆、铪、钽、铀、钍、镧及镧系元素含量高。

由此可见,在西伯利亚地台暗色岩岩浆活动发育过程中,次碱性玄武岩、碱性玄武岩系列与粒玄岩—玄武岩系列不同。从成矿专属性看,强调这些岩系在镍含量方面的差异特别重要。在诺里尔斯克地区的暗色岩建造中,产生了明显富镍的镁质苦橄玄武岩、基性—超基性岩分层侵入体。塔尔纳赫、诺里尔斯克以及其他矿床的形成与具有明显不同分层特点的侵入体直接有关。

乌多坎铜矿床 位于赤塔州北端卡拉尔区,矿床面积约30平方公里。该矿床发现于1949年,随后开展了比较系统的地质勘探工作,迄今得到的铜探明工业储量超过$2\,000 \times 10^4$吨,而在普查和普查—评价阶段得出的乌多坎矿床卫星矿床铜的预测资源量为$1\,000 \times 10^4$~$1\,200 \times 10^4$吨。乌多坎铜矿是世界著名的特大型铜矿床。

乌多坎铜矿床铜的平均品位为1.5%,此外还伴生有银、金和铁,矿石中银的平均品位为13克/吨,精矿中金的平均品位为0.5克/吨。

从地质上看,该矿床分布在西伯利亚地台东南部科达尔—乌多坎构造带的中央部位,产在纳明加短轴向斜中,在该构造的核部出露的是纳明加组沉积,两翼是萨库坎组沉积。在矿床内,可将萨库坎组划分为上、中和下3个亚组。在上部亚组中确定了矿下层段、含矿层段和矿上层段(图4—13)。

乌多坎铜矿床产在古元古代乌多坎群杂色碳酸盐—陆源建造中,这套沉积岩石充填了太古宙结晶基底上的地堑—向斜式坳陷。含铜砂岩层厚度在纳明加向斜西北翼为260~270米,在南翼则为40~200米。在含铜砂岩层中可以划分出多达53个层状及透镜状矿体。矿化主要表现为斑铜矿和辉铜矿的出现,此外有少量黄铜矿。乌多坎矿床的矿体主要是由第二世代和第三世代铜的硫化物构成的。该矿床像其他含铜砂岩型矿床一样,其成因仍有争议。除了

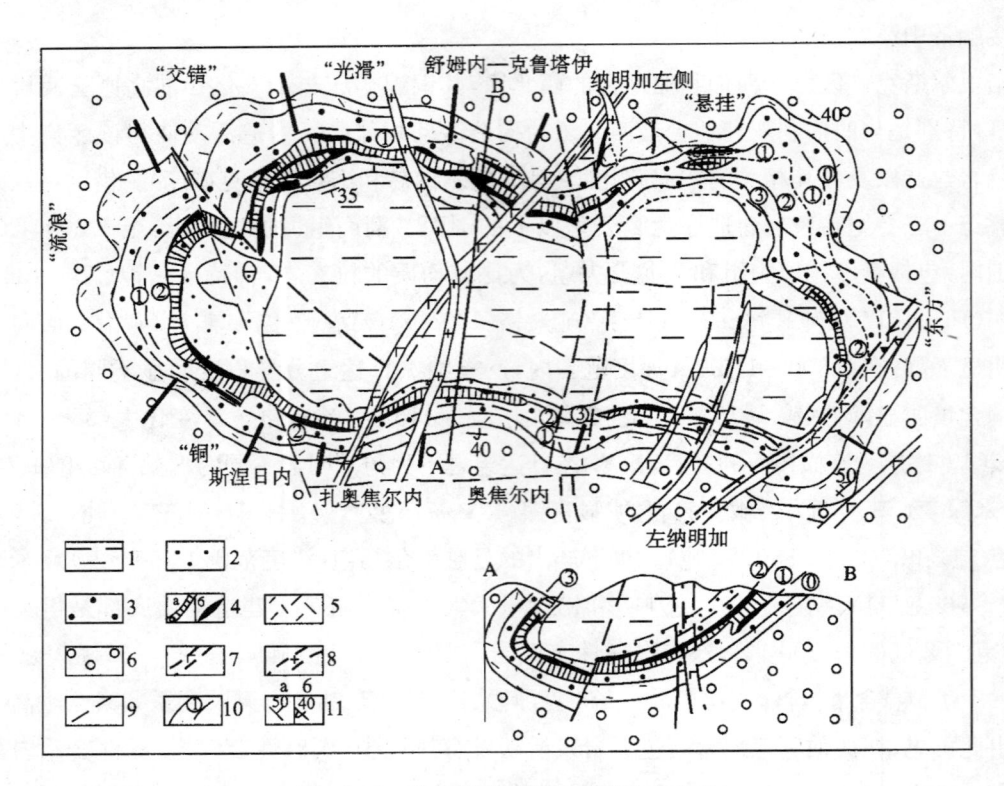

图 4—13　俄罗斯乌多坎铜矿床地质构造

(引自 P. H. Вололинлр., 1994。)

注:1.纳明加组砂泥质粉砂岩沉积;2~5.上萨库坎亚组粉砂—泥质—砂质沉积;2.矿上层段;3.含矿层段;4.含铜砂岩层;5.矿下层段;6.中萨库坎亚组砂质沉积;7~8.岩墙;7.辉长—辉绿岩;8.煌斑岩和石英斑岩;9.断裂;10.含矿的地层层位及其编号;11.岩石产状;a.正常;σ.倒转。

获得最广泛认可的沉积成岩理论外,还存在淋滤(水成)和热液假说以及热液—沉积模式。成矿物质最可能的来源是阿尔丹地盾和恰拉断块的太古宙岩层。铜和伴生金属是通过地表水流以各种形式搬运到堆积盆地之中的。

额尔登特铜钼矿床　位于晚古生代北蒙古人山岩带中,晚二叠世—早三叠世的花岗岩类侵入了火山岩层。花岗岩类由花岗闪长斑岩、斜长花岗斑岩、石英闪长斑岩等各种形态不同的斑岩体组成,矿化与这些斑岩体有关(图 4—14)。富集在斑岩岩株中的矿化主要为细脉浸染状,在外接触带则为网脉状。原生矿化是连续的,铜和钼的含量分别为 0.3%~0.7% 和 0.008%~0.026%。铜的含量从网脉中心到边缘逐渐降低,由 0.4%~0.5% 降到 0.2%~0.3%,甚至低到 0.07%。铜的垂直分带不明显,在矿床的中部原生矿石铜的含量在 500 米深度以上一直保持在 0.4%~0.5%。钼分布特别不均匀,并显示出与铜相反的带状分布,矿化往边缘变富(高达 0.02%),往矿体中心变贫(0.012%),平均的铜钼比为 20:1。矿化除了铜、钼以外,还伴有金和银,此外,砷、铋、铅和锌也很普遍。

矿床的另一个特征是,有明显的次生硫化物富集带,在矿床中心厚 300 米,到边缘仅 60~90 米。矿石储量的 86% 集中在次生富集带中。辉铜矿和铜蓝是主要的次生硫化物矿石矿物。

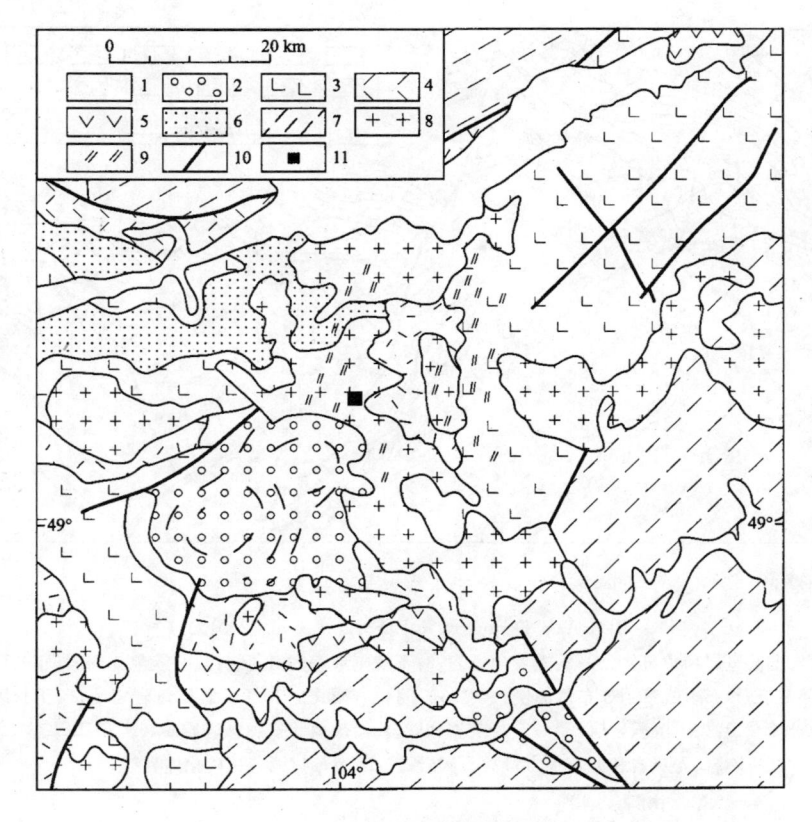

图 4—14 额尔登特矿床的地质构造

(转引自 A. B. Dergunov, R. E. Sorkina et al., 2001。)

注:1:第四纪沉积物;2:中生代沉积物;3~6:二叠纪地层;3:玄武岩(P_2);4:酸性火山岩(P_1);5:基性和中性火山岩(P_1);6:火山沉积岩(P_2);7:褶皱的基底杂岩;8:花岗岩类;9:岩墙;10:断层;11:额尔登特矿床。

斑铜矿很少见。原生矿物(黄铁矿、黄铜矿,特别是辉钼矿)在次生矿石中普遍存在,次生矿石中铜和钼的含量分别为 0.3%~0.7%和 0.001%~0.76%。

原生矿石中主要矿石矿物为黄铁矿、黄铜矿和辉钼矿。分布最广的黄铁矿几乎总是呈浸染状分散出现在热液蚀变的岩石和石英细脉中。黄铜矿在石英细脉和石英—绢云母细脉及蚀变岩石中构成浸染薄层、粒状集合体和小的细脉,辉钼矿通常产在石英细脉中。在这些铜钼矿石中偶尔出现灰色矿石(含有银、闪锌矿和方铅矿),这是很典型的晚期多金属矿物组合。

察干苏布尔加铜钼矿床 位于南蒙古火山岩带,产在侵入于石炭纪火山—沉积岩层的察干苏布尔加岩体西北接触带上。岩体由正长闪长岩、二长花岗岩、花岗正长岩和花岗闪长岩等岩石组成,K-Ar 年龄测定为中—晚石炭世岩石(图 4—15)。

矿床中广泛分布着一些小侵入体,它们有两种类型:一种是成矿前(或部分成矿期)的细粒淡色花岗岩、花岗斑岩、花岗正长斑岩和细晶岩;另一种是含矿的火成杂岩。小侵入体有的呈岩株,有的呈岩墙,多受到爆发角砾岩化岩浆期后蚀变(正长石化和硅化)作用的影响,侵入体的年龄为 265±2~270±4Ma。

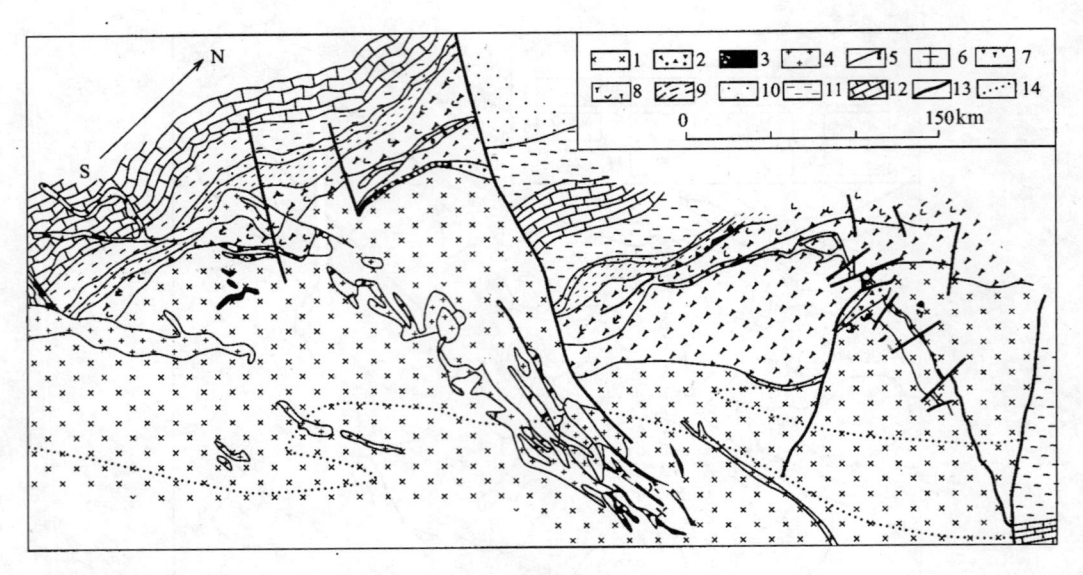

图 4—15 察干苏布尔加矿床地质构造

(引自 A. B. Dergunov, R. E. Sorkina et al., 2001。)

注：1：粗面质斑岩、正长斑岩和角斑岩(P)；2：爆发角砾岩；3：不规则形态的石英岩体；4：淡色花岗岩、正长闪长岩、花岗正长斑岩(含矿化侵入杂岩)；5～6：察干苏布尔加侵入杂岩；5：闪长岩质斑岩和辉长岩质斑岩墙；6：正长闪长岩、花岗正长岩和花岗闪长岩；7～12：火山沉积岩层(C1)；7：凝灰岩和砂岩；8：玻屑状安山斑岩质凝灰岩；9：凝灰岩、砂屑凝灰岩、层凝灰岩；10：砂岩；11：粉砂岩、泥灰岩和泥灰板岩；12：石灰岩；13：断裂；14：铜—钼矿化体界线。

矿化为 NE-SW 向和 NW-SE 向的石英—硫化物细脉和石英—绢云母—硫化物细脉组成的细脉状，含矿带长 1 600 米，宽 60～400 米；含矿带通常分布在察干苏布尔加花岗岩类与石炭纪火山—沉积岩的接触带上。矿体主要产在含矿带的上部，在深 20～400 米处矿化逐渐变弱，同时细脉浸染状矿化变为浸染状矿化。

原生矿石含铜 0.3%～1.5%、钼 0.001%～0.1%。最普遍的矿石矿物是黄铜矿和黄铁矿，在石英、石英—绢云母化岩石中有辉钼矿薄层，浸染状辉钼矿很少见。在原生矿石中偶尔见到与黄铜矿交生的方铅矿、闪锌矿和砷黝铜矿，在爆发角砾岩中还见到极少量晚期浸染的方铅矿和闪锌矿，偶尔伴有辰砂。主要矿化涉及两个不同的矿物组合：含黄铁矿和少量黄铜矿的石英辉钼矿组合和含辉钼矿的石英—绢云母—黄铁矿—斑铜矿—黄铜矿组合。这些矿物的比例在不同的地方有所不同，但在前者组合中钼占优势，在后者组合中以铜为主。

富浦铜矿床 位于黄海南道康翎，距海州市南约 40 公里处。矿床于 1961 年发现，1965 年开始全面普查勘探，1967 年开始开采。现在每年生产数千吨铜和数万吨黄铁矿矿石，为大型海底火山沉积型铜—硫化物矿床。富浦矿床的围岩为各类角岩和片岩。

富浦矿床分为"外掩"矿体和"新掩"矿体。前者矿体规模大，长度达 1～3.5 公里，宽度为 15 米到几十米，最大达 70 余米，而且沿倾向延伸良好，矿石中铜品位 0.2%～3%；后者矿体赋存在新掩向斜转折部位，矿体长度 1 500 米，宽度数米至数十米，铜品位 0.2%～1%。矿石矿物主要以磁黄铁矿、黄铁矿、黄铜矿为主，含少量菱铁矿、闪锌矿、方铅矿、黝铜矿和极少量的自然铋、自然银、白铁矿、灰钴矿、白钨矿。伴生金属有铅、锌,有时形成含铜很低的锌含量比铅含量高的铅锌矿体。

上农铜矿床 位于咸境南道虚川,属半隐伏—隐伏矿床。矿体大体上都产于细粒电气石钠长片岩中,矿石矿物有黄铜矿、毒砂、黄铁矿、磁黄铁矿及少量钨酸钙矿。矿石品位一般铜为0.3%,金为1~2克/吨,最高达4~7克/吨。矿床成因类型为层状火山—沉积矿床。

上农铜金矿是目前朝鲜主要金铜矿产地之一,矿床自260米勘探到-900米,以竖井开拓。矿山已建选矿能力$400×10^4$吨/年的选厂,拟扩建为$900×10^4$吨/年。

惠山铜矿床 位于两江道惠山市西南约2公里处。矿区北端距鸭绿江仅为700米,与我国吉林省长白山沿江村相望。该矿床产在平行于横切鸭绿江的北西向主断裂的次一级断裂,即春东、马山断层中,并且与长石斑岩、石英斑岩关系非常密切。惠山铜矿分为老山和马山两个矿床,矿带长约4公里。矿床储量相当可观,老山矿床总储量为$18×10^4$吨,已采铜$13×10^4$吨。马山矿床2号矿体已探明铜储量$50×10^4$吨。矿石类型分为:硫砷铜矿+黝铜矿型;闪锌矿+方铅矿+墨黝铜矿型;黄铜矿黄铁矿型。

惠山铜矿于1967年发现,1970年开始建矿,1972年生产开始大幅度上升,成为朝鲜大型矿山之一,该矿可采率达90%以上。

云兴铜矿床 矿床位于惠山市南东20公里处。矿区广泛分布各类岩脉,矿体多赋存在强硅化的破碎带中呈细脉状,形成一系列小而富的矿体,已发现有价值的矿体20余条。主要矿石矿物有:硫砷铜矿、黝铜矿、黄铜矿、黄铁矿、方铅矿、闪锌矿;次要矿物有:斑铜矿、辉铜矿、硫锌矿、自然金、锡石、黄锡矿、辉银矿等。脉石矿物是石英、方解石,氧化矿物有铜蓝、孔雀石、褐铁矿,上述矿物组成石英+黄铁矿型、石英+硫化物型和硫化物矿石3种矿石类型。在部分矿体中,一般含矿角砾岩长300~400米,厚1~4米,其上矿体厚3米,含铜7%~8%。

该矿床于1960~1970年进行普查、勘探,1975年建矿,每年生产金属铜4 000~4 500吨。惠山和云兴铜矿为朝鲜两个大型矿床。

检德铅锌矿 位于咸境南道端川市北约600公里的广泉群,辽(河)老(岭)摩(天岭)裂谷带东南部惠山—利原凹陷内的摩天岭隆起带上,由检德本山、中途场和舞鹤洞等10多个矿床组成。可划分为本山—黄铁沟—间店东部矿带、老银洞—中途场—检德山中矿带和大桦沟—舞鹤洞西部矿带。各长2~20公里,宽20~100米,南北向展布,与地层和褶皱构造展布完全一致。主要矿体严格赋存在下元古界摩天岭系北大川统上部含硅质条带状杂色碳质白云大理岩中,距南大川统底部云母片岩40~140米。每个矿床(段)都由几条或几十条矿体组成。除本山、中途场等矿床有部分矿体出露地表外,绝大多数为隐伏盲矿。单矿体一般长几十至几百米,最长为700米,厚0.3~25米,延深400~500米,最大延深1 500米仍未尖灭。矿物组分简单,主要为闪锌矿和方铅矿。富矿大都成密集的条带状、致密块状,坑口出矿铅锌品位为15%~20%;贫矿多为稀疏条带状和浸染状,品位铅锌含量为4%左右。

矿体成层状,似层状受紧闭线型倒转复式向斜控制,并多次重复出现。富矿体多产于向斜封闭部位和正常翼部劈理发育处,厚度大。凡是富矿体出现的上盘都可见到硅质岩的存在。

矿床类型为典型的海底喷气（流）成因的沉积变质型铅锌矿床。矿带北西部的甲山、铜店一带铜矿，成因类型相似，层位稍低，似为水平分带之产物，规模可达中大型（图4—16）。

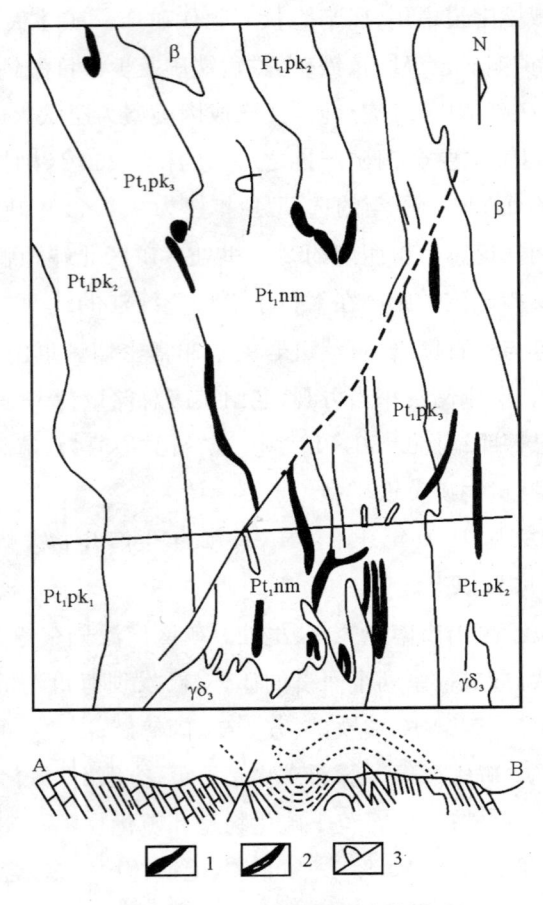

图 4—16　检德铅锌矿床地质

注：1：铅锌矿体；2：菱镁矿体；3：倒转背向斜；β：第三系玄武岩；Pt_1nm：北大川统上中酸酸岩；Pt_1pk_2：中部碳酸岩—片岩互层；Pt_1pk_1：下部块状白云岩；$γδ_3$：中生代花岗岩。

三、非金属矿产

俄罗斯硼的探明储量为4 000万吨（矿石量），远景储量为1亿吨（矿石量），硼探明储量居世界第二位，均产于远东地区的滨海边疆区。达列尼戈尔斯克硼矿最为著名。

蒙古的盐、天然碱和磷块岩具有一定优势。

朝鲜的菱镁矿、重晶石、萤石、滑石、叶蜡石等非金属矿产储量较丰富。

第五章　东北地区输入矿产资源可行性分析

第一节　东北地区与东北亚地缘经济合作现状及新进展

东北亚是指亚洲东北部的国家和地区,广义的东北亚包括中国的东北、华北、西北,俄罗斯的远东与西伯利亚,日本,韩国,朝鲜和蒙古国,面积3 400万平方公里,占世界总面积的26%;人口约6.8亿,占世界人口的31%。狭义的东北亚仅指中国东北、俄罗斯远东、日本、韩国、朝鲜和蒙古国,总面积998.8万平方公里,人口近3.24亿。东北亚各经济体在地理位置上毗邻、在经济上存在着紧密联系、在传统文化和对外战略取向上具有较多自然的和人文的共同基础。从这个意义上说,东北亚地缘经济体更接近狭义的东北亚区域的界定,实际上,目前无论是理论研究还是实际应用,在涉及东北亚地缘经济体时,主要是指狭义的东北亚。

一、东北地区与东北亚地缘环境分析

(一)东北亚的地缘政治环境

东北亚是全世界冷战遗留下来的阴影最浓重的地区,这里至今仍存在着两种社会制度、两种意识形态、军事对峙和各种历史遗留问题;同时,东北亚又是大国利益交织、相互竞争表现最突出的地区。地缘政治环境在一定时期、一定条件下会对国际经济合作起到关键性的促进或制约作用。目前,东北亚经济合作正处在酝酿、启动前期,在这一时期,政治、军事安全等非经济因素尤为重要和突出,可以说是经济合作的前提。如果没有政治和军事安全保障、没有相互信任的话,就很难谈得上经济合作。

东北亚地缘政治环境受以下几个因素的影响:

朝鲜半岛因素　冷战时期,朝鲜半岛南北的对峙造成了半岛局势的紧张与动荡,同时也成为制约东北亚经济合作与图们江地区开发的主要障碍。朝鲜核问题曾几度成为朝鲜半岛和东北亚地区安全的焦点问题。近年来,随着朝美关系的改善,旨在建立半岛永久性和平机制"六方会谈"的召开,朝日邦交正常化谈判的恢复,朝俄关系的调整,朝鲜与欧盟各国的建交等一系列变化,朝鲜半岛的国际大环境大为改善。目前中、俄、韩、朝、日、美六方会谈正在进行中。

历史遗留问题　东北亚地区是二战遗留问题最多的地区,这对各国间的政治关系、经济关系造成了严重的影响,其中最主要的是领土、领海主权的争议问题。东北亚多数国家之间都存

在这类问题:日俄之间存在日本所称"北方四岛"的归属问题,中日之间存在"钓鱼岛"(日本称"尖阁列岛")的归属问题,日韩之间存在日本所称"竹岛"(韩国称"独岛")的归属问题,以及中日和中韩之间关于领海线或所谓200海里专属经济区问题等。日本经常出现的否认侵略战争的事件和言行是历史遗留问题的另一个重要方面。

美国因素 东北亚区域经济合作应考虑美国因素,即在今后若干年内可考虑美国参与东北亚区域经济合作及相应组织。其理由是:第一,美国的一部分领土——阿拉斯加州紧靠东北亚地区,与东北亚各国存在地缘关系,可认为美国是"准东北亚国家";第二,美国参加东北亚经济合作及其相关组织有益而无害,美国是不愿看到在东北亚地区出现把它排除在外的任何组织的,所以,与其叫美国在外面阻挠,还不如让其参与,若美国参与,便可把阻力变动力、由消极因素变积极因素;第三,鉴于东北亚地区的特殊性,人们已达成共识,东北亚经济合作的模式应该是松散型的、开放型的,因此吸收美国参加并不与这一模式相悖;第四,2003年5月6日,美国和新加坡签署自由贸易协定,这是美国首次与亚洲国家签署的自由贸易协定,也是美国在全球签署的第5个自由贸易协定。美新自由贸易协定可以成为美国和其他东南亚国家之间自由贸易协定的模式。可以认为,今后东北亚组建任何一个自由贸易区不能将美国排除在外。

(二) 东北亚的地缘经济环境

在当今世界各类经济组织中,最具实力的是欧盟、北美自由贸易区和亚太经济合作组织,这三大区域经济集团的GNP占全球GNP的80%,形成了"三分天下"的地缘经济格局。当然,在这三大地缘经济体中,亚太经济合作组织的活力最强、增长最快,这主要是因为东亚国家和地区经济增长最快。从近期看,东亚地区发展较为迅速的是若干次区域的经济合作组织,这些次区域涉及的国家和地区较少,容易达成共识并付诸于实践,所以能够成为东亚地缘经济合作的主流。东亚地区最有潜力、最具前途的是东北亚地区。尽管到目前为止,东北亚地缘经济合作还处于起步阶段,但人们普遍认为,在21世纪,处于全球经济最亮点的东北亚地区,必将成为全球发展潜力最大、后劲最足、经济增长最快、最有前途的经济集团。同时,东北亚地区是大国利益的交汇点,受到世界大国的普遍关注。东北亚地区地缘经济合作的兴起、各种协调机制的充分建立,将会进一步推动东北亚经济合作的步伐,从而为东北亚地区建立真正的区域经济合作组织奠定良好的基础。

(三) 东北亚的地缘文化环境

东北亚地区是一个多民族地区,大的民族主要有汉族、大和族、俄罗斯族、朝鲜族、蒙古族。东北亚地区各民族经过长期的历史发展,在不同的地理环境中形成了具有一定共性的文化心理素质,同时也有巨大差异。本区的各民族,无论是在语系、宗教信仰、民族性格、生活习俗上,还是在道德伦理、价值取向、行为准则、思维方式、文化色彩上都有明显的区别。本区民族文化心理的复杂性和多元性导致相互关系的排斥性和松散性,反映在地缘经济合作上就是缺乏向心力和融合性。例如,在建立东北亚区域经济合作组织的酝酿中,各国都想把区域组建在以自己为中心的基础上,并不愿把力量投入到区域合作项目上。此外,东北亚相关国家的东方文化或西方文化的主流或二者兼有的地缘文化环境,均对东北亚经济合作产生一定影响。

二、东北地区与东北亚区域经贸合作的进展

东北地区现已成为中国重化工业、装备工业和农牧业生产基地,它在中国战略格局中的地位与作用具有特殊的重要性。由于地理位置、历史传统及地缘文化等因素,使东北各省(区)形成了以黑龙江省开展对俄经济合作、吉林省开发图们江地区、辽宁省开发辽东半岛为主要特征的面向东北亚经济合作的对外开放新格局,东北地区正在出现一条全方位的对外开放带。中国东北地缘经济体在与周边国家的地缘经济合作中选择多种途径,在资本引进、技术吸收、劳务输出、商品贸易的过程中,使自身经济得到持续发展与充实提高。

黑龙江省地处东北地区北部,位于东北亚地区的中心地带,具有参与和推动东北亚经济合作的良好区位条件。黑龙江省与俄罗斯边境长达3 045公里,拥有25个国家级开放口岸,可辐射俄罗斯远东及东北亚地区,在发展对俄地缘经济联系上前景广阔。但是,由于地理环境的限制,黑龙江没有自己的出海口,与东北亚各国的贸易和交流受到限制。为参与和推动东北亚经济合作,提高竞争能力,黑龙江省决定在"十五"期间进行大流量国际贸易大通道建设,其中包括构建陆海联运国际贸易运输通道体系。主要是绥芬河至海参崴、牡丹江至罗津及哈尔滨至大连三个陆海联运国际经贸大通道,这也是大通道体系的主骨架。牡丹江至罗津(清津)通道,是上述其余两条通道的重要补充,在承担对朝鲜、韩国的铁路直达贸易交流的同时,也可对日本等东北亚国家进行海上贸易交流。

吉林省位于东北地区的中部,地处东北亚区域的腹心地带,边境长达1 400多公里,距日本海15公里,距俄罗斯的波谢特湾4公里。这一区位优势使吉林省具有参与东北亚国际经济合作的有利条件。自1995年以来,吉林省实施"面向两海,构筑两带,产业升级,整体升位"这一以对外开放为先导的发展战略。所谓"面向两海",就是面向日本海和渤海,以推动图们江国际合作开发为契机,尽快打通和拓宽进入东北亚周边国家的交通运输通道,更大规模地进入和利用世界市场,加强与渤海沿岸省市的合作。所谓"构筑两带"是要按照开边通海方向,构筑纵横两大经济带:一条是沿哈尔滨—大连铁路和公路线的纵向经济带;另一条是沿未来的欧亚大陆桥的纵向经济隆起带,合理配置资源,带动全省经济腾飞。所谓"产业升级"就是要以国外市场为导向,实现产业结构高级化,主要是加强基础产业,改造传统产业,发展高新技术产业。所谓"整体升位",就是要提高吉林省国民生产总值在全国的位次,推动全省经济再上一个新台阶。吉林省为实施这一大战略,还把对外开放置于优先地位,并把"开边通海"作为首要任务。所谓"开边",就是要打开边疆通道;所谓"通海",主要是指恢复中国图们江的出海权。目前,吉林省政府正在积极推进图们江区域项目开发、构建东北亚区域经济合作组织协调机制,使吉林省的对外开放实行全方位推进与重点突破相结合。

从区位来看,辽宁省是海陆兼备的省份,有宽阔的沿海地带,背靠黑龙江省、吉林省、内蒙古自治区等腹地,通过辽西走廊联络京津所在的华北和内地广大区域。因而,辽宁是环渤海区

的联系纽带,是中国北方地区进入太平洋走向世界的最重要的对外通道,是环渤海地区参与东北亚经济技术合作、交流、竞争的主要基地,在中国对外开放格局中发挥着重要作用。同时,辽宁省的工业基础是东北地区中最雄厚的,其工业门类齐全,物质矿产资源丰富。作为中国东北部的沿海省份,辽宁省较早地实行对外开放,至今外向型经济已有相当基础,尤其是其毗邻朝鲜半岛,具有发展与其地缘经济联系的区位优势。

尽管东北亚区域经贸合作意向的提出已经很久了,但由于各国的经济发展、对外战略等不同,使东北亚区域经贸合作的决策始终没有上升到各国国家层面上。2003年10月7日,中国、日本和韩国的领导人在印尼巴厘岛签署了《中日韩推进三方合作联合宣言》,提出"三国地理相邻,经济互补性强,经济合作不断加强,人员往来日益频繁",表示要"促进发展,加强东北亚合作",不仅引起国际上的高度重视,也标志着东北亚区域经济合作进入了一个新的阶段。同时,在现已存在的东北亚地区与图们江经济开发区、环渤海湾经济圈以及环日本海经济区等区域经济合作组织的推动下,中国同东北亚各国间的贸易越来越密切,而作为中国在东北亚地区贸易先锋的东北三省的重要作用也得以充分的体现。据统计,目前作为老工业基地的东北三省同俄、日、韩、朝、蒙这些东北亚主要国家间的贸易额已占中国与这些国家对外贸易额的1/4,而且增长势头明显,与此同时,由于东北三省各自的地缘特点又决定了各省在同这几个主要国家间贸易的侧重点各有不同。

1. 对俄贸易增长创历史同期最好水平,黑龙江省居主导地位

中国与俄罗斯是两个互相接壤且历史渊源颇深的国际大国,相互间的贸易对两国今后的经济发展有着极为重要的战略意义。2003年两国贸易额就已达到157.6亿美元,同比增长了32%。进入2004年,据中国海关统计,2004年1～8月两国贸易额已达128.7亿美元,同比增长35.4%,几乎年年都创了历史新高。目前俄罗斯已是中国第八大贸易伙伴,而中国也已上升为其第四大贸易伙伴。两国政治关系的不断升温也进一步促进了两国贸易关系的不断发展,而从中受益最大的就是与俄罗斯接壤的东北三省。据统计,2004年中俄间进出口总额为212.32亿美元,其中东北三省对俄进出口总额已超过41.2618亿美元,是整个中俄贸易的19.43%还多,远超过其他各省,其中黑龙江省在其中的主导地位尤为突出。

由于地缘接近、本地结算等因素,共有边界长达3 800公里的黑龙江省和俄罗斯形成了传统的边贸关系。2004年,中俄之间进出口总额为212.36亿美元,其中黑龙江省对俄进出口额为38.2亿美元,比上年增长29.4%,占全省进出口总额的56.3%,高于去年0.8个百分点,占全国对俄贸易的18.0%。其中:出口21.5亿美元,增长31.5%;进口16.7亿美元,增长26.8%。随着黑龙江省开放力度的不断加大以及哈洽会等招商会议的展开,可以预见,在今后的几年中黑龙江省同俄罗斯之间的贸易规模必将飞速发展,达到一个崭新的高度。

同时,尽管吉林与辽宁两省的对俄贸易要远落后于黑龙江省,但也都呈现出了高速增长的态势,对俄出口大幅度增加。据两省海关统计,2004年辽宁省对俄出口额为2.1亿美元,与同期相比增长了29.5%。而吉林省在2004年前11个月，全省对俄贸易进出口总值也达到了9 618万美元。此外，两省都认识到了俄罗斯这个地域辽阔、资源丰富的大市场对未来两省经济的发展是必不可少的助力，因此都将如何开展对俄贸易提升到了一个非常高的战略位置，以发展对俄贸易作为突破口，促进两省对外贸易快速增长。

2. 以辽宁省为龙头稳步发展对日贸易

改革开放以来，日本一直是中国重要的贸易伙伴和主要直接投资国，同时又是中国政府资金合作的主要伙伴。截至2003年，日本是中国连续11年的最大贸易伙伴，中国是日本的第二大贸易伙伴。2004年，日本对中国（包括香港）贸易总额高达22.2万亿日元（约2 132.8亿美元），日本由中国的第一大贸易伙伴降为第三大贸易伙伴。相反，中国取代美国，成为日本的第一大贸易伙伴。尽管位次发生变化，但日本对中国来说，仍然是很重要的经济合作伙伴。30多年来，中日两国进行了全方位的经济合作，特别是双边贸易、直接投资以及政府间资金合作构成了中日经济合作的三大支柱。同时日本也是东北三省重要的进出口对象，在2003年，进出口总额就已达到102.33亿美元，占中国与日本进出口贸易总额的7.77%。

日本一直是辽宁省的重要贸易伙伴，辽宁省同日本的贸易额也一直居于东北三省首位。2004年，日本成为辽宁省最大的对外进出口贸易伙伴国，双方进出口贸易额达96.2亿美元，占辽宁省进出口贸易总额的27.88%，其中进口贸易额为41.55亿美元，出口贸易额为54.65亿美元，实现贸易顺差13.1亿美元。其中加工贸易和主要出口产品仍然保持了强劲的增长势头，辽宁省对日进出口商品结构的变化必将会促进今后辽宁省对日贸易的优化，为今后双方贸易规模的扩大打下坚实的基础。

尽管在东北三省对日贸易中辽宁省的进出口总额最高，但增幅却大大低于吉林省，2003年吉林省与日本的进出口贸易同比增长106.4%。2004年吉林省对日贸易也仍然保持了高速增长的态势。

3. 以吉林省为桥梁，实现了对韩、朝贸易的跨越式发展

韩国是东北三省对东北亚各国进出口较大的国家，仅次于日本，居第二位。2003年东北三省与韩国的进出口达到46.47亿美元，占中国与韩国进出口总额的7.3%。其中辽宁省在东北三省中是对韩国进出口贸易最多的省份，2003年辽宁省与韩国的进出口额为33.9亿美元，同比增长19.1%。2004年之后，中韩经贸发展势头迅猛，据统计，2004年中韩双边贸易额为900.68亿美元，同比增长42.4%，2005年突破1 000亿美元大关。截至2004年底，韩商来华投资32 753项，合同韩资金额505.60亿美元，实际利用韩资259.33亿美元。而东北三省在这种大环境下对韩贸易也同样出现了高速增长的势头，其中仍是辽宁省居对韩贸易的首位，据统计，2004年辽宁省全年对韩贸易出口23.1亿美元，同比增长了50%，韩国成为排在日本之后的辽宁省第二大贸易伙伴。同时，尽管黑龙江省和吉林省的对韩贸易总额目前仍然较小，但在2004年后也都呈现了强劲的增长趋势。

目前中国已经成为朝鲜最大的贸易国。据相关统计,2003年中朝双边贸易额首次突破10亿美元,同比增长38.6%,其中中国向朝鲜出口6亿美元。而在东北三省中则是黑龙江省增长最快,同比增长80.54%,其次是辽宁省,同比增长35%。2004年1~10月,中朝双边贸易额已突破10亿美元,同比增长42%。特别是吉林省延边朝鲜民族自治区一带对朝贸易额大幅度增长,2004年对朝贸易为2.2亿美元,同比增长83%,占该地区外贸总额的35%,创近年来新高。

综上所述,中韩、中朝之间的贸易将是中国今后经济与贸易发展的新的增长点,而东北三省特别是吉林省不但具有地缘优势,同时也由于朝鲜族民族自治区域的存在而消除了韩、朝两国同中国之间语言与风俗等方面的障碍,为中国今后同这两个国家之间贸易的进一步发展创造了良好的环境,因此,作为与韩、朝两国近邻的东北三省更应该抓住机遇,以吉林省为桥梁,充分发挥延边朝鲜族自治州的特有优势以及其他两省居住大量朝鲜同胞的优势,积极开展同这两个国家的贸易,以东北三省为基地推进国内其他各省同上述两国贸易的发展。

三、东北地区与东北亚地缘经济合作特征

(一)开展多元化次区域地缘经济合作

中国东北地区与周边国家有着广泛的经济联系,这些合作对象的社会制度不同、经济水平具有差异性,导致了合作形式的复杂性。

中国东北地区形成了以黑龙江省开展对俄边境经济合作、吉林省开发珲春和图们江地区、辽宁省开放辽东半岛以及内蒙古对蒙古国开展边境贸易为特征的面向东北亚地缘经济合作的新局面,东北地区正在形成一条全方位的对外开放带。这条开放带,自北而南以黑河、绥芬河、珲春、大连为窗口,面向东北亚各国,今后有可能形成与东北亚各国合作的三大经济协作区:一是图们江三角洲经济协作区,它以珲春为前哨,通过图们至通化、长春和哈尔滨这三条放射形铁路,将沿线城镇组成外向型工业城镇网络,主要开展与俄罗斯远东,朝鲜罗津、清津及沿日本海地区的经济合作。二是北方经济协作区,它以黑河、绥芬河为窗口,通过建立黑龙江、乌苏里江、松花江、嫩江相互联结的内河航运系统,将中国东北与俄罗斯远东连为一体,形成以内陆边贸为主的经济协作区,进一步与日本北海道、俄罗斯萨哈林开展经济合作。三是环黄海经济协作区,它以大连为龙头,锦州、丹东为两翼,以鞍山、辽阳、沈阳等工业重镇为腹地,形成辽东半岛对外开放带,并与山东半岛一起开展与韩国的西海岸地区、日本的北九州地区的经济合作。这三大经济协作区的形成和运作将把东北亚地缘经济合作推向一个新的阶段。

(二)中国东北与东北亚地缘经济合作处于向区域一体化组织过渡的阶段

中国东北与东北亚各国的合作尚处在非集团实体的对外合作状态,因此在对外合作的深度和发展水平等方面,无论是与欧盟、北美自由贸易区等经济集团,还是同东南亚联盟相比,都

是有所不及的。实际上,东北区与东北亚国家之间的合作,并未达到相应的广泛性与密切性,仍然是一种松散性的合作状态。

(三) 中国东北各省实施"走出去"的国家战略与区域战略

关于国家层次上"走出去"战略的内涵,至少有四点是比较明确的:"走出去"相对于"引进来"而言,是国家长远的战略性决策,今后应该在继续实施积极引进外资战略的同时,鼓励企业"走出去";"走出去"的目的在于利用国外资源、市场,增加经济发展的动力和后劲;"走出去"的主体是优势企业,客体是"成熟技术"、设备和产品;"走出去"以企业跨国投资、跨国经营为核心内容。对于具体的省域经济来说,区域"走出去"战略既与中国经济的"走出去"相联系,又与中国经济的"走出去"不完全一致,必须同时考虑地区经济的国内跨区域拓展与国际跨国拓展双重因素。

近年,中俄边境和地方经贸合作协调委员会多次召开会议,探讨中俄地缘经济合作问题。例如2000年5月17~18日,吉林省外贸代表团赴俄罗斯滨海边区符拉迪沃斯托克(海参崴)与俄方共同主持召开中俄边境和地方经贸合作协调委员会第三次会议。参加会议的中方有黑龙江、吉林、辽宁、内蒙古、新疆等省份及大连市、哈尔滨市、长春市的政府和外贸厅,以及中国外经贸部欧洲司的负责人;俄方有阿穆尔州、赤塔州、萨哈林州、哈巴夫斯克边区、阿尔泰边区、伊尔库茨克州、阿尔泰共和国等州(区)和外联委(局)的负责人共40余人。会议讨论并通过了《中华人民共和国政府与俄罗斯联邦政府边境贸易协定》建议稿,修订了《协调委发展双边经贸合作三年计划》,商谈了进一步完善双边投资合作机制的方式以及边民互市贸易区建设、建立协调委信息中心、向俄远东地区出口粮食等问题。由于俄罗斯远东和后贝加尔周边地区从俄联邦政府得到的财政支持越来越少,在经济发展上它们都在自谋出路,过去它们将眼光放在日本、韩国,但俄罗斯金融危机和日本与俄罗斯北方四岛的争端使其期望落空后,远东和后贝加尔周边地区的领导人迅速转向中国市场寻找出路,对发展与中国的经贸合作存在迫切的客观需要和主观愿望,俄方协调委成员单位不断增加就充分说明了这一点。中方各成员单位也不断加强与俄方成员单位的沟通与协调,推动了中国东北地区有实力、信誉好的企业在肉类、食品、家电、建筑材料、轻纺产品、木材、铜材、化肥、机械设备等方面的进出口,在建筑工程、农业种植、森林采伐、洗衣机和计算机组装、化工建设、畜牧业等领域,通过合资合作等方式同俄周边各州区企业进行了广泛的合作,扩大对俄地缘经济合作规模并提高合作水平。

在东北亚地区,除了由联合国开发计划署支持、有关国家合作进行的图们江流域开发计划以外,当前最现实和最有希望的合作项目应属"环黄渤海经济圈"的建设。中国的环渤海地区堪称"黄金海岸地带",它不仅为其他国家提供了广阔的投资和商品市场,也将以本身具有优势的生产要素投入东北亚地区,与其他国家合作参与东北亚的经济开发活动。

第二节 东北亚经济体矿产品生产、输出现状及前景

与中国东北地区毗邻的东北亚经济体包括俄罗斯、蒙古、朝鲜、日本、韩国。由于韩国、日本是矿产资源的净进口国,因此下文只讨论俄罗斯、蒙古、朝鲜的矿产资源生产、消费、输出现状及前景。

一、俄罗斯矿产品的生产、输出现状及前景

(一)矿产品生产

俄罗斯是世界最大的矿业生产大国之一,天然气、石油、煤、铁矿石、铜、原铝、铂族金属、钨、锡、金、金刚石、磷灰石等主要矿产的产量均居世界前列,而锰、铅、锌等贵金属产量较低(表5—1)。目前,俄罗斯共探明2万个矿床。

表5—1 俄罗斯主要矿产品产量

矿产	单位	1999年	2000年	2001年	2002年	2003年
煤炭	亿吨	2.49	2.58	2.69	2.56	2.75
石油	亿吨	3.05	3.23	3.37	3.79	4.21
天然气	亿立方米	5 764.00	5 842.00	5 508.30	5 953.00	6 164.50
铀	吨(铀)	2 000.00	2 000.00	2 000.00	2 900.00	3 150.00
铁矿石	万吨	8 150.00	8 660.00	8 249.90	8 596.00	9 180.00
生铁	万吨	4 010.00	4 460.00	4 498.00	4 627.00	4 837.00
钢	万吨	5 150.00	5 910.00	5 897.00	5 980.00	6 271.00
铜[1]						
矿山产量	万吨(铜)	51.00	58.00	60.00	68.50	66.51
精炼产量	万吨(铜)	73.66	82.40	88.79	86.00	81.84
镍[1]						
矿山产量	万吨(镍)	26.18	26.60	27.28	26.73	30.07
精炼产量	万吨(镍)	23.80	24.20	24.80	24.30	27.33
铅[1]						
矿山产量	万吨(铅)	1.30	1.30	1.30	1.30	1.30
精炼产量	万吨(铅)	5.53	5.00	6.00	6.30	6.30
锌						
矿山产量[1]	万吨(锌)	13.20	13.60	15.70	17.40	16.27
精炼产量[2]	万吨(锌)	23.10	24.10	24.90	25.70	25.30
锡[1]						
矿山产量	万吨(锡)	0.52	0.66	0.55	0.72	0.72
精炼产量	万吨(锡)	0.39	0.55	0.56	0.80	0.76

续表

矿产	单位	1999年	2000年	2001年	2002年	2003年
铝						
铝土矿	万吨	268.70	288.90	309.10	317.80	327.30
氧化铝	万吨	451.30	500.00	480.50	457.90	488.10
原铝	万吨	314.90	324.70	330.20	335.20	347.90
锑(矿山产量)[1]	万吨	1.28	1.60	1.28	1.28	1.20
金[1]	吨	125.90	143.90	155.00	171.00	176.90
银[1](矿山产量)	吨	24.04	24.04	24.04	24.04	24.04
铂[1]	吨	16.80	34.20	40.40	30.50	29.60
金刚石(天然处级)[3]	万克拉	1 150.00	1 160.00	1 160.00	1 150.00	1 200.00
钾	万吨(K_2O)	420.00	370.00	425.80	440.00	460.00

资料来源:1. World Metal Statistics Yearbook, 2004; 2. Mining Annual Review, 2004; 3. Mineral Commodity Summaries, 2004。

煤 2003年俄罗斯煤产量同比增长7.4%,达2.75亿吨,居世界第五位。其中炼焦煤产量增长9.2%,为0.70亿吨。在俄罗斯煤炭产量中露天矿产量约占65%。俄罗斯煤炭资源丰富的库兹涅茨克(Kuznetisk)盆地的煤炭产量为1.43亿吨,同比增长7.4%,占俄罗斯煤炭产量的52%,该盆地目前共有48个地下和33个露天矿;坎斯克—阿钦斯克(Kansk-Achinsk)盆地煤炭产量为0.38亿吨,同比增长11.0%;伯朝拉(Pechora)盆地煤炭产量为0.14亿吨,同比增长3.8%。俄罗斯最大的煤炭联合体SUEK,2003年煤炭产量为0.79亿吨,占俄罗斯总产量的28%,主要矿山位于西伯利亚和俄罗斯远东地区。

石油 2003年俄罗斯原油产量同比增长11.1%,达4.21亿吨,居沙特阿拉伯之后,为世界第二大生产国。

俄罗斯共有油田1 900个,其中大型油田仅170个,最重要的产油区为西西伯利亚和伏尔加—乌拉尔含油区。俄罗斯最大的石油公司尤科斯(Yukos)公司产量达8 100万吨;其次为鲁克石油公司,产量达7 900万吨;苏尔古特石油天然气公司(Surgutneftegaz)产量达5 400万吨;秋明公司(Tyumen)产量达4 300万吨;西伯利亚石油公司(Sibneft)产量为3 140万吨;鞑靼石油公司(Tatneft)产量为2 466万吨;Rosneft公司产量为1 960万吨;西丹科石油公司(Sidanco)产量为1 860万吨;斯拉夫石油公司(Slavneft)产量为1 810万吨。

天然气 俄罗斯天然气产量居世界首位。2003年产量达6 164.5亿立方米,比2002年增长3.6%。主要的产气区为西西伯利亚的乌廉戈伊(Urengoi)和Yamburg及乌拉尔的奥伦堡(Orenburg)。乌廉戈伊(Urengoi)气田生产能力为50亿立方米/年,Vynagyakhinsky气田生产能力为200亿立方米/年。

俄罗斯天然气工业股份公司(Gazprom)为俄罗斯最大的天然气生产公司,产量占俄罗斯总产量的87.6%,是世界十大天然气生产公司之一,2003年该公司天然气产量达5 401.7亿立方米,同比增长3.1%。2003年苏尔古特石油天然气公司(Surgut-neftegaz)的产量为138.8亿立方米,Rosneft公司的产量为70亿立方米,其他油气公司的产量为356.7亿立方米。

2003年俄罗斯天然气工业股份公司于2002年投资484亿卢布在扎波雅诺耶(Zapolyarnoye)凝析油气田建设的二期UKPG-2工程投入生产,生产能力达162.5亿立方米/年,目前计划建设UKPG-3S工程,预计生产能力达162.5亿立方米/年,预计2004年第三季度UKPG-3S工程将达到设计生产能力325亿立方米/年;此外该公司在Yen-Yakhinsky气田建设的UKPG-11V工程2006年生产能力将达50亿立方米/年,还生产凝析油176万吨/年。

铁和钢　2003年俄罗斯铁矿石产量为9180万吨,比2002年增长6.8%,居世界第四位。主要铁矿石生产区在库尔斯克磁异常区。最大的生产公司为列别金(Lebedinsky GOK),铁矿石同比产量增长3.5%,其中热轧钢产量同比增长2.2%,达105万吨,2004年LGOK公司计划将精矿和球矿产量提高到2 000万吨和950万吨,并投资520万美元;Gazmetall拥有LGOK公司81.5%的权益,库尔斯克冶金公司拥有LGOK公司12.0%的权益。其次为米哈伊洛夫斯基(Mikhailovsky GOK),2003年铁矿石产量达1797万吨,同比增长18.0%,铁精矿产量达1563万吨,同比增长20.0%;此外该公司投资5亿美元的炼钢项目将于2007年投产,新生产线投产后产量将达200万吨,年收入可达2亿美元,可使MGOK销售收入增加两倍。俄罗斯别尔戈罗德(Belgorod)地区主要生产公司斯托伊连斯基(Stoilensky GOK)的铁矿石产量达1283万吨。

此外俄罗斯斯弗拉兹控股集团(Evrazholding)计划用两三年时间投资1 860万美元开发库尔斯克铁矿资源,其中在Mulginskoyetie铁矿的投资将达1.1亿卢布,在Burlukskoye铁矿的投资将达1.4亿卢布。

铜　2003年俄罗斯铜矿山产量为66.51万吨铜,同比下降2.9%,占世界总产量的4.9%,居世界第五位。精炼铜产量为81.84万吨,同比下降4.8%。主要的铜矿企业为诺里尔斯克镍联合公司(Norilsk Nickel),占俄罗斯铜产量的57%。俄罗斯第二大冶炼铜生产企业为乌拉尔矿山冶炼公司(UGMK),拥有乌拉尔最大的铜冶炼厂,并拥有22个分公司,乌拉尔矿山冶炼公司的铜产量占俄罗斯总产量的40%,2003年UGMK公司投资7 000万美元对设备进行检修和升级。该公司计划投资3200万美元开发Tarnerskoye铜、锌矿,预计该矿可年产铜、锌矿石80万吨,含铜1.2万吨,生产的矿石将在乌拉尔矿山冶炼公司所属的Svyatogor冶炼厂进行冶炼,估计7年可收回成本,2005年11月该矿可达80万吨/年的设计生产能力。俄罗斯第三大冶炼铜生产企业为克什托姆电解铜厂(KMEZ),该公司位于车里雅宾斯克(Chelyabinsk)地区,2003年克什托姆电解铜厂精炼铜产量达7.88万吨,同比增长3.3%,铜棒产量同比增长17.7%,达1.03万吨,铜线产量同比增长63.5%,达0.26万吨。

镍　俄罗斯的镍产量居世界首位。2003年俄罗斯镍—钴产量同比增长5.3%,其中镍矿山产量为30.07万吨,同比增长12.5%,占世界矿山总产量的23.4%。精炼镍产量为27.33万吨,同比增长12.5%,占世界总产量的22.6%。钴产量同比增长9.2%。

东西伯利亚的诺里尔斯克镍矿区为世界最大的镍、钴和铂族金属生产矿区,其镍产量占全球镍市场的20%,铂族金属产量占全球市场的50%。同时该矿区也是俄罗斯最大的镍、钴、铜和铂族金属生产矿山,镍产量占俄罗斯总产量的91%,铜产量占总产量的57%,钴产量占总产量的80%,铂族金属产量占总产量的95%。该矿拥有2个主要的地下矿——塔尔纳赫斯克耶

(Talnakhskoye)和乌塔亚布斯克耶(Oktyabrskoye)。

铅和锌 2003年俄罗斯铅锌产量同比下降了1.3%。其中铅矿山产量达1.3万吨铅,与上年持平,铅金属包括再生铅产量同比增长0.3%,铅精炼产量同比增长8.8%。锌矿山产量达16.27万吨锌,同比增长6.5%,锌精炼产量同比下降了2.0%,冶炼锌产量同比下降了1.5%。

车里雅宾斯克电解锌厂(ChTsz)是俄罗斯最大的锌生产企业,2003年产量达17.73万吨锌,同比增长7.0%,销售收入为40.9亿卢布,该公司占有俄罗斯60%的冶炼锌市场,20%的产品用于出口,企业产品行销俄罗斯300多家冶金和机械制造公司。该公司计划增加产品附加值,但必须首先对核心生产线进行改造,特别是对Welz5号复合熔炉的改造,车里雅宾斯克电解锌厂已关闭了ChTPZ生产线(车里雅宾斯克电解锌厂拥有该生产线87%的权益)。

锡 2003年俄罗斯锡矿山产量为0.72万吨,与上年持平。精炼锡产量同比增长了5.2%,冶炼锡产量(包括再生锡)同比下降了18.6%,为0.76万吨。

铝 俄罗斯的原铝产量居世界第二位,2003年产量为347.9万吨,同比增长了3.8%,占世界原铝总产量的12.4%;铝土矿产量同比增长了3.0%,达327.3万吨;氧化铝产量同比增长了6.6%,达488.1万吨,居世界第七位。主要的铝生产企业为俄罗斯铝公司(RusAl)和SUAL公司,合计产量占俄罗斯总产量的85%。俄罗斯铝公司为世界三大铝生产公司,占俄罗斯产量的70%,占世界产量的10%。2003年该公司原铝产量为259万吨,同比增长了4.3%,铝土矿产量为298万吨,同比增长了38%;2003年该公司实现销售收入45亿美元,同比增长了12%。该公司拥有克拉斯诺亚尔斯克(Krasnoyarsk)、布拉茨克(Bratsk)、新库兹涅茨克(Novokusnetsk)和萨彦诺戈尔斯克(Sayanogorsk) 4个铝炼厂,阿钦斯克(Achinsk)精炼厂,乌克兰尼古拉耶夫(Nikolayev)精炼厂。未来10年俄罗斯铝公司计划投资70亿美元用于扩大生产,其中20亿美元用于购买新设备,40亿美元投资建设新的炼厂,10亿美元用于现有设备现代化改造。俄罗斯铝公司计划投资原材料市场并计划参与投资俄罗斯和国外的氧化铝和铝土矿项目。该公司希望获得阿尔汗格尔斯克地区的Severo-Onega氧化铝开发权,该矿拥有商业储量达4亿吨。此外该公司还计划参与圭亚那、澳大利亚、巴西和委内瑞拉的氧化铝生产项目。

2003年SUAL公司原铝产量为89万吨,同比增长了28.0%;氧化铝产量达440万吨,同比增长了6.8%;该公司在俄罗斯8个地区拥有19个铝公司,占有20.0%的俄罗斯原铝市场和40.0%的铝土矿生产能力。

金 2003年俄罗斯金矿山产量为176.9吨,同比增长了3.5%,占世界总产量的7.5%,居世界第六位。伴生金和废料回收的金产量为6.94吨,同比增长了61.8%。

2003年俄罗斯共有金矿生产企业900个,其中27个大公司的产量占俄罗斯总产量的一半。2003年俄罗斯5大金产地为:克拉斯诺雅尔斯克(Kranoyarsk)、马加丹(Magadan)、雅库特(Yakutia)、哈巴洛夫斯克(Khabarovsk)和伊尔库茨克(Irkutsk)。

2003年俄罗斯最大的金产地为克拉斯诺雅尔斯克(Krasnoyarsk)地区,金产量达30.05吨,同比增长了2.5%。其次为马加丹地区,产量为27.12吨,同比下降了19.1%;其中岩金产量同比下降了29.7%,为13.45吨,砂金产量同比下降了5.1%,为13.67吨。预计2004年马加丹金矿产量将达 27.29 吨。雅库特地区金矿产量同比增长了 15.9%，达 20.30 吨，其中增长最多的为岩金，达 8.93 吨，该地区最大的 AldanZoloto 矿产量为 4.87 吨。伊尔库茨克地区金矿产量同比增长了 2.8%，达 16.63 吨。2003 年金产量最多的为哈巴洛夫斯克地区，金产量 17.68 吨，同比增长了 16.0%。

银　俄罗斯目前没有独立的生产银矿，90% 的银来自有色金属副产品，最大的伴生银生产企业为诺里尔斯克镍联合公司(Norilsk Nickel)，目前俄罗斯在马加丹州(Magadan)仅有 1 处以银为主矿的杜卡特(Dukat)矿，该矿拥有探明银矿储量 1 430 万吨，矿石平均品位为 665 克/吨银、1.39 克/吨金，其中 1 030 万吨储量的品位为 667 克/吨银和 1.40 克/吨金，估计该矿拥有 15 000 吨银和 35 吨金。俄罗斯主要的伴生银产地为克拉斯诺雅尔斯克(Krasnoyarsk)地区、巴什科尔斯坦(Bashkortostan)地区、车尔雅宾斯克(Chelyabinsk)地区、奥伦堡(Orenburg)地区和 Primorye 地区。

2003 年位于马加丹地区彼得堡 Polymetal 公司下属公司的银产量同比增长了 250%，达 410 吨，金产量同比增长了 110%，达 1.34 吨，这使 Polymetal 公司成为俄罗斯最大的银生产企业，并成为世界十大银生产公司，其银产量占马加丹地区的 90%，占俄罗斯总产量的 60%。Polymetal 公司在马加丹地区拥有两个下属公司，一个为 Serebro Magadan，拥有 Dukat 矿；另一个为 Serebro Territorii，拥有 Lunnoye 金银矿，该矿拥有金储量 14.7 吨，银储量 3 010 吨。2003 年 10 月鄂霍斯克(Okhotsk)公司划归 Polymetal 公司所有。

铂族金属　俄罗斯为世界最大的铂族金属(PGM)生产国，其中钯产量占世界总量的 70%，铂占 20%，此外还副产铑。2003 年铂矿山产量为 29.6 吨，居世界第二位；主要生产矿区为诺里尔斯克镍矿(Norilsk Nickel)，其铂族金属产量占世界总产量的 40%～60%。

金刚石　2003 年俄罗斯天然初级金刚石产量为 1200 万 ct，占世界总量的 17.3%，居世界第三位。雅库特—萨哈(Almaz Rossi-Sakha(Alrosa))几乎占俄罗斯金刚石产量的 100%。

钾盐　2003 年俄罗斯钾盐产量估计为 460 万吨，同比增长了 4.5%，居世界第二位。JSC Uralkail 为俄罗斯最大的钾盐生产公司，2003 年钾盐产量估计为 260 万吨，同比增长了 8.0%，该公司拥有开发 Ust-Yaivinsk 地区钾盐资源的矿权，Sylvinite 矿 2009 年投产，预计生产能力将达 330 万吨/年，JSC Uralkail 公司总产量将达 420 万吨/年。

（二）矿产品消费

俄罗斯为世界第三大能源消费国，据英国《2004 年 BP 世界能源统计回顾》(*BP Statistical Review of World Energy*, June 2004)报道，2003 年俄罗斯一次能源消费量达 67 080 万吨油当量，同比增长 3.7%。在其一次能源消费构成中天然气居首位，占 54.4%，其次为石油和煤炭，分别占 18.6% 和 16.6%，核电占 5.1%，水电占 5.3%。

2003 年俄罗斯石油消费量为 1.25 亿吨(表 5—2)，同比增长 0.8%，居世界第五位。俄罗斯为世界第二大天然气消费国，2003 年消费量达 4 058 亿立方米，同比增长 4.3%；2003 年煤炭消费量达 2.55 亿吨，同比增长 0.8%，位居世界第四位。其他主要矿产品消费量见表 5—2。

表 5—2 俄罗斯主要矿产品消费量

矿产	单位	2000 年	2001 年	2002 年	2003 年	百分比[1]（%）
煤炭	亿吨	2.53	2.72	2.53	2.55	0.80
石油	亿吨	1.24	1.22	1.24	1.25	0.80
天然气	亿立方米	3 772.00	3 727.00	3 889.00	4 058.00	4.30
核电	万吨油当量	2 950.00	3 100.00	3 210.00	3 400.00	5.90
铜	万吨（精炼）	18.30	22.38	35.50	42.24	19.00
镍	万吨（精炼）	3.90	3.10	3.12	3.48	11.50
铅	万吨（精炼）	10.15	9.29	10.55	10.46	−0.85
铝	万吨（精炼）	74.84	78.62	99.01	84.28	−14.90
锌	万吨（锌锭）	13.84	16.18	15.19	20.28	33.50
锡	吨（精炼）	0.70	0.60	0.76	0.79	3.90

资料来源：1. BP Amoco Statistical Review of World Energy, 2004；2. World Metal Statistics, 2004。
注：1：2003 年较 2002 年的增减比例。

（三）矿产品贸易

俄罗斯为世界主要矿物原料出口国，主要出口矿产品为天然气、石油、煤、镍、铝、锡、铂族金属、钛、金刚石、金等，同时又是氧化铝和铝土矿（冶炼为铝再出口）、铬铁矿、锰、钛等矿产的主要进口国。矿产品出口已成为俄罗斯冶金的硬通货和现金的主要来源。俄罗斯工业与能源部的报道称，2003 年俄罗斯石油公司的净收益达 250 亿美元，俄罗斯政府来自石油工业的收入为 701 亿美元，其中出口税收为 388 亿美元，石油产品销售为 303 亿美元。

俄罗斯的对外贸易对象分为独联体以内和独联体以外国家。对独联体国家出口主要为易货贸易。2003 年俄罗斯的进出口总额约 1 842 亿美元，其中出口总额约 1 302 亿美元，进口总额约 540 亿美元。其中，对独联体以外国家的出口总额约 1 130 亿美元，进口总额 441 亿美元（表 5—3、图 5—1），贸易顺差为 689 亿美元，其中矿产品出口约占 85.1% 以上，其中天然气、石油、矿石和煤等矿产的出口占 60.0%。

表 5—3 2003 年俄罗斯出口、进口统计（不包括独联体国家）

项目	出口	进口
出口总额（亿美元）	1130.0	—
进口总额（亿美元）	—	441.0
主要产品占进出口的比例（%）		
食品及农业原料	1.5	21.4
矿产品（气、油、煤等）	60.0	1.2
化学产品和橡胶	6.2	18.4
皮革原料	0.2	0.4
木材	4.3	4.5

续表

项目	出口	进口
纺织品和鞋类	0.5	4.1
宝石和贵金属等	4.6	0.1
铁及其产品	14.3	4.9
机械设备	7.1	40.8
其他商品	1.3	4.2

资料来源：Export Russian Import，2004。

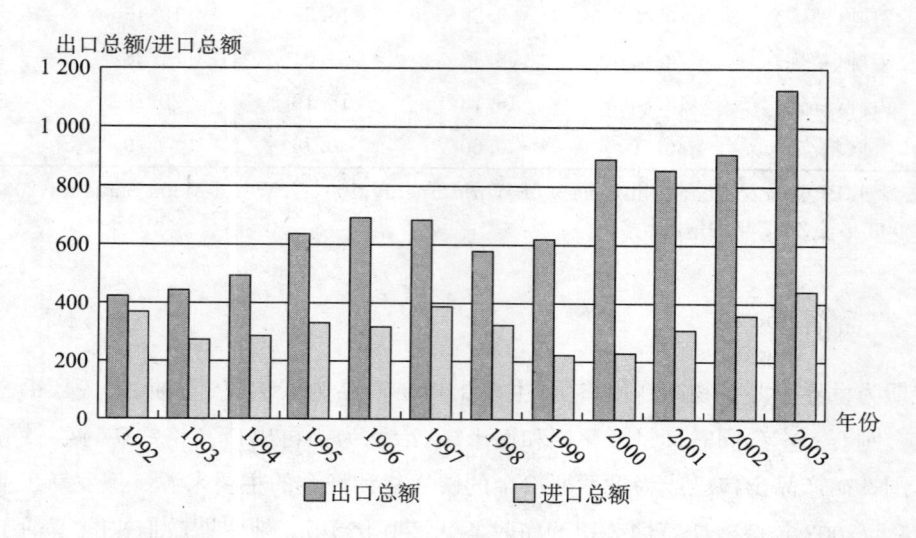

图 5—1　俄罗斯对独联体以外国家贸易进出口额变化

2003 年俄罗斯石油净出口量达 581 万桶/日（图 5—2），位居沙特阿拉伯之后，为世界第二大石油出口国。俄罗斯的石油出口港位于波罗的海和黑海，主要出口对象为西欧的英国、法国、意大利、德国和西班牙等国。

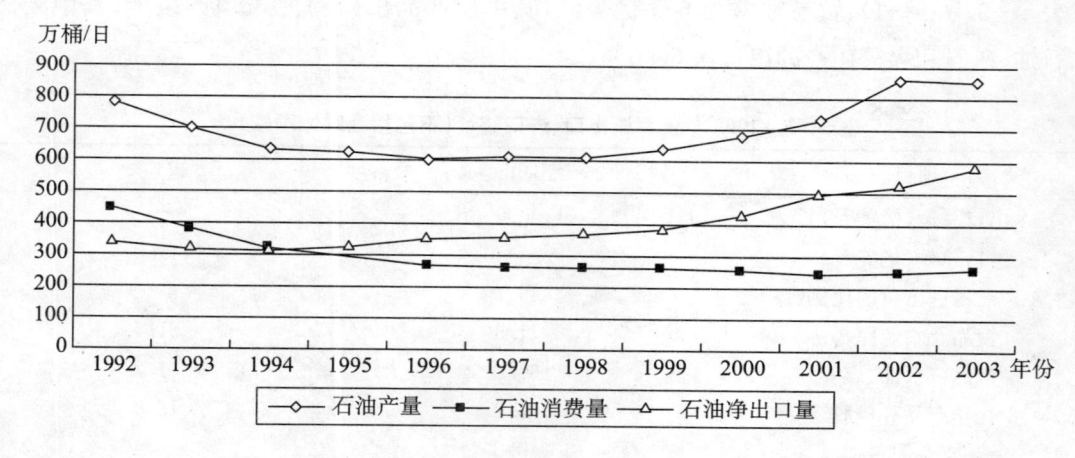

图 5—2　20 世纪 90 年代以来俄罗斯石油生产、消费与净出口

2003年煤炭出口量为6 538万吨,价值19.99亿美元,其中烟煤为6 188万吨(价值17.6亿美元)、炼焦煤为350万吨(价值2.39亿美元)。

目前美国从俄罗斯的石油进口量占总进口量的比例不足1%,俄罗斯计划修建北极港口增加对美石油出口,北极石油港口的建成将使俄罗斯对美国石油出口提高到全美石油进口量的10%,可以减轻美国对中东石油的依赖。俄罗斯计划在加里宁格勒(Kaliningrad)地区修建另一石油出口港,石油年出口能力可达700万吨。预计该项目投资将达1.25亿美元,与其他5个油港仅能停靠2万吨级的油轮相比,新的石油出口港可以停靠10万吨级的油轮。

俄罗斯为世界最大的管道气出口国,占世界管道气总出口量的29.0%,2003年出口量为1 317.7亿立方米,同比增长2.8%,出口到欧洲17个国家,主要有德国(332.1亿立方米)、意大利(197.3亿立方米)、土耳其(126.7亿立方米)、法国(97.0亿立方米)、匈牙利(88.1亿立方米)、波兰(77.0亿立方米)和捷克(77.1亿立方米)等。为了增加对欧洲市场天然气的出口,俄罗斯计划修建若干条天然气管线(表5—4)。俄罗斯天然气公司(Gazprom)将修建一条穿越波罗的海到达德国陆地的长1 189公里的天然气出口管线,总投资为60亿美元。目前该管线投产时间推迟到2010年,比原计划推迟了3年。该管线的建成将增加俄罗斯对德国和其他北欧国家的天然气出口。该管线最初由德国提出,最终输气能力将达200~300亿立方米,为满足该管线需求,俄罗斯天然气公司将开发北西伯利亚Yuzhno-Russkoye气田,到2010年欧洲与俄天然气公司的长期供应合同将达1 000亿立方米。此外俄罗斯天然气公司目前正在修建亚马尔—欧洲的天然气管线,而且第一期工作已完成。从俄罗斯至土耳其段的"蓝流"天然气海底输送管线工程第一阶段380公里长的工程已完成,该工程由意大利的埃尼集团承包,斯塔夫罗波尔边疆区到土耳其的安卡拉,年输气能力达160亿立方米,计划投资25亿美元,全长1 200公里。为了增加出口欧洲的天然气量,2004年1月俄罗斯和乌克兰计划修建新的天然气管线,新管线预计长300公里,连接乌克兰Bohorodchany和Uzhgorod,每年可增加天然气输送量80亿立方米。目前,俄罗斯通过乌克兰出口到欧洲的天然气达1 100亿立方米。

表5—4 俄罗斯主要的石油和天然气管线项目

管线名称	类型	长度(公里)	输送能力(油:万桶/日、气:亿立方米/年) 现有能力	期望能力	位置	投产日期	备注
Adria Reversal	石油	756	10	30	中欧(匈牙利、斯洛伐克)—克罗地亚Omisaljd的Adriatic港口	—	存在环境问题
Druzhba	石油	4 023	120~140	120~140	俄罗斯—欧洲	—	计划扩建至德国
Baltic Pipeline	石油	2 574	100	124	波罗的海港口	2005年	—
Mumansk	石油	—	—	300	波罗的海		
Taishet-Nakhodka	石油	3 990	—	100	经过贝加尔湖到达俄罗斯太平洋海岸	2008年	Transneft支线到中国

续表

管线名称	类型	长度(千米)	输送能力(油:万桶/日、气:亿立方米/年) 现有能力	期望能力	位置	投产日期	备注
Yamal-Europe	天然气	—	300	—	第二条经白俄罗斯、波兰到欧洲的管线	—	线路未定
Blue Stream	天然气	1 207	160	160	从俄罗斯的斯塔夫罗波尔边疆区到土耳其的安卡拉	—	—
North Trans-Gas Pipeline	天然气	2 092(1 186 为至海参崴)	0	198～283	俄罗斯到芬兰、英国、德国、瑞典	2010年	北欧管线

资料来源：EIA. Major Russian Oil and Gas Pipeline Projects, 2005. 3。

2003年黑色金属矿产出口量为5 105万吨,价值84.2亿美元,同比增长31.4%。俄罗斯生产的铝、铜、镍等有色金属中,80%用于出口。其中铝出口量为314万吨,同比增长14.0%;精炼铜出口量为40.76万吨,同比下降21.0%;镍出口量为23.8万吨,同比下降15.0%。出口到独联体以外国家的铝价值33.2亿美元,铜价值6.57亿美元,镍价值21.5亿美元。

(四) 矿产品输出前景与展望

中俄两国有4 000多公里的边界线,得天独厚的地理条件为两国政府和民间开展经贸活动提供了便利条件。两国有多年边贸的传统,边界线对应口岸密布,铁路、公路、河流相连,交通运输十分方便。中国是世界上人口最多、经济正持续高速增长的发展中大国,俄罗斯是世界上幅员最为辽阔、工业技术基础相当雄厚而且资源十分丰富的大国,两国经济结构存在较大的互补性,发展两国经贸,互通有无,可减少因相距甚远而带来的额外费用。此外,两国相接的边界所处在的东北亚区域合作正逐步展开,具有很大的发展潜力。20世纪90年代以来,建立渤海经济圈、黄海经济圈、日本海经济圈等多种构想纷纷提出,中国、俄罗斯、朝鲜三国交界区域的图们江地区的经济开发计划已经从1992年开始启动,多边合作可以进一步加强东北亚各国在经济上的互补性与互利性。处在东北亚区域的俄罗斯远东经济区虽然人口稀少,但面积达621多万平方公里,资源极为丰富,这为中俄经贸关系的发展乃至整个东北亚地区经济关系的扩大提供了有利的条件。

俄罗斯是世界上资源量最富裕的国家,西伯利亚与远东地区是世界上能源储量最丰富的地区,它的能源储量占世界总储量的1/3以上,其中天然气占1/3以上,石油占1/4～1/5,这里还拥有丰富的铀、镍、铝、钛等有色金属,盐、磷灰石、磷钙石等资源。相对而言,俄罗斯的人口不多,仅占世界的3%,由此确立了俄罗斯人均资源多的巨大优势。

俄罗斯经济发展部在国家社会经济发展中期规划中提出,2005～2015年俄罗斯对石油工业增加投资。按照最低预测方案,2015年石油产量将达5亿吨,其中石油出口量将达2.84亿吨。第二个预测方案预测2015年石油产量为5.55亿吨,其中石油出口量为3.37亿吨。中期规划中包括开始铺设从西西伯利亚到巴伦支海沿岸(摩尔曼斯克地区或因迪加港)的输油管道,年输油能力5 000~7 000万吨,可以形成向欧洲和美国市场新的出口通道,降低目前经过土耳其海峡出口石油的风险,以及取代部分铁路和其他运输方式的石油出口。该条输油管道建成后,2010年之后就可以从季曼诺—伯朝拉盆地、西西伯利亚出口石油,并通过俄石油运输公司系统将部分哈萨克斯坦石油过境运输到第三国。根据这个项目选择的建设铁路预测需要总投资50~120亿美元。

规划还指出,在明确了必要的石油储量和在这个期间项目回收投资达到一定水平的情况下,开始实施通过纳霍德卡输油项目,该项目的输油能力为8 000万吨/年,包括通往中国的支线。俄经济发展部预测,在强化开发油田的前提下,到2015年俄罗斯的石油产量将增加到5.55亿吨,其中包括季曼诺—伯朝拉盆地的油田和开发东西伯利亚及哈萨共和国的油气资源。规划还提出石油管道运输发展措施和通过铁路扩大向亚太地区国家的石油出口量。

中国资源虽然很多,但人均数量少,许多矿产资源的探明储量不少,但人均占有量并不多。今后二三十年正是中国矿产品强度使用的高峰期,目前中国对矿产品的需求压力很大,尤其是石油的供需有很大缺口。据估计,到2020年,中国各类矿产品的需求量将增加1倍以上,届时除石油、铀等少数矿产品外,中国对大多数的矿产品需求量将超过美国而名列世界第一,矿产品的需求总量也将跃居世界第一。生产要素的互补性决定了中俄合作开发远东自然资源的必要性和可行性。

自改革开放以来,中国经济实现了持续高速的增长,从而对能源供应提出了更高的要求。总体上讲,中国能源资源的特点是:品种齐全、总量可观,但人均拥有量少、资源结构不合理、空间分布不均衡。中国能源资源丰富,但人均拥有资源仅相当于世界平均水平的1/2;资源结构落后,突出表现是石油、天然气占世界资源比重较小。20世纪90年代以来,中国能源消费生产结构中石油比例持续下降,能源消费结构中石油比例上升。根据《2002年BP世界能源统计回顾》,2001年中国一次能源消费总量约为8.40亿吨油当量,占世界份额的9.2%,居世界第二位、亚洲第一位。中国对石油消耗量的增加及能源利用率的低下导致了石油供应的紧张局面。从1996年开始,中国已经成为一个原油净进口国。随着中国经济的持续高速发展,石油的供求矛盾会进一步激化。在中国国内油田不可能满足自身需要的情况下,石油供应不足已成为中国能源危机的一个重大表现,能否成功地从国外输进原油决定着中国经济能否进一步持续、健康、稳定地发展。

中国要大量进口石油具有相当大的风险。因为石油资源在世界的分布是不均衡的,主要集中在中东、中亚和拉丁美洲等发展中国家和地区,随着世界各国对石油需求的增长和石油资源的相对减少,世界各强国都在竭力地保护自身的石油运输线,围绕石油资源的争夺已经成为牵动国际政治局势的政治导火索。中国要进口国外石油就必然要参与世界各国争夺石油斗争的行列,因此,尽力和完善积极向外的石油国际新战略,确保中国石油进口的渠道,以保证国内石油的供应,决定中国的经济命脉。

从世界石油资源的储量和发展前景及其地缘政治看,中东、里海和俄罗斯的石油资源应该是中国输入的主要方向。鉴于从中东输入石油的风险大,把重点转向与中国比邻的中亚及俄罗斯地区,力争从那里得到中国所需的石油应成为中国引进原油的主要战略。因此,中国应努力确保中亚和俄罗斯地区的和平,积极建立和保持同这些国家之间的战略伙伴关系,参与从中亚和俄罗斯向东到太平洋沿岸输油气管道的建设工程。同时,鉴于霸权主义和地区争端对中国以石油为中心的能源进口形成的威胁,尤其是美国通过构筑"太平洋锁链"形成对中国的围堵,加强对中亚和里海油气资源的控制,中国从中亚与里海输入石油步履艰难,因此,加强东北亚能源合作体系的建设及加强中俄在石油、天然气等领域的能源合作对中国至关重要。

从当前形势看,中俄两国政治气氛友好,经济合作加深,但中俄能源合作却相当滞后,尤其是在石油和天然气方面的合作更是如此。石油天然气出口是俄罗斯财政收入的重要来源,而中国也在积极寻找稳定的石油供应来源,因此,加强在此方面的合作完全符合两国共同利益。从中俄两国的能源战略上看,中国在俄罗斯能源战略中处于相当重要的地位,而中国石油供需缺口较大,中国的战略是充分利用国内、国际两种资源、两个市场,石油进口采取多元化战略,但主要进口渠道还是在中东。中国也很重视俄罗斯的能源出口,中国与俄罗斯在能源合作方面互有需求,又有战略伙伴关系的坚实基础,能源合作大有可为。近些年来,中俄双方都正在努力改进能源合作的基础,对加强双边的能源合作已形成广泛的共识,正积极筹划俄罗斯东西伯利亚—中国—韩国—日本的石油、天然气管道的建设,构筑东北亚能源经济合作体。中俄两国总理于2001年9月7日共同签署了《中俄输油管道可行性研究工作协议》,这将使中俄能源产品的贸易额大幅度上升,对中国战略资源的储备具有深远的意义。有必要强调的是,中俄双方应在现有基础上,进一步按国际惯例建立市场规则,规范中俄贸易秩序,中俄两国的石油天然气公司应尽快完善投资环境,改变相互投资量小、进展缓慢的状况,共同提高经济效益,促进双方的能源合作健康发展。

二、蒙古矿产品的生产、输出现状及前景

(一) 矿产品生产

矿业是蒙古的重要基础工业,2003年蒙古矿业生产总值在蒙古工业生产总值中占47.2%,矿产品的出口总额占蒙古出口总额的50%。蒙古主要矿产品为煤、铜精矿及精炼铜、萤石精矿、金、钼精矿、石油、钢铁、锡和钨等。

2003年蒙古主要矿产品产量分别为:原油2.5万吨、煤炭557.3万吨、粗钢3.93万吨、铜精矿37.2万吨、精炼铜1 460吨、萤石精矿19.8万吨、金11.1吨、钼精矿3 830吨等。与2002年相比,除金和精炼铜的产量有所降低之外,其他矿产品产量均有所增长(表5—5)。

表5—5　2000～2003年蒙古主要矿产品产量

矿产	单位	2000年	2001年	2002年	2003年
原油	万吨	0.89	1.01	1.90	2.50
煤炭	万吨	518.50	514.10	554.40	557.30
粗钢	万吨	1.30	1.00	1.59	3.93
铜精矿	万吨	35.80	38.10	37.00	37.20
精炼铜	吨	641.00	1 471.00	1 499.00	1 460.00
萤石精矿	万吨	21.00	20.90	15.60	19.80
金	吨	11.80	13.10	12.10	11.10
钼精矿	吨	2 843.00	3 028.00	3 384.00	3 830.00

资料来源：蒙古国工业和贸易部网站；Mineral Commodity Summaries, 2004；*Mining Journal*, London, Dec, 23, 2004；*Mining Annual Review*, 2004。

煤炭　通过日本和世界银行贷款以及蒙古国政府资助，蒙古煤炭产量从1994年低谷（490万吨）以来稳定增长，2000年产量接近520万吨，2003年产量达到557万吨。2004年，蒙古煤炭产量除满足本国需要外，还向中国出口160万吨（据中国海关数据）。

过去几年，蒙古在煤炭工业可持续发展方面采取了一系列重要步骤，先是建立了完善的法律环境，之后将除Baga Nuur、Shivee Ovoo两个较大煤矿之外的所有煤矿全部私有化，现在又决定再将这两个煤矿实行私有化。至此，蒙古煤矿已经全部实现私有化。

Baga Nuur煤矿位于Tabunsubatuin煤盆地，1978年投产。该煤盆地有24个煤层，估计可供露采的储量约6亿吨。

塔文陶勒盖煤田位于南部戈壁地区，含煤时代为晚二叠系，煤质为炼焦用煤，共有16个煤层，煤层厚度从2米到72米不等，煤系地层总厚965米。煤田面积90平方公里，仅中心9平方公里进行了详细工作，勘查深度垂深340米，估计储量50亿吨，其中，28亿吨可供露采。显然，该煤田将是蒙古煤炭出口的又一个重要基地。由于该煤田距最近的铁路线400公里，煤田勘探者正与合伙人讨论共同开发。

铜矿和钼矿　Erdnet铜矿位于乌兰巴托西北365公里，是蒙古目前正在生产的最大矿山，该矿于1978年投产，蒙古和俄罗斯共同投资，蒙古股份为51%，俄罗斯占49%。投产以来，共计生产了250万吨铜精矿和3.6万吨钼精矿。矿产品原设计运往哈萨克斯坦，但实际运往中国。矿山的选矿能力为2 600万吨/年，采矿能力为2 000万吨/年，生产铜精矿35.4万吨、钼精矿3500吨、金属铜12.4万吨、金属钼1 672吨。估计该矿主矿体铜、钼、银、金（矿石量储量为22.95亿吨，按矿床金属平均品位：铜0.5%、钼0.014%、银1.81克/吨、金0.056克/吨计算）储量分别为：1 147.5万吨、32.13万吨、4 154吨、114.75吨。预测深部矿体储量为：铜140万吨，钼3.7万吨。

蒙古的奥尤陶勒盖金矿的勘探和开发令世人瞩目，该矿位于蒙古南部戈壁沙漠，距中蒙边界180公里。奥尤陶勒盖金矿拥有12亿吨的矿石量，推定资源量为：铜1 495万吨、金518吨，推测资源量为：铜1 183万吨、金267吨。该矿的露采部分正在进行可行性研究，地下采矿部分正在进行预可行性研究。

在蒙古顿德格维(Dondgovi)地区的几个铜钼矿中，Surven Sukhait 铜钼矿正在勘查，勘查证由蒙古掌握，可采储量 7 700 万吨矿石量，铜的平均品位为 0.5%。

金矿 在 1992 年蒙古提出"黄金计划"时，估算蒙古的金储量超过 150 吨，其中，砂金储量 110 吨。2001 年按照生产指标估算蒙古金储量为 146.78 吨，其中，岩金储量为 64.3 吨。最近 3 年，黄金产量年平均值为 10.5 吨，金矿储量年平均增长 6.8 吨，以年产量和储量增长量平衡计算，近 3 年储量年平均递减 3.7 吨。

（二）矿产品贸易

2003 年蒙古国进出口总额达到 13.88 亿美元，同比增长了 14.2%。其中，出口总额 6.00 亿美元，进口总额 7.88 亿美元。目前，中国是蒙古的最大贸易伙伴，蒙古的其他主要贸易伙伴还有美国、俄罗斯、欧盟等。

2003 年，蒙古与中国、美国、俄罗斯的贸易额在蒙古外贸总额中所占比例分别为：32.9%、21.2%、11.7%，中、美、俄三国对蒙古的贸易额合计占蒙古进出口总额的 65.8%（表 5—6）。2003 年，蒙古对中国的出口额占其出口总额的 46.6%，对美国、欧盟、俄罗斯的出口额占其出口总额比例分别为 23.3%、7.4%、6.3%；在蒙古的进口总额中，俄罗斯所占份额最高，为 32.6%；其次为中国(24.8%)、欧盟(10.9%)、朝鲜(8.5%)、日本(8.0%)。

表 5—6　1999 年、2001 年、2003 年蒙古主要贸易伙伴占蒙古贸易总额份额　　　单位：%

主要贸易伙伴	1999 年	2001 年	2003 年
中国	36.5	30.6	32.9
美国	22.7	23.4	21.2
俄罗斯	11.3	13.7	11.7
中、美、俄三国小计	70.5	67.7	65.8
其他国家	29.5	32.3	34.2
合计	100.0	100.0	100.0

资料来源：蒙古国工业和贸易部网站。

蒙古出于本国经济建设的需要，生产的能源矿产品煤炭以及建筑原材料矿产品石膏、石灰岩、砂砾、硅砂主要用于其国内消费，而原油、铜精矿、萤石、钼精矿、金等矿产品几乎全部用于出口。

2003 年，蒙古的矿产品出口额占其出口总额的 53.8%，其中，铜精矿占 26.9%，金占 23.3%，萤石精矿占 2.9%，原油占 0.7%。2003 年，蒙古的矿产品进口额占其进口总额的 22.2%，其中，汽油、化工矿产品分别占 16.8%和 5.4%（表 5—7、5—8）。

表 5—7　1999～2003 年蒙古主要矿产品出口份额变化　　　　　　　　　单位：%

项目	1999 年	2000 年	2001 年	2002 年	2003 年
出口总额	100.0	100.0	100.0	100.0	100.0
铜精矿	26.2	29.9	28.4	26.8	26.9
金	21.2	13.0	14.5	22.8	23.3
萤石精矿	3.7	3.6	3.8	3.2	2.9
原油	0.3	0.3	0.3	0.6	0.7
主要矿产品合计	51.4	46.8	47.0	53.4	53.8

资料来源：蒙古工业和贸易部网站。

表 5—8　1999～2003 年蒙古主要矿产品进口份额变化　　　　　　　　　单位：%

项目	1999 年	2000 年	2001 年	2002 年	2003 年
进口总额	100.0	100.0	100.0	100.0	100.0
汽油	12.6	16.7	19.6	16.0	16.8
化工产品	3.9	4.6	5.3	5.0	5.4
主要矿产品合计	16.5	21.3	24.9	21.0	22.2

资料来源：蒙古工业和贸易部网站。

（三）矿产品输出前景及展望

中蒙两国贸易的发展是两国经济社会发展的客观要求和必然。从双方的条件看，进一步发展中蒙两国贸易具有广阔的前景和巨大的潜力。这主要表现在以下几个方面。

从政治方面来看，两国联系将会进一步加强。两国之间没有根本的利害冲突，双方均有发展友好合作关系的良好愿望。20 世纪 90 年代以来，蒙古政府把外交重点放在了与邻国发展平等、均衡的关系与合作上，蒙古明确意识到良好的中蒙关系是其重建经济的关键，多次表示愿与中国在矿山开采、石油开采、交通建设等大型项目上开展合作。从另一方面看，蒙古对中国的地缘政治战略也至关重要，美、日等西方国家出于各自的战略目的，欲将蒙古变为遏制中国的桥头堡，发展中蒙友好关系对确保中国地缘安全十分重要。发展和加强同包括蒙古在内的周边国家的友好关系是中国坚定不移的外交方针，符合两国人民的根本利益，必将促进双方贸易的进一步发展。

在经济全球化深入发展的今天，经贸合作已经成为推动国家双边关系不断向前发展的动力，中蒙两国之间有着长达 4 600 多公里的共同边界，长期稳定、健康、互信的中蒙关系将对两国边境地区的长治久安和经济发展起重要的作用，同样，经贸合作的深入发展会进一步促进中蒙政治关系的发展。

东北亚区域经济合作的不断发展会进一步推动中蒙经贸关系的发展。当前，区域经济合作已成为世界潮流，从参与东北亚区域国际合作层面看，中蒙的共同点和共同利益很多，中蒙都对该区域的经济合作持积极态度，抱有极大的热情，希望通过参与多边国际经济合作来促进本地区一体化的进程,从而带动本国的经济发展。蒙古国领导人反复强调,发展(中蒙)两个邻国间的关系、参与东北亚区域合作是本国的既定政策,并将参与东北亚区域经济合作,为此蒙古政府加强了宏观改革与微观改革的力度。为了使经贸法制化和制度化,蒙古国出台了一系列引进外资的优惠政策和法规,制定了《外商投资法》《经济特区法》,并抢先承办了由联合国开发计划署(UNDP)组织的首次图们江地区开发国际会议——东北亚区域会议;经过近些年来的改革,蒙古国基础设施的建设进一步得到了加强;在全国创设了7个经济开发区,把东部资源丰富的东方省、苏赫巴托省、肯特省划归"图们江自由经济区";为加强与中国的双边贸易,在中蒙边境开设了10对贸易口岸。

中国政府对加强中蒙在区域一体化中的合作也十分重视,通过努力逐步形成以亚太市场为重点、以周边市场为支撑、发达国家市场和发展中国家市场均衡分布的合理结构,保持对外经贸关系的均衡、协调发展是中国要实现市场多元化的目标,大力发展与蒙古国的经贸关系,符合中国的战略利益。从具体行动看,中国也一直为此而努力。1995年12月6日,联合国开发计划署在纽约联合国总部召开的图们江地区开发项目管理委员会第六次会议上,中、蒙两国与俄、朝、韩三国代表共同签署了《关于建立图们江经济开发区及东北亚开发协调委员会的协定》和《图们江经济开发区及东北亚环境准则谅解备忘录》,这表明中、蒙两国都希望参与图们江地区的国际合作与开发,以此来拉动本国经济增长。近年来,中蒙两国正在就依托二连浩特和扎门乌德口岸,在边境附近建立跨国经济合作自由贸易区事项进一步具体协商,此自由贸易区的建成对两国经贸合作与国际经济合作都将产生极大的推动作用。此外,中蒙双方正就推动蒙古资源开发、实施贯穿蒙古东西疆界的"千禧路"工程以及将蒙古东部地区同中国东北地区基础设施相连接等大型项目的合作进行研究。

中、蒙两国经济存在的互补性是促进两国经贸发展的巨大推动力。蒙古的天然优势是资源雄厚。据统计资料,蒙古80多种矿产分布在600多个产地,铜、钼、磷钙石、萤石、石油和天然气储藏量相当客观。初步探明煤炭储量为15 000亿吨,蒙古东部的褐煤、南部的炼焦用煤都很有采掘前景,尤其是位于南北的两大铁矿带,开发利用的价值相当客观。石油储量为60多亿桶,与中国接壤的东南及西部地区的13个勘探区的石油储量就在30亿桶以上,位于额尔登特的铜钼矿储量在亚洲居第一位,也是世界十大铜矿之一。但是,蒙古生产能力不足、资金严重短缺、工业技术落后,无法形成现实的产业经济优势。资源是现代工业的基础,资金是现代工业的血液,如果缺少资源和资金,经济就不能动作和活跃起来。近些年来,蒙古为了引进外资,出台了一系列优惠政策和法规,并下大力气使基础设施得到了一定的改善。

目前,蒙古仍在继续实施本国的长期的矿业发展计划,该计划的主要目的是创造有利的矿业投资环境,吸引国内外投资者在蒙古境内投资矿业,以期发现、探明矿产的资源和储量,并进行高效率、可持续的开发与利用,推动蒙古经济稳步发展,促进蒙古矿产品出口,以增加国家的外汇收入。

蒙古的矿产资源勘查与开发计划包括3个阶段:第一阶段(1998～2000年)确定该项计划的重点方向,制定矿产资源勘查与开发政策和法律,创造良好的矿产资源勘查与开发投资环境。在此期间,蒙古政府修改了投资和税收法律,新的投资和税收法律于1997年颁布实施,其优惠内容包括最高税率为40%、3年的免税期以及10年的红利返还免税,并顺利实施"黄金找矿计划"、"铜矿找矿计划"及"铁矿找矿计划"等。

第二阶段(2000～2010年),重点实施矿产资源勘查、开发与研究;推进具有资源潜力的矿产资源开发区进行基础设施建设;继续吸引外国投资、引进国外矿业先进技术,建设新矿山和选矿厂,使矿业结构趋于合理、矿产品出口大幅增长。

第三阶段(2010年以后),建设大型采矿选矿联合企业,建设冶炼厂,通过处理黑色金属、有色金属及稀土金属矿石及精矿以生产高纯金属、金属合金及最终产品,以满足出口和国内消费,使蒙古的GDP和出口额与2000年相比增长2～3倍。

蒙古的三段式矿业发展计划可以简称为"筑巢引凤"、"查明资源"、"产品升级"的阶梯式的矿业发展战略计划。截至目前,从矿产品在蒙古的GDP比重、出口产品中的比重的变化(表5—7)看,这一计划实施得非常成功。

中国经济的快速发展为蒙古的矿产品出口提供了巨大的市场,蒙古原计划向俄罗斯、哈萨克斯坦出口的铜精矿已经改向中国出口。同时,蒙古一系列铜金矿重大勘查发现吸引了众多中国企业前往"淘金"。正如一些国际矿业界知名人士所指出的:蒙古对中国的作用恰似人们所称的"美国的加拿大"。

三、朝鲜矿产品的生产、输出现状及前景

(一) 矿产品生产

表5—9列出了近年来朝鲜主要矿产品的估计产量,其中2004年产铜12 000吨,金6 000千克,铁矿458×10^4吨,铅2×10^4吨,锌6.2×10^4吨,重晶石7×10^4吨,菱镁矿120×10^4吨,煤炭$2 280\times10^4$吨,滑石、叶蜡石等5×10^4吨。

表5—9　2000～2004年朝鲜矿产品估计产量　　　单位:吨(除个别指定外)

产品	2000年	2001年	2002年	2003年	2004年
金属矿物					
铜:					
矿产量(Cu含量)	13 000	13 000	13 000	13 000	12 000
金属					
冶炼	13 000	13 000	13 000	13 000	12 000
精炼	14 000	14 000	14 000	14 000	15 000
金,矿产量(Au含量)(千克)	6 600	6 600	6 600	6 300	6 000
钢铁:					
铁矿,用于销售					
总量(千吨)	3 800	4 200	4 100	4 430	4 580
铁含量(千吨)	1 100	1 200	1 150	1 260	1 300

续表

产品	2000年	2001年	2002年	2003年	2004年
钢(千吨)	1 000	1 000	1 000	1 090	1 070
铅:					
矿产量(Pb含量)	9 000	9 000	10 000	20 000	20 000
金属					
冶炼	9 000	9 000	10 000	10 000	20 000
精炼	7 000	7 000	6 000	7 000	7 000
银,矿产量(Ag含量)	20	20	20	20	20
钨,矿产量(W含量)	500	500	600	600	600
锌:					
矿产量(Zn含量)	60 000	60 000	60 000	60 000	62 000
金属	65 000	65 000	65 000	65 000	67 000
镉:	200	200	200	200	200
工业矿物					
重晶石	70 000	70 000	70 000	70 000	70 000
水泥(千吨)	4 600	5 160	5 320	5 540	5 630
萤石	12 000	12 000	12 000	12 000	12 000
石墨	30 000	25 000	25 000	25 000	25 000
菱镁矿(千吨)	1 000	1 000	1 000	1 000	1 200
磷酸盐岩	350 000	350 000	300 000	300 000	300 000
滑石、皂石、叶蜡石	60 000	60 000	50 000	50 000	50 000
矿物燃料					
煤:					
无烟煤(千吨)	16 000	16 000	17 000	16 000	16 300
褐煤(千吨)	6 500	7 000	7 000	6 300	6 500
总计(千吨)	22 500	23 000	24 000	22 300	22 800
焦炭(千吨)	2 000	2 000	2 000	2 000	2 000

资料来源:U.S. Geological Survey,2004。

(二)矿产品进出口

2004年,朝鲜的总贸易额为28.6亿美元,同比增长了19.7%,其中进口额为18.4亿美元,出口额为10.2亿美元。虽然出口额和进口额都有所增加,但是,贸易赤字与2003年基本持平。2004年中国以13.85亿美元的成交额仍保持对朝鲜贸易的首位。

1. 出口

2004年朝鲜总出口额为10.2亿美元,同比大幅增长了30.8%,其中矿产品出口额为1.52亿美元,占出口总额的14.9%,贵金属及有色金属的出口额为1.7亿美元,占16.7%(图5—3、表5—10)。

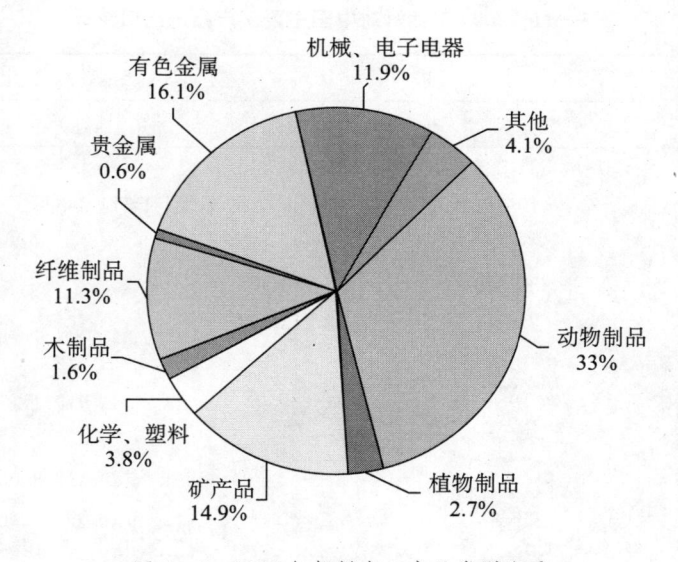

图 5—3　2004 年朝鲜出口产品类别比重

表 5—10　2002～2004 年朝鲜出口产品类别　　　　　　　　　单位：千美元、%

种类	2002 年 金额	比重	2003 年 金额	比重	2004 年 金额	比重
动物制品	261 627	35.54	287 680	37.03	336 581	33
植物制品	28 461	3.87	24 528	3.16	27 542	2.7
矿产品	69 731	9.47	55 518	7.15	152 282	14.9
化学、塑料	43 057	5.85	31 154	4.01	38 750	3.8
木制品	10 153	1.38	15 163	1.95	16 044	1.6
纤维制品	123 003	16.70	133 121	17.13	114 948	11.3
贵金属	14 537	1.97	15 967	2.05	5 738	0.6
有色金属	58 285	7.92	89 657	11.54	164 268	16.1
机械、电子电器	83 884	11.39	93 112	11.98	121 726	11.9
其他	43 510	5.91	31 093	4.00	42 321	4.1
合计	736 248	100.00	776 993	100.00	1 020 200	100.0

资料来源：韩国贸易投资振兴公社（KOTRA），2005。

2004 年，有色金属类的出口同比增加了 83.2%，达到了 1.64 亿美元；矿产品的出口随着原材料价格的猛增同比增加了 174.3%，为 1.52 亿美元。值得一提的是，2004 年朝鲜对中国的出口总额为 5.82 亿美元，同比增长了 46.9%。其中，无烟煤出口额为 4 921 万美元，比 2003 年的 1 543 万美元增加了 3 倍多；铁矿出口额从 2003 年的 687 万美元急增到 2004 年的 4 499 万美元，增幅达 555%；贵金属矿从 2003 年的 256 万美元增加到 338 万美元，增加到近 1.5 倍。表 5—11 列出了 2004 年朝鲜对中国的主要矿产品进出口情况。

表 5—11　2004 年朝鲜对中国主要矿产品进出口统计

产品名称	进口 数量(吨)	进口 金额(美元)	出口 数量(吨)	出口 金额(美元)
石油原油	531 785	1 393 226 146	—	—
无烟煤	19 011	1 759 020	1 571 348	49 212 113
炼焦煤	8 581	391 177	—	—
其他烟煤	239 040	8 950 905	—	—
焦炭及半焦炭	22 317	2 213 598	—	—
未烧结铁矿砂及精矿	—	—	951 972	44 994 943
已烧结铁矿砂及精矿	—	—	12 919	712 386
铜矿砂及精矿	—	—	7 077	1 074 190
铅矿砂及精矿	—	—	14 413	1 711 412
锌矿砂及精矿	—	—	16 092	4 416 199
银矿砂及精矿	—	—	17 487	1 921 713
其他贵金属矿砂	8	720	42 580	3 383 067
重烧镁	—	—	5 361	483 942
盐	46 534	1 481 443	—	—

资料来源：中华人民共和国海关总署，2004。

2. 进口

2004 年朝鲜总进口额为 18.4 亿美元，同比增长了 14.3%，其中矿产品进口额为 4.10 亿美元，占进口总额的 22.3%，同比增长了 21.2%；有色金属矿产品的进口额为 1.28 亿美元，占进口总额的 7.0%，同比降低了 25.7%（图 5—4、表 5—12）。

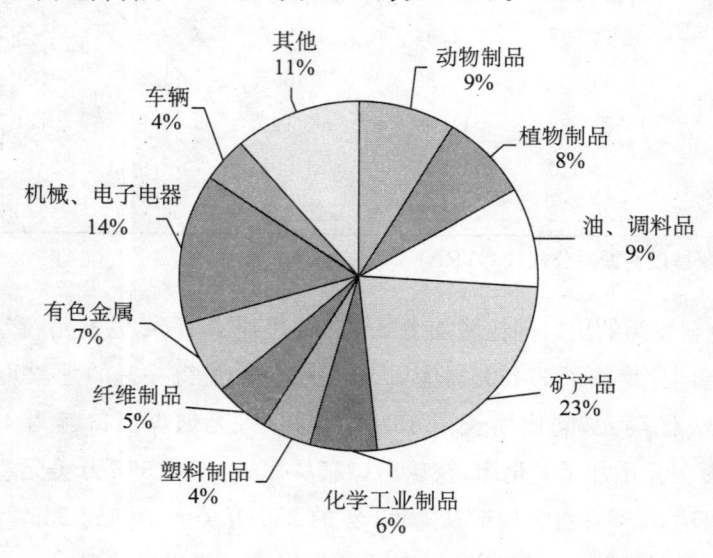

图 5—4　2004 年朝鲜进口产品类别比重

表 5—12 2002～2004 年朝鲜进口产品类别   单位:千美元、%

种类	2002年 金额	2002年 比重	2003年 金额	2003年 比重	2004年 金额	2004年 比重
动物制品	103 366	6.78	107 888	6.68	159 450	8.70
植物制品	118 328	7.76	120 518	7.47	140 442	7.60
矿产品	235 803	15.47	337 952	20.93	409 550	22.30
化学工业制品	122 024	8.01	104 305	6.46	106 413	5.80
塑料制品	65 936	4.33	70 712	4.38	78 052	4.20
纤维制品	158 359	10.39	128 113	7.94	93 232	5.10
油、调料品	74 879	4.91	96 134	5.95	173 117	9.40
有色金属	88 137	5.78	172 659	10.70	128 364	7.00
机械、电子电器	234 574	15.39	282 356	17.49	262 911	14.30
车辆	76 000	4.99	61 809	3.83	77 254	4.20
其他	246 727	16.19	131 937	8.17	208 126	11.30
合计	1 524 136	100.00	1 614 382	100.00	1 836 911	100.00

资料来源:韩国贸易投资振兴公社(KOTRA),2005。

另外,2004 年,朝鲜对中国的进口总额为 7.95 亿美元,同比增长了 26.6%。2004 年从中国进口原油 53.2 万吨(13.9 亿美元)(表 5—11),同比增长了 14.9%。因其未再从其他国家进口,因此原油总进口量还是比前年降低了 7%。

(三) 矿产品输出前景与展望

朝鲜与中国不仅山水相连、有 1 300 多公里的陆地边境线,而且两国有着源远流长的传统友谊。两国于 1949 年 10 月 6 日建立外交关系,1961 年缔结了《中朝友好合作互助条约》。半个世纪以来,两国的传统友好关系在两国领导人的重视、努力和维护下得到顺利发展,与此同时两国在经济、文化、人员交流等各个领域都进行了卓有成效的合作。

1990 年以来,朝鲜与中国在政治、经济、文化、科技、军事等各个领域的交流与合作都得到了不断深化。特别是两国领导人进一步加强交往,使朝中睦邻友好合作关系得到了进一步发展。最引人瞩目的是两国高层互访对推动两国关系的发展起到了至关重要的作用。对于朝中关系,中国政府一直坚持"继承传统、面向未来、睦邻友好、加强合作"的基本方针。在朝中高层往来中,"双边关系"和"国际、地区问题"是两国领导人会谈中的基本内容。从双边关系的层面上看,在中国第四代领导集体的推动下,朝中高层实现了"确认友谊、发展合作"的战略目标。从国际和地区层面上看,朝中一致同意推进六方会谈,寻求通过对话和平解决朝核问题。朝中两党两国领导人密切的高层互访,积极深化双方合作,为朝中传统友谊注入了新的生机和活力。

自前苏联解体后,中国在朝鲜对外贸易中的地位不断上升。从 1991 年起,中国取代前苏联成为朝鲜第一大贸易伙伴国。朝鲜矿产资源丰富,在经济上有用的矿产就有 220 余种。随着中朝友谊的不断巩固和发展,两国矿产品贸易的规模和数量将会不断扩大,其中无烟煤、炼焦煤、铁矿粉、铜矿粉及精矿、锌矿粉及精矿、锰矿粉及精矿、其他贵金属矿粉、重烧镁都是我国尤其是东北地区急需的产品,也是朝鲜对华出口的主要商品。

第三节 东北地区输入东北亚各经济体矿产品的基础和比较优势

一、优越的自然地理位置,是东北地区输入东北亚各经济体矿产品的天然优势

中国东北地区处于东北亚区域经济合作的中心地带,在地理位置上比其他国家和国内的其他地区更具有优势。

东北地区的北部与东部隔黑龙江、乌苏里江与俄罗斯远东地区相接,与远东地区的边境线长达7 300多公里,仅黑龙江省就有300多公里的边境线。这里有被称为"黄金水道"的黑龙江,把中、俄两国紧紧地连在一起,而且滨州、滨绥线同西伯利亚铁路、贝阿铁路构成欧亚大陆桥,使中俄两国之间的通道更加便捷。东北地区的西部与蒙古接壤。内蒙古自治区的满洲里市同蒙古的东方省毗邻,通过俄罗斯的索洛维耶夫斯克,可以直达蒙古的东方省省会城市——乔巴山。内蒙古自治区拟把阿尔山建设成为全区的第六个贸易口岸。从吉林省的白城市到阿尔山还有白阿铁路,它横贯兴安盟的中部,是联系白城地区与蒙古进行经济贸易的通道。东北地区的东南部靠近日本、韩国、朝鲜。辽宁、吉林两省与朝鲜半岛为邻,在交通上,朝鲜半岛是沟通东北亚地区各国,特别是中国东北地区与日本之间往来的重要枢纽。辽宁不但与朝鲜半岛有着300多公里的大陆边界,拥有沟通中国及欧亚大陆与朝鲜陆路联系的主要口岸,而且辽东半岛与朝鲜半岛同处一个海域,在发展与朝鲜半岛经济合作上具有突出的优势。吉林省的延边、通化、白山等市(州)以中朝的界河图们江、鸭绿江同朝鲜北方相连。图们是中国内陆第二大口岸,朝鲜又为中国提供了利用清津港的条件,从而使图们—清津—日本海"小陆桥"已经形成。东北地区可以通过"小陆桥"发展同朝鲜、日本和韩国的贸易,进而将贸易扩大到东南亚国家。东北边境开放城市——珲春市则坐落在俄罗斯、朝鲜两国之间,珲春市敬信乡防川村就处在三国交界点上。

二、丰富的自然资源、雄厚的工业基础、人才和技术优势,能够保证东北地区在东北亚区域经济合作中的地位

东北地区自然资源丰富,发展现代化工业所需要的黑色金属矿产、有色金属矿产、能源矿产、化工及建材非金属矿产等五大类矿产资源都有一定的储量,其中,铁矿、菱镁矿、硼矿、金刚石、滑石、玉石等储量均居全国首位,东北地区还是煤炭、石油、天然气在国内的主要产区之一。东北地区土地资源丰富,土地类型多,水、土、光、气温组合条件好,是全国主要的商品粮基地、林业和药材基地。而这些都是日本、韩国、朝鲜、蒙古等国家经济发展所必需的重要资源,因此

东北三省可充分利用这种自然资源的优势,大力发展同东北亚各国间的贸易,创立新的贸易形式,从而扩大同上述国家间的贸易规模,以实现东北三省对外贸易跨越式发展的战略目标。此外,东北三省旅游资源十分丰富,镜泊湖、天池、五大连池、大连、长白山等著名旅游景点驰名中外,这些丰富的旅游资源都具有巨大的开发潜力。

东北地区基础设施完备、交通运输便利,形成了以港口为门户、以铁路为动脉、以公路干线为骨架、民用航空和管道运输相配合的纵横交错的立体运输网络。遍布城乡的通信网络、电力网络覆盖率居全国前列。同时它也是中国重要的粮食生产基地和工业生产基地,在装备制造业、重化工业等方面具有技术、人力资源、生产规模等比较优势,已经基本形成了以钢铁、机械、石油、化工、建材、煤炭等重工业为主体的、基础设施比较完善的工业体系,为全国经济建设输送了大量工业设备和工业制成品。以沈阳、大连、长春、哈尔滨、吉林和齐齐哈尔等重工业城市为代表的东北老工业基地在全国经济发展中起着十分重要的作用,曾为新中国经济的发展做出过重大贡献。而这些恰恰是南方和东部沿海地区发展相对薄弱的产业,通过综合开发战略来激活东北地区农业和重工业等优势产业,将会提供大量技术先进、价格低廉的重工业产品,通过同东北亚地区各国之间的贸易,有助于推动东北亚各国的经济可持续发展。同时东北地区经济蓬勃发展形成的消费市场,也将为东北亚各国经济创造新的发展空间,特别是在当前日本、韩国等国经济发展渐缓或停滞不前的情况下,东北地区综合开发所带来的市场需求对于拉动这些国家的快速发展更有现实意义。

东北地区城市化水平较高,整体国民素质高,特别是专业科技人员和产业技术工人所占人口的比重,远远高于全国平均水平。东北地区科研机构占全国的10.27%,大学占全国的13.70%,科技进步基础处于全国前列,科技人力资源有着明显的优势。这就使东北地区具有发展新兴产业所需要的人才和科技优势,通过吸引外来资金、人才和技术的投入,东北地区完全可以在短期内形成一定规模的高新技术产业群。这一产业群的形成不仅有利于推动东北地区老工业的改造和升级,而且有助于从根本上改变中国高新技术产业的竞争态势,增强中国在东北亚地区特别是同日本和韩国在高技术产品上的竞争能力,从而促进中国在高新技术产品贸易的发展,提升中国经济总体运行质量。

从开放经济的角度分析,这些资源禀赋条件,可使东北地区在资源互补中以农业资源以及劳动力资源为物质基础,实现从国外引进资金、技术、设备和矿产品等资源的"引力论"效应,从而沟通国内外经济交往渠道,形成东北亚地区的整体性资源供需网,为区域经济一体化的成长提供重要的物质来源。

三、不断加大对外开放力度、开辟边境口岸,形成了矿产品贸易的快速通道

截至1998年末,全东北沿边已拥有大小口岸43个,分布于黑龙江省的有17个,分布于吉林省的有12个,分布于辽宁省的有13个。按国别看,中蒙之间的有2个,中俄之间的为18个,中朝之间的共有24个,分布于内蒙古1个。口岸建设在已有基础上取得很大进展,如珲春公路与铁路口岸的开辟、绥芬河与满洲里公路口岸的开辟、丹东大东港海运与河运口岸的开辟

与黑河江运口岸的发展等,它们都初步具有现代口岸的规模。各口岸城市都设有边境经济合作区。

四、与东北亚各经济体进行地缘经济合作能够实现东北地区与东北亚的经济互补

东北地区既与日本和韩国保持着垂直分工关系,同时又与俄罗斯、朝鲜保持着密切的水平型经贸关系,在东北亚地区这种多层次、复合式国际分工体系中,东北地区正处于垂直与水平分工的交叉点上。在这里,东北地区既可以从日韩两国承接转移出来的相当一部分产业,又可向蒙古、朝鲜及俄罗斯远东地区转让某些技术。从国外经济学者所提出的促进东北亚"雁行模式"产业转移的角度考虑,中国东北地区正处于东北亚地区经济合作的核心地带。因此,东北地区可以充当产业、技术转让的中介中心,成为不同层次国家开展经济合作的纽带。

五、历史上形成的广泛联系,有利于东北地区与东北亚各国开展矿产品贸易

无论从历史渊源与现实关系,还是从未来发展的展望来看,中国东北地区的地缘特点都十分突出,即东北地区的地缘关系对其发展有着深刻的烙印。19世纪中期沙俄曾先后通过与清政府签订两个不平等条约——《中俄瑷珲条约》和《中俄北京条约》,割去我国100万平方公里领土;19世纪末和20世纪初,沙俄在中国东北地区修筑中东铁路并租借旅大港口。20世纪初期在中国东北地区爆发了两次日俄战争。20世纪三四十年代中期,日本侵占中国,并在东北地区建立了"伪满洲国",由于苏联出兵,中国东北地区才得以光复。新中国成立后,中苏友好条约的签订,开始了对东北工业区的大规模建设,当时苏联援建的一些重大工业项目分布在东北地区。东北工业基地的建设,有力地支持了朝鲜战争取得胜利。20世纪60年代中苏关系的紧张,以及70年代初中苏边境的军事冲突,使东北地区成为"反修前线"。自20世纪80年代中期,中国学者提出图们江开发问题以来,图们江开发已引起国际社会的广泛关注,图们江开发这一跨世纪工程正在不断推进和深入。20世纪80年代末期,随着中苏关系的改善和正常化,中国于90年代初期作出沿边对外开放的重大决定,东北的满洲里、珲春等成为首批沿边对外开放城市。目前,东北地区已建成中俄、中朝、中蒙边境口岸体系,并参与了建立环日本海地方政府首脑会晤机制。随着中央新近提出的"坚持以邻为善,以邻为伴,开展区域合作"的对外政策,以及"走出去"战略的实施,东北地区与东北亚的地缘经济合作变得更为密切。

六、东北地区与东北亚各国开展矿产品贸易对输出国经济具有明显拉动作用

中国正处在工业化时期,工业化进程也是矿产资源大量消耗的过程。目前,中国矿产品(含相关原材料)贸易总额占全国贸易总额的20%,约为全球矿产品市场贸易总额的15%~20%。2004年,中国石油消费对国外的依存度为45%、铁矿石为55%、铜金属为70%、氧化铝为45%、钾盐为77%。

2004年,中国(包括东北地区)从俄罗斯进口的石油、铁矿、钼矿、石棉等矿产品总值达

45.75亿美元;从蒙古进口的铜矿、钼矿、铁矿、萤石、煤等矿产品总值达3.80亿美元;从朝鲜进口的煤、铁矿、铅锌矿等矿产品总值达3.20亿美元,从而对东北亚输出国的经济产生了明显的拉动作用。可以肯定,随着东北老工业基地的振兴,东北地区与东北亚各国开展矿产品贸易的规模将迅速扩大,数量和品种将迅速增加,对东北亚矿产品输出国经济的拉动作用将更加明显。

第六章 东北老工业基地矿产资源接续战略总体构想

第一节 基本思路

针对东北老工业基地矿产资源特点及开发利用现状，分析矿产资源可供性与矿产品市场供需形势，以东北老工业基地振兴和经济可持续发展为目标，采取"双向发展战略"，保障矿产资源的有效供给，满足东北地区经济社会发展对矿产资源的需求。

一、既要广辟矿产资源来源渠道，又要十分珍惜与合理开发利用矿产资源

（一）矿产资源的来源渠道需要广度拓展、深度拓展

广度上讲，一是从立足省内勘查到打破省域界限、区域统一勘查、建立矿产资源接续基地。促进区域协调发展，是我国在新世纪、新阶段坚持科学发展观统领经济社会发展全局的重大战略。党的十六届六中全会把"落实区域发展总体战略、推动各地区共同发展"作为构建社会主义和谐社会的重大举措。十七大报告提出"遵循市场经济规律，突破行政区划界限，形成若干带动力强、联系紧密的经济圈和经济带"。东北亚中国地区资源丰富，互补性强。按照区域经济协调发展的要求，东北亚中国地区可对区域内矿产资源统一勘查，对重要矿山和公路、铁路通道进行统一规划和建设，共同开发该区域内矿产资源，多方寻找和开辟新的后备矿产地。二是从重点在陆地勘查到海陆并进，注重开发海域矿产资源。东北沿海海域矿产资源和替代能源蕴藏量丰富，利用前景广阔，是值得开辟的矿产资源来源渠道。三是开发利用替代资源。针对东北三省非传统能源勘查开发程度低、经济性差、缺乏竞争力的现状，依靠技术进步，加大勘查开发投入，大力发展太阳能、风能、地热能、生物质能等新能源和可再生能源，实现对传统能源资源的替代。

深度上讲，从勘查矿山浅层深入到勘查矿山外围或深部。东北三省能源和重要矿产资源潜力分析结果表明，该区域成矿地质条件有利，但矿产勘查程度较低，总体资源探明程度不足1/3，勘查平均深度不到400米，与发达国家普遍具有开发800~1 000米、最深达4 000米的能力相比，还有很大差距，存在着巨大的第二找矿空间。可在有市场需求和资源潜力的老矿山外围或深部等找矿空白区开展商业性地质勘查工作，扩大资源供应来源。

（二）珍惜并合理开发利用矿产资源应做好四项工作

1. 生态环境保护

开发利用矿产资源要考虑环境的约束。在世界各国经济社会发展过程中，环境约束对矿产资源开发利用产生的影响十分明显，许多情况下，环境因素比资源因素更具决定性。东北三省正处于经济起飞阶段，矿产资源开发利用引起的环境污染治理已成为东北老工业基地振兴过程中必须考虑的重大问题，人们必须对如何在矿产资源开发利用与环境保护之间分配资源的问题作出取舍，这也关系到矿产资源在后代的配置问题。从经济学角度，最佳选择是坚持矿产资源开发利用与生态环境保护并重、预防为主、防治结合的方针，有效配置生产要素，合理开发利用矿产资源，大力发展循环经济，实现节能减排目标，使矿产资源在得到高效利用的同时，生态环境得到保护。

2. 加强和完善矿产资源规划管理

强化政府对矿产勘查开发的调控，促进矿产资源保护和合理利用的法制化、规范化和科学化，从制度建设、规范管理、监督检查等方面，健全规划实施机制和制度。严格按照规划依法审批和监督矿产资源勘查、开发利用活动，实行保护性开采，合理限采优势资源，杜绝采富弃贫、采易弃难、大矿小开式的破坏和浪费开采方式，对优势资源实行生产和出口总量控制。限制对生态环境有较大影响的矿产资源开发，避免或减少对生态环境不利影响和破坏。调整优化能源结构，煤油并举，适当增加电力、油品、天然气等清洁能源的消费比重。

3. 矿产资源开发利用的区域布局和产业布局优化

重点挖掘短缺矿产资源潜力，延长老矿山服务年限，综合运用土地、金融、环保等方面的经济、法律和行政手段，逐步促进资源型企业转型，淘汰、限制高耗能企业生产；强化综合利用，开拓新的应用领域，建立一批矿产资源接续基地。同时，调整和优化矿产资源开发结构，加大对产业结构优化升级项目的投资力度，探讨建立发展循环经济、建设节约型社会和环境友好型社会的财政支持体系，扶持资源节约、生态建设等重大项目建设。实施高新技术自主创新工程，大力发展高新技术、资源综合利用、可再生能源和环保等产业。

4. 提高矿产资源综合利用效率

充分发挥价格杠杆作用，逐步建立能体现资源稀缺程度的价格体系。加强矿产资源的综合勘查、评价、开采和利用。推动矿产资源综合开发和综合利用向纵深发展，在技术条件和经济合理范围内，最大限度地开采、提取和回收矿产资源。重点加强对低品位、难选冶、共伴生、紧缺矿产的综合利用。加大尾矿、贫矿综合开发利用力度。发展矿产资源综合利用技术，实行规模开发，推进矿产资源综合利用。开展矿产资源循环利用试点示范，加强矿山废弃物的资源化利用。由政府投资建设矿山废弃物的再利用示范工程，重点开展紧缺矿产的综合利用和保护示范工程，以及一批难选冶多金属矿、复杂共生矿等的开发利用示范工程。

二、既要充分挖掘区域内资源潜力，又要积极开拓与建设东北亚地区矿产资源供应体系

（一）加强区域内合作，挖掘区域内资源潜力

国内各个地区都有其独特的自然、社会和经济条件，因而导致各地区经济发展水平、结构和布局的差异，从而在矿产资源禀赋、开发利用效率等方面存在互补性。在国家统一的制度安排下，在区域一体化迅速发展的今天，区域间的合作是比较容易实现的。2006年10月，我国已正式明确将内蒙古东部地区纳入振兴东北老工业基地总体规划范围，这为东北三省加强与内蒙古东部地区区域合作，实现优势互补和共同发展，提供了难得的历史机遇。

考虑到运输的经济性和供给的安全性，东北三省矿产资源接续，首先应立足于区域内，以国家出台的东北老工业基地振兴规划为契机，加强区域合作，提高区域内矿产资源供应能力。一方面，实施矿产资源勘查评价战略，加强找矿，提高储量保障程度，包括能源和重要矿产的调查评价、危机矿山接续资源找矿，把内蒙古东部地区作为区域内能源和有色金属矿产资源的重要接续基地之一，新增一批资源量和后备调查基地。另一方面，实施矿产资源保护和合理利用战略，开发矿业，扩大区域内供应能力，建立矿产资源接续基地。实施老矿山产能维持特别计划，尽力延长老矿山的服务年限。全面发展和推进矿产资源领域循环经济，创新矿产资源综合开发利用模式。

区域合作领域包括：基础地质研究、应用地质研究、环境地质和灾害地质、地质经济技术管理、共同开发国际市场等。合作形式包括：交流学者、交流资料；合作双方共同出资、共同命题合作研究，研究成果属双方所有；合作开发双方所在区域或其他区域资源；资金、技术、设备、劳务的输入与输出；合作、合资组建企业，进行原料、来料深加工，开发附加值高的科技产品。

总之，在区域内打破陆海界限、地区界限和行政界限，对矿产资源勘查开发利用进行统一规划，加大投入以搞好区域内地质矿产勘探评价，盘活存量的同时加快新矿山开发建设，对重要矿山和公路铁路通道进行统一建设，实施有序竞争、积极竞争，从而实现东北三省和内蒙古东部地区与北京、天津、河北、山东四省（市）在矿产资源勘查开发利用方面的协调发展，提高东北老工业基地矿产资源的保障程度。

（二）拓宽资源供应渠道，增强国外矿产资源的供应能力

在经济全球化以及中国加入WTO的背景下，科学技术加速发展，国际商品交换、资本流动、技术转让规模不断扩大，国际经济关系也越来越密切，矿产资源勘查开采也同样处在这样一个开放的世界经济中。

开放型经济是与封闭型经济相对立的概念。在经济学上，现代开放型经济不仅指贸易自

由化的经济,还包括要素、商品与服务可以较自由地跨国界流动,从而实现最优的资源配置和最高的经济效率。开放型经济关键在于发挥比较优势,既吸引外资,也对外投资,对资本流动限制较少。十七大报告中进一步指出:"要提高开放型经济水平,形成经济全球化条件下参与国际经济合作和竞争的新优势。"

东北亚各国处于不同的经济发展水平,产业结构具有很大的互补性和互换性,经济贸易发展具有很大潜力。同时东北亚地区地域辽阔,拥有全球最多的尚未开发的自然资源,有较为发达的经济技术和数额巨大的闲散资本。在开放型经济的背景下,东北老工业基地矿产资源勘查开发应发挥这一地缘优势,坚持"引进来"与"走出去"并重,主动吸纳日韩产业转移和参与俄蒙资源勘查开发,把开发利用朝鲜、蒙古、俄罗斯远东地区的矿产资源作为"走出去"的重点,建立多元、稳定、经济、安全的资源供应体系。"引进来,走出去"的形式包括利用外资勘查、开采矿产资源;与外商合资兴办企业,在国外投资勘查和开采矿产资源;矿产品和地质机械的进出口、地质技术进出口贸易;地质科学技术交流合作,对外经济技术援助与受援等。如可利用东北老工业基地在找矿选矿方面的技术优势,组织一批企业、集团公司进入国际市场,到俄罗斯、蒙古等国进行矿产勘查开发,在国际经济环境中按照国际规则和惯例参加国际市场的竞争。通过"引进来,走出去"扩大市场容量,有效配置资源,获取比较利益。

"引进来"大力改善东北老工业基地矿业投资环境,吸收国外的资金、先进技术和管理经验,鼓励跨国矿业公司参与老工业基地的改组改造,促进矿业结构调整,加快矿产资源的接续进程。

"走出去"在东北老工业基地对外经济贸易合作总体战略中,要突出矿产资源的重要地位。由于国际贸易与国内贸易特点不同,矿产资源勘查开采"走出去"的过程、交易条件以及所涉及的问题,都要比国内合作复杂,因此,政府要建立境外矿产资源勘查开采协调机制,加强对参与国际合作企业的服务和管理,强化信息服务、法律服务、资金贷款等服务,实行信贷、税收、外贸等相关优惠政策。在与东北亚各国的矿业合作中,需要建立三种合作平台:一是营造资源和能源开发一体化的区域与市场环境。二是构筑东北亚矿产品供应的地缘格局。三是创建协作开放的矿业开发技术平台。以东北老工业基地短缺的矿产为主要调查对象,以东北亚地区周边具有潜在资源优势和良好投资环境的国家或地区为主,鼓励国内企业到境外积极开展能源和重要矿产勘查开采,扩大勘查开采和利用技术的国际合作。统筹我国优势矿产和短缺矿产的发展,加强进出口贸易,争取贸易进口来源多元化、进口方式多元化。在俄罗斯、蒙古等国建立短缺与战略性矿产的境外矿产资源生产供应基地和资源储备基地,加强石油、天然气等能源的国际开采与贸易合作,为东北地区长期、稳定、经济、合理地利用国外矿产资源提供保障。

三、既要开发利用传统能源矿产资源,又要依靠科技进步开发利用新能源和替代矿产资源

能源是人类社会赖以生存和发展的重要物质基础,实现东北老工业基地振兴目标,增加能源消费是客观必然。从东北三省能源资源的赋存来看,在传统的能源矿产资源中,东北三省的

煤炭资源丰富,但经过几十年的强力开采,煤炭已由10年前的优势资源逐渐变成劣势资源,供应缺口较大。东北三省石油和天然气的蕴藏量很丰富,石油已探明储量占全国储量的一半以上,从20世纪60年代以来,东北三省一直是我国最大的石油生产基地。东北三省天然气储量约占全国总储量的15%左右。但是,与经济社会发展的需要相比,石油和天然气的供给仍相对不足,存在较大缺口。此外,东北三省的油气资源还面临以下几个问题:首先,风险勘查投入不足。基础性、公益性的油气前期地质工作具有探索性强、周期长、风险大的特点,近年来当地政府对此投入较少,缺乏有效的机制,发现性调查评价工作力度不够,基础理论研究工作长期未能实现重大突破。其次,缺乏供给保障机制,适应市场变化困难。目前东北三省尚未建立起完善的油气资源安全供给保障机制,油气的资源储备、原油及成品油储备还缺乏统一规划和布局。再次,环境污染问题严重且尚未得到充分重视。煤炭是我国的主要能源,煤炭消费是造成烟煤大气污染的主要原因,也是温室气体排放的主要来源。目前二氧化硫排放的90%、二氧化碳排放量的80%、烟尘排放量的70%以及氮氧化合物的65%是由于燃煤引起的。而油气资源的勘探开发、油气长距离输送以及油气加工过程等都会对环境带来破坏和影响,甚至会使土质严重酸碱化、水质和空气污染,影响局部地区的土壤和生态环境。但是,环境污染问题尚未引起各方面的高度重视,在勘探开发中有效地保护生态环境的意识还有待进一步加强。

从非常规能源来看,东北三省的油页岩储量丰富,已探明储量占全国的65%以上,是我国最大的分布区,但开发利用程度不高。太阳能、风能、生物质能、地热能、海洋能和水力资源等可再生能源的开发利用刚刚起步,发展空间很大。

1. 太阳能的开发利用

太阳能资源是指到达地面的太阳辐射总量,包括太阳的直接辐射和天空散射辐射的总和。在可再生的新能源中,太阳能的资源量最大、分布最广泛。太阳能利用的缺点是受太阳能电池技术的制约,成本较高,电的价格高于风能和燃煤发电的价格。但它更干净、更方便、更环保,单位瓦特发电的成本也已从1980年的200美元降低到2001年的3.5美元,并随着技术进步不断降低。我国东北地区的太阳能资源不可限量,值得研究和投资,如果能在世界上率先实现突破,将对东北老工业基地的能源格局产生全局性的影响。

2. 风能的开发利用

风能是流动空气产生的一种动能。风能开发利用的主要方式是风力发电,通过在风电场中布置风电机组将风的动能转换成电能并输入电网以供用户使用。目前,风能发电技术上已经过关,并达到了批量商业化生产水平,这使得风能成为未来最重要的替代能源。据统计,风能发电是1990~2000年世界上发电增长率最高的能源,近年增长率更是达到27%。未来三五十年内随着能源需求的增加,风力发电的发展潜力可能超过核、水等发电电源,在能源供应战略中具有举足轻重的地位。

我国是世界上风能资源最多的国家,仅陆地上可开发的风能资源就达2.53亿千瓦时,如果加上近海风能资源,可达到10亿千瓦时,理论可开发风能更是高达32亿千瓦。东北老工业基地风能能源丰富,在内蒙古辉腾锡勒风场,进口的72台机组生产的上网风能电价已降低到每千瓦时0.5元,6.29年就可收回成本。

3. 生物质能的开发利用

生物质是通过光合作用而形成的各种有机体,包括所有的动植物和微生物。生物质能是蕴藏在生物质中的能量,是绿色植物通过叶绿素将太阳能转化为化学能而储存在生物质内部的能量。煤、石油和天然气等化石能源也是由生物质能转变而来的。生物质能是太阳能以化学能形式储存在生物质中的一种能量形式。生物质能源主要有农业废弃物、森林及林产品剩余物和城市生活垃圾等。第一代生物能源主要是通过生物质废弃物的燃烧或生物发酵产生的沼气来发电或供热。第二代生物能源是在第一代的基础上,有意识地种植能源作物,从而加工转化成液体的动力燃料,并能够供现有或改装的车辆使用。目前生物质能源中应用最普遍的是生物柴油和乙醇汽油。

4. 地热能的开发利用

地热能也是一种绿色能源,20世纪70年代开始,发达国家已经将地热能作为重要的资源开发利用,并取得了极大的经济效益。据科学家的预测,如果新的热干岩石流程的技术难题得到解决,再经过几十年的成功运转验证,地热能源就能成为除太阳能、风能和生物质能外的另一种重要的新能源。

5. 海洋能的开发利用

海洋能指依附在海水中的可再生能源,海洋通过各种物理过程接收、储存和散发能量,这些能量以潮汐、波浪、温度差、盐度梯度、海流等形式存在于海洋之中。潮汐能是由于海水周期性涨落水体形成的势能和潮水的动能。波浪的利用有各种不同的技术,最常用的技术是类似涡轮的淹没系统,当波浪流经它的时候产生电力,有的利用锥形通道系统把波浪放大后驱动涡轮,有的利用漂浮系统,在水的表面随波浪起伏,驱动活塞压缩空气,使压力增强的空气驱动涡轮发电。

6. 水力资源的开发利用

据专家估算,我国的水能资源理论蕴藏量为6.7605亿千瓦,可开发总量为3.9亿千瓦,经济可开发装机容量2.9亿千瓦,年发电量1.92亿千瓦,占世界的1/6,虽然水电需要大量的投资,但它干净、方便、环保。

考虑到东北三省的能源资源禀赋和开发利用现状及煤炭对大气环境的污染严重等问题,东北三省能源发展在开发利用传统能源矿产资源的同时,更要依靠科技进步开发利用新能源和替代矿产资源,坚持"调整结构、立足区内、加强合作、节约能源、保护环境"的方针。

调整结构 按照既开发利用传统能源矿产资源,又以新能源替代传统能源,以优势能源替代稀缺能源,以可再生能源替代化石能源的思路,逐步调整能源结构,在煤油并举的同时提高新能源和替代能源的比重。稳定原油生产能力,扩大天然气生产规模,本着"深化陆地、加快海上"的思想,加强老油区的勘查工作,力争在新层系和地区取得新的发现。增加石油探明储量,综合开发油页岩资源;鼓励开发煤层气,搞好煤炭液化、煤制甲醇、二甲醚、烯烃和煤基多联产技术的试验示范和开发应用;重点发展车用燃料和替代石油产品,积极发展燃料乙醇和生物柴油;依靠科技进步积极发展太阳能、风能、生物质能、地热能、海洋能和水能等可再生能源及油页岩、油砂等非常规能源,尽可能降低对化石燃料的依赖,形成结构多元的局面,保证能源的稳定供应。

立足区内 东北地区历来是我国重要的能源保障基地,能源资源接续应立足区内,依靠东北亚中国地区区域内的能源合作,增加能源供给,稳步提高区域内安全供给能力,不断满足能源市场日益增长的需求。

加强合作 在立足国内区域的基础上,坚持以平等互惠和互利双赢的原则,与东北亚各国加强能源合作,积极完善合作机制,深化合作领域。

节约能源 坚持能源开发与节约并举、节约优先,积极转变经济发展方式,调整产业结构,鼓励节能技术研发,普及节能产品,提高能源管理水平,完善节能法规和标准,不断提高能源效率。

保护环境 充分考虑环境的承载力,以建设环境友好型社会为目标,努力减轻能源生产和消费对环境的影响,积极促进能源与环境的协调发展。坚持在发展中实现保护、在保护中促进发展,实现生态环境的可持续发展。

四、既要增加勘查投入,寻找与发现新的矿物原料产地,建设新的矿山、油田,又要依靠科技进步,挖掘现有矿山的资源潜力,增加服务年限

东北地区大量矿产资源尚未探明,必须充分发挥地质勘查先行性、基础性的作用,增加勘查投入,加快勘查探明,提供后备可开采资源。勘查建设新的矿山关键是做好以下工作:加快整合勘查力量,壮大队伍实力,形成整体勘查优势;打破行业垄断,引入竞争机制,鼓励有实力的主体进入勘查市场,加快区域内战略性资源勘查步伐;抓好项目的论证、立项、实施工作,高起点、高水平、高进度地搞好新矿山(油田)建设;拓宽资金筹集渠道,确保新的矿山(油田)建设尽快达产达效。

东北三省一区已探明的矿产资源中有相当数量为品质较低、目前技术经济条件下尚难利用的资源,对这些资源的开发利用是解决矿产资源接续问题的一条重要途径。

针对目前矿产资源开采集约化、现代化程度偏低的现状,需要优化结构、创新技术和加强管理。

通过矿山企业技术改造和机制转换,并从企业所得税、增值税等方面对矿产资源综合利用实行优惠政策,鼓励在矿产资源勘查开发利用中积极推行清洁生产,应用成熟技术和高新技

术，提高矿产资源的综合勘查、评价、开发、利用效率。

加强有潜力老矿山的基础设施建设，改善矿山建设外部条件，利用高新技术，降低开发成本等措施，使经济可利用性差的资源加快转化为经济可利用的资源。

整合资源，实行规模开发，提高集约化水平。淘汰落后、分散的采矿能力，解决大矿小开、一矿多开、矿山企业"多、小、散"、弃贫采富等问题。

开展节能降耗。鼓励发展矿产品深加工技术，新能源、新材料技术，节能、节材、节水、降耗技术和工艺，提高资源利用效率；发展可再生能源，扩大利用洁净煤和煤层气，减少直接燃煤比重；发展新型金属、新型非金属及常规矿物原料的替代品，降低经济社会对常规矿物原料的依赖程度；鼓励矿山企业开展"三废"综合利用的科技攻关和技术改造；鼓励对废旧金属及二次资源的回收利用；鼓励对伴生、共生矿产的开采利用。

逐步解决老矿山的资源接续问题。东北三省大部分国有大中型矿山开采进入中晚期，接续资源不足。一些老矿山企业因资源枯竭而难以为继。政府应从政策上加大扶持力度，针对矿产资源勘查开发的特点，制定合理的财政、税收政策，为其生存和发展创造良好的外部条件。开展大型老矿山接续资源找矿工作，使部分老矿山摆脱资源枯竭的困境，延长其服务年限。

第二节 战略目标

一、总体目标

（一）保障各类矿产资源的供给

加大矿产资源勘查开发的有效投入，扩大勘查开发的领域和深度，强化对矿产资源的保护，增加矿产资源的供应。扩大对外开放，积极参与国际合作。建立战略资源储备制度，对重要战略矿产资源进行必要的储备，确保矿产品持续安全地供应。

（二）促进矿山生态环境的改善

减少和控制矿产资源采、选、冶等生产环节对资源环境造成的破坏和污染，实现矿产资源开发与生态环境保护的良性循环。健全矿山环境保护的法律法规，加强对矿山生态环境防治的执法检查和监督。加强宣传教育，提高矿山企业和全社会的资源环境保护意识。

（三）创造公平竞争的发展环境

按照建立和完善社会主义市场经济体制的要求和矿产资源勘查开发运行规律，进一步完善矿产资源管理的法律法规，调整和完善矿产资源政策，改善投资环境，提供良好的信息服务，创造市场主体平等竞争和公开、有序、健全统一的市场环境。

二、分阶段目标

按照矿产资源的保证程度,将东北三省45种主要矿产分为四类(表6—1),即:

第一类——2010年可以保证并有部分矿种可以出口换汇的矿产。

第二类——2010年基本可以保证的矿产。

第三类——2010年不能保证并有部分矿种需要长期进口的矿产。

第四类——2010年短缺的矿产。

表6—1　2010年东北三省矿产资源保证程度预测

保证程度分类	资源属性	矿产资源名称	保证程度分类	资源属性	矿产资源名称
第一类	非金属矿	玻璃原料	第二类	能源矿	石油
	非金属矿	高岭土		能源矿	天然气
	非金属矿	硅灰石	第三类	非金属矿	硫
	非金属矿	硅藻土		金属矿	钴
	非金属矿	滑石		金属矿	镍
	非金属矿	金刚石		金属矿	铜
	非金属矿	菱镁矿		金属矿	锌
	非金属矿	芒硝	第四类	非金属矿	磷矿
	非金属矿	耐火粘土		非金属矿	萤石
	非金属矿	膨润土		非金属矿	重晶石
	非金属矿	石材		金属矿	铂族金属
	非金属矿	石墨		金属矿	铬
	非金属矿	水泥原料		金属矿	钾
	金属矿	钼		金属矿	锂
第二类	非金属矿	硼		金属矿	铝土矿
	非金属矿	石膏		金属矿	锰
	非金属矿	石棉		金属矿	钛
	非金属矿	天然碱		金属矿	锑
	金属矿	金		金属矿	钨
	金属矿	铅		金属矿	稀土金属
	金属矿	铁		金属矿	锡
	金属矿	银		金属矿	铀
	能源矿	煤			

第一类以非金属矿产资源为主;煤、石油、天然气等能源矿产资源及金、银、铁、铅等重要金属矿产资源属于第二类;第三类和第四类绝大多数为金属矿产资源。

东北老工业基地矿产资源接续战略总体目标分三个阶段实施:

(一) 第一阶段

1. 提高第一类、第二类矿产资源开发利用效率,选择适量第一类矿产出口换汇;
2. 寻找第二类矿产资源的接续资源;

3. 解决第三类、第四类矿产资源短期接续问题；
4. 着手探讨代际公平问题的解决方案。

（二）第二阶段

1. 寻找第一类矿产资源的接续资源；
2. 解决第二类、第三类、第四类矿产资源长期接续问题；
3. 建立全面合作的东北亚地区资源供应体系和国内资源供应体系；
4. 解决代际公平问题；
5. 东北亚中国地区经济、资源、环境实现可持续发展。

（三）第三阶段

1. 中国经济、资源、环境实现可持续发展；
2. 东北亚地区经济、资源、环境实现可持续发展；
3. 建立全球性资源供应体系。

第三节 战略原则

一、经济性原则

"经济性"包括两层含义，一是开发利用矿产资源要对区域经济社会发展确实产生促进作用。必须对东北老工业基地经济发展对矿产资源的依赖程度、矿产资源赋存现状、勘查开发矿产资源的可行性等进行科学论证。二是开发利用矿产资源过程中要注重运用先进技术、核算勘查开发成本，注意节约资金、物质资料和劳动等，注重矿产资源综合利用的经济效益。东北地区矿产资源的特点是贫矿多、富矿少；共生、伴生矿种多，单种矿床少；中小型矿床多，大型、超大型的矿床少；难采、难选、难冶炼的矿床多，易采、易选、易冶炼的矿床少。必须坚持矿产资源经济可利用性原则，加大勘查力度，探明矿种和储量家底，并核算开采成本（包括交通运输和环境保护方面的成本），以经济效益为首要考量标准，对于开采成本高于投入、不能产生经济效益的项目坚决叫停。

二、高效性原则

"高效性"也包含两层含义：一是针对东北地区矿产资源特点注重资源的综合开发利用，实现开发利用的高效率。以往在采富矿的时候放弃甚至破坏了贫矿；开采主要矿种时浪费或破坏了伴生矿；开采多种金属矿的时候只用了其中的单元素；把相对稀缺的矿产资源用于低收益、不能持续使用的用途而不是高收益的用途；把一种多用途的资源，用于单一用途，等等，这些都会影响矿产资源开发利用的综合效益，必须加以避免。二是在开发矿产资源过程中注重布局和规划，提高管理效率。要切实解决矿山上马缺乏科学论证和规划、矿山开发短期行为突出、矿业结构不合理、生产结构不合理、资金投入不足、开采技术落后等问题，实现矿产资源开发利用的综合效益。

三、开放性原则

"开放性"具有两层含义：一是东北老工业基地在矿产资源开发利用中实施"引进来，走出去"战略。由于资源丰度、利用状况和产业结构等因素的影响，东北老工业基地与其他国家（或地区）在生产商品和提供劳务时，其总体效率与其他国家（或地区）相比会有高有低，输出区域内效率高的商品和劳务，以换取区域内经济发展所急需的矿产资源，或输出相对丰裕的资源，以换取区域内经济建设所急缺的商品和劳务，就可以节约劳动时间，获取比较利益。二是在矿产资源勘查开发过程中贯彻"开放"的理念，这就需要完善社会主义市场经济体制，深化矿产资源勘查开发体制改革，充分发挥市场在生产要素配置中的基础性作用，实现资金投入的多渠道、勘查企业的多元化、信息传播的高对称度、项目招标的公开化。

四、可持续性原则

所谓可持续性，其最广泛的定义是在发展中既满足当代人的需要，又不对后代人满足其需要的能力构成危害。这里，可持续性原则的含义是矿产资源开发利用的可持续。矿产资源的永续利用和生态环境的持续保持是其基本要求。开发利用矿产资源不能竭泽而渔，要防止过度开发和掠夺式开发，提高开发利用的科技含量；要加强重要矿产资源的勘查，不断发现新的矿产地；要与东北亚各国建立起广泛、长期合作的机制，保证短缺矿产资源的不断供给。

第四节 战略重点

一、开源

所谓"开源"，就是加强矿产资源勘查，寻找新的矿产资源，提高地质工作程度，探明更多的可供利用的矿产储量。

（一）加强东北地区矿产资源勘查开发

以东北老工业基地急缺的重要矿产资源为主攻方向，兼顾部分优势矿产，发挥特色，重点加强第二类、第三类、第四类矿产勘查，包括能源矿产资源及铁、铜、铝、铅、锌、锰、铬、钨、锡、钾盐等。在充分挖掘区域内现有矿山资源潜力的同时加快新矿山开发建设，扩大增量。

加大对海拉尔盆地、二连浩特盆地和松嫩平原的石油勘探力度，综合开发吉林省油页岩资源。

有序开发煤炭资源，加快东北三省尤其是黑龙江省煤炭资源普查和必要的详查，寻找大型、超大型煤炭资源后备基地。建设呼伦贝尔、霍平白、胜利等大型煤电化基地、黑龙江东部煤炭基地及辽宁铁法等矿区。

加强矿山开发过程中的补充勘探,指导科学开采。加快有资源潜力的危机矿山、资源枯竭型城市的接续资源勘查,大力推进重点矿区的深部和外围找矿。

加强大小兴安岭和长白山及周边地区的能源、有色金属、贵金属、地下水和重要非金属等矿产资源勘探,将内蒙古建成能源和有色金属矿产资源的接续基地。

内蒙古的煤、石油、天然气三种能源矿产保有储量非常丰富,其中已探明石油地质储量3亿吨,天然气储量7 000亿立方米,煤储量2 234亿吨,探明储量占资源总量的比例分别是10%、70%、18.6%,而东北三省的石油和天然气开发潜力不大,除黑龙江省外其他两省煤的保有储量较少(表6—2),应合理开发利用内蒙古的能源资源。

表6—2 东北地区和内蒙古三大能源资源赋存比较

矿产资源	黑龙江 剩余可采储量	黑龙江 占全国的比例	黑龙江 在全国的排名	吉林 剩余可采储量	吉林 占全国的比例	吉林 在全国的排名	辽宁 剩余可采储量	辽宁 占全国的比例	辽宁 在全国的排名	内蒙古 探明储量	内蒙古 探明储量占资源总量的比例	内蒙古 在全国的排名
煤	222.77亿吨	2.2%	11	23.99亿吨	0.2%	20	65.40亿吨	0.6%	15	2 234亿吨	18.6%	特丰
石油	56 531.4万吨	22.7%	1	15 169.3万吨	6.1%	7	19 558.0万吨	7.9%	5	3亿吨	10%	丰
天然气	449.99亿立方米	2%	10	181.34亿立方米	0.7%	14	498.88亿立方米	2%	9	7 000亿立方米	70%	丰

资料来源:全国矿产资源储量通报。
注:东北三省的煤均指保有查明储量。

东北三省属于第三类和第四类的20种矿产中,有金属矿产17种,非金属只有硫、磷矿和萤石。除重晶石、钛、钾和铀四种矿产外,其余16种矿产在内蒙古的储量都较丰富(表6—3),且分布集中,有规模开发的条件。

表6—3 内蒙古对东北三省稀缺矿产资源的保证程度

矿产资源	资源属性	东北三省 2010年东北三省的保证程度	内蒙古 保有储量在全国的排名(或稀缺程度)	能否保证
硫	非金属矿	第三类	3	能
钴	金属矿	第三类	前7~10	能
镍	金属矿	第三类	前7~10	能
铜	金属矿	第三类	前7~10	能
锌	金属矿	第三类	2	能
磷矿	非金属矿	第四类	11	能
萤石	非金属矿	第四类	3	能

续表

矿产资源	资源属性	东北三省	内蒙古	
		2010年东北三省的保证程度	保有储量在全国的排名（或稀缺程度）	能否保证
铂族金属	金属矿	第四类	8	能
铬	金属矿	第四类	2	能
锂	金属矿	第四类	丰	能
铝土矿	金属矿	第四类	前7～10	能
锰	金属矿	第四类	16	能
锑	金属矿	第四类	16	能
钨	金属矿	第四类	前7～10	能
稀土金属	金属矿	第四类	1	能
锡	金属矿	第四类	5	能
重晶石	非金属矿	第四类	缺	否
钾	金属矿	第四类	缺	否
钛	金属矿	第四类	缺	否
铀	金属矿	第四类	缺	否

（二）加强对东北亚中国地区其他省市陆地矿产资源的勘查开发

山东省的自然硫总保有储量折合硫14.93亿吨，居世界第二位，玻璃用石英砂岩总保有储量居全国首位，铝土矿、稀土金属储量丰富。此外，河北省的铅锌矿储量也十分丰富，可以弥补东北三省上述几种矿产资源的短缺。稀有金属矿产（包括铌矿、钽矿、铍矿、锂矿、锆矿、锶矿、铷矿和铯矿）在电子、石油、化工等行业应用广泛。中国的稀有金属矿产资源丰富，在东北亚中国地区，主要分布在内蒙古和山东，具有十分广阔的市场开发前景（表6—4）。

表6—4　东北亚中国地区矿产资源储量概况

矿产资源	资源属性	2010年东北三省的保证程度	储量概况			
		东北三省	北京市	天津市	河北省	山东省
玻璃原料	非金属矿	第一类			丰	丰
高岭土	非金属矿	第一类			丰	
硅灰石	非金属矿	第一类		丰	丰	丰
硅藻土	非金属矿	第一类				
滑石	非金属矿	第一类				丰
金刚石	非金属矿	第一类	丰		缺	
菱镁矿	非金属矿	第一类				丰
芒硝	非金属矿	第一类				
耐火粘土	非金属矿	第一类			丰	丰
膨润土	非金属矿	第一类			缺	丰
石材	非金属矿	第一类	丰		自给	丰
石墨	非金属矿	第一类				

续表

矿产资源	资源属性	2010年东北三省的保证程度	储量概况			
		东北三省	北京市	天津市	河北省	山东省
水泥原料	非金属矿	第一类	丰		自给	丰
钼	金属矿	第一类	自给	自给	缺	
硼	非金属矿	第二类				
石膏	非金属矿	第二类				丰
石棉	非金属矿	第二类				
天然碱	非金属矿	第二类				
金	金属矿	第二类	自给	丰	丰	丰
铅	金属矿	第二类				
铁	金属矿	第二类	丰		缺	丰
银	金属矿	第二类		丰		
煤	能源矿	第二类	自给		丰	
石油	能源矿	第二类			缺	
天然气	能源矿	第二类			缺	
硫	非金属矿	第三类				丰
钴	金属矿	第三类				
镍	金属矿	第三类				
铜	金属矿	第三类		自给	缺	
锌	金属矿	第三类		自给	丰	
磷矿	非金属矿	第四类			缺	
萤石	非金属矿	第四类			缺	
铂族金属	金属矿	第四类				
铬	金属矿	第四类			缺	
锂	金属矿	第四类				
铝土矿	金属矿	第四类			缺	丰
锰	金属矿	第四类		丰	缺	
锑	金属矿	第四类				
钨	金属矿	第四类		丰		
稀土金属	金属矿	第四类			缺	丰
锡	金属矿	第四类				
重晶石	非金属矿	第四类		自给		
钾	金属矿	第四类			缺	
钛	金属矿	第四类			自给	
铀	金属矿	第四类		自给		

（三）利用国内其他省区资源

在东北三省和内蒙古自治区都稀缺的重晶石和钛两种矿产，在我国其他省份储量较大，国内完全能够保证。重晶石分布于全国21个省（区），探明储量的矿区有103处，主要有贵州省天柱、湖南省贡溪、湖北省柳林、广西壮族自治区象州、甘肃省黑风沟、陕西省水坪等矿床。总保有储量矿石3.6亿吨,全国资源总量已超过6亿吨,居世界第一位;钛矿资源主要分布在四川省、云南省、广西壮族自治区等西部地区,以攀枝花为主要储藏地,攀枝花的二氧化钛保有储量8.98亿吨,其中表内储量5.978亿吨,约占全国储量的93%、世界储量的59%。

(四)加大尾矿、贫矿综合开发利用力度

加强尾矿资源调查评价,实现整体利用技术的系统化、配套化和工程化。发展尾矿等固体废弃物利用技术,提高资源利用能力。加大矿山尾矿在生态环境恢复、矿山复垦回填中的应用力度。加快新技术开发和工业试验,促进贫矿资源选冶和新产品开发应用。

尾矿、贫矿综合开发利用主要指:选择废弃物复合材料、尾矿微晶玻璃、新型轻质建材及有用矿物与金属提取等产品与技术,建立一批有代表性、技术起点高、综合效益显著,并能达到一定规模的产业化示范工程,逐步形成适用、先进的资源化成套设备及工艺;同时对工业废弃物整体利用建立完整的管理办法和技术标准;按资源化、最小量化和无害化管理的要求建立尾矿整体利用管理系统。

黄金尾矿回收　黄金矿山主要采用浮选氰化生产工艺,尾矿金的品位比较高,回收后的高品位尾矿可成为黄金矿山的新资源。

铜铁尾矿回收　铜矿物主要富集在粗尾砂中,可先对粗尾砂进行粗选,将粗精矿细磨后再精选。铁矿物主要集中在细尾砂中,可通过对细尾砂进行粗—精磁选。

伴生矿物回收　东北地区矿产资源中共(伴)生矿物较多,在浮选过程中伴生矿物会形成一定程度的富集,尾矿一般品位较高。例如金矿物中常常伴生铜、锌、铅、铁和硫等,可采用技术较为先进的浮选工艺直接从氧化尾矿浆中抑砷浮铜。采用溜槽—磁选—浮选—摇床的联合工艺流程可从尾矿中回收钨。

尾矿复垦　通常有两种方法:一种是在尾矿砂表面覆盖一层厚度适宜的土壤,然后种植适宜的植物。这种方法虽然有效,但需要大量的"好土",取土、运输和覆盖等一系列工作使这种方法费时费力,而且成本较高,对于土地贫乏的地区难以推广应用。采用这种方法初次收获的粮食、蔬菜和水果等应送有关部门检验鉴定,以确定是否可以食用。若不宜食用,可将之作为饲料或工业原料,或将土地改为林地、草场。另一种方法是直接在尾矿上种植耐旱、耐风沙植物进行复垦,恢复植被,此方法投资少、见效快、简便易行,同时为周围农民饲养牲畜提供了饲料。

尾矿直接利用　尾矿的回收利用是矿山实现向尾矿资源化、无害化的发展方向。开发利用尾矿不仅可以使矿产资源得到充分利用、解决环境污染问题,还可以产生可观的经济效益。尾矿直接利用的领域包括:①尾矿充填。采用充填法的矿山每开采1吨矿石需要回填0.25立方米至0.4立方米(或更多)的充填料。而尾矿是一种较好的充填料,充填费用仅为碎石充填费用的1/10至1/4。目前,比较先进的充填技术基本上是以早强快硬型水泥熟料或普硅熟料与活性混合材料、非活性混合材料以及速凝添加剂、膨胀材料、增塑材料、保水材料共同粉磨生产低标号胶凝材。此类胶凝材各项性能虽然不错,但存在熟料用量大、强度低、制作成本高等

缺点。全尾矿充填技术则是以少量低成本水泥和高浓度不分级的全粒级尾矿作为充填料充入井下采空区的一种方法,可大幅降低水泥的成本。②生产干粉砂浆。干粉砂浆是由细集料与无机胶合剂、保水增稠材料、矿物掺和料和添加剂按一定比例混合而成的一种颗粒状或粉状混合物。目前,干粉砂浆已成为建材行业中发展最快的一种新产品,在欧美一些发达国家得到了广泛应用。③生产硅酸盐水泥。尾矿可作为配料用于生产硅酸盐水泥。在不改变传统生产工艺的情况下,尾矿可直接应用于旋窑、立窑水泥的生产,尤其适合立窑水泥熟料的生产,尾矿使用量可达20%～50%。以年产10万吨水泥的生产企业为例,水泥配料中使用20%～50%的尾矿,每年可增加纯利润100～150万元。④生产建筑材料。目前,利用尾矿制砖的技术已日趋成熟。制作烧结砖尾矿用量大,生产效率高,可用于墙体材料,每块砖生产成本仅0.10～0.15元,而且尾矿使用量为70%～80%。制作免烧砖尾矿使用量为30%～85%。

(五) 开发利用东北亚地区矿产资源

当前,全球化浪潮波及世界的每一个角落,全球化主要表现为区域经济的一体化、市场化以及信息化、网络化。在市场经济条件下,在充分合理利用我国的国内矿产资源的同时,还须寻求利用国外的矿产资源。考虑到运输成本问题,宜在东北亚地区建立为东北老工业基地振兴服务的境外资源供给基地,这是解决老工业基地资源安全和长期稳定供应的重大战略举措。东北地区不足的或紧缺的一些重要矿产资源,如石油、富铁矿、铜矿、锌矿等,在俄罗斯、蒙古等国相对较丰富;中国国内稀缺的资源在某些国家却较丰富,如钾在俄罗斯储量非常丰富,铀在蒙古储量非常丰富;而东北地区资源丰富的优势矿产,如高岭土、硅灰石、硅藻土、滑石等矿产,东北亚其他国家却又不足或短缺(表6—5)。这种状况为我们充分利用国内外两种资源和两种市场提供了必要的前提,使其具备可行性。通过进行矿产品进出口贸易、买断矿山和境外合资合作勘查开发矿产资源三种形式,可以充分利用东北亚地区的矿产资源,部分解决中国东北地区矿产资源短缺的问题。

表6—5 中国东北地区、内蒙古与东北亚诸国矿产资源保证程度对比

矿产资源	资源属性	2010年中国东北三省的保证程度	中国内蒙古	俄罗斯	蒙古	朝鲜	韩国	日本
玻璃原料	非金属矿	第一类	11					
高岭土	非金属矿	第一类	12,丰			丰	缺	有储量的矿产
硅灰石	非金属矿	第一类	8	有一定储量			缺	
硅藻土	非金属矿	第一类	7				缺	
滑石	非金属矿	第一类		有一定储量			缺	

续表

矿产资源	资源属性	2010年中国东北三省的保证程度	中国内蒙古	俄罗斯	蒙古	朝鲜	韩国	日本
金刚石	非金属矿	第一类		丰	有一定储量		缺	
菱镁矿	非金属矿	第一类				丰	缺	
芒硝	非金属矿	第一类	3,特丰					
耐火粘土	非金属矿	第一类	3			丰		
膨润土	非金属矿	第一类	3					
石材	非金属矿	第一类	13					
石墨	非金属矿	第一类	5		有一定储量	世界前10	有一定储量	
水泥原料	非金属矿	第一类	3					
钼	金属矿	第一类	7	储量居世界第5位,但矿床品位低	已探明矿产,储量较大	世界前10		
硼	非金属矿	第二类	11	储量居世界第2位			缺	
石膏	非金属矿	第二类	2,特丰		有一定储量		缺	
石棉	非金属矿	第二类	有一定储量		有一定储量		缺	
天然碱	非金属矿	第二类	2,丰		有一定优势			
金	金属矿	第二类	10	储量居世界第4位	储量较大	储量可观	有一定储量	有储量的矿产
铅	金属矿	第二类	3	储量居世界前列,但矿床品位低	储量较大	储量可观	有一定储量	有储量的矿产,但进口依存度94.7%
铁	金属矿	第二类	7	储量居世界前列	储量较大	丰	有一定储量	进口依存度100%
银	金属矿	第二类	5	丰	储量较大	储量可观		有储量的矿产
煤	能源矿	第二类	2,特丰	储量居世界前列	储量较大	丰	有一定储量	有储量的矿产,但进口依存度95.2%

续表

矿产资源	资源属性	2010年中国东北三省的保证程度	中国内蒙古	俄罗斯	蒙古	朝鲜	韩国	日本
石油	能源矿	第二类	11	储量居世界第7位,未探明石油潜力巨大	有一定储量,相对贫乏		缺	进口依存度99.7%
天然气	能源矿	第二类	丰	储量居世界第1位				进口依存度96.4%
硫	非金属矿	第三类	3				缺	可满足本国需要
钴	金属矿	第三类	前7～10	储量居世界前列			缺	
镍	金属矿	第三类	前7～10	储量居世界前列	有一定储量		缺	进口依存度99%
铜	金属矿	第三类	前7～10	储量居世界前列	储量较大	储量可观	有一定储量	有储量的矿产,但进口依存度99.8%
锌	金属矿	第三类	2	储量居世界前列,但矿床品位低	储量较大	储量可观	有一定储量	有储量的矿产
磷矿	非金属矿	第四类	11		储量较大		缺	进口依存度100%
萤石	非金属矿	第四类	3		储量较大	世界前10	缺	
重晶石	非金属矿	第四类	缺			世界前10	有一定储量	
铂族金属	金属矿	第四类	8	丰	有一定储量		缺	
铬	金属矿	第四类	2	储量居世界前列				
钾	金属矿	第四类		丰			缺	
锂	金属矿	第四类	丰					
铝土矿	金属矿	第四类	前7～10	丰	储量较大		缺	
锰	金属矿	第四类	16	储量居世界前列	储量较大		有一定储量	
钛	金属矿	第四类	缺	储量居世界前列,但矿床品位低				
锑	金属矿	第四类	16				缺	

续表

矿产资源	资源属性	2010年中国东北三省的保证程度	中国内蒙古	俄罗斯	蒙古	朝鲜	韩国	日本
钨	金属矿	第四类	前7~10	储量较少且矿床品位低,不能自给	储量较大	丰	有一定储量	
稀土金属	金属矿	第四类	1	丰,科拉半岛	有一定储量			
锡	金属矿	第四类	5	储量较少且矿床品位低,不能自给	储量较大		缺	
铀	金属矿	第四类	缺	储量较大			缺	

目前在矿产资源领域,有以下合作方案已经达成协议或正在积极地进行可行性研究:铺设伊尔库茨克州科维克京天然气田—乌兰巴托克—二连浩特—北京—日照港跨国际天然气输气管道方案(中俄已于1996年底签署协议),萨哈(雅库特)天然气田—布拉戈维申斯克—符拉迪沃斯托克—中国东北—汉城俄韩天然气合作计划(1992年签署协议),俄日联合开发东西伯利亚和远东矿产资源资源计划(1996年制定方案),西伯利亚乌连戈伊气田勘探、开发和铺设向中国输气管道的项目(正在积极进行可行性研究),萨哈恰扬金等气田勘探、开发和铺设向中国输气管道的项目(已完成操作性研究),从萨哈林岛海上气田向中国供气的项目(正在进行可行性研究),俄罗斯边境至我国东北的原油管道建设(前期工作进展顺利)等。

二、节流

新中国成立以来,东北地区矿产资源的开发,走的都是"先污染,后治理"、"先开发,后恢复",甚至"只开发,不恢复"的老路,按照"资源—产品—废弃物排放"的发展模式,经济发展速度越快,付出的资源与环境代价越大。《中华人民共和国国民经济和社会发展第十一个五年规划纲要》(2006年3月)中提出要建设资源节约型社会,节约资源已成为我国的一项基本国策。

循环经济是在深刻认识资源消耗和环境污染之间关系的基础上,借鉴生态学规律,将清洁生产和废弃物综合利用融为一体,把传统经济中"资源—产品—废弃物排放"单向流程转变为"资源—产品—再生资源"的反馈式流程,以"减量化、再利用、再循环"的原则调整产业结构、改变消费行为,回收废弃物再利用,从源头预防或减少污染物排放,使物质和能源得到持续、合理的利用,把经济活动对自然环境的影响降低到尽可能小的程度,达到节省资源、保护环境、促进经济社会可持续发展的目的。

循环经济理念应用于矿产资源开发利用领域,则是要"节流"。所谓"节流"就是在注重生态环境保护的前提下,实施矿产资源保护和合理利用战略,节省和充分利用矿产资源,提高资源综合利用效率。

（一）加强政府宏观调控，完善各项法规

由于矿产资源的开发利用具有"非排他性"，必须要有适当的政府制约，因此，实现矿产资源"节流"目标应坚持市场调节和政府宏观调控相结合，加强矿产资源管理。包括建立完善产权制度，明确产权；建立公众参与机制；健全资源合理利用与有效保护的法律法规体系；健全资源管理机构与职能；建立有力的技术创新体系和产业约束机制，等等。坚持统筹规划，以法律的、经济的、行政的综合手段禁止掠夺式的开采行为，不断挖掘矿产资源潜力，提高其开发利用的经济效益、社会效益和环境效益。

即将修改出台的《矿产资源法》围绕节约发展、科学发展、清洁发展、安全发展、可持续发展的大原则，进一步明确了对矿产资源综合利用、提高资源回收率的要求。在其他相关法律法规制定中也应增加矿山固体废弃物资源化依法管理、有序开发的条款，明确尾矿、煤矸石等矿山固体废弃物的所有权和开发权，以及对资源化、无害化、最小量化及开发利用的界定。应适时修改《矿产资源补偿费征收管理规定》，通过税收、财政支持、价格调节、技术推广等措施，鼓励企业开发油气尾矿与难动用储量、贫矿、难选冶矿、多金属共（伴）生矿等闲置资源。

（二）发展矿产资源综合利用技术

积极扶持和引导矿山企业研究开发、引进和应用现代的采、选、冶技术。着力发展重点矿产资源技术经济评价及信息化、中低品位黑色金属矿产合理利用、有色金属共（伴）生矿有效利用、非金属矿产合理利用、复杂难处理贵金属提取、盐湖资源合理利用、稀有多金属共（伴）生矿综合利用、稀土金属矿产综合利用、矿物加工新设备和矿山尾矿资源化、低品位油气资源及老油田中后期采油技术等。研发深部煤炭资源开发技术，大型矿井煤炭高效开采与洗选加工、洁净煤、煤层气开发技术。

（三）提高能源利用效率，减少单位产值能耗

改造与淘汰落后的工艺和高耗能设备，努力发展先进用能新技术和节能型新设备，引导企业采用节能的新工艺、新技术、新设备、新材料，依靠科技进步推动节能减排；对高能耗、高物耗、高污染、产品附加值较低的产品限制出口，降低产业部门的能源消耗，最大限度地挖掘节能潜力；鉴于交通和建筑两个部门的用能增长明显加快的现实，尽快改变忽视建筑、交通节能的现状，采取强制性标准、税收等经济激励政策，推动建筑节能和交通节能。

三、替代

矿产资源是稀缺的，传统资源随着开采年限的增长而日益减少，因此，从长远考虑，无论怎么节约及提高矿产资源使用效率，传统资源终究会消耗殆尽。因此，解决矿产资源接续问题的根本途径是依靠科技进步寻求新的、非传统的接续资源。

非传统矿产资源是指受目前经济、技术以及环境因素的限制尚未发现和尚未开发利用的矿产资源及尚未被看做矿产、未发现其用途的潜在矿产资源。寻找非传统矿产资源需要发展矿产资源科学理论和应用技术。可以以大幅度提高矿产资源勘查深度、精度和速度为突破口，大力发展遥感、航空电磁和重力测量系统技术、地面地球物理探测技术、地球化学勘查技术、钻探技术、分析测试技术、地质调查信息技术和矿产资源潜力预测评价技术方法，提高关键技术的自主创新能力。开展重点成矿区带关键地质问题研究，发展大陆成矿、找矿理论，整体提高矿产资源勘查评价水平。深化科技体制改革，健全完善矿产资源保护和合理开发利用的科技创新体系，全面提高矿产资源系统整体科技水平，提高解决资源制约问题的科技支撑能力。

非传统矿产资源可能实现的替代包括：以非矿产资源替代矿产资源，如以陶瓷、硅合金、合成材料等替代钢材；以价低量丰矿产资源替代价高量少的矿产资源，如以普通金属替代贵重金属；以非常规能源替代传统化石能源，如以生物质能、太阳能、风能、水能、核能、海洋能、地热等代替煤炭、石油等；石油替代，如以油页岩、油砂炼油，以煤为原料生产成品油、醇醚燃料及化工产品。

（一）油页岩——能实现对石油的替代

油页岩是油气资源的重要替代资源，我国是一个油页岩资源丰富的国家，资源储量仅次于美国、巴西和爱沙尼亚，居世界第四位。其中，吉林省预计资源总量为 2 992 亿吨，已探明资源储量为 174 亿吨，约占全国油页岩探明资源储量的 53.9%，居全国首位。其含油率最高可达 21%，平均为 5%~6%。按平均含油率 5% 计算，可开采石油 8.7 亿吨，如油页岩资源完全探明，则可开采石油的总量将更可观。辽宁省已探明油页岩储量为 39.88 亿吨，约占全国油页岩探明总量的 12.2%，居全国第二。也就是说，东北老工业基地油页岩储量相当丰富，存在的主要问题是开发利用程度低，而且采用传统方法开采毁坏的耕地多，对环境破坏较大，需要依靠科技进步提高其开发利用效率及保护生态环境。

（二）钍——能实现对铀的替代

原子能能源金属主要为铀矿和钍矿。中国是铀矿资源不甚丰富的国家，据近年我国向国际原子能机构陆续提供的一批铀矿田的储量推算，我国铀矿探明储量居世界第 10 位之后，不能适应发展核电的长远需要，矿床规模以中小型为主（占总储量的 60% 以上），矿石品位偏低。但是可替代铀作为核燃料的钍矿则资源丰富，居世界前列。我国已经探明的铀矿和钍矿按其蕴藏量的能量计算，是所有石油、天然气、煤等燃料化学能的 20 倍，所以合理开发利用这些核燃料，对于化解我国的能源危机具有重要意义。

（三）铋——未来可能替代铀

铋是制造铋系高温超导材料的重要原料，未来则有可能成为取代铀的新的核能源，具有无可估量的前途。铀在地球上的储存量很少，同时铀的核裂变反应很严格，反应后的物质仍具有放射性。有关专家指出,用铅和铋为原料的核电站将更加安全,因为其使用期限受辅助设备使用时间的限制,要使其爆炸是不可能的,因此,这样的反应堆具有抗恐怖活动的能力。

(四)分散元素金属矿产——能实现对传统矿产的替代

分散元素金属矿产包括:锗矿、镓矿、铟矿、铊矿、铪矿、铼矿、镉矿、硒矿和碲矿。我国稀散金属矿产资源也较丰富,锗、镓、铟、铊、硒、碲、铼、镉均居世界前列。稀散金属资源的一个显著的特点是,分布的省区和赋存的某些矿床较为集中,被形象地称为稀散元素"不稀散",其中,锗、铟、铼等矿产在东北地区储量较为丰富。锗是重要半导体材料,在红外光学、光纤通信、电子器件、半导体超导材料、医疗保健等领域得到广泛应用。锗主要赋存在铅锌矿、铜矿和煤矿中,目前内蒙古锗的探明储量占全国70%,吉林省储量也较丰富。铟主要用于手机、电视等液晶屏幕。目前,国际上铟的总产量在300吨左右,而世界年需求量是500吨,故铟的国际价格一路走高,每吨在500~1 000万元人民币之间运行。我国铟矿储量约占世界探明铟储量的2/3,内蒙古的铅锌矿床和铜金属矿床中有丰富的储量。铼的最大用途是用做石化工业上的催化剂。含铼的钽、钨合金被认为具有最耐高温性能,已成为宇航、火箭和导弹等方面的重要材料。钨铼热电偶最高可测3 100℃的高温。铼钨合金用来制造电子管阴极,寿命比钨长100倍,用于制造电接触器,特别是制造海船永磁发电机接触器,经久耐用。镀铼(如航天器金属表面)的金属可增加耐磨性能。铼几乎全部伴生于钼矿床中,吉林省大黑山钼矿、黑龙江省多宝山铜(钼)矿等矿床中有较丰富的储量。

(五)生物质能——能实现对传统化石能源的替代

生物质能是太阳能以化学能形式储存在生物质中的一种能量形式。生物质能源通常包括以下几个方面:一是木材及森林工业废弃物;二是农业废弃物;三是水生植物;四是油料植物;五是城市和工业有机废弃物;六是动物粪便。生物质能源的主要形式有沼气、生物制氢、生物柴油、燃料乙醇即酒精等。沼气是微生物发酵秸秆、禽畜粪等有机物产生的混合气体,主要成分是可燃甲烷;氢气的燃烧产物只有水,因此氢气是最清洁的能源;生物柴油是利用生物酶将植物油分解后得到的液体燃料,可以从油菜籽、蓖麻、大豆、速生林木材、麻风果等农、林作物中加工转化而来;燃料乙醇是目前世界上生产规模最大的生物能源。生物质能的优点是燃烧容易、污染少。有关专家估计,生物质能将成为未来可持续能源系统的组成部分,到本世纪中叶,采用新技术生产的各种生物质替代燃料将占全球总能耗的40%以上。东北老工业基地生物质能丰富,可作为传统化石能源的替代资源之一。开发利用生物质能对建立可持续的能源系统、实现能源资源的接续和环境保护都具有重大意义。

(六)海洋能——能实现对传统化石能源的替代

海洋能具有如下特点:一是蕴藏量巨大,但单位体积、单位面积、单位长度所拥有的能量较小。二是具有可再生性。三是海洋能有较稳定能源与不稳定能源之分。较稳定能源为温度差能、盐度差能和海流能，不稳定但变化有规律的能源有潮汐能与潮流能，既不稳定又无规律的能源是波浪能。四是海洋能属于清洁能源，也就是海洋能一旦开发后，其本身对环境污染影响很小。上述不同形式的海洋能有的已被人类利用，有的已列入开发利用计划，但总体上对海洋能的开发利用程度至今仍十分低。我国海洋能开发已有近40年的历史，辽宁省沿海的海流能较为丰富，但东北地区海流能的开发却相对滞后，尚有一系列技术问题有待解决。

第七章 东北老工业基地矿产资源接续战略的实施措施

第一节 加大区域内矿产资源开发力度

充分挖掘东北地区现有矿山的生产潜力,努力盘活存量,同时加快新矿山开发建设,尽快达产达效,努力扩大增量,在确保经济性的前提下增加自给率。另外要加大投入,搞好区域内地质矿产勘探评价,不断扩大可供的资源基础,为新矿井建设和矿产采掘业的持续发展拓展空间。

一、加快新矿山建设

高起点、高水平、高进度地搞好新矿建设,尽快达产达效,形成新的生产能力,通过扩大增量提高矿产资源供给保障度。抓好重点项目的建设,抓好已经建成项目的达产达效,释放新增能力;抓好已开工项目进度确保按期竣工;抓好已经核准项目开工准备工作;争取待核准的重点项目早日立项核准。"十一五"期间东北三省新矿山建设重点项目如下。

辽宁省 在能源矿产方面,实施辽河油田扩产工程,到 2010 年稳产 1 000 万吨;加快铁法、调兵山等矿区和阜新海州露天煤矿建设,确保到 2010 年省内煤炭产量达 5 000 万吨;大力开发油页岩资源,把抚顺和朝阳建成页岩油生产基地,到"十一五"期末达到 100 万吨的生产能力。在黑色金属矿产方面,重点建设鞍山齐大山南北采区、眼前山、东鞍山、大孤山,本溪南芬、歪头山、北台、辽阳弓长岭矿区等新矿区,建成鞍山、辽阳及本溪三大铁矿石生产基地,到"十一五"期末产量达到 1 亿吨。在贵金属和有色金属矿产方面,加大丹东、抚顺、阜新及朝阳等地岩金、砂金、伴生金开发力度,加快五龙、四道沟、白云、二道沟、新甸、柏杖子、红透山等金矿,以及红透山、八家子银矿建设。在有色金属矿产方面,搞好辽西朝阳瓦房子及凌源太平沟锰矿开发;把海城和营口建成全国最重要的菱镁矿生产基地;加快红透山、青城子、八家子、桓仁等地的锌矿开发。在非金属矿产方面,把凤城、宽甸、大石桥建成全国最大的硼矿生产基地;加快瓦房店金刚石和岫岩玉石的开发。

吉林省 在能源矿产方面,建设长春、辽源、白山、珲春四个煤炭生产基地,加快龙家堡、金宝屯立井、八连城、板石二井等大中型矿井建设,到 2010 年新增生产能力 408 万吨;实施吉林油田百万吨原油扩产项目,到"十一五"期末新增石油生产能力 200 万吨;加快实施吉林壳牌公司油页岩地下加热转化项目和桦甸油页岩综合开发项目,以及汪清、梅河口页岩油提炼项目,建成全国最大的页岩油生产基地。在黑色金属矿产方面,建设老牛沟铁矿石生产基地,形成年产180万吨的生产能力。在贵金属和有色金属矿产方面,扩充白山—通化、珲春、安图、桦甸等地的金矿生产能力;加快建设大黑山钼矿生产基地和白山大横路铜钴矿。在非金属矿产方面,加快建设长白—临江硅藻土系列产品生产基地和硅灰石系列产品生产基地、磐石—双阳石灰石生产基地。

黑龙江省 在能源矿产方面,建设鹤岗、鸡西、七台河、双鸭山、东宁等煤炭生产基地,到2010年使全省煤炭产量达到1亿吨。在黑色金属矿产方面,建设逊克翠宏山和铁力二股铁多金属矿生产基地。在贵金属和有色金属矿产方面,建设桦南—勃利、逊克东安、嘉荫乌拉嘎等岩金矿生产基地,以及鸡东贵金属矿生产基地;与内蒙古东部共同建设大兴安岭北段铜钼矿、大兴安岭中南段白音诺尔铅锌矿,把大兴安岭矿区建设成为国家级有色金属基地;加快开发嫩江多宝山铜钼多金属伴生矿;建设滨东有色金属矿生产基地。在非金属矿产方面,建设嫩江、伊春浩良河、牡丹江—宁安、密山杨木—金银库、伊春西林、林口等非金属矿生产基地。

采取多元化筹资办法,确保新矿建设的资金投入。区域内急缺矿种的大型、超大型矿床,争取国家专项投资建设。地方各级政府尽可能地增加对矿业发展的资金投入,对被列入各省(区)"十一五"重点工程的新建矿山,通过各种途径保证资金投入。采取金融部门对重点矿业发展项目予以重点支持、吸纳社会资金、吸引国内外战略投资者等方式,筹措新矿建设资金。

二、挖掘现有矿山潜力

充分挖掘现有煤矿的生产潜力,努力盘活存量。对有储量、前景好的矿井加大技术改造力度,运用先进适用技术改造和提升现有矿井,提高技术装备水平、机械化程度和采收率,最大限度地扩充生产能力,实现资源的充分利用;对资源尚未枯竭矿井有重点地延长服务年限,在计算投入产出比和进行经济技术分析的前提下,采取提高资源回收率等措施挖掘生产潜力。对矿产资源进行科学采选,提高矿产的采选回收率,降低损失率和贫化率。根据现有矿产资源的赋集状态,在技术可行、经济合理的条件下,选用科学合理的采选工艺。在采矿工艺上,严格执行采掘并举、掘进先行和贫富合理开采的正规作业,提高采矿回采率,降低损失率和贫化率。在选矿工艺上,发展选矿的预选抛废技术,提高入选品位,强化破碎和筛分工艺,降低入选矿石粒度,提高磨矿分级率,搞好产品和尾矿的脱水。采用先进合理的采选工艺,可以改善矿石质量,提高选矿回收率,节约经营费用,降低成本,保护生态环境。重点加强采选回收率、综合利用率、尾矿无害化等方面的工作,依靠科技创新,不断提高矿产资源利用效率,推进循环经济在矿产资源领域的发展。通过建立资源节约型经济体系,加强矿产资源的深加工利用、废弃资源循环利用,最大限度地获得资源利用的经济效益,减少浪费,提高资源的综合利用率。东北地区矿产资源综合利用潜力很大,通过提高矿产资源采选综合回收率、尾矿利用率、再生金属回收利用率,可以将矿产资源保障能力提高约50%。

矿产资源在冶炼加工过程中走深加工之路,提高矿产品的技术含量和加工深度。通过增加矿产资源的加工环节,提高主矿产品的品位,并回收具有工业价值的副产品,以获得高于加工成本的经济效益。以煤为例,经过洗选加工后,一方面分离出能够满足工业生产需要的高热值精煤,另一方面可回收利用硫、煤矸石等副产品,从而获得较高经济效益,既可以减少资源消耗,又可能延长资源的保证时限。

增强矿产资源的综合利用能力。对采出矿石在选矿加工和冶炼过程中,综合回收各种有价值成分和元素。加强对共伴生矿产资源和同体异体矿床的开发利用,尽可能采选出更多的有价值矿产,并最大限度地减少在冶炼加工过程中产生的废弃物,避免浪费资源和污染环境,实现废物的资源化和减量化。有关专家测算,如果采选综合回收率达到国外先进水平,东北地区矿产资源保障程度将提高10%~30%;如果尾矿的利用率达到国外先进水平,东北地区矿产资源保障能力可以提高15%;如果再生金属资源的综合利用率提高到世界平均水平,东北地区主要金属矿产保障程度可提高15%。

三、加强勘查工作

搞好矿产资源勘探,为新矿井建设持续发展拓展空间。在资源勘探开发上坚持政府扶持与商业化运作相结合,在积极争取国家基础地质勘探周转资金支持和地方政府增加矿产资源勘查财政公益性投入的基础上,探索市场化投融资方式,建立地质勘查多元化的投融资体系。采取股份制的形式,鼓励和支持矿山企业和国内外各类投资者入股进行风险勘探,投资者通过有偿转让或拍卖勘探成果获取收益,利益共享,风险共担,促进商业性地质勘查市场的形成,促成勘探成果市场化流转与勘探资金周转的良性循环。

东北地区地域广大,不同地区地质研究程度差异悬殊,对多数矿产来说,尚有很大的找矿潜力。东北是全国重要的矿产基地之一,成矿条件有利,但勘查程度较低,无论是能源矿产还是金属矿产都有很大的潜力,还有很多矿化点地质找矿工作程度仍然很低,有些地区甚至还是找矿空白区,特别是对500米以下"第二找矿空间"的勘查工作几乎还未开展。因此要进一步加大勘查开发力度,缓解东北地区矿产资源约束。在技术层面,要应用现代找矿方法和手段,提高找矿工作中的科技水平,把以电子计算机和空间技术为代表的高科技应用于地质勘查各环节,应用航测和卫星遥感方法,进行非传统矿产资源的勘查开发。在资金层面,要争取国家的政策扶持。向国家申请建立矿产资源勘查专项基金,主要用于新发现的资源产地做进一步的勘查工作,同时企业匹配一定比例的资金,这笔资金在找到矿源并取得收益后,逐步返还给国家,若未找到矿并经确认后,可予以核销。同时,增加和疏通矿业开发的融资渠道,鼓励并引导地勘和矿山企业进入资本市场,尝试各种融资渠道,增加资源勘查投入。完善证券市场准入原则,允许矿权资产进入资产平衡表,促使企业上市融资。注重外国资本的引入,进一步规范和改善引资政策,落实探矿权人优先取得采矿权的规定,废止境外资金只能开采低品位难选别的限制,在税收、财政、金融政策上进一步与全球—国际惯例接轨,适当降低外资投资矿业取得土地使用权入门门槛,简化审批程序,规范政府行为,保护投资者利益。利用好国家支持东北地区企业和地勘单位将探矿权、采矿权作价参与上市融资、合作、合资、转让等方面的优惠政策,鼓励和引导矿产勘查、开发企业通过上市发行股票和债券等形式筹集资金。

第二节　搞好区域内矿产资源整合与布局

　　按照"统一规划、合理布局、规模开采、有序开发、有偿使用、依法监管"的原则,对现有煤炭企业和煤炭资源进行整合,实现煤炭资源规模化、集约化利用,提高煤炭资源供给保障度。坚持优势互补,兼并重组;联合开发,共建共享;市场导向,政府推动;沟通协调,一致对外,建立东北区域内矿产资源共享机制、优先供给机制、利益补偿机制、合作共赢机制,整合资源,合理调剂,避免重复建设和地区封锁。

　　在资源整合方面,一要解决大矿小开、一矿多开的问题,使矿山开发布局明显合理。根据区域内矿产资源自然赋存状况、地质条件和矿产资源规划,编制矿业权设置方案,重新划分矿区范围,确定开采规模,一个矿区原则上只设置一个采矿权。二要解决矿山企业"多、小、散"的问题。制定区域矿产资源开发规划和矿区总体规划,并严格执行。整顿大中型矿产资源矿产地范围内的勘查开采秩序。根据资源存量与地质条件、企业规模与实力合理划定建矿与采掘范围,避免因私挖滥采造成对适宜大型矿井开采矿区的肢解与破坏。制定资源综合回收率和回采率标准,确保有限矿产资源的合理利用。鼓励大矿兼并重组周边小矿,引导和支持基础条件较好的相邻小矿进行联合开发,合理扩大生产规模,使之走上正规生产、规模经营的发展道路,提高矿产品生产的集中度。以优并劣,扶优扶强,使矿山企业规模化、集约化水平明显提高,矿山企业结构明显优化,矿产资源向开采技术先进、开发利用水平高、安全生产装备条件好和矿区生态环境能够得到有效保护的优势企业集聚。三要采用科学的采矿方法和选矿工艺,使区域内的矿产资源开发利用率明显提高。四要认真执行安全生产法律法规,强化安全监管监察,使因矿山开发布局不合理引起的安全隐患基本消除。五要实施废弃物集中储存、处置,污染物集中治理并达标排放,使矿山生态环境明显改善。

　　在空间布局方面,加强区域内外矿产资源供给基地和运输通道建设。以国家出台东北老工业基地振兴规划为契机,把内蒙古东部地区作为区域内能源和有色金属矿产资源的重要接续基地,对重要矿山和公路铁路通道进行统一规划和建设。

　　在产业布局方面,一方面合理摆放高耗能、耗材的重大项目,尽可能靠近主要矿产地,缩短运输半径,降低运输成本;另一方面努力推动高耗能耗材产业的结构调整与升级,减少经济发展对矿产资源消耗与依赖。加强空间布局和产业布局的衔接,使产业发展与矿产资源供给的衔接最优化。

　　建立健全区域矿产安全体系。主要是加快矿产资源的市场、储备、预警体系建设。在市场体系建设方面,一方面要建立并完善区域统一的矿产资源现货市场;另一方面要鼓励和支持有实力的流通和生产企业,进行矿产期货市场交易,套期保值,规避市场风险。建立矿产资源储备和矿产品储备机制,搞好矿产资源量储备和矿产地储备,以及精矿储备、原材料储备和型材储备,以备不时之需。三省一区应共建共享区域矿产资源预警体系,建立紧急调运的应急机制,避免因重要矿产资源短缺而造成重大损失。

第三节 采取多种合作形式引进东北亚地区的矿产资源

坚持"引进来"与"走出去"并重,在扩大从国内外矿产资源丰富地区输入的同时,鼓励并支持区域内有条件的企业"走出去",勘探开发东北亚周边国家和地区的矿产资源为我所用,建设一批境外矿产资源生产供应基地和资源储备基地。进一步扩大与东北亚周边国家的矿业合作,尤其应充分发挥东北三省一区在东北亚地区的地缘和人缘优势,加强区域内外政府间与企业间的合作与交流,把开发利用朝鲜、蒙古、俄罗斯远东地区的矿产资源作为"走出去"的重点,建立多元、稳定、经济、安全的资源供应体系,借助东北亚周边地区丰富的矿产资源提高矿产资源保障度。

一、建立合作平台

加强东北亚之间的矿业合作,需要建立三种合作平台:一是与东亚各国共同努力,营造资源和能源开发一体化的区域与市场环境。在区域自由贸易的框架下,把资源领域的互利合作作为创造和谐稳定的经济发展外部环境的重要方式,建立有利于各国共同发展的市场交易平台。二是构筑东亚矿产品供应的地缘格局。在矿产资源开发上加强相互合作,扬长避短,实现资源、资本和技术优势的互补,推进区域性的资源贸易、矿产品供应的共同市场并存,变资源领域的互相竞争为共赢和共生,共同抵御来自区域外的各种冲击。三是创建协作开放的矿业开发技术平台。建立完善的区域矿业资本市场,创建开放的平台,最大限度地开发和利用区域内的资源。建设有利于环境保护的绿色矿业,激活区域经济潜力和技术创新潜能,推动区域经济融合,赢得东亚区域矿产的可持续发展。

二、采取多种合作方式

引进东北亚国家和地区矿产资源,主要应采用矿产品贸易、矿业资本运营和矿权交易三种合作方式。

一是通过矿产品市场交易方式,进口东北亚国家和地区国外矿产资源。按供货情况可以分为现货贸易和期货贸易两种。现货贸易是直接从国外购进,期货贸易主要是为了套期保值,在一定程度回避了市场价格波动的风险。

二是通过矿业资本运营方式,控制资源国的矿产资源。经济全球化和矿业全球化,使矿业资本市场运营成为跨国矿业公司展开竞争、取得对外国矿产资源控制权的一种重要方式。包括收购、兼并、联合目标公司,实现强强联合,增强控制国外矿产资源的能力,同时增强自身的竞争力;购买目标公司的股份,或交叉持股,或购买拟转让的矿产地中的股权。另外,也可以向资源国的大型矿业项目提供融资的形式来换取矿业项目的部分权益。

三是通过探矿权、采矿权市场运营方式,控制或获取国外矿产资源。矿权市场是矿产勘察开发领域里最高级的市场组织形式,矿权市场运营方式是跨国矿业公司在全球范围内经营矿业的主要表现形式。主要形式有:①风险勘察,其优点是有可能取得高收益,并且对资源国的矿产资源取得较高的控制程度;缺点是风险太大,实力较弱或进入风险勘察资本市场有难度的初级公司难以独自承担风险。②矿权购置,其优点是回避了初级勘察阶段的风险,可以较稳定地取得矿产品分成;缺点是投入资本较高,且收益率可能会低于直接从勘察工作做起的项目。在矿业市场运作过程中,有多种方式可供选择,包括独资勘察和(或)开发、联合风险勘察经营协议、矿产勘察开发标准合同、选择权协议、矿产品分成协议、利润分成协议等。企业在收购国外矿山时,一定要选择资源可靠、矿床开采和交通运输条件好的矿点,充分了解投资东道国的政治环境,全面考察东道国的投资政策及环保等相关的法律,设计有利的投资架构和退出渠道,必要时寻找有当地经验的合作伙伴,分散经营风险,进行地质调查和资产评估。

三、政府提供服务

东北三省一区应采取统一的政策取向,与周边国家和地区建立起包括外交、商务、金融、安全等政策协调机制,动用各种有效手段,对区域内"走出去"的企业给予政策、法规、投资、保险等方面的支持和保护。结合国家鼓励对外经济合作,特别是鼓励矿产资源开发项目的做法,建立东北海外风险探矿基金和投资基金。对区域内企业投资海外矿山所生产的产品进口,向国家争取实行优惠税收政策,视为国内产品一律免征进口关税。依托东北三省一区大型矿业公司资本资金、人才和技术实力雄厚等优势,应对区域内矿产资源紧张形势,参与国外矿产资源的竞争。可以以区域内现有大型企业为龙头,采取兼并、重组和联合的方式,组建若干个集探采、选冶、加工于一体的有竞争力的大型矿业公司,参与东北亚周边国家和地区以及全球矿产资源的开发。

政府要加强对"走出去"的矿业企业的服务和管理。政府在政策层面上要给企业提供保障,细化服务工作,尤其需要信息服务、法律服务、资金贷款服务。开发东北亚周边国家和地区的矿产资源,企业虽是主体,但政府的宏观调控仍起主导作用。在信息服务方面,三省一区的地方政府应进行东北亚周边国家和地区矿业投资环境评价,为矿业企业跨国经营提供宏观规划指导。矿业投资环境评价包括资源开采现状与潜力评价、国际政治经济关系评价、区域内政策法规评价、人文地理环境评价、运输条件评价和宗教信仰评价等。在评价的基础上,对东北亚周边国家和地区的投资环境进行优劣排序,指出战略重点投资区,并详细列出各种影响因素的情况,以便于矿业企业投资决策参考。宏观调控主要应用法律法规,保护投资者权益,应用规划、财政税收、金融等政策手段,引导和鼓励企业进入矿业市场竞争。为了引导和鼓励国内矿业公司"走出去",政府要给予法律保障,给予财政、税收、金融方面的支持。应尽快研究制定进一步支持去国外勘察开发矿产资源的财政、风险基金、审批程序、并购政策、税收和金融政策,创造海外投资条件,鼓励矿业企业跨国经营,支持矿业企业到海外投资立业。要制定相关的法规和制度,统筹规划,统一管理"走出去"的工作,以避免在国外的重复投资,使国内企业的国外经营开发有序化、规范化。加强行业协会的服务和指导,提供企业和项目两方面的信息,最大限度减少投资的盲目性。

四、规避风险

政府和企业应共同规避对外矿产投资风险。目前我国矿产资源投资成功率不足50%,投资失败的主要原因是对经济因素的考虑不足,对资源风险、法律风险、政治风险等方面的评估不够,风险控制意识薄弱和风险防范措施不到位。企业在"走出去"开发国外矿产资源的过程中,应充分考量不同于国内经营环境的风险,采取必要的措施规避这些风险。

一是规避矿产资源国有化的风险。企业"走出去"开发矿产资源要优先考虑投资环境相对完善、与中国双边关系良好的国家和地区。由于矿资产资源开发投资规模大、回收时间长,因而企业面临的政治风险不容忽视。东道国政府能够通过立法提高所得税、增加财产税、限制财产的使用权等,直接和间接侵蚀外国公司产权。在主要政党轮流执政、缺乏政策连贯性的国家,新政府往往对上届政府签署的合同多方刁难,政府违约的情况也时有发生。在全球矿资源价格持续高涨的大背景下,一些国家加强了矿产资源控制,迫使外国公司重新签订合同,或大幅度调高矿产资源使用费,提高税收,或借故中止已签署的开采合同,接收外国公司相关资产。因此,企业"走出去"开发国外矿产资源一定要重点考察东道国利用外资相关立法中关于政治风险尤其是国有化风险的保证状况、与中国是否签订双边投资保护协定、是否参加多边投资担保公约并承担公约要求履行的国际法义务等。在这方面,企业可以参考西方跨国矿业公司的判断依据。由于许多国家最有潜力和开采便利的矿产资源往往掌握在其国有公司手中,与这些国有公司合作或合资开发资源,不仅可以避免或减少东道国法律变更对项目的不利影响,也便于通过双边途径促进和保障合作的顺利进行。此外,利用与西方公司对政治风险判断的差异,在与中国关系良好的东北亚国家中寻找有利于中方的市场切入点。在条件许可时,也可考虑产业链条部分外移,在东道国建立初级产品冶炼业。这既能保证区域内所需的原材料供给,也有利于推动东北老工业基地的自身产业升级,减少对资源和环境的压力,还能促进双边关系的发展。

二是规避矿产资源的单一合同供应风险。当前开发利用境外资源的最主要问题是企业参股合资和自主勘采所占比重太小,手中没有真正控制资源股权,抵御资源价格波动风险的能力薄弱。虽然近几年东北地区的企业在获取海外矿产资源的实践中正在努力实现从现货购买向签订长期合同的转变,但长期合同只能保证一定时期内资源供应量的稳定,不能保证供应价格的稳定。按照国际通行惯例,铁矿砂、贵金属等主要矿产品的长期合同执行价格都要根据全球供需关系的变化而变化,定期进行议价,因此通过长期合同获取资源仍无法避免价格剧烈波动的风险。由于国际资源价格普涨,应努力提高自主或合资开采获取的资源量占其海外资源利用总量的比重。从维护东北地区矿产资源供给安全的角度出发,东北地区的企业对外投资参股勘采矿产资源占总进口量的比重至少应达到50%。目前,在国际矿产资源市场卖方市场特征明显、需求上涨的速度快于产能扩大的速度、主要矿产资源价格上升的情况下,东北地区的企业必须改变单纯买家、缺乏有效的风险规避手段、受制于人的局面,通过参股合资和控股等形式,获得更多的矿产资源控制权。在投资方式上,可通过长期服务合同或在合资企业中占少数股份的方式进行投资,不一定独资或控股。在经营管理上,由于资源企业的产品是原材料,与一般的制造业企业相比,在内部控制、质量管理、品牌营销等方面的要求相对低一些,东北地区的企业是否控股并不重要。通过长期服务合同的合作方式或参股方式投资就可以保证获得一定比例的矿产品。非控股投资更容易为东道国接受,也可减少政治风险,这样做将使东北地区"走出去"的企业掌握更多上游资源量,兼具买方和卖方的双重角色,提高在价格谈判中的议价能力。即使东北地区的企业暂无力改变不利的议价模式,也可通过上游投资的开发收益分成获得一定补偿,转移部分价格风险。从长远看,直接掌握东北亚周边国家和地区的矿产资源的开采权、经营权和产品优先购买权,终将增强东北老工业基地对国际资源市场供需关系变化的影响力。

三是规避矿产资源价格波动风险。矿产资源在国际市场上的价格波动较大,直接关系到开发国外矿产资源时所支付的代价高低,并直接影响到"走出去"企业未来的财务收益。而矿产勘探开发投资周期长的特点,决定了一旦出现投资决策失误,就会造成重大损失。东北地区"走出去"的企业应借鉴跨国矿业公司长期积累的经验教训,在矿产品价格低迷的行业周期低点考虑收购、扩张,而在矿产品价格高涨的周期高点则谨慎从事,重视控制成本。近年来国际市场上大多数矿产品价格处于相对高位,此时进行矿产投资、收购活动更需审慎判断未来的产品供求关系和价格走势。更需要重视的是,中国企业力图开发海外矿产资源在国际上人人皆知,许多矿产资源持有国往往利用中国企业急于求成的心态和对国际市场不熟悉的弱点,要求中国企业在投资、收购中支付不合理的高价。因此东北地区"走出去"的企业必须强化价格风险意识,理智决策,控制投资成本。政府主管部门在监管中也要强化财务管理和预算约束。随着国际制造业向中国转移,"中国需求"已成为推动国际矿产品价格上涨的重要因素,这是东北地区"走出去"的企业在讨价还价中的不利因素。然而在国际矿产品市场的供求双方博弈中,大需求方并不一定总处于劣势,多数矿产对未来的需求保证程度很高,主要矿产供大于求的状况明显有利于买方。对于保证程度较高的矿产,产品销路是投资方需要考虑的重要问题,东北地区"走出去"的企业作为合资方或合作方如能包销产品,往往能以廉价获取资源。只要政府主管部门加强协调,行业协会和骨干企业加强协作,在投资或购买矿产资源或产品时一致对外,东北地区的巨大市场需求完全可以转换为对外的谈判筹码。

四是规避矿产资源勘探风险。矿产资源开发往往包含巨大的勘探风险,尤其当投资方自身技术水平落后、对当地地质条件不熟悉时,这一风险尤为突出。东北地区"走出去"的企业有两种控制勘探风险方法:一是投资于已探明的油井、矿山,参与其扩建或在其周边找油探矿,这样做风险低、见效快,有利于发挥东北矿企的建设、经营优势,可获得稳定的矿产资源供应;二是与国外小型勘探公司合作,收购其已探明而没有足够实力开发的资源,但"走出去"的企业应对要介入的项目储量和开发前景进行独立审慎的评估。

五是规避矿产资源开发引发的环境损害风险。大多数矿产资源开发企业的生产经营活动,都会在不同程度上对环境造成不利影响,如果对环保问题处理不当,势必给企业的开发经营活动带来困难。东北企业走出国门开发东北亚周边国家和地区的矿产资源,一定要注意环保问题,树立良好形象,避免造成不必要的经济损失和政治影响。

第四节　加强对矿产资源的深度开发、综合利用和替代技术的研发

一、搞好矿产资源的深度开发和综合利用

推动科技进步与创新,开发适应于东北矿产资源特点的综合利用技术。积极推进地勘单位、矿山企业、科研机构的体制改革,建立以市场为导向的产、学、研相结合的创新体系。加大矿产综合利用科技投入,提高加工深度和广度。健全以企业为主体的多元化的科技投入体系,集中地矿科研人员、仪器、设备、装备等科技要素组织联合攻关,成果共享。开展对呆滞矿、难处理矿利用技术,重大采选冶、矿产综合利用和循环利用、矿山环境破坏治理与土地复垦技术,低品位矿石和难选冶矿石的工艺技术及设备研制,以及新能源、新材料矿产等非传统矿产资源利用技术的研发,加强对大型高效低耗选冶加工装备、尾矿和废渣等固体废弃物综合回收利用装备的研制,扩大对共生矿、贫矿、难处理矿的开发利用规模。实施"科技兴矿"战略,设立地质矿产科学奖励基金,制定奖励办法。在矿产资源勘查、保护、开发的科学技术研究方面成绩显著的单位和个人由省人民政府予以奖励。实行办矿技术资质准入制,新建矿山达不到要求不发采矿许可证;对已开办矿山,完善技术管理,利用市场经济的原则,组织社会技术力量加强小型矿山技术服务,切实提高矿产开发的技术水平。建立技术要素参与收益分配和技术入股的激励机制,加强知识产权的管理和保护,促使科研成果尽快转化为生产力。

综合利用共(伴)生矿产资源,避免资源的损耗浪费和环境污染,提高经济效益和社会效益。对矿产资源进行科学采选,提高矿产的采选回收率,降低损失率和贫化率。针对东北地区矿产资源共(伴)生矿和贫矿多的特点,采用科学合理的方法,根据矿产资源的赋存状态,在技术可行、经济合理的条件下,选用科学合理的采选工艺。在采矿工艺上,严格执行采掘并举、掘进先行和贫富合理开采的正规作业,提高采矿回采率,降低损失率和贫化率。在选矿工艺上,发展选矿的预选抛废技术,提高入选品位,强化破碎和筛分工艺,降低入选矿石粒度,提高磨矿分级率,搞好产品和尾矿的脱水。加大对矿业废渣、废气、废水的治理与利用力度,加强对尾矿及固体废弃物的开发利用。矿产资源在冶炼加工过程中走深加工的路子,在提高主矿产品品位的同时,获得一些具有工业价值的副产品,使矿冶企业减少资源消耗,延长资源保证时限。

建立适应市场经济体制要求的监督管理机制。进一步完善矿产资源管理制度,强化执法监督,对开发矿山的矿产综合利用方案进行严格的科学审查,在开发立项时没有综合开发利用方案或开发利用方案未实现资源保护与合理利用的企业,不能批准颁发采矿许可证。对于综

合矿床,必须进行综合勘探、综合评价,没有进行综合勘探和综合评价的地质勘探报告不予审批。对企业在生产过程中执行《矿产资源法》的情况进行严格的年度检查,特别要加强对矿产资源开发利用的"三率"和"三废"治理情况的监督管理,引导和强制企业在采矿、选矿、冶炼等重要环节上切实推进矿产资源综合利用,发展循环经济。建立有效的市场监督管理机制,加强矿产资源储量管理,强化执法监督力度,建立资源综合利用申报认定制度、矿产资源综合开发利用情况统计制度、矿产资源综合利用状况公报制度和资源综合利用信息网络,使矿产资源综合开发利用逐步走上法制化、规范化、制度化的法制轨道。通过加强矿产资源监督管理,优化开采主体和结构布局,使优势矿种的开发主体规模化,提高资源利用效率和利用水平。

完善矿产资源综合利用指标体系。完善矿产资源综合利用的技术指标体系和评价指标体系,包括共(伴)生矿产资源综合利用率、尾矿利用率、煤矸石利用率、主要矿种的采矿回收率、选矿回收率,以及矿产资源综合勘探、综合评价等指标。建立矿产资源综合开发利用标准体系,以及矿山资源综合开发利用的经济指标体系和评估验证体系。采用科学的方法综合评价矿山企业综合利用的水平,按技术可行、经济合理的要求,评价、监督矿山企业的综合利用工作。制定并实施矿产资源综合利用的法律法规和优惠政策,对贫富兼采利用低品位矿石、开展综合利用回收共(伴)生有用组分、收集和回收矿业"三废"等二次资源的企业,给予一定的资金补贴和税费优惠,调动企业综合利用资源的积极性。大力开展选冶新工艺、新设备研究,从尾矿中分选和回收有用组分,建立一批二次选矿厂。

健全矿产资源综合利用的运行机制,推动矿业清洁生产,发展绿色矿业。在东北地区矿产资源的开发利用中,切实倡导绿色矿业,发展循环经济,把循环经济作为一种新的生产方式,作为从粗放走向集约高效的必由之路,作为资源节约战略的一种新的理念和技术路线。不单纯是简单地降低资源消耗,而且还要使资源尽可能地得到循环利用,从而达到提高资源利用效率和减少废弃物排放的目的,促进绿色矿业发展。坚持开发利用与环境保护并重、预防为主、防治结合。从产业入手,在矿产资源的开采、生产、废弃等环节,大力推进清洁生产,提高资源利用率,减少废弃物排放。实行矿山环境保护管理与矿产资源开发保护管理结合的政策措施,实现对矿山环境保护的有效监督管理。通过发展复垦技术和实施严格的矿山环境影响评价和保护制度,逐步还清东北地区50多年矿产资源过度开发所产生的资源和环境欠账,确保不再产生新的矿山环境问题。

二、加强对矿产资源替代产品的研发

重点开发新能源和新材料,替代传统化石能源和矿物材料。在能源替代方面,大力发展太阳能、风能、生物质能、地热能、潮汐能和水力资源等可再生能源,替代传统的煤炭、石油、天然气等化石能源,降低传统能源矿产的消耗量;用油母页岩、油砂等非常规能源炼油,以煤为原料生产成品油、醇醚燃料及化工产品等,替代石油和天然气。发展替代能源要按照以新能源替代传统能源、以优势能源替代稀缺能源、以可再生能源替代化石能源的思路,逐步提高替代能源在能源结构中的比重。当前要重点发展车用燃料和替代石油产品,搞好煤炭液化、煤制甲醇、二甲醚、烯烃和煤基多联产技术的试验示范和开发应用;积极发展燃料乙醇和生物柴油;大力发展沼气、太阳能、风能、水电、地热等可再生能源,逐步提高替代能源在能源结构中的比重,尽可能降低对化石燃料的依赖,减少污染物的排放。在确保安全的前提下,积极发展核电。在可以替代石油的领域,限制并逐步过渡到禁止使用石油,因地制宜发展替代能源。在电力、冶金、建材等行业大力开展燃料油替代,尽可能减少石油消耗。高起点发展煤基和生物质车用替代燃料,加强自主知识产权的研发和示范。在有条件的地区发展煤基液体燃料。加快煤制油示范工程建设,逐步实现产业化。加快以煤为原料,采用气化、液化等现代高新技术生产汽油、柴油等成品油和液化石油气,甲醇和二甲醚等汽车替代燃料,乙烯、聚丙烯和芳香烃类等化工产品,以及焦炭和活性炭的煤化工。推广二甲醚替代民用液化石油气,开展二甲醚汽车示范工作,提高发动机和材料的可靠性、耐久性。制定和完善车用甲醇燃料标准,继续在一些地区的定点线路上,稳妥开展甲醇燃料应用示范。在不与民争粮、不与粮争地、不破坏环境、不顾此失彼的前提下,积极发展以农作物秸秆、农林业废弃物为原料的生物基燃料和生物化工产品。扶持以甜高粱、菊芋等高产能源作物为原料生产生物基燃料和生物化工产品,如采用纤维素和半纤维素降解为糖生产燃料乙醇等合成燃料,建设工业性试验和示范项目。此外还可以以玉米芯为原料生产木糖醇、糠醛、聚四氢呋喃,以锯末、稻壳、果壳等为原料生产活性炭。对上述生物质化工原料进行精深加工,向合成纤维、工程塑料、特种树脂等生物化工材料延伸,形成若干条以生物化工为龙头、以生物合成材料和纺织面料为龙尾的产业链。

  用价低量丰的矿产资源替代价高量少的矿产资源,如以普通金属替代贵重金属;用非金属材料替代金属材料,如以陶瓷、碳纤维、硅合金、高分子化学合成材料等替代钢材或其他金属材料,以光导纤维替代铜,以不溶性钾资源替代钾盐等;用人工制造的矿物原料替代天然的矿物原料,如用人造压电石英替代天然压电石英,人造金刚石替代天然金刚石等。聚酰胺复合材料是目前国内直接取代锡青铜、铝青铜、青铜、巴氏合金、不锈钢等有色金属和金属制品的最理想的工业替代品,可以制泵、阀、齿轮、轴套等机械配件,另外以PVC塑料可以替代金属管线。东北地区应依化工产业发达的优势,大力发展稀缺矿产资源的替代产业。

第五节 对矿产资源接续给予产业政策上的扶持

一、落实国家对东北地区矿产资源开发利用的各项优惠政策

  为加快实现以重化工业为主的东北老工业基地的振兴,国家相继出台了一系列矿产资源开发利用方面的优惠政策。国土资发[2005]91号《关于东北地区老工业基地土地和矿产资源若干政策措施》的通知,给予东北地区五条矿产资源优惠政策:一是加强地质勘查工作,提高对可持续发展的保障能力。鼓励对有市场需求和资源潜力的东北地区老矿山周边和深部接续资源进行调查评价与勘查,努力提高资源保证程度;鼓励寻找新资源,为建立新的矿业企业提供资源保证。重点做好东北地区老工业基地矿产资源勘查选区工作,提出找矿远景区,开展深部

隐伏矿勘查工作。加强石油、天然气、铁、有色金属等重要矿产的调查评价。支持东北地区老工业基地矿山资源储量的动态监测制度建设,优先安排相关试点研究工作。优先部署安排东北地区老工业基地的矿山环境调查评价工作,加强对矿山生态环境状况的监测,制定矿山生态环境保护与恢复治理规划。优先评价东北地区等老工业基地地质遗迹,鼓励建设一批具有示范作用的地质公园。二是加强市场意识,深化矿业权体制改革。深化探矿权、采矿权行政审批制度改革,加大探矿权采矿权招标拍卖挂牌出让的力度。对于国家出资勘查并已探明可供进一步勘查或已探明可供开采的、探矿权采矿权灭失的矿产地,国土资源行政主管部门规定已不具高风险性勘查或无须勘查即可直接开采的矿产地等,以招标拍卖挂牌的方式授予探矿权采矿权。支持企业、地勘单位将探矿权采矿权作价参与上市融资、合作、合资、作价转让。鼓励和引导矿产勘查、开发企业通过上市发行股票和债券等形式筹集资金。鼓励通过合资或合作的形式吸引外资,健全矿业投融资机制,简化项目审批程序。三是加大政策支持力度,促进矿业企业的发展。国家已收取的探矿权采矿权价款和使用费,优先用于东北地区老工业基地的矿山环境治理和国家级地质遗迹保护等。国有矿业企业闭坑前3年,可以依法申请免缴矿产资源补偿费;国有矿业企业改制重组的,可以依法对存量矿产资源进行处置,经评估作价后,可优先为改制企业有偿保留一部分资源或作为国有资本金注入改制企业。符合下列条件之一的,经批准,由国家出资勘查形成的探矿权、采矿权价款可以部分或全部转成国有矿业企业的或国有地勘单位的国有资本:①勘查或开采石油、天然气、煤、煤层气、油页岩、铁、锰、铜、铅、锌、钾盐等矿产资源及地方优势资源的;②国有大中型矿业企业因资源枯竭勘查接续资源的;③国有矿业企业经批准进行股份制改造或对外合作合资经营时,国有资本持有单位以探矿权、采矿权价款入股的;④国有矿业企业改制的。四是实行国家鼓励矿产资源勘查开发政策,依法促进矿业发展。凡进入三次采油的和利用煤田废旧井巷工程开采煤层气的企业,采矿权使用费可以免缴;凡开采低渗透、稠油的企业,采矿权使用费可以减缴50%。从东北地区征收的矿产资源补偿费的中央分成部分,主要用于安排东北老工业基地的地质勘查和资源评价项目。在东北老工业基地勘查、开采矿产资源,符合下列条件之一者,可以申请减缴或免缴探矿权、采矿权使用费:①勘查或开采石油、天然气、煤、煤层气、油页岩、铁、锰、铜、铅、锌、钾盐、地热等矿产资源及地方优势资源;②大中型矿业企业为寻找接续资源申请的勘查、开发;③低品位、难选冶矿产、老矿区、残矿、尾矿资源勘查开发;④政府主管部门认定的其他情形。探矿权使用费,第一个勘查年度可以免缴,第二至第三个勘查年度可以减缴50%,第四至第七个勘查年度可以减缴25%。采矿权使用费,矿山基建期和矿山投产第一年可以免缴,矿山投产第二至第三年可以减缴50%;第四至第七年可以减缴25%,矿山闭坑当年可以免缴。五是加快地质资料、信息、技术的社会化服务。加强对东北老工业基地地质资料汇交、保管和利用的管理,抓紧实现地质资料的社会共享,积极推进地质资料的社会化服务;组织地质资料的二次开发利用,促进东北老工业基地矿产资源的勘查和开发活动,为探矿权采矿权市场服务。建立开发利用国外矿产的服务支持系统,为国内企业提供境外矿业投资信息服务,支持与周边国家合作、合资、合营勘查开发矿产资源。2010年前国家将投入20亿元,地方政府和企业投入20亿元,共同支援面临资源枯竭的老矿山勘查接续资源,这40亿元大部分将投向东北地区。这些优惠政策措施具有较强的针对性、实用性和可操作性,对振兴东北老工业基地具有积极的推动作用,尤其是在当前中央加强宏观调控的形势下,这些举措体现了国家对东北地区的重点支持,东北地区的政府和企业要用好用足。

国家税务总局下发的财税[2004]156号《东北地区扩大增值税抵扣范围若干问题的规定》的通知,对东北地区实施增值税抵扣的优惠政策,将生产型增值税转为消费型增值税,避免了增值税重复征税,有利于东北地区矿业及相关产业的发展。增值税抵扣的适用范围是:黑龙江省、吉林省、辽宁省和大连市从事装备制造业、石油化工业、冶金业、船舶制造业、汽车制造业、农产品加工业产品年销售额占全部销售额50%(含50%)以上的增值税一般纳税人。适用项目是:购进固定资产;用于自制固定资产的购进货物或应税劳务;通过融资租赁方式取得的固定资产,凡出租方按照《国家税务总局关于融资租赁业务征收流转税问题的通知》的规定缴纳增值税的;为固定资产所支付的运输费用都准予抵扣进项税额。操作方式是:纳税人当年准予抵扣的上述所列进项税额不得超过当年新增增值税税额,当年没有新增增值税税额或新增增值税税额不足抵扣的,未抵扣的进项税额应留待下年抵扣。纳税人有欠交增值税的,应先抵减欠税。

中发[2003]11号《中共中央国务院关于实施东北地区等老工业基地振兴战略的若干意见》,对东北地区开发东北亚周边国家和地区的矿产资源也给予了优惠政策。《意见》中明确指出:"依托地缘优势,通过实施'走出去'战略,进一步深化同周边国家的能源、原材料、矿产资源的开发合作。""大力发展东北地区边境贸易。研究促进边境贸易发展的政策,在出口退税、进出口商品经营管理、人员往来等方面,在加强管理的同时,简化手续。完善和推广边境贸易人民币结汇办法,促进贸易、投资便利化。""加强东北亚地区国际经济技术合作,推进边境地区开发和对外开放。继续扩大图们江区域国际合作开发。积极探索边境地区开发和对外开放的新模式。""鼓励以合资、合作、并购等多种方式进行境外开发。进一步积极研究相关政策,完善政策支持体系,加大对东北地区企业境外重点开发项目前期费用补助、国内贷款贴息的支持力度,对其产品优先组织安排进口。""鼓励具备资格的企业积极参与援外项目竞标和承担对外合作项目。对境外工程承包和境外投资能带动设备出口及劳务输出的生产加工型项目和技术合作项目,国家在现行的国内贷款贴息、优惠贷款及境外办展、广告等市场开拓费用补助等方面进一步加大支持力度。"

二、制定并实施有关矿产资源方面的优惠政策

对矿产资源接续给予产业政策上的扶持。对矿冶企业项目继续加大政策扶持力度。落实税收优惠政策,对企业研发费用支出实行高比例的税收减免,对高新技术企业所得税给予"免二减三"。对新能源、新材料等矿产资源替代产业给予更大的支持,如对油母页岩开发和炼油企业的增值税实行即征即退。执行风险准备金制度,按照国家有关规定,允许生物质能源、煤制油和醇醚燃料生产企业在国际市场原油价格较高时税前列支风险准备金,用于抵补国际市

场原油价格较低时的亏空。

对资源型城市转型给予特殊的扶持政策。从宏观上对矿城的产业政策、财政政策、投资政策、社保政策和城市政策等方面予以综合指导和支持；建立资源型企业的补偿机制，在矿业销售收入中提取一定比例建立暮年矿山的反哺基金，并在分级财政中增加矿城的留成比例并建立补偿基金；通过政府投入、企业积累和多方筹集、吸引社会资金等渠道组建资源型产业发展基金，主要用于产业结构调整、地质勘探、环境保护、技术创新、城市转型等；实施矿业援助政策，加大财政的转移支付力度，对资源枯竭或衰退性矿企转产项目及替代产业的培育给予税收、信贷、引资方面的政策支持；探索在东北资源性地区或产业内实行资源分享政策，允许东北地区的石油大部分留在地方使用等。

放宽在矿产资源勘探开发方面的市场准入。坚持市场化运作，放宽市场准入，吸引国内外具备资质的各类战略投资者，实现投资主体多元化，努力形成国企、民企、外企多元投资格局，提高矿产资源供给保障度。培育矿业权市场和矿业资本市场，吸引各方资金投入商业性地质勘查，促进商业性地质工作的发展。建立地质勘查、矿产开发融资担保体系，支持发展前景好的优势矿产勘查、开发及矿产品加工项目。

调动各方面积极性，拓宽煤炭开发建设投资渠道。按照"谁投资、谁受益、谁承担风险"的原则，鼓励民营个体、外资及其他行业和企业进入矿产资源开发领域，允许具备资质的投资者建设新矿、参股甚至控股部分国有大中型矿山、买断国有中小型矿山。进一步改善省内金融环境，增强银企双方的互信，并规范发展民间银行，使更多的矿产开发企业能够获得银行贷款支持。为企业股票上市和债券融资创造便利条件，鼓励和支持符合条件的矿冶企业上市，在国内外资本市场上筹集发展资金。建立矿冶风险投资机制，引进和培育各类风险投资，完善场内场外产权交易市场，为风险投资提供退出通道。

建立东北地区矿产资源补偿机制。鉴于东北三省一区矿产资源分布不均衡的实际情况，为调动资源调出省（区）的积极性，按照"谁受益谁补偿"的原则，对于资源在省（区）内消费和省（区）外消费采取不同的税率，由资源调入省（区）对资源调出省（区）给予一定的经济补偿，防止财政收入从资源输出省（区）流向资源输入省（区），使资源省（区）最大限度地分享矿产资源租值。完善现有的资源补偿费制度，实行由开采人向矿产资源所有人支付权利金制度。探索矿产资源交易等市场化的补偿模式，放开东北地区矿产资源市场，以拍卖方式出让采矿权，使矿产资源价格真正反映其稀缺程度。在对矿产资源价值评估的基础上，规范交易行为，探索建立矿产资源的价值评价体系，制定科学合理的补偿标准。

第六节　加快矿产资源枯竭矿山和矿城的产业接续与转型

据统计，东北地区共有资源型城市30多个，占全国资源型城市总数的1/6。这其中有些城市的矿产资源已濒临枯竭，资源型产业已进入衰退期、技术改造关键期，面临全面转产，但受资金、技术等因素制约,接续产业发展滞缓,影响产业的可持续发展与社会稳定。特别是辽宁省的煤炭、有色金属,黑龙江省和吉林省的煤炭、石油等已逐渐枯竭,采矿引起的塌陷区不断扩大。因为资源储量下降、开采成本大幅度上升,部分矿区失去了原有的经济优势。东北老工业基地资源型产业地位下降,资源型城市的发展受阻,已经影响到东北地区经济的可持续发展和社会稳定。目前促进资源型城市经济转型和可持续发展的政策措施尚未形成,资源枯竭城市面临极大困境,接续产业亟待发展,资源开发补偿机制和衰退产业援助机制亟须建立。地方吸纳就业能力较弱,有的城市稳定就业率仅为60%左右,困难群体比重高,一些城市低保人员占非农业人口的10%以上。

基于以上对东北地区资源型城市发展状况的判断、存在的主要问题和发展潜力与转型机会的分析,亟须对东北地区资源型城市的转型进行分类,以结构调整为核心,以产业升级为目的,全面推进资源型城市的经济技术转型。要抓紧制定适合东北地区不同资源型城市特点和市情的技术经济政策与策略,如多元发展战略、再城市化战略、绿色城市发展战略、科技兴市战略、城市经营城市战略、城市现代化发展战略、资源开发战略、一城多镇战略等。在具体工作中,要以比较优势为依托、以市场为导向、以政府为推力、以科技创新为动力、以企业为主体,因地制宜走完全替代型、产业链扩展延伸型、多元综合型之路。一是用高新技术提升资源型产业,使其由劳动—资本密集型产业转变为资本—技术密集型产业。二是发展新兴产业。在产业政策的制定中,需要将原有的资源型产业、相关的供给结构与新型产业的发展结合起来考虑,引导城市产业结构的升级。把握好资源型产业的衰退与退出。资源型产业的衰退则为两个阶段,即相对衰退期和绝对衰退期。相对衰退期是指资源型产业的自身还在增长,但在城市经济中的比重却呈下降趋势;绝对衰退期则是指资源型产业的总量已绝对减少,在城市经济中的比重下降幅度加快,对城市经济、财政的贡献减弱,而且排斥出大批的劳动力。把握新兴产业的建设与成长。任何一种新兴产业都要经历建设期与成长期,不同的产业其建设与成长期需要的时间不同,有的需要三五年,有的则需要十余年。按照主导产业转换规律,新兴产业必须在资源型产业进入相对衰退期间开发培育,以致当资源型产业进入绝对衰退期时,新兴产业恰逢进入成长期,实现退出与进入的耦合。

资源型城市的转型是一项庞大的系统工程,必须解放思想,统筹协调,正确处理好以下关系。一是新兴产业与传统产业的关系。针对东北地区生产力发展不平衡、新兴产业和支柱产业集中在中心城市、资源型城市仍然是以传统产业为主的现状,谋求新兴产业与传统产业的互为补充、并行发展,在技术革命的推动下,一方面加快发展新兴产业,另一方面改造和提升传统产业,二者统筹协调,通过城市间、产业间的协作和配套服务,实现优势互补、共同发展。二是矿城与所在区域的关系。加快矿城电力、交通、供水等基础设施建设,创造良好的经济环境,使之成为吸引投资的热土,成为所在区域经济发展的策源地和扩散地。引导资源型城市的企业集团拉长产业链,带动县域工业,并促进劳动密集型企业、一般加工企业和农产品加工企业向乡镇扩散,推动所在地区的非农化和农村城镇化进程。三是所有制结构调整与民营经济发展的关系。资源型城市必须加快调整所有制结构,破除发展非公有制经济和混合所有制经济的体制性障碍,放宽市场准入,调动全民创业的积极性。一方面应发挥资源型城市的优势,坚持公有制的主体地位,发挥国有经济的主导作用;另一方面应运用市场机制,积极引导非公有制经济发展。四是技术结构与就业结构的关系。技术结构调整应与就业结构调整相协调,实行科技密集与劳动密集相结合的原则,拓宽就业领域,创造就业岗位,促进资源型城市职工的全面就业。五是产业结构调整与投资结构调整的关系。资源型城市要通过投资结构调整,打破旧的产业格局,形成新的产业结构和企业竞争力。投资结构调整要遵循市场规律,择优而投,扶持重点产业、重点企业、重点项目,以支柱产业和优势产业带动其他产业共同发展。

资源型城市产业接续与转型,应采取以下措施。

一是企业与政府共同努力。在接续与转型过程中,企业自身要进行改革,国有企业深化体制改革,非国有企业加强自身竞争力。同时政府和政策制定者也要转变思想,结合为资源型城市可持续发展的目的而进行相应改革。政府的转型可以从以下方面进行:深化体制改革,祛除老工业基地遗留的顽疾。推动国有企业改制转变,大力发展非国有经济,强化市场竞争,特别是加大在资金投入和政府扶持上的力度。加强技术改造和科技创新,改善交通、资讯、环境等基础设施。降低矿业企业的进出壁垒特别是国有企业退出的门槛和非国有的进入壁垒。加大资源型城市失业职工社会保障和培训就业工作的力度。做好科学的矿业、城市、产业、人力资源等规划,科学预期矿业的寿命,使资源型城市转型做到有计划、有指导。

二是搞好产业结构调整和产业接续。利用科技力量及协作配套能力,通过组建企业集团、企业联合与兼并,以产品为中心进行企业组织结构调整,在效益第一原则下,发展特长产品,以特取胜。进行专门化协作,互惠互利,谋求共同发展。积极开发新产品,增强企业的稳定性。矿山进入衰老期时,在盈亏平衡的前提下,要严格限产,尽量延长矿山服务年限。与此同时,大力发展非矿产业,发展采矿延伸业,把"原料矿业"转化为"成品矿业",最大限度地提高资源的附加价值。如油城可以大力发展石油化工及石化产品深加工业,煤城可以实行以煤发电、以电炼铝、煤电铝一条龙等,非金属矿产品深加工也可使产品大幅度增值,顺利实现矿业企业转产。在老矿区周边适时开工建设一些资源条件优越、预期经济效益较好的能力接续和人员安置型项目,以利用老矿山人员、技术、设备转移到新区实现易地转产。

三是以资源产业转型推动城市转型和区域转型。通过资源产业可持续发展和产业升级来带动城市的转型与区域经济的发展,改善区域的宏观环境条件,提高人民的生活水平。利用东北亚经济圈的区位地理、交通优势,加快对外开放,引进外资和先进技术,积极参与国际市场开发合作,提高城市和地区的综合竞争力。以国家投资资源型城市转型的契机,大力改善矿区和资源型城市生态环境建设,加强土地复垦、废弃物处理、城区环境恢复等工作,走可持续发展的生态化转型之路。

四是把服务业培育成资源型城市新的经济增长点。重点发展现代服务业,规范提升传统服务业。大力发展生产性服务业,形成产前产后服务体系,为主导产业发展和新产业的接续创造良好的产业配套环境。充分利用资源枯竭矿山的工业设施,如铁路专用线、供水、供汽、厂房建筑物等,大力发展第三产业,创造和增加就业岗位。提高物流业的专业化水平,建设一批物流园区和物流中心，发展第三方物流。积极发展面向民生的服务业，促进商贸餐饮物流业、社区、家政、社会化养老等服务业水平的提升。在完善基础设施和公共服务设施的基础上，大力发展旅游、文化、体育和休闲娱乐等服务业，丰富资源型城市人民群众的精神文化生活。

五是发挥民营经济在资源型城市转型中的作用。立足于激励全民创业、自主创业，坚持以人为本，着眼人的发展需求，激发全民的创业热情。贯彻中央"两个毫不动摇"方针，坚持放手、放开的原则，凡是国家没有明确限制进入的行业，全部对民营企业放开；民营企业投资国家支持的项目，同国有企业一样享受国家有关政策的扶持。加大税收和财政扶持力度，对部分税收给予减免，逐步扩大民营经济发展资金和中小企业发展资金的规模。帮助民营企业拓宽投融资渠道，化解资金制约瓶颈。资源型城市的民营企业家更应该掌握国家振兴东北的一揽子政策，如投资政策、技改政策、税收政策、金融政策、企业分离职能政策、鼓励民营企业兼并重组的政策等。

发展接续和替代产业需要矿山企业自身的努力，也需要国家的政策扶持和东北地区当地政府的推动。一方面要用好国家振兴东北老工业基地的各项优惠政策，将部分国家给予的资源枯竭矿山关闭破产资金、采矿塌陷区改造资金、煤矿亏损补贴资金、再就业扶持资金、社会劳动保障试点资金和接续产业转移资金等集中起来统一调度，通过建立接续和替代产业发展基金、给予贷款贴息等方式，加大对接续产业的扶持力度；另一方面当地政府也要结合本地经济发展实际，把发展资源型城市接续和替代产业作为振兴本地经济的重要措施来抓，统筹规划，分类实施，并在矿企改组改制、减人增效、增资卸债、项目建设、减免税费等方面对企业提供支持和帮助。

参 考 文 献

1. Geoffrey Heal. 1976. The Relationship between Price and Extraction Cost for a Resource with a Backstop Technology. *The Bell Journal of Economics*, Vol. 7, No. 2, 371—378.
2. Harold Hotelling. 1931. The Economics of Exhaustible Resources. *The Journal of Political Economy*, Vol. 39, No. 2, 137—175.
3. Joseph E. Stiglitz. 1976. Monopoly and the Rate of Extraction of Exhaustible Resources. *The American Economic Review*, Vol. 66, No. 4, 655—661.
4. Partha Dasgupta, Richard J. Gilbert and Joseph E. Stiglitz. 1982. Invention and Innovation under Alternative Market Structures: The Case of Natural Resources. *The Review of Economic Studies*, Vol. 49, No. 4, 567—582.
5. Robert M. Solow. 1974. The Economics of Resources or the Resources of Economics. *The American Economic Review*, Vol. 64, No. 2, 1—14. Papers and Proceedings of the Eighty-sixth Annual Meeting of the American Economic Association.
6. 鲍振东等:《中国东北地区发展报告》,社会科学文献出版社,2006年。
7. 陈从喜、曹新元、张迎新、曹庭语:"中国矿产资源综合利用现状、问题与对策研究",国土资源部信息中心,2007年。
8. 成金华:"自然资本及其定价模型",《中国地质大学学报》(社会科学版),2005年第1期。
9. 成金华:"中国矿产经济学研究现状和前景展望",《理论月刊》,2005年第5期。
10. 邓伟:《东北区域发展报告》,科学出版社,2004年。
11. [美]弗朗西斯·X.迪博尔德著,张涛译:《经济预测》,中信出版社,2003年。
12. 葛家理、胡机豪、张宏民:"我国石油经济安全与监测预警复杂战略系统研究",《中国工程科学》,2002年第1期。
13. 国家发展和改革委员会、国务院振兴东北地区等老工业基地领导小组办公室:"东北地区振兴规划",http://www.gov.cn/gzdt/2007-08/20/content_721632.htm,2007年9月。
14. 国家统计局工业交通统计司:《中国能源统计年鉴(2005)》,中国统计出版社,2006年。
15. 国家统计局工业交通统计司:《中国能源统计年鉴(2000~2002)》,中国统计出版社,2004年。
16. 国土资源部信息中心编:《世界矿产资源年评(2000~2001)》,地质出版社,2003年。
17. 国土资源部信息中心编:《世界矿产资源年评(2002~2003)》,地质出版社,2004年。
18. 国土资源部信息中心编:《世界矿产资源年评(2003~2004)》,地质出版社,2005年。
19. 国务院第一次全国经济普查领导小组办公室编:《中国经济普查年鉴(2004)》中国统计出版社,2005年。
20. 国务院新闻办公室:"中国矿产资源政策"白皮书,http://www.people.com.cn/GB/shizheng/1026/2261013.html,2003年12月。
21. 国务院新闻办公室:"中国能源状况与政策",http://www.gov.cn/zwgk/2007-12/26/content_844159.htm,2007年12月。
22. 黑龙江省国土资源厅:"黑龙江省'十一五'矿产资源总体规划"。
23. 黑龙江省矿产储量评审中心:"2005年度黑龙江省矿产资源年报",黑龙江省国土资源厅,2005年。
24. 黑龙江省统计局:《黑龙江省统计年鉴(2007)》,中国统计出版社,2007年。
25. 胡小平:"21世纪中国矿产资源产业的定位与政策目标",《中国地质矿产经济》,2002年第11期。
26. 胡小平、潘懋:"我国矿产资源勘查面临的形势与对策建议",《中国国土资源经济》,2006年第4期。
27. 靳草、国庆:"关于我国能源战略的思考",《经济问题探索》,2006年第3期。
28. 吉林省国土资源厅:"吉林省矿产资源总体规划(2001~2010年)"。
29. 吉林省统计局:《吉林省统计年鉴(2007)》,中国统计出版社,2007年。
30. 李东英、胡见义等:《东北地区有关水土资源配置、生态与环境保护和可持续发展的若干战略研究》(矿产与能源卷),科学出版社,2007年。
31. 辽宁省地质矿产厅:"辽宁省矿产资源年报(1990~1998年)"。
32. 辽宁省国土资源厅:"辽宁省矿产资源总体规划(2001~2010年)"。
33. 辽宁省国土资源厅:"辽宁省矿产资源年报(1999~2002年)"。
34. 辽宁省国土资源厅:"辽宁省矿产资源形势分析专题研究报告",2002年。
35. 辽宁省国土资源厅:"辽宁省地质调查评价与专题研究报告",2002年。

36. 辽宁省统计局:《辽宁省统计年鉴(2007)》,中国统计出版社,2007年。
37. 刘助仁:"新能源:缓解能源短缺和环境污染的新希望",《改革与开放》,2007年第8期。
38. 鹿爱莉、李仲学:"东北地区矿产资源开发利用面临的问题与对策",《中国国土资源经济》,2005年第11期。
39. 罗元华:"我国矿产资源形势及发展规划思路",《中国煤田地质》,2001年第2期。
40. 毛健:《地质勘查市场研究》,地质出版社,1993年。
41. 娜琳:"中蒙矿产资源的态势及双边经贸关系",《东北亚论坛》,2001年第2期。
42. 乔光汉等:"黑龙江省对外开放战略研究",黑龙江省对外开放战略研究组(内部资料),2004年。
43. 施俊法等:《世界矿情》,地质出版社,2006年。
44. 孙家平、夏青:"矿产资源价值确认与计量",《煤炭经济研究》,2003年第1期。
45. 孙家平、夏青:"矿产资源核算体系的建立",《煤炭经济研究》,2003年第2期。
46. 田立新等:《能源经济系统分析》,社会科学文献出版社,2005年。
47. 王广成:"中国资源税费理论与实践",《中国煤炭经济学院学报》,2002年第2期。
48. 王广成:"矿产资源纳入国民经济核算体系的定价方法研究",《软科学》,2001年第3期。
49. 王金洲、杨尧忠:"矿产资源的耗竭补偿原理的探讨",《生产力研究》,2002年第3期。
50. 王文杰、孔锐、雷涯邻:"我国部分优势矿产资源出口贸易引发的思考",《资源·产业》,2003年第2期。
51. 王玉平、关凤峻:"东北亚中国地区矿产资源态势分析",《地域研究与开发》,1999年第1期。
52. 汪云甲:"论我国矿产资源安全问题",《科技导报》,2003年第2期。
53. 魏晓平:"矿产资源代际配置的若干问题研究",《中国矿业大学学报》(社会科学版),2002年第2期。
54. 魏永春:"浅论矿产资源价值的理论内涵",《中国地质矿产经济》,2002年第6期。
55. 吴尚昆、李守义、孙英男等:"矿产资源经济学基本理论的发展与展望",《吉林大学学报》(地球科学版),2004年第2期。
56. 席增义:"经济全球化与矿产资源配置全球化",《地质技术经济管理》,2001年第8期。
57. 杨昌明、洪水峰:"焦点问题法——建立矿产资源可持续发展指标体系方法探讨",《中国地质大学学报》(地球科学版),2001年第2期。
58. [俄]叶·捷列金娜:"世界能源市场和俄罗斯的地缘政治利益",《世界经济与国际关系》,2003年第5期。
59. 余敬、易顺林:"自然资源可持续发展模糊综合评价模型",《技术经济与管理研究》,2002年第4期。
60. 张成梅:"加入WTO背景下我国矿产资源的形势与对策",《中学地理教学参考》,2002年第6期。
61. 张雷:"中国矿产资源持续开发与区域开发战略调整",《自然资源学报》,2002年第3期。
62. 赵传君:《东北经济振兴与东北亚经贸合作》,社会科学文献出版社,2006年。
63. 赵传君:《东北亚三大关系研究》,社会科学文献出版社,2006年。
64. 赵立新:"矿产资源规划与可持续发展",《中国地质矿产经济》,2003年第5期。
65. 赵志勇、张志礼:"矿产资源价值内涵的再认识",《河北理工学院学报》(社会科学版),2003年第3期。
66. "振兴东北老工业基地矿产资源勘查规划纲要(2006~2010年)"(内部资料),2005年12月。
67. 中国地质调查局发展研究中心:"应对全球化:全球矿产资源信息系统数据库建设",2004年。
68. 中国地质调查局发展研究中心:"中国油气资源区域评价战略研究成果报告",2004年。
69. 中国能源综合发展战略与政策研究课题组:"中国能源战略构想",2005年。
70. 仲跻权、李戈军等:《辽宁省"十一五"发展战略研究》,辽宁教育出版社,2005年。

后 记

本书是"东北亚矿产资源潜力分析及东北老工业基地矿产资源接续战略研究"项目的研究成果，该项目来源于中国地质调查局发展研究中心(项目编号：12120110561511)，项目负责人为毛健，主要参加人员有：孙英男、李守义、郭凤城、潘鸿、李昱、王清海、张婷婷、楚颖、张璟、柴璐、周妍。

项目组成立后，曾先后到北京、沈阳、长春、哈尔滨以及蒙古国等地多次调研，搜集资料；采取专访、座谈、研讨等多种方式，与有关专家进行了广泛交流。在毛健教授的主持下，经数次深入讨论，形成写作大纲。撰写初稿的是：毛健(前言)，郭凤城(第一章、第七章)，孙英男、张婷婷、楚颖、张璟(第二章)，孙英男、张婷婷、李昱(第三章)，李守义、孙英男(第四章、第五章)，潘鸿(第六章)。张婷婷、楚颖、柴璐、周妍、张璟编制了图、表。毛健、孙英男承担了大量的组织工作。初稿完成后，根据毛健提出的修改意见，又进行了数次修改，有的章节内容作了较大的调整。最后，由毛健修改、统纂、定稿。

项目组曾在2006年8月和9月召开了"东北亚矿产资源潜力分析及东北老工业基地矿产资源接续战略研讨会"，中国地质调查局科技外事部卢民杰、连长云，中国国土资源研究院规划室张照志、吴尚昆及市场室鹿爱丽，吉林大学经济学院纪玉山、吉林大学地球科学学院张兴洲等专家到会研讨，对项目研究的深入进行起到了重要指导作用。

在本书调研和写作过程中，得到了国土资源部信息中心、国土资源部储量司、中国地质调查局发展中心、储量评审中心、中国地质科学院矿产资源战略中心、国土资源部经研院、黑龙江省地质调查总院、黑龙江省国土资源厅、吉林省地质勘探局、吉林省国土资源厅、辽宁省地质调查局、辽宁省国土资源厅、中国地质调查局沈阳地质矿产研究所等单位的大力支持和帮助，在此深表感谢。

作者
2008年4月28日